普通高等职业教育“十三五”规划教材

财经法规与会计职业道德应试指导

CAIJING FAGUI YU KUAIJI ZHIYE DAODE YINGSHI ZHIDAO

主　编◎刘翠屏
副主编◎彭　婷　任　璐　阳慧玲　樊春燕　朱玉广

清华大学出版社
北　京

内容简介

“财经法规与会计职业道德”是会计从业资格考试的必考科目。本书编写组坚持“财经法规与会计职业道德”的考证属性，以2016年财政部统一制定并公布的《财经法规与会计职业道德考试大纲》为基准，组织骨干教师编写《财经法规与会计职业道德应试指导》，涵盖了会计法律制度、支付结算法律制度、税收法律制度、财政法律制度、会计职业道德五部分内容。本书创新设计内容精讲、每节考点强化练习、每章测试、模拟考试的四步进程学习法，以适应无纸化考试的要求，夯实考生从节到章再到整门课程的学习基础，提升考生对财经业务的处理能力，切实提高本门课程的通过率，并着力体现2016年“营改增”的最新内容。

本书可供高职高专院校财经类专业学生使用，也可供财经、法律从业人员，以及参加会计从业资格考试的人员使用。

图书在版编目(CIP)数据

财经法规与会计职业道德应试指导 / 刘翠屏主编．--北京：清华大学出版社，2016(2020.10重印)
(普通高等职业教育“十三五”规划教材)
ISBN 978-7-302-44393-3

Ⅰ.①财…　Ⅱ.①刘…　Ⅲ.①财政法-中国-高等职业教育-教学参考资料 ②经济法-中国-高等职业教育-教学参考资料 ③会计人员-职业道德-高等职业教育-教学参考资料　Ⅳ.①D922.2 ②F233

中国版本图书馆CIP数据核字(2016)第168703号

责任编辑：刘志彬
封面设计：汉风唐韵
责任校对：王荣静
责任印制：刘海龙

出版发行：清华大学出版社
网　　址：http：//www.tup.com.cn，http：//www.wqbook.com
地　　址：北京清华大学学研大厦A座　**邮　　编**：100084
社 总 机：010-62770175　**邮　　购**：010-62786544
投稿与读者服务：010-62776969，c-service@tup.tsinghua.edu.cn
质量反馈：010-62772015，zhiliang@tup.tsinghua.edu.cn
印 装 者：三河市龙大印装有限公司
经　　销：全国新华书店
开　　本：185mm×260mm　**印　　张**：18　**字　　数**：438千字
版　　次：2016年8月第1版　**印　　次**：2020年10月第6次印刷
定　　价：48.80元

产品编号：070469-02

Preface 前言

《会计法》规定，从事会计工作的人员，必须取得会计从业资格证书。会计从业资格证书必须通过会计从业资格考试取得，目前会计从业资格考试均采用无纸化考试模式，即以财政部印发的《会计从业资格考试大纲》为依据、以优化的题库资源为基础、以现代信息技术为手段，通过随机组卷进行考试。

采用无纸化考试后，与传统的纸质考试相比，会计从业资格的考证通过率明显下降，其中"财经法规与会计职业道德"通过率下降幅度最大，成为了考证的瓶颈。

究其原因，最重要的一点是无纸化考试随机抽题考核，较之以前要求考生掌握的内容更广、更多、更透，难度加大；其次，多选题、案例分析题失分多，反映出考生对相关知识点、技能点掌握不全面、理解不透彻、处理财经业务能力不强。解决的唯一途径是扎实打好"财经法规与会计职业道德"学习的基础。

基于此，编者坚持"财经法规与会计职业道德"的考证属性，以 2016 年财政部统一制定并公布的《财经法规与会计职业道德考试大纲》为基准，组织骨干教师编写《财经法规与会计职业道德应试指导》，内容上着力体现了 2016 年营业税改征增值税的税法变革，体例上整体创新设计每节内容精讲、每节考点强化练习、每章测试、模拟考试四步进程学习法，夯实考生从节到章再到整门课程的学习基础，以有效对接无纸化考试的要求，切实提高本门课程的通过率。本书的特点如下。

1. 精讲释难

每节安排了内容精讲，通过认真研究最新考试大纲，准确分析考试重点、难点、热点，讲透重点、突破难点、把握热点。在形式上，多以图、表、简文的形式呈现，言简意赅，概括直观。

2. 节练强基

在每节内容精讲后安排了配套的每节考点强化练习，从广度与深度两方面同时加强每节考点的训练，直击考试命题精髓，并对多选题、案例分析题进行全面解析，有助考生全面掌握相关知识点、技能点，熟悉考点可能出现的考试形式，提高多选题、案例分析题的得分率。

3. 章测扫盲

在每章内容结束后，适时组织本章测试，及时掌握并消除每章的学习盲点，并可根据自身情况加强对失分题型进行有针对性的测试。

4. 模考查漏

在课程内容结束后，按照考证题型进行模拟考试，帮助考生在完成模拟试卷的过程中尽可能查漏补缺，提高考生会计从业资格考试的应试水平。

本书的编写历时一年，经过了会计专业人士以及法律人士的多次论证与修改，致力于提升考生的应试水平及对财经业务的处理能力。

由于编者水平有限，在编写过程中，难免会出现一些疏漏和错误之处，恳请广大读者批评指正。

编　者

Contents 目 录

第一章 会计法律制度

第二章 支付结算法律制度

第三章 税收法律制度

第四章　财政法律制度

第五章　会计职业道德

模拟试卷系列

1 第一章 Chapter 1 会计法律制度

>>> 本章考情分析

本章为“财经法规与会计职业道德”历年考试的重点章节，以《会计法》为主线，同时涵盖了《企业会计准则》《会计基础工作规范》《会计从业资格管理办法》《会计档案管理办法》等相关法律、法规的内容，在历年考试中，题型多样，单选、多选、判断、案例分析均有涉及，分值在25～30分之间。

本章重点是会计法律制度、会计核算及法律责任。

第一节 会计法律制度

考证热点分析

1. 会计法律制度的构成。

2. 会计法律、会计行政法规、会计部门规章、地方性会计法规的制定或发布机关、法律效力、形式。

内容精讲

一、我国法律规范的层次与效力

我国法律规范的层次与效力如图1-1所示。

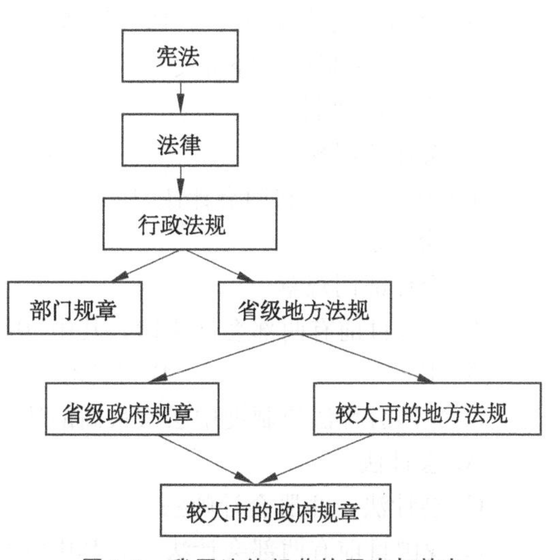

图1-1 我国法律规范的层次与效力

二、我国会计法律制度的构成

我国会计法律制度主要包括会计法律、

会计行政法规、会计部门规章和地方性会计法规，如表1-1所示。

表 1-1　我国会计法律制度的构成

层　次	制定机关	形　式	具体内容
会计法律	全国人大及常委会	××法	《会计法》，经1993年、1999年两次修订，现行该法于2000年施行，层次、效力最高，是制定其他会计法律的依据 《注册会计师法》，1993年修订，我国中介行业第一部法律
会计行政法规	国务院	××条例	《总会计师条例》，1990年12月31日以第72号令颁布，细化和补充《会计法》中的关于总会计师的规定 《企业财务会计报告条例》，2000年6月21日以第287号令颁布发布，细化和补充《会计法》中的有关财务会计报告规定
会计部门规章	财政部(国家主管会计工作的行政部门)	××办法、××制度、××准则、××规范	—
地方性会计法规	省、自治区、直辖市人大或常委会	××省(市)××办法	—

本节考点强化练习

一、单选题

1. 会计法律是(　　)经过一定立法程序制定的有关会计工作的法律。

A. 全国人大及常委会　B. 国务院　C. 财政部　D. 税务总局

2. (　　)是指调整经济关系中各种会计关系的法律规范。

A. 会计法律制度　B. 会计行政法规

C. 会计部门规章　D. 地方性会计法规

3. 《中华人民共和国会计法》属于(　　)。

A. 会计法律　B. 会计行政法规

C. 会计部门规章　D. 地方性会计法规

4. 我国目前有两部会计法律，其中《中华人民共和国注册会计师法》颁布于(　　)年。

A. 1985　B. 1993　C. 1999　D. 1990

5. 我国会计法律制度中层次最高的法律法规是(　　)。

A. 会计法　B. 注册会计师法

C. 会计法、注册会计师法　D. 总会计师条例

6. 我国目前有两部会计法律，其中《中华人民共和国会计法》颁布于(　　)年。

A. 1985　B. 1993　C. 1999　D. 1990

7.(　　)是指由国务院制定并发布，或者国务院有关部门拟定并经国务院批准发布，用以调整经济关系中某些方面会计关系的法律规范。

A. 会计法　　B. 会计行政法规
C. 会计部门规章　　D. 地方性会计法规

8. 2000年，国务院以第287号令颁布的会计法律制度是(　　)。

A. 会计法　　B. 会计从业资格管理办法
C. 总会计师条例　　D. 企业财务会计报告条例

9. 会计行政法规是(　　)制定并发布，或者国务院有关部门拟定并经国务院批准发布，调整经济生活中某些方面会计关系的法律规范。

A. 全国人大及常委会　　B. 国务院
C. 财政部　　D. 税务总局

10. 1990年12月31日以第72号令颁布的会计法律制度是(　　)。

A. 会计法　　B. 会计从业资格管理办法
C. 总会计师条例　　D. 企业财务会计报告条例

11.《会计基础工作规范》属于(　　)。

A. 会计法　　B. 会计部门规章
C. 会计行政法规　　D. 地方性法规

12.(　　)是由省、自治区、直辖市人大及其常务委员会制定发布的。

A. 行政法规　　B. 地方性法规　　C. 法律　　D. 宪法

13. 下列各部门中，有权制定地方性法规的是(　　)。

A. 省级人民政府　　B. 省、自治区、直辖市的人大及其常委会
C. 民族自治州的人大及其常委会　　D. 较大市的人民政府

14. 根据规定，计划单列市、经济特区的人民代表大会及其常务委员会在宪法、法律和行政法规允许范围内制定的(　　)，也应当属于地方性会计法规。

A. 会计法律　　B. 会计行政法规
C. 会计部门规章　　D. 地方性会计法规

二、多选题

1. 根据法的内容不同，法分为(　　)。

A. 实体法　　B. 程序法　　C. 根本法　　D. 普通法

2. 根据法律效力、内容和制定程序的不同，法分为(　　)。

A. 实体法　　B. 程序法　　C. 根本法　　D. 普通法

3. 会计法律制度是指(　　)制定的，用以调整会计关系的各种法律、法规、规章和规范性文件的总称。

A. 人民代表大会　　B. 国家权力机关
C. 政府　　D. 行政机关

4. 会计关系是指(　　)在办理会计事务过程中以及国家在管理会计工作过程中发生的各种经济关系。

A. 会计机构　　B. 财政部门
C. 会计人员　　D. 税务机关

5. 我国的会计法律制度由(　　)构成。

A. 会计法律　　B. 会计行政法规

C. 会计部门规章　　D. 地方性会计法规

6. 我国目前有(　　)两部会计法律。

A.《中华人民共和国注册会计师法》　　B.《中华人民共和国会计法》

C.《企业财务会计报告条例》　　D.《总会计师条例》

7.《会计法》主要对会计工作总的原则、(　　)等做了详细规定。

A. 会计核算　　B. 会计监督

C. 会计机构和会计人员　　D. 法律责任

8.《总会计师条例》细化和补充《会计法》中的关于总会计师的规定，主要规定了单位总会计师的(　　)等。

A. 职责　　B. 权限　　C. 任免　　D. 奖惩

9.《企业财务会计报告条例》，自 2001 年 1 月 1 日起施行，细化和补充《会计法》中的有关财务会计报告的规定，主要规定了企业财务会计报告的(　　)等。

A. 构成　　B. 编制

C. 对外提供的要求　　D. 法律责任

10. 下列会计法规中，属于会计部门规章的是(　　)。

A.《中华人民共和国会计法》　　B.《企业会计制度》

C.《会计从业资格管理办法》　　D.《企业财务通则》

11. 地方性会计法规是指由省、自治区、直辖市人民代表大会或常务委员会在同(　　)不相抵触的前提下，根据本地区情况制定发布的关于会计核算、会计监督、会计机构和会计人员以及会计工作管理的规范性文件的规范性文件。

A. 宪法　　B. 会计法律

C. 行政法规　　D. 国家统一的会计准则制度

12. 根据规定，实行计划单列管理的(　　)的人民代表大会及其常委会在宪法、法律和行政法规允许范围内制定、实施的有关会计工作的规范性文件，也属于地方性会计法规。

A. 计划单列市　　B. 经济特区　　C. 自治区　　D. 直辖市

三、判断题

1. 法是特定的国家机关按照特定的方式发布的规范性文件，因此并不是国家发布的任何文件都是法。(　　)

2. 法的本质是由物质生活条件决定，反映社会经济、政治、文化生活发展要求并上升为国家统治阶级的意志。(　　)

3. 根据法的内容不同来划分，行政诉讼法属于程序法。(　　)

4. 会计关系是指会计机构和会计人员在办理会计事务过程中以及国家在管理会计工作过程中发生的各种经济关系。(　　)

5. 会计法律是指由全国人民代表大会及其常务委员会经过一定立法程序制定的有关会计工作的法律。(　　)

6.《注册会计师法》在我国会计法律制度中层次最高，是指导和规范会计工作的最高准

则，是制定其他会计法律制度的依据。（　　）

7. 地方性会计法规是指由省、市人民代表大会或常务委员会在同宪法、会计法律、行政法规和国家统一的会计准则制度不相抵触的前提下，根据本地区情况制定发布的关于会计核算、会计监督、会计机构和会计人员以及会计工作管理的规范性文件。（　　）

8. 根据规定，实行计划单列管理的计划单列市、经济特区的人民代表大会及其常委会制定、实施的有关会计工作的规范性文件，也属于地方性会计法规。（　　）

四、案例分析题

（一）吴某是一名在校大学生，他开始准备会计从业资格考试以增加自己的就业机会，在学习“财经法规与会计职业道德”的内容时，他购买了一本某组织编写的会计法律法规大全，翻阅了其中部分内容，如《中华人民共和国会计法》《中国注册会计师法》，国务院制定的《企业财务会计报告条例》和《中华人民共和国总会计师条例》，财政部制定的《会计从业资格管理办法》和《财政部门实施会计监督办法》，某省人大常委会制定的《会计管理条例》，中国会计学会制定的《中国会计学会会费管理办法》，某省财政厅制定的《会计从业资格管理实施办法》等。

1. 下列各项中，属于会计法律制度的有（　　）。

A. 会计法律　　B. 会计行政法规

C. 会计部门规章　　D. 地方政府法规

2. 财政部制定的《会计从业资格管理办法》属于（　　）。

A. 会计法律　　B. 会计行政法规

C. 会计部门规章　　D. 地方政府法规

3. 关于某省财政厅制定的《会计从业资格管理实施办法》说法不正确的有（　　）。

A. 属于会计法律

B. 属于会计部门规章

C. 属于会计行政法规

D. 是指导某省会计从业资格管理工作的规范性文件

4. 吴某翻阅的内容中属于会计行政法规的有（　　）。

A.《中国注册会计师法》　　B.《企业财务会计报告条例》

C.《会计从业资格管理办法》　　D.《中华人民共和国总会计师条例》

5. 吴某翻阅的内容中不属于会计法律制度构成内容的有（　　）。

A.《财政部门实施会计监督办法》　　B.《中国会计学会会费管理办法》

C.《会计从业资格管理实施办法》　　D.《总会计师条例》

（二）某公司组织了会计人员学习会计法规知识的讨论会。财务部经理在会上说：“《会计法》是从事财务会计工作的根本规范，我们一定要认真学习贯彻好《会计法》。此外，只要认真执行会计行政法规和《企业会计准则》，就能把会计服务企业、服务经济的工作做好。”

1.（　　）在我国会计法律制度中层次最高，是指导和规范会计工作的最高准则，是制定其他会计法律制度的依据。

A.《宪法》　　B.《会计法》　　C.《注册会计师法》　　D.《税法》

2. 会计法律制度包括(　　)。

A. 会计法律　　B. 会计行政法规

C. 会计部门规章　　D. 地方性会计法规

3. 关于财务部经理在会上说的一段话，下面表述正确的是(　　)。

A. 财务部经理的这番话完全正确

B. 财务部经理的这番话不完全正确。会计工作贯彻执行《会计法》、会计行政法规是正确的，此外还要执行会计部门规章和地方性会计法规

C. 只要认真学习贯彻好《会计法》就能做好会计工作

D.《会计法》是制定会计行政法规和《企业会计准则》的依据

4.《企业会计准则》属于(　　)。

A. 会计行政法规　　B. 会计部门规章

C. 会计法律　　D. 地方性会计法规

5. 关于法律效力，以下说法正确的是(　　)。

A. 会计法律效力高于会计行政法规

B. 会计行政法规的法律效力高于地方性会计法规

C. 会计行政法规的法律效力高于会计部门规章

D. 会计地方政府规章的效力高于地方性会计法规

第二节　会计工作管理体制

考证热点分析

1. 会计工作的行政管理的内容。
2. 单位负责人的职责。
3. 会计回避制度。

内容精讲

一、会计工作的行政管理

会计工作行政管理的体制如表 1-2 所示。

表 1-2　会计工作行政管理体制

项　　目	内　　容
主管部门	财政部门
管理原则	国务院财政部门统一领导，县级以上财政部门分级管理

会计工作行政管理的内容如下。

(1) 制定国家统一的会计准则制度是财政部门管理会计工作的一项最基本职能，会计制度的制定权限如图 1-2 所示。

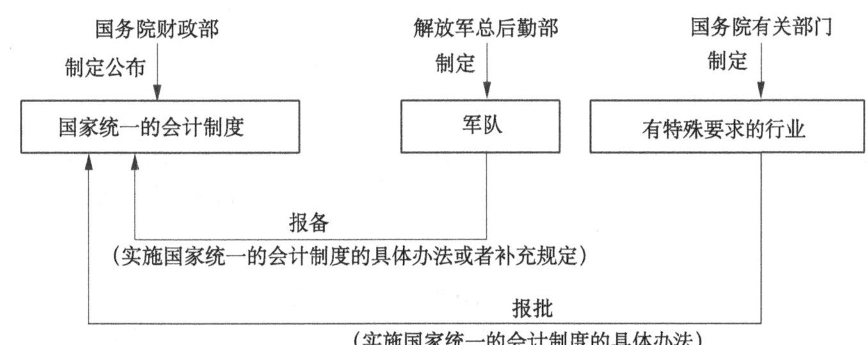

图 1-2 会计制度的制定权限

（2）进行会计市场管理，如表 1-3 所示。

表 1-3 会计市场管理的范围及要求

管理项目	管理范围	管理要求
准入管理	会计从业资格的取得	从事会计工作人员必须取得会计从业资格证
	注册会计师资格的取得	从事社会审计人员必须具有注册会计师资格
	代理记账机构的设立	应当经所在地的县以上财政部门批准设立，并取得由财政部统一印制的代理记账许可证
	注册会计师事务所的设立	应当经所在地的省级财政部门批准设立，并取得由财政部统一印制的会计审计许可证
过程管理	对获准进入会计市场的机构和人员	是否遵守各项法律法规，依据相关准则、制度和规范执行业务
		是否持续符合相关的资格和条件
退出管理	在执业过程中有违反《会计法》、《注册会计师法》行为的机构和个人	针对从业机构(代理记账机构、会计师事务所)，违法情节严重的，可撤回行政许可(代理记账许可证、会计审计许可证)
		针对从业个人(会计从业人员、社会审计人员)，违法情节严重的，吊销其执业资格(会计从业资格证、注册会计师资格)

注：对于会计出版市场、培训市场、境外洋资格的管理等也属于会计市场管理的范畴。

（3）进行会计专业人才评价，如表 1-4 所示。

表 1-4 会计专业人才评价

评价项目	级别/类别	范围	取得方式
会计专业技术资格	初级	助理会计师和会计员	全国统考
	中级	会计师	全国统考
	高级	高级会计师	考、评结合

续表

评价项目	级别/类别	范围	取得方式
会计领军(后备)人才评价	企业类	450 名	正式申报→选拔笔试→选拔面试→确定培训对象→培训考核→颁发全国会计领军(后备)人才培训证书
	行政事业类	100 名	
	注册会计师类	350 名	
	学术类	100 名	
对先进会计人员的表彰和奖励		认真执行会计法、忠于职守、坚持原则，做出显著成绩的会计人员	给予精神的或者物质的奖励

(4) 进行会计监督检查，如表 1-5 所示。

表 1-5　会计监督检查

项目	性质	范围	实施主体
会计信息质量检查	对自我监督的再监督	对全国会计信息质量检查	财政部组织实施
		本区域内的会计信息质量检查	县级以上财政部门组织实施，并对违反《会计法》行为实施行政处罚
会计师事务所执业质量检查	对社会监督的再监督	对全国会计师事务所执业质量检查	财政部组织实施
		本区域内的会计师事务所职业质量检查	省级财政部门组织实施，并对违反《注册会计师法》的行为实施行政处罚

二、会计工作的自律管理

会计工作的自律管理组织如表 1-6 所示。

表 1-6　会计工作的自律管理组织

行业协会	成立时间	性质	会员
中国注册会计师协会	1988 年 11 月 15 日	在财政部党组和理事会领导下开展行业管理和服务的法定组织	注册会计师
中国会计学会	1980 年	财政部所属、自愿结成的学术性、专业性、非营利性社会组织	全国会计领域各类专业组织，以及会计理论界、实务界会计工作者
中国总会计师协会	1990 年 5 月	经财政部审核同意、民政部正式批准，依法注册登记成立的跨地区、跨部门、跨行业、跨所有制的非营利性国家一级社团组织，是总会计师行业的全国性自律组织	会员单位：国有重点大型企业、具有一定规模的民营企业及设置总会计师职位的行政事业单位 个人会员：总会计师、首席财务官、财务总监、财务主管及直接以 CFO 命名的企业高管

三、单位内部的会计工作管理

单位内部的会计工作管理负责人的职责如表 1-7 所示。

表 1-7 单位负责人的职责

项目	内容
单位负责人的界定	指法人代表或非法人单位的一把手(注意，会计机构负责人不是单位负责人)
本单位会计行为的责任主体	单位负责人是责任主体(注意，单位负责人并非承担全部责任，直接责任人也应该承担责任)
单位负责人的主要责任	对本单位的会计工作和会计资料的真实性、完整性负责
	在财务会计报告上签名并盖章，并保证其真实、完整
	建立、健全单位内部会计监督和内部控制制度
	保证会计机构、会计人员依法履行职责，不得授意、指使、强令会计机构、会计人员违法办理会计事项
	发现账、实不符，而会计机构、会计人员无权自行处理的报告做出查处决定
	依法设置会计机构和会计人员

单位内部会计结构的设置如表 1-8 所示。

表 1-8 会计机构的设置

层次	要求
第一层次	依据会计业务的需要设置会计机构
第二层次	在有关机构中设置会计人员
第三层次	不具备设置条件的，应当委托经批准设立从事会计代理记账业务的中介机构代理记账

单位内部会计人员的选拔任用要求如表 1-9 所示。

表 1-9 会计人员的选拔任用要求

会计人员类别	选拔任用要求
从事会计工作的人员	必须取得“会计证”
会计机构负责人(会计主管人员)	会计证＋会计师证或 3 年工作经历
总会计师	会计证＋会计师证＋3 年以上从业经验 大、中型企业、事业单位、业务主管部门应当根据法律和国家有关规定设置总会计师，总会计师不是一种专业技术职务，也不是会计机构的负责人或会计主管人员，而是一种行政职务

单位内部会计人员的回避制度如表 1-10 所示。

表 1-10 会计人员回避制度

项目	内容
回避制度	实行“职务回避”和“业务回避”的一种制度
范围	国家机关、国有企业、事业单位任用会计人员应当实行回避制度
内容	单位负责人的直系亲属不得担任本单位会计机构负责人、会计主管人员 会计机构负责人、会计主管人员的直系亲属不得在本单位会计机构中担任出纳工作
直系亲属	包括夫妻关系、直系血亲关系(父母，子女)、三代以内旁系血亲(兄弟姐妹)以及近姻亲关系

单位内部会计人员回避示例如图 1-3 所示。

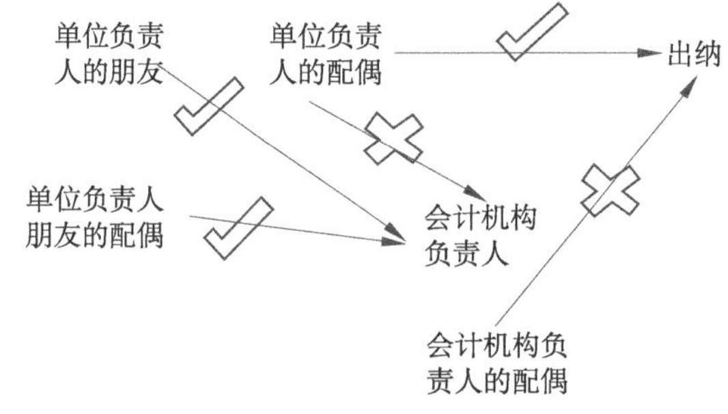

图 1-3　会计回避制度示例

本节考点强化练习

一、单选题

1. 我国代表国家对会计工作行使职能的政府部门是(　　)。

A. 财政部门　　B. 国务院　　C. 审计部门　　D. 税务部门

2. 会计工作行政管理体制遵循(　　)的原则。

A. 统一领导，集中管理　　B. 统一领导，分级管理

C. 分级领导，分级管理　　D. 分级领导，统一管理

3.《会计法》第七条规定，(　　)以上地方政府财政部门管理本行政区域内的会计工作。

A. 省级　　B. 地级　　C. 县级　　D. 乡级

4. 国家统一的会计制度是由(　　)制定的。

A. 全国人大常委会　　B. 国务院

C. 国务院财政部门　　D. 省级或省级以下财政部门

5. 我国财政部门履行会计行政管理的最基本职能是(　　)。

A. 会计监督检查　　B. 会计专业人才评价

C. 会计市场管理　　D. 制定和组织实施国家统一的会计准则制度

6.(　　)无权制定国家统一的会计制度或国家统一的会计制度的具体实施办法。

A. 国务院财政部门　　B. 国务院有关部门

C. 解放军总后勤部　　D. 解放军总政治部

7.(　　)可以依照《会计法》和国家统一的会计制度，制定军队实施国家统一的会计制度的具体办法，报国务院财政部门备案。

A. 国防部　　B. 中国人民解放军总政治部

C. 中央军委　　D. 中国人民解放军总后勤部

8. 中国人民解放军总后勤部可以依照《会计法》和国家统一的会计制度制定军队实施国家统一的会计制度的具体办法，报(　　)备案。

A. 国务院　　B. 中央军委　　C. 国务院财政部门　　D. 国家审计部门

9. 财政部门对会计从业资格的取得进行的条件设定，称为(　　)。

A. 会计培训市场的管理　　B. 会计市场准入管理

C. 会计市场运作管理　　D. 会计市场退出管理

10. 对于获准进入会计市场的机构和人员是否持续符合相关的资格和条件，也属于(　　)的范畴。

A. 会计培训市场的管理　　B. 会计市场准入管理

C. 会计市场过程管理　　D. 会计市场退出管理

11. 根据《会计法》的规定，从事会计工作的人员，应当具备从业资格和条件，才能上岗工作，即必须具备的基本任职资格是(　　)。

A. 取得会计从业资格证书　　B. 具有中级会计专业技术资格

C. 具有中专以上会计专业学历　　D. 接受会计培训

12. 对于会计出版市场、培训市场、境外洋资格的管理等也属于(　　)的范畴。

A. 会计市场管理　　B. 会计市场准入管理

C. 会计市场过程管理　　D. 会计市场退出管理

13. 会计专业技术资格，由(　　)组织实施。

A. 税务部门　　B. 财政部门　　C. 工商部门　　D. 海关总署

14.(　　)是单位会计行为的责任主体。

A. 单位负责人　　B. 财务主管　　C. 主管会计　　D. 会计人员

15. 单位负责人是指(　　)。

A. 单位法定代表人　B. 单位的高层领导　C. 单位的总会计师　D. 单位的总工程师

16.(　　)不属于《会计法》所指的单位负责人。

A. 局长　　B. 董事长　　C. 董事兼总经理　　D. 独资企业的投资人

17.(　　)负责单位内部的会计工作管理。

A. 单位会计人员　　B. 单位出纳人员　　C. 单位负责人　　D. 单位人事主管

18. 根据《会计法》的规定，对本单位的会计工作和会计资料的真实性、完整性负责的是(　　)。

A. 会计主管人员　　B. 单位负责人　　C. 总会计师　　D. 会计机构负责人

19. 就公司制企业而言，下列人员中应当是本单位会计行为责任主体的是(　　)。

A. 总会计师　　B. 财务经理　　C. 董事长　　D. 总经理

20.《会计法》第三十八条规定，从事会计工作的人员，必须取得(　　)。

A. 会计从业资格证书　　B. 会计师

C. 高级会计师　　D. 注册会计师

二、多选题

1.《会计法》规定，财政、审计、(　　)应当依照法律、行政法规规定的职责，对有关单位的会计资料实施监督检查。

A. 证券监管部门　　B. 税务　　C. 人民银行　　D. 保险监管部门

2. 会计工作行政管理体制遵循“统一领导，分级管理”的原则，具体是指(　　)。

A. 国务院主管全国的会计工作

B. 国务院财政部门主管全国的会计工作

C. 县级以上地方各级人民政府管理本行政区域内的会计工作

D. 县级以上地方各级人民政府财政部门管理本行政区域内的会计工作

3. 财政部门履行的会计行政管理职能包括(　　)。
A. 制定国家统一的会计准则制度　　B. 会计市场管理
C. 会计专业人才评价　　D. 会计监督检查
4. 我国财政部门对会计市场管理包括(　　)。
A. 会计市场的准入管理　　B. 会计市场的过程管理
C. 会计专业人才评价　　D. 会计市场的退出管理
5. 会计市场准入管理，是指财政部门对(　　)进行的条件设定。
A. 会计从业资格的取得　　B. 注册会计师资格的取得
C. 代理记账机构的设立　　D. 注册会计师事务所的设立
6. 会计市场的退出管理，是指财政部门对在执业过程中有违反《会计法》《注册会计师法》行为的机构和个人进行处罚，情节严重的，可以(　　)，强制其退出会计市场。
A. 撤回行政许可　　B. 注销其执业资格
C. 吊销其执业资格　　D. 罚款
7. 对会计专业人才评价包括(　　)等内容。
A. 会计专业技术资格考试　　B. 会计行业领军人才的培养评价
C. 对先进会计人员的表彰奖励　　D. 会计人员继续教育
8. 会计专业技术资格分为(　　)。
A. 初级　　B. 中级　　C. 高级　　D. 正高级
9. (　　)为初级职务。
A. 助理会计师　　B. 会计员　　C. 会计师　　D. 高级会计师
10. 财政部 2007 年制定了《全国会计领军(后备)人才培养十年规划》，在全国范围内有计划地按(　　)培养会计领军人才，担负会计行业的领军重任。
A. 企业类　　B. 行政事业类　　C. 注册会计师类　　D. 学术类
11. 我国财政部门实施的会计监督检查包括(　　)。
A. 会计账簿检查　　B. 会计信息质量检查
C. 代理记账机构执业质量检查　　D. 会计师事务所执业质量检查
12. 会计工作的自律管理主要包括(　　)的行业自律管理。
A. 中国注册会计师协会　　B. 中国会计学会
C. 中国总会计师协会　　D. 会计从业人员协会
13. 中国注册会计师协会是依据《中华人民共和国注册会计师法》和《社会团体登记条例》的有关规定设立，在(　　)领导下开展行业管理和服务的法定组织。
A. 财政部党组　　B. 理事会　　C. 董事会　　D. 民政部
14. 中国会计学会创建于 1980 年，接受(　　)的业务指导、监督和管理。
A. 财政部　　B. 理事会　　C. 董事会　　D. 民政部
15. 中国总会计师协会会员单位主体为(　　)。
A. 国有重点大型企业　　B. 外资企业
C. 具有一定规模的民营企业　　D. 设置总会计师职位的行政事业单位
16. 单位内部的会计工作管理主要包括(　　)。
A. 单位负责人的职责　　B. 会计机构的设置

C. 会计人员的选拔任用　　　　　　　　D. 会计人员回避制度

17. 单位负责人是本单位会计行为的责任主体，其主要职责包括(　　)。

A. 对本单位的会计工作和会计资料的真实性、完整性负全责

B. 在财务会计报告上签名并盖章，并保证其真实、完整

C. 建立、健全单位内部会计监督和内部控制制度

D. 保证会计机构、会计人员依法履行职责，不得授意、指使、强令会计机构、会计人员违法办理会计事项

18. 担任单位会计机构负责人(会计主管人员)的任职资格是(　　)。

A. 会计从业资格证书　　　　　　　　B. 会计师以上专业技术职务资格

C. 从事会计工作 3 年以上经历　　　　D. 主管一个单位财务工作不少于 3 年

19. 回避制度是指为了保证执法或者执业的公正性，对可能影响其公正性的执法或者执业的人员实行(　　)的一种制度。

A. 制度回避　　　B. 职务回避　　　C. 程序回避　　　D. 业务回避

20. (　　)任用会计人员应当实行回避制度。

A. 民营企业　　　B. 国有企业　　　C. 事业单位　　　D. 国家机关

三、判断题

1. 国家实行统一的会计制度，国务院有关部门可依本法和国家统一的会计制度制定对会计核算和会计监督有特殊要求的行业实施国家统一的会计制度的具体办法或者补充规定，报国务院财政部门备案。(　　)

2. 会计工作相关人员因应该知道而不知道国家统一的会计制度而造成会计行为违法，不要承担法律责任。(　　)

3.《会计法》规定，从事会计工作的人员，必须取得会计从业资格证书。从事社会审计的人员也必须具有会计从业资格证书。(　　)

4. 代理记账机构应当经所在地的县以上人民政府财政部门批准设立，并取得由财政部统一印制的代理记账许可证。(　　)

5. 会计师事务所的设立应当经所在地的省级以上人民政府财政部门批准设立，并取得由财政部统一印制的会计审计许可证。(　　)

6. 会计市场准入管理，是指财政部门对会计从业资格的取得、注册会计师资格的取得及代理记账机构的设立、注册会计师事务所的设立等进行的条件设定。这是对会计人员从事会计工作的准入要求，由我国县级以上财政部门进行管理。(　　)

7. 对于获准进入会计市场的机构和人员是否持续符合相关的资格和条件，也属于会计市场准入管理的范畴。(　　)

8. 初级、中级、高级会计资格的取得实行全国统一考试。(　　)

9.《会计法》规定，对认真执行会计法、忠于职守、坚持原则，做出显著成绩的会计人员，给予精神的或者物质的奖励。(　　)

10. 对会计信息质量检查主要是综合治理会计信息失真问题，提高会计信息质量，是对社会监督的再监督。(　　)

11. 对会计师事务所执业质量检查主要是确保注册会计师客观公正地发挥审计鉴证作用，是对自我监督的再监督。(　　)

12. 会计工作的自律管理是会计工作的行政管理的补充，是会计职业组织对整个会计职业的会计行为进行自我约束。（　　）

13. 注册会计师自愿加入注册会计师协会。（　　）

14. 在我国，中国注册会计师协会、中国会计学会和中国总会计师协会是会计工作的重要行政管理部门。（　　）

15. 单位负责人为单位会计责任主体，就是说如果一个单位会计工作中出现违法违纪行为，单位负责人应承担全部责任。（　　）

四、案例分析题

（一）东方公司是一家国有大型企业。2014 年 12 月，该公司由于外部宏观经济环境的变化，经营效益严重下滑，面临经营以来首次由盈转亏的情况，新任公司总经理徐某，深感事态严重，即电话请示正在外地出差的董事长。董事长宋某指示，为了公司的整体和长远利益，把会计报告做得漂亮些。总经理徐某把一指示转达给了公司总会计师，要求按董事长意见办。总会计师起初认为，这样随意进行会计处理可能不妥，但又考虑到董事长、总经理为公司呕心沥血地操劳和上级有关部门对本公司职工年终奖的考核要求，就按公司领导意图，对本年度的财务会计报告进行了技术处理，虚拟了若干笔无交易的销售收入，从而使公司报表由亏变盈。经诚信会计师事务所审计后，公司将财务会计报告对外报出。

2015 年 4 月，在例行检查中，当地财政部门发现该公司存在重大会计做假行为，依据《会计法》及相关法律、法规、制度，拟对该公司董事长、总经理、总会计师等相关人员进行行政处罚，并分别下达了行政处罚告知书。公司相关人员接到行政处罚告知书后，均要求举行听证会。

在听证会上，有关当事人作了如下陈述：

公司董事长宋某称："我一是为了公司的整体和长远利益，而要求把会计报告做得漂亮些，没有自己的小利益。二是在具体操作上，当时我在外考察，对公司情况不太了解，也没有具体明确指示过总经理虚拟若干笔无交易的销售收入来增加盈利。三是虽然我最后在财务会计报告上签名并盖章，那只是履行必要的会计手续而已。由此，我不能承担任何责任。具体情况请公司总经理予以说明。"

公司总经理徐某称："我是新任总经理，调入公司不到一年，且是搞技术出身的，主要抓公司的生产经营，对会计管理我是门外汉，我虽向总会计师转达过董事长的要求，但我仅是完成上传下达的职责而已。此外，我在财务会计报告上签名并盖章时，由于工作忙，我也没有时间看此财务会计报告，仅是在履行签字程序而已。由此，我不应承担责任。有关财务会计报告情况应由公司总会计师解释。"

公司总会计师称："公司对外报出的财务会计报告是经过诚信会计师事务所审计的，诚信会计师事务所是独立的中介机构，他们都出具了无保留意见的审计报告，表明我们的财务会计报告客观、公正，对此，财政部门不应该再提出质疑了。此外，退一万步讲，如果我们的会计报告财政部门提出要进行行政处罚，诚信会计师事务所应对本公司财务会计报告的真实性、完整性负责，并承担由此带来的一切责任。"

1.（　　）是东方公司的单位负责人。

A. 董事长　　B. 总经理　　C. 总会计师　　D. 出纳

2.（　　）的大、中型企业必须设置总会计师。

A. 国有　　B. 国有资产占控股地位

C. 国有资产占控股地位或者主导地位　　D. 事业行政单位

3. 关于董事长宋某，以下陈述正确的是(　　)。

A. 不符合会计法律、法规、制度的规定

B. 董事长虽然临时出差在外，但仍对本公司财务会计报告的真实性、完整性负责

C. 董事长临时出差在外，故而不对本公司财务会计报告的真实性、完整性负责

D. 董事长对本公司财务会计报告的真实性、完整性承担全部责任

4. 关于总经理徐某，以下陈述正确的是(　　)。

A. 总经理是财务会计报告的责任人

B. 总经理不是财务会计报告的责任人

C. 总经理不懂会计专业，仅履行签字程序，不对公司财务会计报告的真实性、完整性负责

D. 总经理需对公司财务会计报告的真实性、完整性负责

5. 总会计师的陈述，正确的是(　　)。

A. 财务会计报告经过会计师事务所审计，会计师事务所应当承担编制虚假财务会计报告的会计责任

B. 会计师事务所只承担相应的审计责任

C. 总会计师应当对财务会计报告的真实性、完整性承担全部责任

D. 总会计师应当对财务会计报告的真实性、完整性承担相应责任

(二) 2013 年 2 月，某国有企业张总经理，以加强对财务部管理为由，将自己外甥女李某，调入财务部担任出纳。李某到公司财务部工作后，经过两年的努力，取得了会计从业资格证书。2015 年 2 月，张总经理即任命李某为财务部经理，全面主持财务部工作。

1. 从事会计工作的人员，必须取得(　　)。

A. 会计从业资格证书　　B. 注册会计师资格

C. 代理记账许可证　　D. 会计审计许可证

2. (　　)是指财政部门对会计从业资格的取得等进行的条件设定。这是对会计人员从事会计工作的准入要求，由我国县级以上财政部门进行管理。

A. 会计市场准入管理　　B. 会计市场过程管理

C. 会计市场退出管理　　D. 会计市场全程管理

3. 张总经理将李某调入财务部担任出纳，下列说法正确的是(　　)。

A. 违反会计人员回避制度　　B. 未违反会计人员回避制度

C. 李某可担任该企业出纳工作　　D. 李某与张总经理是直系亲属

4. 李某在取得会计从业资格证后，(　　)。

A. 能担任会计机构负责人　　B. 不能担任会计机构负责人

C. 能担任出纳　　D. 能担任会计档案保管人员

5. 担任单位会计机构负责人(会计主管人员)的，必须(　　)。

A. 取得会计从业资格证书

B. 具备会计师以上专业技术职务资格

C. 具备高级会计师以上专业技术职务资格

D. 从事会计工作满两年

第三节 会计核算

考证热点分析

1. 伪造、变造会计资料与编制虚假财务会计报告的区别。
2. 会计凭证审核后的处理、更正。
3. 会计档案的归档、移交、整理、查阅、销毁。

内容精讲

一、总体要求

会计核算的总体要求如表 1-11 所示。

表 1-11 会计核算的总体要求

项目	要求
会计核算的依据	各单位必须根据实际发生的经济业务事项进行会计核算
对会计资料的基本要求	会计资料(会计凭证、会计账簿、财务会计报告和其他会计资料)的生成和提供必须符合国家统一的会计准则制度的规定，保证会计资料的真实性和完整性。真实性是指与实际经济业务的内容及结果一致；完整性是指要素齐全
	提供虚假的会计资料是违法行为，任何单位和个人不得伪造、变造会计凭证、会计账簿及其他会计资料，不得提供虚假的财务会计报告。伪造会计资料，实质是无中生有；变造会计资料，实质是篡改事实；提供虚假财务会计报告，实质是以假乱真
会计核算的其他规定	会计年度，自公历 1 月 1 日起至 12 月 31 日止
	记账本位币，人民币或外币，但是编报的财务会计报告应当折算为人民币，一经选定，不得随意变更
	会计处理方法，包括会计确认、计量、记录和报告四个方面，一经选定，不得随意变更
	会计记录文字，中文(必选)+民族文字或外国文字(备选)
	用电子计算机进行会计核算必须符合法律规定

二、会计凭证

▶ 1. 原始凭证

原始凭证的取得要求如表 1-12 所示。

表 1-12 原始凭证的取得要求

类别	情形	要求
自制原始凭证	对内使用的	必须有经办单位领导人或者其他指定的人员签名盖章
	对外开出的	必须加盖本单位公章

续表

类　别	情　形	要　求
外来原始凭证	签章	须盖填制单位的公章或填制人员的签名盖章
	外购实物	必须有验收证明
	支付款项	必须有收款单位和收款人的收款证明
	销货退回的	填制退货发票＋退货验收证明
	退款	必须取得对方的收款收据或汇款银行的凭证，不得以退款发票代替收据
	职工出差借款凭据	须附在记账凭证之后，收回借款时应当另开收据或者退回借据副本，不得退还原借款凭据

原始凭证的审核与处理如图 1-4 所示。

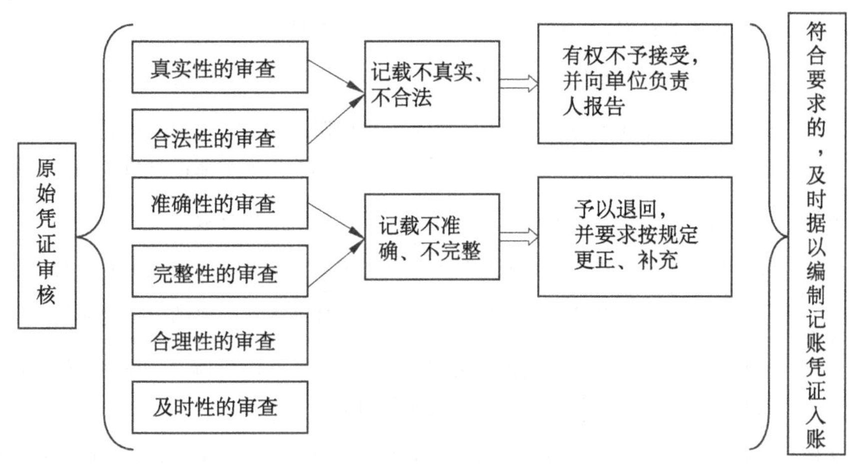

图 1-4　原始凭证的审核与处理

原始凭证的更正、保管要求如表 1-13 所示。

表 1-13　原始凭证的更正、保管

项　目	情　形	要　求
更正	金额有错误的	应由出具单位重开，不得在原始凭证上更正
	其他有错误的	应由出具单位重开或更正，更正处应加盖公章
保管	保管期限	一般为 15 年
	遗失处理	应当取得原开出单位盖有公章的证明，由经办单位会计机构负责人(会计主管人员)和单位负责人批准后，才能代作原始凭证
		无法取得证明的，由当事人写出详细情况，由会计机构负责人(会计主管人员)和单位负责人批准后，代作原始凭证
	外借	原件不得借出
		如有特殊需要，经本单位负责人批准后，可以提供查阅或者复制，并办理登记手续

2. 记账凭证

记账凭证的种类如表 1-14 所示。

表 1-14 记账凭证的种类

分类标准	内容
按照记账凭证的用途	专用记账凭证、通用记账凭证
按照记账凭证的填制方法	复式记账凭证、单式记账凭证和汇总记账凭证

记账凭证的填制、审核要求如表 1-15 所示。

表 1-15 记账凭证的填制、审核要求

项目	要求	内容
填制	审核无误	应当根据经过审核的原始凭证及有关材料编制
	内容完整	记账凭证的日期，一般为编制记账凭证当天的日期
	分类正确	可根据每一张原始凭证填制或根据若干张同类原始凭证汇总填制
		也可将原始凭证汇总表张数作为记账凭证的附件张数，再把原始凭证作为原始凭证汇总表的张数处理。但不同内容和不同类别的原始凭证不能汇总填在一张记账凭证上
	连续编号	一笔经济业务需要编制两张以上的记账凭证的，采用分数编号
	附件齐全	除了结账、更正错误的记账凭证外，其他记账凭证应附原始凭证并注明张数
		一张原始凭证涉及几张记账凭证，可将原始凭证附在主要的一张记账凭证后
		一张原始凭证所列的支出需要由两个以上的单位共同负担时，应当由保存该原始凭证的单位开给其他应负担单位原始凭证分割单
填制	空行注销	如有空行，应当在金额栏自最后一笔金额数字下空行处至合计数上的空行处划线注销
	签章齐全	一般应由填制人员、审核人员、会计主管人员、记账人员分别签名盖章，以示其经济责任
		对于收款凭证及付款凭证，还应由出纳人员签名盖章，以证明款项已收讫或付讫
审核	编制依据是否真实	是否按原始凭证填制记账凭证
	填写项目是否齐全	
	科目与金额计算是否正确	

记账凭证的审核处理、更正处理及保管要求如表 1-16 所示。

表 1-16 记账凭证的审核处理、更正处理及保管要求

项目	情形	处理
审核后的处理	完全符合要求	及时登记账簿
	填制有差错或者填列不完整、签章不齐全的	应查明原因，责令更正(已入账的)、补充(填列不完整、签章不齐全的)或者重填(没入账的)

续表

<table>
<tr><th>项 目</th><th>情 形</th><th>处 理</th></tr>
<tr><td rowspan="3">更正</td><td>记账之前发现记账凭证有错误</td><td>应重新编制正确的记账凭证，并将错误凭证作废或撕毁</td></tr>
<tr><td rowspan="2">登记入账后发现记账凭证有错误</td><td>红字记账凭证冲销，同时蓝字记账凭证填制更正的记账凭证</td></tr>
<tr><td>如果只金额错误，也可以将之间的差额，另编一张调整的记账凭证，调增金额用蓝字，调减金额用红字</td></tr>
<tr><td rowspan="2">保管</td><td>保管期限</td><td>一般为 15 年</td></tr>
<tr><td>保管</td><td>按照分类和编号顺序保管，记账凭证应当连同所附的原始凭证等按照规定的要求装订、保管，不得散失</td></tr>
</table>

三、会计账簿

会计账簿的种类如表 1-17 所示。

表 1-17 会计账簿的种类

分类标准	内 容
按用途的不同	序时账簿、分类账簿和备查账簿
按账页格式不同	两栏式、三栏式、多栏式和数量金额式
按外形特征分类	订本式账簿、活页式账簿和卡片式账簿

会计账簿的设置及登记规则如表 1-18 所示。

表 1-18 会计账簿的设置及登记规则

<table>
<tr><th>项 目</th><th>要 求</th><th>具体内容</th></tr>
<tr><td rowspan="3">会计账簿的设置</td><td>依法设账</td><td rowspan="3">法，既包括《会计法》《会计基础工作规范》，也包括如《税收征管法》《公司法》等其他法律、行政法规</td></tr>
<tr><td>账簿的设置要符合规定</td></tr>
<tr><td>禁止账外设账</td></tr>
<tr><td rowspan="7">登记规则</td><td>登记会计账簿</td><td>必须依据经过审核的会计凭证登记会计账簿</td></tr>
<tr><td>逐项登记</td><td>账簿内容需逐项登记</td></tr>
<tr><td>要按页次顺序连续登记，不得跳行、隔页</td><td>如果发生跳行、隔页，应当将空行、空页划线注销，或者“此行空白”“此页空白”字样，并由记账人员签名或者盖章</td></tr>
<tr><td>结出余额</td><td>现金日记账和银行存款日记账必须逐日结出余额</td></tr>
<tr><td>发生错误时，应当按照规定的更正方法进行更正</td><td>划线更正法、补充登记法、红字冲正法三种方法</td></tr>
<tr><td>及时对账</td><td>将会计账簿记录的有关数字与库存实物、货币资金、有价证券、往来单位或者个人等进行相互核对，保证账证、账账、账表、账实四相符</td></tr>
<tr><td>实行会计电算化的单位，其账簿的登记、更正也应符合要求</td><td>应当符合国家统一的会计制度规定</td></tr>
</table>

四、财务报表

财务报表的种类如表 1-19 所示。

表 1-19 财务报表的种类

分类标准	内容
按服务对象	分为对外报表和内部报表
按报表所提供会计信息的重要性	分为主表（资产负债表、利润表和现金流量表）和附表（利润分配表和分部报表、应交增值税明细表、资产减值准备明细表）
按编制和报送的时间	分为中期财务报表和年度财务报表
按编报单位不同	分为基层财务报表和汇总财务报表
按编报的会计主体不同	分为个别报表和合并报表

注：财务报表是对企业财务状况、经营成果和现金流量的结构性表述，至少应包括“四表一附注”：资产负债表、利润表、现金流量表、所有者权益（或股东权益）变动表和附注。

财务报表的编制要求如表 1-20 所示。

表 1-20 财务报表的编制要求

编制要求	具体内容
数字真实	这是对会计信息质量的基本要求
计算准确	编制财务报表必须以核对无误后的账簿记录和其他有关资料为依据
内容完整	凡国家要求提供的财务报表，必须全部编制并报送，不得漏编和漏报；凡是国家统一要求披露的信息，都必须披露
手续完备	封面上应当由三大负责人（单位负责人、主管会计工作的负责人、会计机构负责人/会计主管人员）签名并盖章；设置总会计师的企业，还应当由总会计师签名并盖章
报送及时	一般单位必须编制月份、季度、年度财务会计报告，股份有限公司还应当编制半年度的中期财务会计报告

财务报表的出错办理如表 1-21 所示。

表 1-21 财务报表的出错办理

出错情形	办理要求
有错误但不多需更正	及时更正本单位留存的财务会计报告，同时通知接受财务会计报告的单位更正
错误较多的需重编	编制单位应当重新编制

五、会计档案管理

会计档案的种类及内容如表 1-22 所示。

表 1-22 会计档案的种类及内容

种　类	内　容
会计凭证类	原始凭证、记账凭证、汇总凭证、其他会计凭证
会计账簿类	总账、明细账、日记账、固定资产卡片、辅助账簿、其他会计账簿
财务报表类	月度、季度、年度财务会计报告，包括会计报表、附表、附注及文字说明
其他类	银行(银行余额调节表、银行对账单)、其他应当保存的会计核算专业资料、清册(会计移交清册、会计档案保管清册、会计档案销毁清册)

注：(1)各单位的预算、计划、制度等文件材料属于文书档案，不属于会计档案；
(2)会计档案的双管理部门：财政部门＋档案行政管理部门。

会计档案的归档流程如图 1-5 所示。

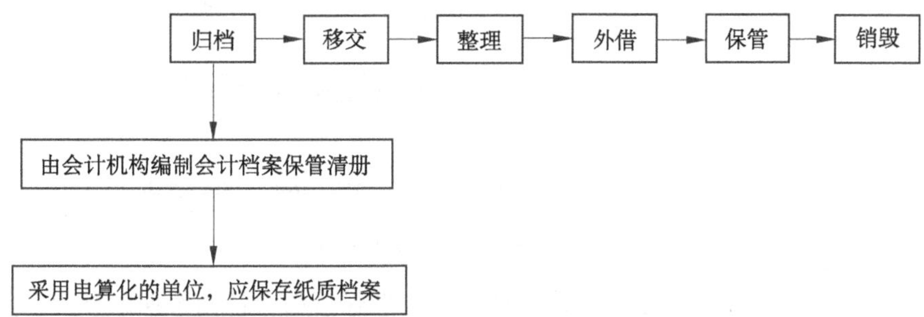

图 1-5 会计档案的归档流程

会计档案的移交流程如图 1-6 所示。

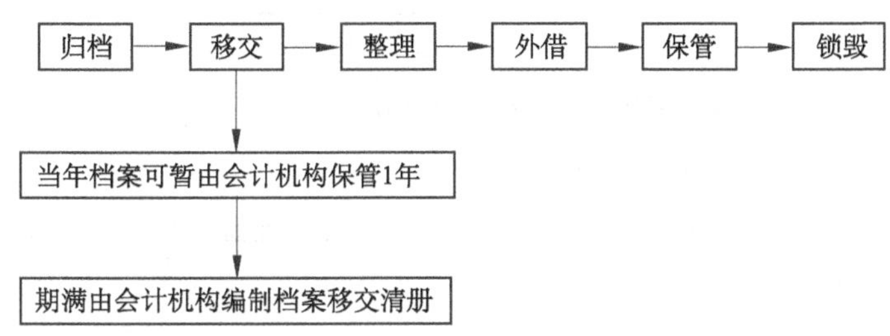

图 1-6 会计档案移交流程

期满之后，移交本单位档案机构统一保管；未设立档案机构的，应当在会计机构内部指定专人保管。出纳人员不得兼管会计档案保管工作。

会计档案的三方拆封整理流程如图 1-7 所示。

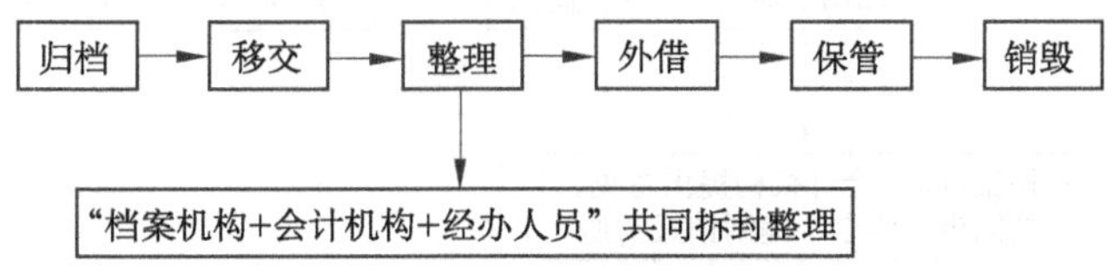

图 1-7 会计档案三方拆封整理流程

会计档案的查阅流程如图 1-8 所示。

我国境内所有单位的会计档案不得携带出境。

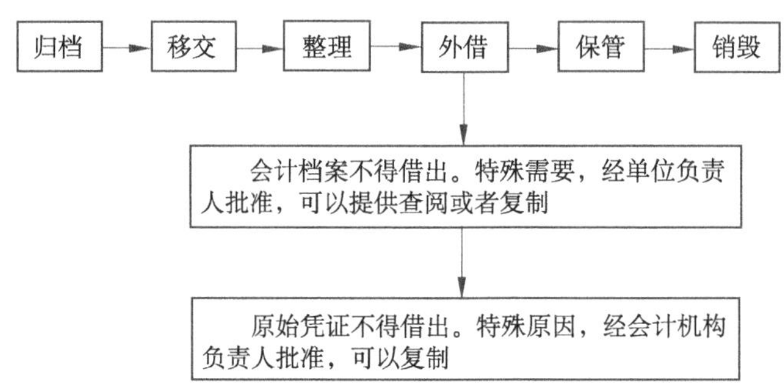

图 1-8　会计档案查阅流程

会计档案的保管期限如图 1-9 所示。

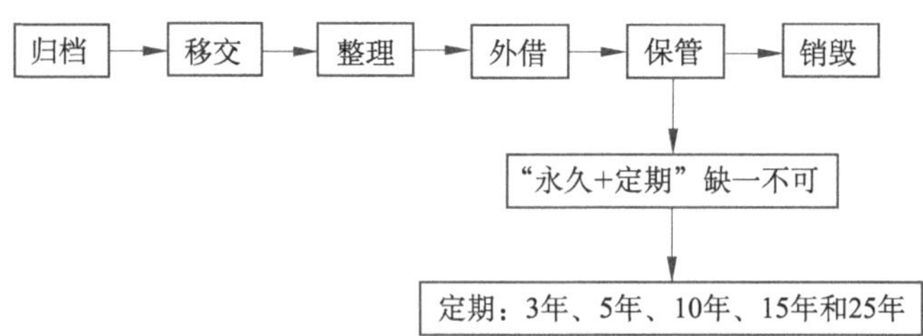

图 1-9　会计档案的保管期限

会计档案的保管期限分为永久和定期两类。定期保管的会计档案期限分为 3 年、5 年、10 年、15 年和 25 年五类，由会计年度终了后的第一天起算，如表 1-23 所示。

表 1-23　会计档案的保管期限分类

保管年限	会 计 档 案
永久	年报、会计档案保管清册、会计档案销毁清册
25 年	现金日记账、银行存款日记账
5 年	银行存款余额调节表、银行对账单、固定资产卡片在固定资产报废清理后
3 年	月报、季报
15 年	其他

会计档案的销毁分为两种情况：一是对于保管期满可以销毁的会计档案，应当按照规定的程序销毁，如图 1-10 和图 1-11 所示；二是不得销毁的会计档案，其流程如图 1-12 所示。

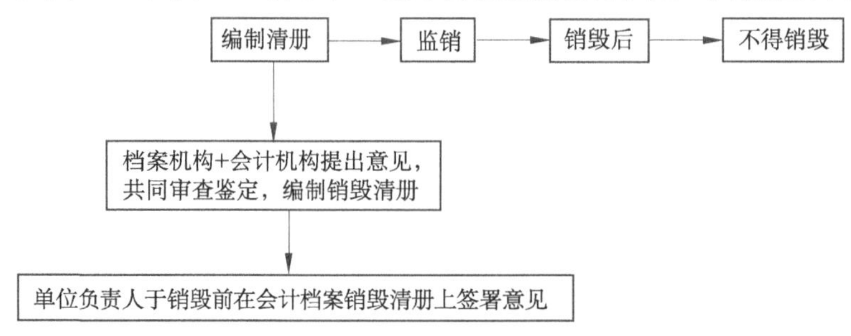

图 1-10　编制会计档案销毁清册

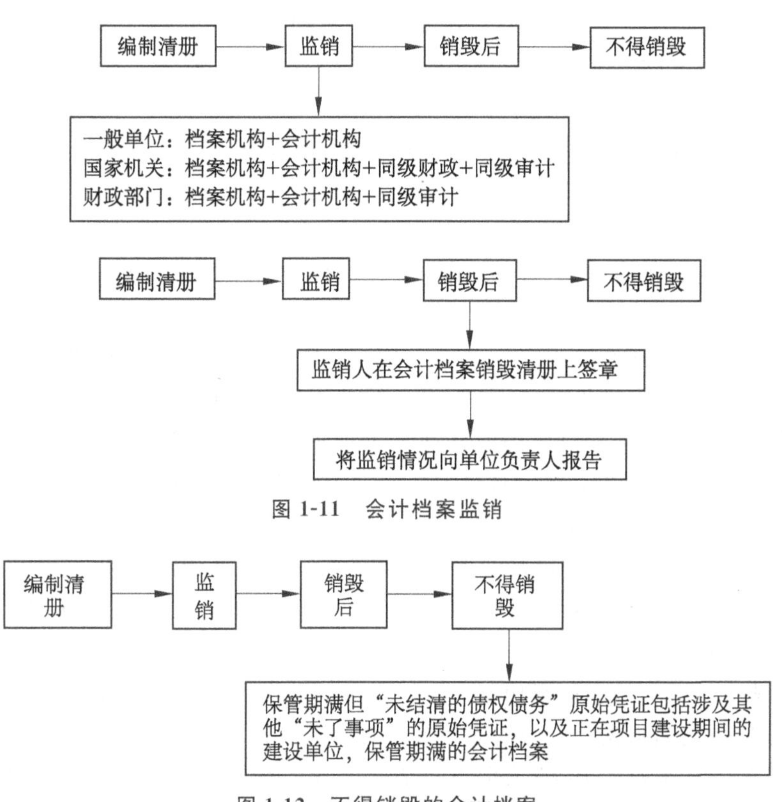

图 1-11　会计档案监销

图 1-12　不得销毁的会计档案

本节考点强化练习

一、单选题

1. 按照会计核算的真实性和客观性要求，各单位会计核算的依据必须是(　　)。

A. 原始凭证　　B. 会计账簿

C. 记账凭证　　D. 实际发生的经济业务

2. 会计资料的真实性是指(　　)。

A. 会计资料所反映的内容和结果应同单位实际发生的经济业务的内容及其结果相一致

B. 构成会计资料的各项要素须齐全，须如实、全面地记录和反映单位的经济活动情况

C. 会计资料所反映的结果可以同单位实际发生的经济业务的结果相一致

D. 会计资料所反映的内容不一定同单位实际发生的经济业务完全一致

3. 采取涂改、挖补或者其他手段改变会计账簿的真实内容的是(　　)会计资料行为。

A. 伪造　　B. 变造　　C. 编制虚假　　D. 窃取

4. 下列提法中，错误的是(　　)。

A. 国家机关、社会团体、公司、企业、事业单位都应当按照《中华人民共和国会计法》和国家统一的会计制度的要求设置会计账簿，进行会计核算

B. 不具备设置会计机构条件的单位，应当委托批准设立的代理记账机构代理记账

C. 各单位设置会计账簿的种类和具体要求，应当符合《中华人民共和国会计法》和国家统一的会计制度的规定

D. 单位根据本单位实际情况，可以在法定会计账册外另行设置会计账簿进行登记、核算

5. 民族自治地方的单位，会计记录文字应当符合的规定是（　　）。

A. 在中文和民族文字中任选一种

B. 使用中文，也可同时使用当地通用的一种民族文字

C. 只能使用民族文字

D. 只能使用中文

6. 实行会计电算化的单位，所使用的会计软件及其生成的资料应当符合政府有关部门的规定，这些规定不包括（　　）。

A.《会计电算化管理办法》　　B.《会计电算化工作规范》

C.《会计从业资格管理办法》　　D.《会计核算软件基本功能规范》

7. 各单位必须根据实际发生的经济业务事项进行会计核算，填制会计凭证，登记会计账簿，编制财务会计报告，是会计核算（　　）原则的具体体现。

A. 合法性　　B. 真实性　　C. 实质重于形式　　D. 一致性

8. 任何单位不得以虚假的经济业务事项或者（　　）进行会计核算。

A. 原始凭证　　B. 记账凭证　　C. 资料　　D. 会计资料

9. 我国的会计年度采用（　　）。

A. 公历制　　B. 夏历制　　C. 农历制　　D. 阴历制

10. 记账凭证应当根据（　　）的原始凭证及有关资料编制。

A. 未经审核但真实　　B. 真实但不完整　　C. 经过审核　　D. 实际发生

11.（　　）应当对原始凭证的内容及真实性、合法性负责。

A. 会计机构　　B. 会计人员

C. 单位负责人　　D. 填制原始凭证的人员

12. 根据《中华人民共和国会计法》的规定，会计机构、会计人员审核原始凭证的具体程序、要求，应当按国家统一的会计制度规定进行，对不真实、不合法的原始凭证有权不予受理，并向（　　）报告。

A. 会计机构负责人　　B. 总会计师

C. 上级单位负责人　　D. 单位负责人

13. 从外单位取得的原始凭证如有遗失，应当取得（　　）盖有公章的证明，并注明原来凭证的号码、金额和内容等，由经办单位会计机构负责人、会计主管人员和单位领导人批准后，才能代作原始凭证。

A. 单位负责人　　B. 经办人员　　C. 审计部门　　D. 原开出单位

14. 原始凭证记载的（　　）有错误的，不得更改，只能由原始凭证开具单位重新开具。

A. 时间　　B. 经办人姓名　　C. 金额　　D. 内容

15. 会计人员登记会计账簿时应当以（　　）为依据。

A. 记账凭证　　B. 转账凭证

C. 审核无误的转账凭证　　D. 审核无误的记账凭证

16. 根据《会计基础工作规范》规定，各单位的对账工作每年至少进行（　　）。

A. 一次　　B. 两次　　C. 三次　　D. 四次

17.(　　)是单位对外提供的财务会计报告的责任主体。

A. 单位负责人　　B. 分管会计工作的领导人

C. 会计机构负责人　　D. 会计主管

18. 会计档案的保管期限是从(　　)算起。

A. 会计档案形成时　　B. 会计档案装订时

C. 会计档案经审计后　　D. 会计年度终了后的第一天

19. 与单位经济业务相关方面需要查阅与其业务相关的会计凭证，经(　　)批准，在不拆散原卷册的前提下，可以提供查阅。

A. 档案管理员　　B. 会计人员　　C. 会计主管人员　　D. 单位负责人

20. 根据《会计档案管理办法》的规定，各级财政部门销毁会计档案时，应由(　　)。

A. 同级审计部门派人监销　　B. 档案部门和会计部门共同派人监销

C. 会计部门派人监销　　D. 上级审计部门派人监销

21. 各单位每年形成的会计档案，应由单位会计部门按照归档要求负责整理立卷或装订。当年形成的会计档案在会计年度终了后，可暂由本会计部门保管(　　)年。

A. 3　　B. 2　　C. 4　　D. 1

22. 会计机构保管会计档案的专职人员不得由单位(　　)担任。

A. 出纳人员　　B. 会计人员

C. 会计师　　D. 会计机构负责人

二、多选题

1. 会计核算的要求有(　　)。

A. 依法建账

B. 会计核算必须以实际发生的经济业务事项为依据

C. 正确采用会计处理方法

D. 正确使用会计记录文字

2. 单位建账应遵循的法律依据主要包括(　　)。

A. 会计法　　B. 合同法　　C. 会计基础工作规范　　D. 公司法

3. 对会计资料的基本要求包括(　　)。

A. 会计资料的内容和要求须符合国家统一会计制度的规定

B. 不得伪造、变造会计资料

C. 不得更改会计凭证和会计账簿

D. 不得提供虚假的财务会计报告

4. 会计处理方法是指在会计核算中所采用的具体方法，通常包括(　　)。

A. 收入确认方法　　B. 存货计价方法

C. 固定资产折旧方法　　D. 编制合并会计报表的方法

5. 变更会计处理方法后，应在财务会计报告中对(　　)予以说明。

A. 变更会计处理方法的支持者　　B. 变更的原因

C. 变更会计处理方法的反对者　　D. 变更的影响

6. 下列各项中，属于原始凭证的有(　　)。

A. 发货票　　B. 差旅费报销单

C. 借款单　　D. 委托银行收款结算凭证

7. 原始凭证的基本要素包括(　　)。

A. 原始凭证名称　　B. 填制原始凭证的日期

C. 接受原始凭证的单位名称　　D. 经济业务内容

8. 原始凭证的填制要求包括(　　)。

A. 记录要真实　　B. 不得涂改、刮擦、挖补

C. 编号要连续　　D. 填制要及时

9. 原始凭证的审核内容包括(　　)。

A. 真实性　　B. 合法性　　C. 合理性　　D. 完整性

10. 会计机构、会计人员必须按照国家统一的会计制度的规定对原始凭证进行审核，对(　　)的原始凭证有权不予接受，并向单位负责人报告。

A. 不真实　　B. 不准确　　C. 不完整　　D. 不合法

11. 会计机构、会计人员对记载(　　)的原始凭证予以退回，并要求按照国家统一的会计制度的规定更正、补充。

A. 不真实　　B. 不准确　　C. 不完整　　D. 不合法

12. 从外单位取得的原始凭证如有遗失，应当取得原开出单位盖有公章的证明，并证明原来凭证的号码、金额和内容等，由经办单位(　　)批准后，才能代作原始凭证。

A. 会计机构负责人　　B. 单位负责人　　C. 经办人　　D. 出纳

13. 记账凭证按其填列方式，可分为(　　)。

A. 转账凭证　　B. 通用凭证　　C. 复式凭证　　D. 单式凭证

14. 记账凭证按用途不同，可以分为(　　)。

A. 收款凭证　　B. 付款凭证　　C. 转账凭证　　D. 复式凭证

15. 记账凭证必须具备的基本要素包括(　　)等。

A. 记账标志　　B. 填制凭证的日期

C. 凭证的名称　　D. 经济业务事项的内容摘要

16. 记账凭证可以根据(　　)填制。

A. 每一张原始凭证　　B. 若干张同类原始凭证汇总

C. 原始凭证汇总表　　D. 不同内容的原始凭证汇总

17. 除(　　)的记账凭证可以不附原始凭证外，其他记账凭证必须附有原始凭证。

A. 结账　　B. 期末账项调整　　C. 更正错误　　D. 转账业务

18. 在记账凭证上应当签名或盖章的人员有(　　)。

A. 会计机构负责人　　B. 填制凭证人员　　C. 稽核人员　　D. 记账人员

19. 打印出的机制记账凭证要加盖(　　)人员的印章。

A. 审核人员　　B. 制单人员

C. 记账人员　　D. 会计机构负责人

20. 会计账簿按用途的不同，可以分为(　　)三类。

A. 序时账簿　　B. 分类账簿　　C. 备查账簿　　D. 三栏式账簿

21. 会计账簿的设置(　　)。

A. 依法设账　　B. 账簿的设置要符合规定

C. 必须依据经过审核的会计凭证登记会计账簿 D. 禁止账外设账

22. 会计账簿记录发生错误时，可采用（ ）进行更正

A. 划线更正法 B. 划圈更正法 C. 补充登记法 D. 红字冲正法

23. 对账，是将会计账簿记录的有关数字与（ ）等进行相互核对。

A. 库存实物 B. 货币资金

C. 有价证券 D. 往来单位或者个人

24. 核对账目应做到（ ）。

A. 账证相符 B. 账实相符 C. 账表相符 D. 账账相符

25. 根据《企业财务会计报告条例》的规定，企业财务报表按编制和报送的时间可分为（ ）。

A. 中期财务报表 B. 年度财务报表

C. 个别财务报表 D. 合并财务报表

26. 财务报表至少应当包括（ ）与附注。

A. 资产负债表 B. 利润表

C. 现金流量表 D. 所有者权益变动表

27. 为保证财务报表数据的正确性，编制报表之前必须做好（ ）工作，做到账证相符、账账相符、账实相符以保证报表数据的真实准确。

A. 登账 B. 对账 C. 结账 D. 改账

28. 企业编制的财务会计报表应做到（ ）。

A. 内容完整 B. 计算准确 C. 数字真实 D. 手续完备

29. 企业对外提供的财务会计报告，应当（ ）。

A. 依次编定页码 B. 加具封面 C. 装订成册 D. 加盖公章

30. 根据《会计法》和国家统一的会计制度的规定，设置总会计师的单位对外报送的财务会计报告应当由（ ）签章。

A. 单位负责人 B. 注册会计师

C. 会计机构负责人（会计主管人员） D. 总会计师

31. 一般单位必须编制（ ）财务会计报告。

A. 月份 B. 季度 C. 半年度 D. 年度

32. 不列各项中，属于会计档案的有（ ）。

A. 原始凭证 B. 年度工作计划

C. 现金日记账 D. 资产负债表

33. 各级（ ）共同负责会计档案工作的指导、监督和检查。

A. 人民政府 B. 财政部门

C. 档案行政管理部门 D. 审计部门

34. 下列关于会计档案的表述中，符合《会计档案管理办法》规定的有（ ）。

A. 单位会计档案经本单位会计机构负责人批准后可以对外提供查询

B. 单位会计档案销毁须经单位负责人批准

C. 保管期满但未结清债权债务的原始凭证，不得销毁

D. 正在项目建设期间的建设单位，其保管期满的会计档案不得销毁

35. 移交本单位档案机构保管的会计档案，原则上应当保持原卷册的封装，个别需要拆封重新整理的，档案机构应当会同(　　)共同拆封整理，以分清责任。

A. 审计机构　　B. 会计机构　　C. 经办人员　　D. 纪检部门

36. 根据《会计档案管理办法》的规定，会计档案的定期保管期限分为3年和(　　)年。

A. 5　　B. 10　　C. 15　　D. 25

37. 会计档案销毁时，监销人员根据不同情况由相应的单位派出。下列关于监销人员的，说法正确的有(　　)。

A. 对于一般企业、事业单位和组织，由单位档案机构和会计机构共同派员监销

B. 对于国家机关，应当由同级财政部门派员参加监销

C. 对于国家机关，应当由同级财政部门、审计部门共同派员参加监销

D. 对于财政部门，则由同级审计部门派员监销

三、判断题

1. 设置会计账簿的种类和具体要求，应当符合《中华人民共和国会计法》和国家统一会计制度的规定。(　　)

2. 不具备建账条件的单位，可以不建账，无须进行会计核算。(　　)

3. 国家机关、社会团体、企业、事业单位、其他组织和公民个人都应当设置会计账簿，进行会计核算。(　　)

4.《会计法》不仅规定各单位必须依法建账，还对各单位设置会计账簿的种类做出了规定。(　　)

5. 各单位产生的各项经济业务应当统一进行核算，不得违反规定私设会计账簿进行登记、核算。(　　)

6. 会计核算必须以实际发生的经济业务事项为依据。(　　)

7. 所有实际发生的经济业务事项都需要进行会计记录和会计核算。(　　)

8. 会计资料的真实性和完整性，是会计资料最基本的质量要求。(　　)

9. 以虚假的经济业务事项或资料进行会计核算，是一种违法行为。(　　)

10. 伪造会计凭证的行为，是指采取涂改、挖补以及其他方法改变会计凭证真实内容的行为。(　　)

11. 变造会计凭证的行为，是指用涂改、挖补等方法改变会计凭证真实内容的行为。(　　)

12. 记账本位币只是指日常登记账簿时用以计量的货币。(　　)

13. 我国《会计法》规定，业务收支以人民币以外的货币为主的单位，必须以外币为记账本位币。(　　)

14. 所有的企业，会计核算必须以人民币为记账本位币。(　　)

15.《会计法》对用电子计算机进行会计核算的单位，只要求使用的会计软件必须符合国家统一的会计制度的规定。(　　)

16. 原始凭证记录的是经济信息，记账凭证是编制原始凭证的依据。(　　)

17. 原始凭证开具单位对填制有误的原始凭证，负有更正和重新开具的法律义务，不得拒绝。(　　)

18. 职工出差借款凭据，必须附在记账凭证之后作为记账依据。收回借款时另开收据

或退回借据副本，不能退还原借款凭据。（ ）

19. 原始凭证的内容只要是真实的就是合法的。（ ）

20. 会计人员对不真实的原始凭证有权不予接受。（ ）

21. 会计机构、会计人员应当认真审核原始凭证，并对原始凭证内容的真实性、合法性负责。（ ）

22. 记账凭证填制完经济业务事项后，如有空行，应当自金额栏最后一笔金额数字下的空行处至合计数上的空行处划线注销。（ ）

23. 如果在填制记账凭证时发生错误，不能重新填制，应按更正错账的要求予以更正。（ ）

24. 总账也称总分类账，是根据原始凭证开设的账簿。（ ）

25. 会计账簿记录发生错误时，只能采用划线更正法进行更正。（ ）

26. 各单位应当定期将会计账簿记录与实物、款项及有关资料相互核对，保证会计账簿记录与实物及款项的实有数额相符、会计账簿记录与会计凭证的有关内容相符、会计账簿之间相对应的记录相符、会计账簿记录与会计报表的有关内容相符。（ ）

27. 凡是需要结出余额的账户，应该定期或不定期结出余额。（ ）

28. 财务报表使用者包括投资者、债务人和政府及其有关部门，社会公众不使用财务报表。（ ）

29. 合并财务报表是以母公司为会计主体，根据母公司和所属子公司的财务报表，由母公司编制。（ ）

30. 会计报表只包括资产负债表、利润表、现金流量表和所有者权益变动表。（ ）

31. 会计报表附注是对会计报表的补充说明，也是财务会计报告的重要组成部分。（ ）

32. 单位负责人必须保证对外提供的财务会计报告的真实、完整。（ ）

33. 注册会计师及其所在的会计师事务所出具的审计报告不必随同财务会计报告一并提供。（ ）

34. 接受企业财务会计报告的组织或者个人，在企业财务会计报告未正式对外披露前，应当对其内容保密。（ ）

35. 财产清查是会计核算工作的一项重要程序，是在编制年度财务会计报告之后，对账实是否相符所做的一项检查工作。（ ）

36. 财产清查必须是定期对各项财产物资进行实地盘点。（ ）

37. 档案部门保管的已封装的会计档案，需要拆封重新整理的，只需会同会计部门共同拆封整理即可。（ ）

38. 在销毁会计档案之前，单位档案管理部门负责人对所要销毁的会计档案进行复核后在会计档案销毁清册上签署销毁意见。（ ）

39. 为确保会计档案的安全和完整，保存的会计档案只能为本单位使用，不得借出或复制。（ ）

40. 会计档案的保管期限和销毁办法，由企业会同有关部门制定。（ ）

四、案例分析题

（一）财政部门对某企业进行会计信息质量检查时发现：

（1）企业销售商品开发票时“发票联”内容真实，但“记账联”和“存根联”的金额比真实金额小，致使少记销售收入，从而少记增值税；

(2) 原始凭证金额有错误的，由经手人直接修改并签字确认责任。

(3) 会计账簿记录发生错误时，会计直接在发生错误处重抄一遍。

(4) 会计主管何某直接篡改财务会计报告中的收入与费用，借以吸引投资。

(5) 企业的现金日记账和银行存款日记账，未按页顺序连续登记，有跳行、隔页现象。

1. 行为(1)属于(　　)。

A. 伪造会计资料　　B. 变造会计资料

C. 编制虚假财务会计报告　　D. 会计资料的不真实或不完整

2. 对于行为(2)，下列说法正确的是(　　)。

A. 原始凭证金额有错误的，不得在原始凭证上更正

B. 原始凭证金额有错误的，由原开具单位重新开具

C. 原始凭证金额有错误的，可以直接修改

D. 该企业对金额有错误的原始凭证的做法正确

3. 对于行为(3)，下列说法正确的是(　　)。

A. 会计账簿记录发生错误时，不允许重抄

B. 应根据情况，按照规定采用划线更正法、补充登记法、红字冲正法三种方法进行更正

C. 由会计人员和会计机构负责人在更正处盖章

D. 不得随便更换账页和撤出账页，作废的账页也要留在账簿中

4. 行为(4)属于(　　)。

A. 伪造会计资料

B. 变造会计资料

C. 编制虚假财务会计报告

D. 会计资料的不真实或不完整

5. 对于行为(5)，下列说法正确的是(　　)。

A. 会计账簿必须依据经过审核的会计凭证登记

B. 会计内容逐项登记

C. 违反了《会计法》“会计账簿应当按照连续编号的页码顺序登记”

D. 违反了《会计基础工作规范》关于登记会计账簿的规定

(二) 光华公司为国有工业企业，2015 年发生以下事项：

(1) 1 月，该企业新领导班子上任后，作出了精简内设机构等决定，将会计科撤并到企业管理办公室(以下简称企管办)，同时任命企管办主任王某兼任会计主管人员。会计科撤并到企管办后，会计工作分工如下：原会计科会计继续担任会计；企管办主任王某担任会计主管人员。

(2) 6 月，档案科会同企管办对企业会计档案进行了清理，编造会计档案销毁清册，将保管期已满的会计档案按规定程序全部销毁，其中包括一些保管期满但尚未结清债权债务的原始凭证。

(3) 8 月，经该企业负责人批准，某业务往来单位因业务需要，经过王某同意后，借

走该企业2013年有关的原始凭证原件，并办理了登记手续。

(4) 10月，企管办在例行审核有关单据时，发现一张购买计算机的发票，其"金额"栏中的数字有更改现象，经查阅相关买卖合同、单据，确认更改后的金额数字是正确的，于是要求该发票的出具单位在发票"金额"栏更改之处加盖出具单位印章。之后，该企业予以接受并据此登记入账。

(5) 12月，当年形成的会计档案，由档案科按照归档要求，负责整理立卷，装订成册，编制会计档案保管清册。个别需要拆封重新整理的会计档案，档案科会同经办人员共同拆封整理，以分清责任。

要求：根据会计法律制度的有关规定，回答下列问题。

1. 对于该企业任命会计主管人员表述准确的是(　　)。

A. 该企业任命会计主管人员不符合规定

B. 担任单位会计机构负责人(会计主管人员)的，要取得会计从业资格证书

C. 应当具备会计师以上专业技术职务资格

D. 或者从事会计工作3年以上经历

2. 该企业在销毁会计档案中，下列说法正确的是(　　)。

A. 保管期满的会计档案可以按程序销毁

B. 该企业将一些保管期满，但尚未结清债权债务的原始凭证销毁不符合规定

C. 对于保管期满但未结清债权债务的原始凭证不得销毁

D. 应当单独抽出立卷，保管到未了事项完结时为止

3. 该企业向业务往来单位提供原始凭证原件，(　　)。

A. 各单位保存的会计档案原件不得借出

B. 如有特殊需要，应经光华公司负责人批准后，可以提供查阅或者复制

C. 如有特殊需要，只需经光华公司会计主管人员王某批准，即可提供查阅或者复制

D. 会计档案查询需办理登记手续

4. 该企业对购买计算机的发票的处理，(　　)。

A. 发票的出具单位在发票"金额"栏更改之处加盖出具单位印章

B. 原始凭证金额有错误的，应当由出具单位重开

C. 会计人员对于有错误的原始凭证金额，可以据此登记记账凭证

D. 会计人员对于有错误的原始凭证金额，不能据此登记记账凭证

5. 该企业会计档案的归档，(　　)。

A. 形成的会计档案，应当由档案科按照归档要求，负责整理立卷，装订成册，编制会计档案保管清册

B. 形成的会计档案，应当由企管办按照归档要求，负责整理立卷，装订成册，编制会计档案保管清册

C. 个别需要拆封重新整理的会计档案，档案科应当会同企管办和经办人员共同拆封整理，以分清责任

D. 个别需要拆封重新整理的会计档案，档案科只需会同经办人员共同拆封整理，以分清责任

第四节 会计监督

考证热点分析

1. 单位内部会计监督的主体与对象。
2. 不相容职务相互分离制度。
3. 政府监督的实施主体与内容。
4. 会计师事务所业务范围。

内容精讲

一、单位内部会计监督

1. 单位内部会计监督的概念与要求

单位内部会计监督的主体与对象如图 1-13 所示。

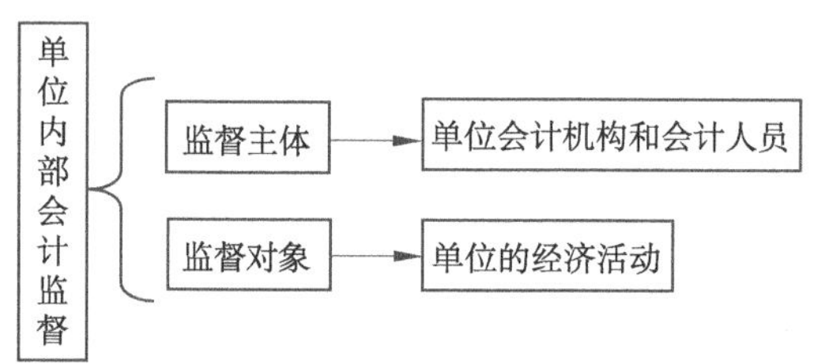

图 1-13 单位内部会计监督的主体与对象

监督的对象不是单位负责人；单位内部会计监督不仅仅是会计机构和会计人员的事，单位负责人应当给予支持和保障，对本单位内部会计监督制度自建立及有效实施承担最终责任。单位内容会计监督的基本要求如表 1-24 所示。

表 1-24 单位内部会计监督的基本要求

项目	考点	具体内容
单位内部会计监督的要求	四类人员相互分离	记账人员与经济业务事项或会计事项的审批人员、经办人员、财物保管人员的职责权限应当明确
	重要经济业务事项的决策和执行的相互监督、相互制约的程序应当明确	重要经济业务事项包括重大对外投资、资产处置、资金调度和其他重要经济业务事项重大投资由单位负责人决定是错误说法
	财产清查的范围、期限和组织程序应明确	清查范围分为全面和局部；期限分为定期和临时
	对会计资料定期进行内部审计的办法和程序应当明确	一般由内审机构或内审人员审计，若无也可由公司制企业的监事会、单位的纪检监察部门等(注意：不是会计人员进行内审)

续表

项　目	考　点	具体内容
会计机构和会计人员在单位内部会计监督中的职权	依法开展会计核算和监督	对违法会计事项，会计机构和会计人员有权拒绝办理或者按照职权予以纠正
	对单位内部的会计资料和财产物资实施监督	有权自行处理的，应及时处理；无权处理的，应立即向单位负责人报告，请求查明原因，做出处理

▶ 2. 内部控制

内部控制的目标如表 1-25 所示。

表 1-25　企业、行政事业单位内部控制的目标

内控	企　业	行政事业单位
概念	由企业董事会、监事会、经理层和全体员工实施的、旨在实现控制目标的过程	单位为实现控制目标，通过制定制度、实施措施和执行程序，对经济活动的风险进行防范和管控
目标	合理保证企业经营管理合法合规	合理保证单位经济活动合法合规
	合理保证企业资产安全	资产安全和使用有效
	合理保证企业财务报告及相关信息真实完整	财务信息真实完整
	提高经营效率和效果	提高公共服务的效率和效果
	促进企业实现发展战略	有效防范舞弊和预防腐败(主要区别)

内部控制的原则如表 1-26 所示。

表 1-26　企业、行政事业单位内部控制的原则

内控	企　业	行政事业单位
原则	全面性(全过程控制＋全员控制)	全面性
	重要性(重要业务事项＋高风险领域)	重要性
	制衡性	制衡性
	适应性	适应性
	成本效益(区别)	

内部控制的责任人如表 1-27 所示。

表 1-27　企业、行政事业单位内部控制的责任人

内控	企　业	行政事业单位
责任人	董事会：建立、健全和有效实施	单位负责人对本单位内部控制的建立、健全和有效实施负责
	监事会：对董事会进行监督	无
	经理层：负责组织领导企业内部控制的日常运行	无
	专门机构：具体负责组织协调内部控制的建立实施及日常工作	单位应当建立适合本单位实际情况的内部控制体系，并组织实施

内部控制的内容如表 1-28 所示。

表 1-28　企业、行政事业单位内部控制的内容

内控	企　业	行政事业单位
内容	内部环境(实施内部控制的基础)	梳理业务流程，明确业务环节，分析风险，确定风险点，选择风险应对策略，在此基础上根据国家有关规定建立、健全单位各项内部管理制度并督促相关工作人员认真执行
	风险评估	
	控制活动	
	信息与沟通	
	内部监督(监督内部控制的执行)	

内部控制的控制方法如表 1-29 所示。

表 1-29　企业、行政事业单位内部控制的控制方法

内控	企　业	行政事业单位
控制方法	不相容职务分离控制，不相容职务主要包括出纳与记账、业务与记账、业务经办与业务审批、业务审批与记账、财物保管与记账、业务经办与财务保管、业务操作与业务复核等	不相容岗位相互分离
	授权审批控制，企业各级管理人员应当在授权范围内行使职权和承担责任，经办人员也必须在授权范围内办理业务	内部授权审批控制
	会计系统控制，主要包括会计凭证控制、复式记账控制、会计账簿控制、会计报表控制及其财务成果控制	会计控制
	财产保护控制	财产保护控制
	预算控制，预算内资金实行责任人限额审批，限额以上资金实行集体审批。严格控制无预算的资金支出	预算控制
	运营分析控制	归口管理，根据本单位实际情况，按照权责对等的原则，采取成立联合工作小组并确定牵头部门或牵头人员等方式，对有关经济活动实行统一管理
	绩效考评控制	单据控制，要求单位根据国家有关规定和单位的经济活动业务流程，在内部管理制度中明确界定各项经济活动所涉及的表单和票据，要求相关工作人员按照规定填制、审核、归档、保管单据
	无	信息内部公开

▶ 3. 内部审计

内部审计的主体与对象如图 1-14 所示，其内容如表 1-30 所示。

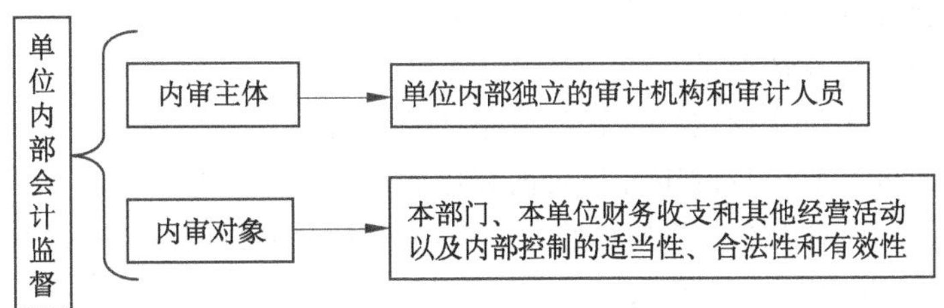

图 1-14 内部审计的主体与对象

表 1-30 内部审计的内容

内审类别	内　　容
财务审计	对国有企业(包括国有控股企业)资产、负债、损益的真实、合法、效益进行审计监督
经营审计	注册会计师为了评价被审计单位经营活动的效果和效率，而对其经营程序和方法进行的评价
经济责任审计	企事业单位的法定代表人或经营承包人在任期内或承包期内应负的经济责任的履行情况所进行的审计
管理审计	审计人员对被审计单位经济管理行为进行监督、检查及评价并深入剖析
风险管理	用以降低风险的消极结果的决策过程

内部审计的审计机构和审计人员都设在本单位内部，审计的内容更侧重于经营过程是否有效、各项制度是否得到遵守与执行。审计结果的客观性和公正性较低，并且以建议性意见为主。

内部审计在单位内部会计监督制度中的重要作用有：预防保护作用、服务促进作用，以及评价鉴证作用。

二、会计工作的政府监督

会计工作政府监督的主体与对象如图 1-15 所示。

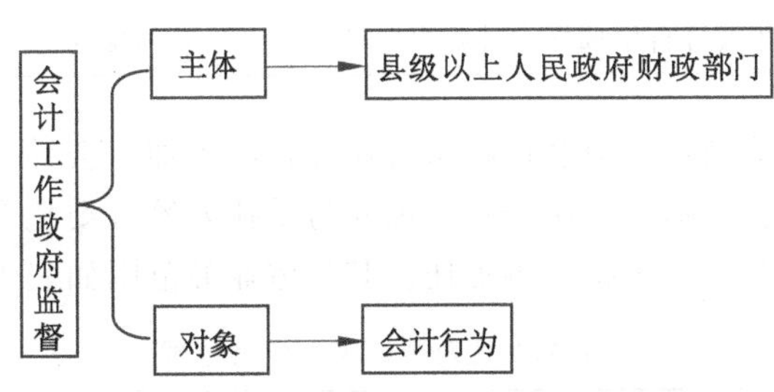

图 1-15 会计工作政府监督的主体与对象

注意：“审计、税务、人民银行、证券监管、保险监管”等部门也可对“有关单位”的会计资料实施监督检查。

财政部门会计监督的主要内容如下。

(1) 对单位依法设置会计账簿的检查。

① 应当设置会计账簿的单位是否设置账簿。

② 设置会计账簿的情况是否符合法律规定。

③ 各单位是否存在账外设账的违法行为。

(2) 对单位会计资料真实性、完整性的检查。

(3) 对单位会计核算情况的检查。

(4) 对单位会计人员从业资格和任职资格的监督检查。

(5) 对会计师事务所出具的审计报告的程序和内容的监督检查。

其中，(1)～(4)为对内部监督的再监督，(5)为对社会的再监督，且没有对“税”的监督。

三、会计工作的社会监督

会计工作社会监督的形式如表1-31所示。

表1-31　会计工作社会监督的形式

形　式	规　　定
主要形式	由注册会计师及其所在的会计师事务所依法对委托单位的经济活动进行审计、鉴证的一种外部监督
补充形式	单位和个人检举违反《会计法》和国家统一的会计准则制度规定的行为

注册会计师审计与内部审计的关系为都是现代审计体系的重要组成部分；都关注内部控制的健全性和有效性；注册会计师审计可能涉及对内部审计成果的利用等。两者之间的区别如表1-32所示。

表1-32　注册会计师审计与内部审计的区别

	注册会计师审计	内部审计
独立性	完全独立于被审计单位	受本部门、本单位直接领导，只具有相对独立性
审计方式	受托审计，必须按照执业准则实施审计	依照单位经营管理需要自行组织实施，具有较大的灵活性
职责和作用	对外出具的审计报告具有鉴证作用	只对本部门本单位负责，不对外公开
接受审计的自愿程度	委托人可自由选择会计师事务所	必须接受

注册会计师的业务范围：注册会计师执行业务，应当加入会计师事务所；注册会计师承办业务，由其所在的会计师事务所统一受理并与委托人签订委托合同；会计师事务所对本所注册会计师承办的业务，承担民事责任。其具体业务范围如表1-33所示。

表1-33　注册会计师的业务范围

业务范围	具体内容
咨询、服务	会计咨询、会计服务
审计业务	审查企业财务会计报告，出具审计报告
	验资，出具验资报告
	办理企业合并、分立、清算事宜中审计业务，出具有关报告
	其他审计业务

本节考点强化练习

一、单选题

1.(　　)是指会计机构、会计人员依照法律的规定，通过会计手段对经济活动的合法性、合理性和有效性进行的一种监督。

A. 社会监督　　B. 单位内部会计监督

C. 国家监督　　D. 职工代表大会监督

2. 单位内部会计监督的对象为(　　)。

A. 本单位的全部活动　　B. 本单位负责人的经济管理行为的合法性

C. 本单位会计人员办理会计核算的合法性　　D. 本单位的经济活动

3. 根据《会计法》的规定，单位内部会计监督的主体是(　　)。

A. 政府财政部门　　B. 注册会计师及所在会计师事务所

C. 政府经济主管部门　　D. 本单位的会计机构和会计人员

4.(　　)负责单位内部会计监督制度的组织实施。

A. 单位会计机构负责人　　B. 单位负责人

C. 单位负责会计工作的高层　　D. 会计人员

5.(　　)对单位内部会计监督制度的建立及有效实施承担最终责任。

A. 单位负责人　　B. 财务处处长

C. 总会计师　　D. 分管会计工作的副经理

6. 会计机构和会计人员发现会计账簿记录与实物、款项及有关资料不相符的，按照国家统一的会计制度的规定有权处理的，应当及时处理；无权处理的，应立即向(　　)报告，请求查明原因，做出处理。

A. 单位负责人　　B. 总会计师

C. 财务处处长　　D. 企业分管会计工作的领导

7. 重大对外投资、资产处置、资金调度和其他重要经济业务事项的决策和执行的程序应当体现(　　)的要求。

A. 相互分离、相互制约　　B. 相互监督、相互制约

C. 相互交叉、相互制约　　D. 相互监督、相互配合

8.(　　)是指在各单位负责人的领导下，在单位内设置独立的审计机构和配备专职的审计人员，根据国家法律、法规和政策规定，采用一定的程序和方法。

A. 内部控制　　B. 内部审计　　C. 内部监督　　D. 内部核算

9. 对行政事业单位而言，(　　)对本单位内部控制的建立、健全和有效实施负责。单位应当建立适合本单位实际情况的内部控制体系，并组织实施。

A. 董事会　　B. 单位负责人

C. 监事会　　D. 经理层

10.(　　)是企业根据风险评估结果，采用相应的控制措施，将风险控制在可承受度之内。

A. 内部环境　　B. 风险评估

C. 控制活动　　D. 信息与沟通

11.(　　)是企业及时、准确地收集、传递与内部控制相关的信息，确保信息在企业内部、企业与外部之间进行有效沟通。

A. 内部环境　　B. 风险评估　　C. 控制活动　　D. 信息与沟通

12.(　　)是企业对内部控制建立与实施情况进行监督检查，评价内部控制的有效性，发现内部控制缺陷，应当及时加以改进。

A. 内部环境　　B. 内部监督　　C. 控制活动　　D. 信息与沟通

13. 不相容职务是指不能同时由一人兼任的职务。不相容职务分离的核心是(　　)。

A. 内部牵制　　B. 内部控制　　C. 内部审计　　D. 内部监督

14.(　　)是指通过会计的核算和监督系统所进行的控制。

A. 授权审批控制　　B. 不相容职务相互分离控制

C. 会计系统控制　　D. 财产保护控制

15.(　　)根据本单位实际情况，按照权责对等的原则，采取成立联合工作小组并确定牵头部门或牵头人员等方式，对有关经济活动实行统一管理。

A. 单据控制　　B. 归口管理　　C. 信息内部公开　　D. 财产保护控制

16.(　　)要求单位根据国家有关规定和单位的经济活动业务流程，在内部管理制度中明确界定各项经济活动所涉及的表单和票据，要求相关工作人员按照规定填制、审核、归档、保管单据。

A. 单据控制　　B. 归口管理　　C. 信息内部公开　　D. 财产保护控制

17.(　　)是指单位内部的一种独立客观的监督和评价活动，它通过单位内部独立的审计机构和审计人员审查和评价本部门、本单位财务收支和其他经营活动以及内部控制的适当性、合法性和有效性来促进单位目标的实现。

A. 内部控制　　B. 内部审计　　C. 内部监督　　D. 内部管理

18. 会计工作的(　　)主要是指财政部门代表国家对单位和单位中相关人员的会计行为实施的监督检查，以及对发现的违法会计行为实施的行政处罚，是一种外部监督。

A. 社会监督　　B. 政府监督　　C. 单位内部监督　　D. 舆论监督

19. 会计工作的政府监督主要是指(　　)代表国家对单位和单位中相关人员的会计行为实施的监督检查，以及对发现的违法会计行为实施的行政处罚。

A. 政府部门　　B. 税务部门　　C. 财政部门　　D. 审计部门

20.(　　)以上人民政府财政部门为各单位会计工作的财政监督检查部门，对各单位会计工作行使监督权，对违法会计行为实施行政处罚。

A. 乡镇级　　B. 县级　　C. 市级　　D. 省级

二、多选题

1. 我国会计监督体系是由(　　)构成的。

A. 单位内部会计监督　　B. 国家监督

C. 社会监督　　D. 职工代表大会监督

2. 单位内部会计监督的主体是各单位的(　　)。

A. 会计机构　　B. 纪检机构　　C. 会计人员　　D. 审计机构

3. 单位内部会计监督的基本要求有(　　)。

A. 记账人员与经济业务事项或会计事项的审批人员、经办人员、财物保管人员的职

责权限应当明确，并相互分离、相互制约

B. 重大对外投资、资产处置、资金调度和其他重要经济业务事项的决策和执行的相互监督、相互制约的程序应当明确

C. 财产清查的范围、期限和组织程序应当明确

D. 对会计资料定期进行内部审计的办法和程序应当明确

4. 根据单位内部会计监督的要求，记账人员与经济业务事项或会计事项的(　　)的职责权限应当明确，并相互分离、相互制约。

A. 审批人员　　B. 经办人员　　C. 财物保管人员　　D. 出纳

5. 财产清查，是根据账簿记录对各项财产、物资进行实地盘点和核对，查明(　　)的实有数额，确定其账面结存数额和实际结存数额是否一致，以保证账实相符的一种会计专门方法。

A. 财产物资　　B. 货币资金

C. 债权、债务结算款项　　D. 应付账款

6. 各单位在内部会计监督制度中不仅要建立财产清查制度，而且要明确规定财产清查的(　　)，保证财产清查制度得以具体落实，也为有关管理部门监督检查财产清查制度建立和执行情况提供可靠依据。

A. 范围　　B. 期限　　C. 效果　　D. 组织程序

7. (　　)是会计机构和会计人员在单位内部会计监督中的职权。

A. 会计核算

B. 对单位内部的会计资料和财产物资实施监督

C. 会计档案管理

D. 依法开展会计核算和监督

8. 会计机构和会计人员在单位内部会计监督中的职权主要包括(　　)。

A. 对违法的会计事项有权拒绝办理

B. 对违法的会计事项有权按照职权予以纠正

C. 发现账实不符、账款不符的，依法有权自行处理的，应当及时处理

D. 发现账实不符、账款不符的，如果无权处理的，应当立即向会计机构负责人报告，请求查明原因，做出处理

9. 企业内部控制的目标主要包括(　　)。

A. 合理保证企业经营管理合法合规、资产安全、财务报告及相关信息真实完整

B. 提高经营效率和效果

C. 促进企业实现发展战略

D. 有效防范舞弊和预防腐败，提高公共服务的效率和效果

10. 企业、行政事业单位建立与实施内部控制，均应遵循(　　)。

A. 全面性原则　　B. 重要性原则　　C. 制衡性原则　　D. 适应性原则

11. 对企业而言(　　)。

A. 监事会负责内部控制的建立、健全和有效实施

B. 董事会对董事会建立与实施内部控制进行监督

C. 经理层负责组织领导企业内部控制的日常运行

D. 企业应成立专门机构或者指定适当机构具体负责组织协调内部控制的建立实施及日常工作

12. 企业建立与实施有效的内部控制，应当包括下列要素(　　)以及内部监督。

A. 内部环境　B. 风险评估　C. 控制活动　D. 信息与沟通

13. 内部环境是企业实施内部控制的基础，一般包括(　　)等。

A. 治理结构　B. 机构设置及权责分配

C. 内部审计　D. 人力资源政策

14. 对企业而言，内部控制措施一般包括(　　)等。

A. 不相容职务分离控制　B. 授权审批控制

C. 会计系统控制　D. 财产保护控制

15. (　　)属于不相容职务。

A. 出纳与记账　B. 业务与记账

C. 业务经办与业务审批　D. 业务审批与记账

16. 授权批准控制要求单位应当明确规定会计及相关工作的授权批准的范围、权限、程序、责任等内容，授权批准的形式有(　　)。

A. 基本授权　B. 特殊授权　C. 常规授权　D. 特别授权

17. 会计系统控制是指通过会计的核算和监督系统所进行的控制，主要包括(　　)。

A. 会计凭证控制　B. 复式记账控制　C. 会计账簿控制　D. 会计报表控制

18. 行政事业单位内部控制的控制方法一般包括不相容岗位相互分离、内部授权审批控制、(　　)等。

A. 归口管理　B. 预算控制会计控制　C. 单据控制　D. 信息内部公开

19. 内部审计的内容是一个不断发展变化的范畴，主要包括(　　)和风险管理等。

A. 财务审计　B. 经营审计　C. 经济责任审计　D. 管理审计

20. 内部审计在单位内部会计监督制度中的重要作用有(　　)。

A. 预防保护作用　B. 服务促进作用　C. 评价鉴证作用　D. 引领作用

21. 会计工作的政府监督主要是指财政部门代表国家(　　)。

A. 对单位和单位中相关人员的会计行为实施的监督检查

B. 对发现的违法会计行为实施的行政处罚

C. 对发现的违法会计行为实施的刑事处分

D. 对委托单位的经济活动进行审计、鉴证

22. 根据《会计法》规定，各单位会计工作必须依照法律和国家有关规定接受政府监督。实施上述监督的政府机构包括(　　)。

A. 财政机关　B. 证券监管部门

C. 保险监管部门　D. 工商行政管理机关

23. 财政部门对各单位实施监督的事项主要包括(　　)。

A. 是否依法设置会计账簿

B. 从事会计工作的人员是否具备会计从业资格

C. 会计凭证、会计账簿、财务会计报告和其他会计资料是否真实、完整

D. 会计核算是否符合《会计法》和国家统一的会计制度的规定

24. 下列各项中，属于对会计账簿的监督内容主要有(　　)。

A. 是否按规定设置账簿　　B. 有无伪造、毁灭会计账簿的情况

C. 会计账簿的启用、记录是否规范　　D. 是否涂改、变造会计记录

25. 注册会计师审计与内部审计的区别包括(　　)。

A. 审计独立性不同　　B. 审计方式不同

C. 审计的职责和作用不同　　D. 接受审计的自愿程度不同

26. 对会计工作的社会监督包括(　　)。

A. 注册会计师及其所在的会计师事务所依法对委托单位的经济活动进行审计、鉴证

B. 证券监管、保险监管等部门依照有关法律、行政法规规定的职责和权限，对有关单位的会计资料实施监督检查

C. 单位和个人检举违反《会计法》和国家统一会计制度规定的行为

D. 财政部门对单位会计人员和会计机构会计行为的监督

27. 注册会计师审计与内部审计的联系(　　)。

A. 都是现代审计体系的重要组成部分

B. 都关注内部控制的健全性和有效性

C. 注册会计师审计可能涉及对内部审计成果的利用

D. 审计的职责和作用不同

28. 下列关于会计师事务所的业务范围说法正确的有(　　)。

A. 出具审计报告　　B. 注册验资

C. 办理企业合并、分立、清算事宜中的审计业务　　D. 会计咨询业务

29. (　　)属于委托注册会计师审计的单位责任。

A. 明知委托人的财务会计处理与国家有关规定相抵触，而不予指明

B. 明知委托人的会计报表的重要事项有其他不实的内容，而不予指明

C. 如实提供会计资料

D. 不得干扰独立审计

30. “不得干扰独立审计”是指(　　)。

A. 注册会计师出具的审计报告具有法律效力

B. 注册会计师出具的审计报告由注册会计师及其会计师事务所承担法律责任

C. 任何单位或者个人不得以任何方式要求或者示意注册会计师及其所在的会计师事务所出具不实或者不当的审计报告

D. 既然会计师事务所是单位受聘，出具审计报告的可以按单位的要求出具审计报告

三、判断题

1. 单位内部会计监督都是会计机构和会计人员的事，对本单位内部会计监督制度自建立及有效实施承担最终责任。(　　)

2. 重大资产处置，是指价值较高的资产的清理、报废、置换、出售等，与一般的产品销售不同。(　　)

3. 重大资金调度是指数额较大的资金收入、付出、投放、收回等，与日常的资金收付不同。(　　)

4. 企业在编制年度财务会计报告前，应当全面清查资产、核实债务。(　　)

5. 有内部审计机构或内部审计人员的单位，由内部审计机构或内部审计人员审计，没有设置内部审计机构或内部审计人员的单位，也可以由其他负责监督的机构、人员审计，如公司制企业的监事会、单位的纪检监察部门等。(　　)

6. 单位负责人在会计监督方面的义务主要有两点：一是应当保证会计机构、会计人员依法履行职责；二是授意、指使、强令会计机构、会计人员违法办理会计事项。(　　)

7. 对企业而言，内部控制是指单位为实现控制目标，通过制定制度、实施措施和执行程序，对经济活动的风险进行防范和管控。(　　)

8. 重要性原则是指内部控制应当贯穿决策、执行和监督的全过程，覆盖企业及其所属单位的各种业务和事项，实现全过程、全员性控制，不存在内部控制空白点。(　　)

9. 全面性原则是指内部控制应当在兼顾全面的基础上，关注重要业务事项和高风险领域，并采取更为严格的控制措施，确保不存在重大缺陷。(　　)

10. 适应性原则是指内部控制应当在治理结构、机构设置及权责分配、业务流程等方面形成相互制约、相互监督的机制，同时兼顾运营效率。(　　)

11. 制衡性原则是指内部控制应当与企业经营规模、业务范围、竞争状况和风险水平等相适应，并随着情况的变化加以调整。(　　)

12. 成本效益原则是指内部控制应当权衡实施成本与预期效益，以适当的成本实现有效控制。(　　)

13. 企业应当编制特别授权的权限指引，规范特别授权的范围、权限、程序和责任，严格控制常规授权。(　　)

14. 企业各级管理人员应当在授权范围内行使职权和承担责任，经办人员可以超越授权范围办理业务。(　　)

15. 财产保护控制要求企业建立财产日常管理制度和定期清查制度，采取财产记录、实物保管、定期盘点、账实核对等措施，确保财产安全。(　　)

16. 预算内资金实行单位负责人限额审批，限额以上资金实行集体审批。(　　)

17. 经营审计是注册会计师为了评价被审计单位经营活动的效果和效率，而对其经营程序和方法进行的评价。(　　)

18. 经济责任审计指企事业单位的法定代表人或经营承包人在任期内或承包期内应负的经济责任的履行情况所进行的审计。(　　)

19. 会计工作的政府监督是一种内部监督。(　　)

20. 内部审计部门为了提高审计效率往往需要借助注册会计师审计，而注册会计师审计也经常要求内部审计部门提供管理建议书。(　　)

四、案例分析题

(一) 2015 年 12 月，某国有企业的会计工作发生以下经济事项：

(1) 财产清查时发现大额货币资金短缺。

(2) 从控制成本的角度出发，扩大记账人员吴某的工作范围，兼财物保管工作。

(3) 规定自 2016 年 1 月起，在企业的财产物资部门实施部分预算管理制度，预算内资金实行单位负责人限额审批。

1. 财产清查时发现大额货币资金短缺事项中，符合《会计法》规定的有(　　)。

A. 会计机构和会计人员有权自行处理

B. 及时处理

C. 会计机构和会计人员无权处理

D. 应立即向单位负责人报告，请求查明原因，做出处理

2. 单位内部会计监督的主体是各单位的(　　)。

A. 会计机构　　B. 会计人员

C. 单位的经济活动　　D. 审计机构

3. 单位内部会计监督的对象(　　)。

A. 本单位的经济活动　　B. 本单位的会计机构和会计人员

C. 本单位负责人　　D. 本单位经济业务的经办人员

4. 记账人员吴某兼财物保管工作，(　　)。

A. 违反单位内部会计监督的基本要求

B. 记账人员吴某与经济业务事项或会计事项的审批人员、经办人员、财物保管人员的职责权限应当明确，并相互分离、相互制约

C. 能节约成本，可行

D. 违反会计工作的政府监督的基本要求

5. 规定自 2016 年 1 月起，在企业的财产物资部门实施部分预算管理制度，预算内资金实行单位负责人限额审批，(　　)。

A. 是预算控制的内容

B. 预算内资金实行单位负责人限额审批未能明确各责任单位在预算管理中的职责权限

C. 预算内资金实行责任人限额审批

D. 预算控制要求企业实施全面预算管理制度

(二) 某上市公司因经营业绩滑坡，无法实现当年利润目标，单位负责人对财务负责人说“我们一定要实现今年的利润目标，既然 M 会计师事务所是我们出钱请的，要他们按我们的要求出具审计报告”。

1. 委托注册会计师审计的单位责任(　　)。

A. 如实提供会计资料

B. 有选择性的提供会计资料

C. 可以要求或者示意注册会计师及其所在的会计师事务所出具不实或者不当的审计报告

D. 不得干扰独立审计

2. 注册会计师出具的审计报告(　　)。

A. 具有法律效力

B. 不具备法律效力

C. 由注册会计师及其会计师事务所承担法律责任(审计责任)

D. 由注册会计师承担法律责任

3. 注册会计师及其所在的会计师事务所依法对委托单位的经济活动进行审计、鉴证，属于(　　)。

A. 单位内部会计监督　　B. 会计工作的政府监督

C. 会计工作的社会监督　　D. 一种外部监督

4.《注册会计师法》对注册会计师的业务范围做了(　　)规定。

A. 审查企业财务会计报告，出具审计报告

B. 验证企业资本，出具验资报告

C. 办理企业合并、分立、清算事宜中的审计业务，出具有关报告

D. 法律、行政法规规定的其他审计业务

5. M会计师事务所的注册会计师在为该上市公司出具审计报告时，不得(　　)。

A. 明知委托人的财务会计处理与国家有关规定相抵触，而不予指明

B. 明知委托人的财务会计处理会直接损害报告使用人或者其他利害关系人的利益，而予以隐瞒或者作不实的报告

C. 明知委托人的财务会计处理会导致报告使用人或者其他利害关系人产生重大误解，而不予指明

D. 明知委托人的会计报表的重要事项有其他不实的内容，而不予指明

第五节　会计机构和会计人员

考证热点分析

1. 会计机构设置的形式。
2. 代理记账的业务范围、法律责任。
3. 形似会计岗位的非会计岗位。
4. 会计工作交接的范围、程序、法律责任。
5. 会计从业资格的管理。

内容精讲

一、会计机构的设置

办理会计事务的组织方式如表1-34所示。

表1-34　办理会计事务的三种组织方式

办理会计事务的组织方式	考　点	内　容
第一层次：单独设置会计机构	是否需设会计机构取决于三因素	单位规模的大小
		经济业务和财务收支的繁简
		经营管理的要求
第二层次：有关机构中配置专职会计人员		一个单位单独设置会计机构还是在有关机构中设置专职会计人员，由各单位根据会计业务的繁简和实际需要来决定

续表

办理会计事务的组织方式	考点	内容
第三层次：代理记账	设立条件	3 名以上持有会计证的专职从业人员
		主管代理记账业务的负责人具有会计师以上专业技术职务资格
		有固定的办公场所
		有健全的代理记账业务规范和财务会计管理制度
	业务范围	进行会计核算，包括审核原始凭证等(注意：代理记账机构不负责提供原始凭证，应由委托人提供)
		对外提供财务会计报告(注意：双签章，即代理记账机构负责人和委托人签名并盖章)
		向税务机关提供税务资料
		委托人委托的其他会计业务
	法律责任承担	委托人对代理记账机构在委托合同约定范围内的行为承担责任
		代理记账机构对其专职从业人员和兼职从业人员的业务活动承担责任

会计机构负责人(会计主管人员)的任职资格为：会计证+会计师证或 3 年会计工作经历。

二、会计工作岗位设置

会计工作岗位是指单位会计机构内部根据业务分工而设置的从事会计工作、办理会计事项的具体职位。

会计工作岗位包括会计机构负责人或者会计主管人员、出纳、财产物资核算、工资核算、成本费用核算、财务成果核算、资金核算、往来(收入、支出、债权债务)结算、总账报表、稽核、档案管理(在会计档案正式移交档案管理部门前，会计机构内会计档案管理)共十一类，会计岗位应当取得会计从业资格证。非会计岗位有档案管理(在会计档案正式移交档案管理部门后，档案部门内会计档案管理)；审计工作(单位内部审计、社会审计、政府审计工作)，区别于稽核；收费、收银工作(医院门诊收费员、住院处收费员、药房收费员、药品库房记账员、商场收费(银)员)，区别于出纳。

会计工作岗位设置的要求如表 1-35 所示。

表 1-35 会计工作岗位设置的要求

要求	具体规定
按需设岗	由各单位根据会计业务需要决定，设置适应需要的会计工作岗位
符合内部牵制的要求	会计工作岗位可以一人一岗、一人多岗或一岗多人(“一”字开头，没有多人多岗)
	出纳人员不能兼任稽核、会计档案保管和收入、费用、债权债务账目的登记工作(注意：出纳并非所有账簿都不能登记，除特种日记账必须由出纳登记外，出纳还可以登记固定资产卡片等财产物资明细账)
建立岗位责任制	按规定设置岗位责任
建立轮岗制度	促进会计人员全面熟悉业务和不断提高业务素质

三、会计工作交接

会计人员工作调动、离职或因病暂时不能工作，应与接管人员办理交接手续，工作交接的范围如表 1-36 所示。

表 1-36　会计工作交接的范围

交接范围	要　　求
会计人员工作调动或者因故离职	应与接管人员办理会计工作交接手续(注意：没有办清工作交接手续的，不得调动或者离职)
会计人员临时离职或因病暂时不能工作且需要接替或代理的	会计机构负责人(会计主管人员)或单位负责人必须指定专人接替或者代理，并办理会计工作交接手续
上述人员恢复工作时	应与接替或代理人员办理交接手续
移交人员因病或其他特殊原因不能亲自办理移交手续的	经单位负责人批准，可由移交人委托他人代办交接，但委托人应当对所移交的会计资料的真实性、完整性承担法律责任

会计工作的交接程序如表 1-37 所示。

表 1-37　会计工作交接的程序

交接程序	要　　求
提出交接申请	会计人员在向单位或者有关部门提出调动工作或者离职申请时，应当同时向会计机构提出会计交接申请，以便安排接替工作
办理移交手续前的准备工作	已受理未填制的会计凭证，应填制完毕
	未登账目应登记完毕，结出余额，并在最后一笔余额后加盖经办人印章
	整理好应移交的各项资料，对未了事项和遗留问题要写出书面说明材料
	编制移交清册，列明应该移交的会计资料和物品等内容；实行会计电算化的单位，从事该项工作的移交人员应在移交清册上列明会计软件及密码、会计软件数据盘、磁带等内容
移交点收	现金要根据会计账簿记录余额进行当面点交，不得短缺，接管人员发现不一致或“白条抵库”现象时，移交人员在规定期限内负责查清处理
	有价证券的数量要与会计账簿记录一致。有价证券面额与发行价不一致时，按照“会计账簿余额”交接
	会计资料必须完整无缺。如有短缺，必须查清原因，并在移交清册中注明，由移交人员负责
	银行存款账户余额要与银行对账单核对，如不一致，应当编制银行存款余额调节表调节相符，各种财产物资和债权债务的明细账户余额要与总账有关账户余额核对相符；必要时，要抽查个别账户的余额，与实物核对相符，或者与往来单位、个人核对清楚
	移交人员经管的票据、印章及其他会计用品等，也必须交接清楚
	实行电算化的单位，交接双方应将有关电子数据在“计算机”上进行实际操作，确认有关数据正确无误后，方可交接

续表

交接程序	要　　求
专人(直接上级)负责监交	一般会计人员办理交接手续，由会计机构负责人(会计主管人员)监交
	会计机构负责人(会计主管人员)办理交接手续，由单位领导人负责监交，必要时主管单位可以派人会同监交
交接后的有关事宜	交接完毕后，交接双方和监交人三方要在移交清册上签名或盖章
	接管人员应继续使用移交前的账簿，不得擅自另立账簿
	移交清册一般应填制一式三份，交接双方各执一份，存档一份

移交人员对其所移交的会计资料的真实性、完整性承担法律责任。即便接替人员在交接时因疏忽没有发现所接会计资料在真实性、完整性方面的问题，如事后发现仍应由原移交人负责，原移交人员不应以会计资料已移交为由而推脱责任。

四、会计从业资格

会计从业资格是指进入会计职业、从事会计工作的一种法定资质。会计从业资格证书是具备会计从业资格的证明文件，在全国范围内有效。

会计从业资格证书适用于国家机关、社会团体、企业、事业单位和其他组织的十一类会计工作岗位。

会计从业资格的取得如表 1-38 所示。

表 1-38　会计从业资格的考试科目、取得形式、报名条件、禁考情形

会计从业资格证书	内　　容
考试科目	财经法规与会计职业道德、会计基础、会计电算化(或者珠算)
取得形式	会计从业资格考试科目应当一次性考试通过
报名条件	遵守会计和其他财经法律、法规
	具备良好的道德品质
	具备会计专业基本知识和技能
禁考情形	被依法吊销会计证的人员，自被吊销之日起 5 年内(含 5 年)禁考
	因提供虚假财务会计报告，做假账，隐匿或者故意销毁会计凭证、会计账簿、财务会计报告，及与会计职务有关的违法行为，被依法追究刑事责任的人员，终身禁考

会计从业资格的管理如表 1-39 所示。

表 1-39　会计从业资格的管理

会计从业资格	内　　容
管理机构	县级以上财政部门负责本行政区域内的会计从业资格管理
信息化管理制度	及时记载、更新持证人员下列信息：持证人员相关基础信息和注册、变更、调转登记情况；持证人员从事会计工作情况；持证人员接受继续教育情况；持证人员受到表彰奖励情况；持证人员因违反会计法律、法规、规章和会计职业道德被处罚情况(注意：自从事会计工作之日起 90 日内办理注册登记)

续表

会计从业资格	内　容
监督检查制度	会计从业资格证书的持有、换发、调转、变更登记等情况
	持证人员继续教育、遵守会计法律和职业道德等情况实施监督检查
持证人员继续教育制度	对象：取得并持有会计从业资格证书的人员
	特点：真(针对性)、是(适用性)、灵(灵活性)
	内容：会计理论、政策法规、业务知识、技能训练、职业道德
	形式：培训、自学
	学时要求：不少于24小时
变更登记制度	持证人员的基础信息如学历或学位、会计专业技术资格(职务)，及继续教育、表彰奖励等情况发生变化的应办变更登记
调转登记制度	自离开原工作单位之日起30日内，办理调出登记，自离开原工作单位之日起90日内，办理调入登记
定期换证制度	6年定期换证制度，到期前6个月内办理换证
撤销	会计从业资格管理机构工作人员滥用职权、玩忽职守，做出给予持证人员会计从业资格决定的
	超越法定职权或者违反法定程序，做出给予持证人员会计从业资格决定的
	对不具备会计从业资格的人员，做出给予会计从业资格决定的。持证人员以欺骗、贿赂、舞弊等不正当手段取得会计从业资格的，会计从业资格管理机构应当撤销其会计从业资格
注销	死亡、丧失行为能力、会计从业资格被依法吊销

五、会计专业技术资格与职务

会计专业技术资格取得方式如表1-40所示。

表1-40　会计专业技术资格取得方式

级别	范　围	取得方式
初级	助理会计师和会计员	全国统考
中级	会计师	全国统考
高级	高级会计师	考、评结合

会计专业职务分为高级会计师、会计师、助理会计师、会计员。其中，高级会计师为高级职务，会计师为中级职务，助理会计师与会计员为初级职务。会计专业职务不包括总会计师，也不包括注册会计师。

本节考点强化练习

一、单选题

1.《会计法》第三十六条对各单位是否设置会计机构和如何设置会计机构，提出了三个层次的要求。其中，第一层次的要求是(　　)。

A. 单独设置会计机构

B. 不单独设置会计机构，在有关机构中设置会计人员并指定会计主管人员

C. 不具备会计机构设置条件的，应委托经批准设立从事会计代理记账业务的中介机构代理记账

D. 不具备会计机构设置条件的，应聘请兼职会计人员

2. 因财务收支数额不大，会计核算业务比较简单，不设置财务会计机构，而在有关机构中设置会计人员的单位，单位负责人应当(　　)。

A. 任命或聘请会计机构负责人　　B. 指定会计主管人员

C. 兼任该机构的负责人　　D. 指定会计人员

3.《会计法》规定，各单位应依据(　　)设置会计机构，或者在有关机构中设置会计人员并指定会计主管人员。

A. 单位营业收入　B. 会计人员数量　C. 会计业务的需要　D. 单位的规模

4. 对于不具备设置会计机构条件的单位应当(　　)。

A. 不记账　　B. 挂靠其他单位进行记账

C. 挂靠财政部门进行记账　　D. 委托中介机构代理记账

5. 申请设立的代理记账机构，应当经所在地的(　　)以上人民政府财政部门批准，并领取由财政部统一印制的代理记账许可证书。

A. 镇级　B. 县级　C. 市级　D. 省级

6. 代理记账的机构必须是按规定经过批准设立的(　　)。

A. 社会中介机构　B. 主管部门　C. 税务部门　D. 财政部门

7. 主管代理记账业务的负责人必须具有(　　)以上的专业技术资格。

A. 助理会计师　B. 会计师　C. 注册会计师　D. 高级会计师

8. 我国从事代理记账业务的机构，应当至少有(　　)名持有会计从业资格证书的专职从业人员。

A. 3　B. 4　C. 5　D. 10

9. 根据(　　)的规定，除会计师事务所外，从事代理记账业务的机构必须持有由县级以上财政部门核发的代理记账许可证书。

A. 会计法　　B. 会计从业资格管理办法

C. 会计基础工作规范　　D. 代理记账管理办法

10. (　　)对代理记账机构在委托合同约定范围内的行为承担责任。

A. 委托人　　B. 委托单位的会计机构负责人

C. 委托单位的会计主管人员　　D. 委托单位的会计从业人员

11. (　　)对代理记账机构及其从事代理记账业务情况实施监督检查。

A. 各级人民政府财政部门　　B. 审计部门

C. 县级以上人民政府财政部门　　D. 省级以上的人民政府财政部门

12. 代理记账机构采取欺骗手段获得代理记账许可证书的，由审批机关(　　)。

A. 处以罚款　　B. 撤销其代理记账资格

C. 吊销其代理记账资格　　D. 吊销会计从业资格证

13.(　　)是指单位会计机构内部根据业务分工而设置的从事会计工作、办理会计事项的具体职位。

A. 审计岗位　　B. 档案管理岗位　　C. 会计工作岗位　　D. 会计机构负责人

14. 各单位应当根据(　　)需要设置会计工作岗位。

A. 会计业务　　B. 经营规模　　C. 领导意图　　D. 销售规模

15. 下列选项中，从事会计工作并且必须取得会计从业资格证书的人员是(　　)。

A. 收银人员　　B. 保管人员　　C. 会计主管人员　　D. 盘库人员

16. 出纳人员交接时，对现金应根据会计账簿的(　　)进行当面点交。

A. 期初余额　　B. 发生额　　C. 余额　　D. 增加额

17. 会计人员工作交接中，在移交点收时如果有价证券面额与发行价不一致时，按照(　　)交接。

A. 有价证券面额总额　　B. 会计账簿余额

C. 有价证券的数量　　D. 发行价格总额

18. 一般会计人员办理工作交接手续时，负责监交的人员应当是(　　)。

A. 单位领导人　　B. 会计机构负责人

C. 上级主管单位派人　　D. 其他会计人员

19. 根据《中华人民共和国会计法》的规定，从事会计工作的人员必须取得(　　)。

A. 注册会计师资格证　　B. 会计师资格证

C. 会计从业资格证　　D. 中专以上会计专业毕业证

20.《会计从业资格管理办法》规定，会计从业资格证书一经取得，在(　　)有效。

A. 全省范围内　　B. 本行业内　　C. 全国范围内　　D. 财政系统内

21. 会计从业资格证书实行注册登记制度，持证人员从事会计工作，应当自从事会计证之日起(　　)天内向会计从业管理机构办理注册登记。

A. 30　　B. 60　　C. 90　　D. 120

22. 持证人员离开会计工作岗位超过(　　)个月的，应当向原注册登记的会计从业资格管理机构备案。

A. 1　　B. 2　　C. 3　　D. 6

23. 持证人员调转工作单位，且继续从事会计工作的，应当自离开原工作单位之日起(　　)日内，到原单位所在地或所属部门、系统的会计从业资格管理机构办理调出登记。

A. 30　　B. 60　　C. 90　　D. 120

24. 会计从业资格证书实行(　　)年定期换证制度。持证人员应当在会计从业资格证书到期前6个月内，到所属会计从业资格管理机构办理换证手续。

A. 1　　B. 2　　C. 3　　D. 6

25. 会计人员必须持会计从业资格证书上岗，持证人员应当继续教育，每年参加继续教育(面授)不得少于(　　)小时。

A. 6　　B. 12　　C. 24　　D. 48

二、多选题

1. 各单位办理会计事务的组织方式有(　　)。

A. 单独设置会计机构　　B. 有关机构配置专职会计人员

C. 实行代理记账　　D. 挂靠其他单位

2.《会计法》规定，单位是否需要设置会计机构，取决于(　　)。

A. 单位规模的大小　　B. 经济业务和财务收支的繁简

C. 经营管理的要求　　D. 上级部门的要求

3. 代理记账，是指从事代理记账业务的社会中介机构(会计咨询服务机构、会计师事务所)接受委托代替独立核算单位办理(　　)业务。

A. 记账　　B. 算账　　C. 报账　　D. 对账

4. 设立代理记账机构，除国家法律、行政法规另有规定外，应当符合(　　)条件。

A. 3 名以上持有会计从业资格证书的专职从业人员

B. 主管代理记账业务的负责人具有会计师以上专业技术职务资格

C. 有固定的办公场所

D. 有健全的代理记账业务规范和财务会计管理制度

5. 根据《代理记账管理办法》规定，代理记账机构可以接受委托，代表委托人办理的业务主要有(　　)。

A. 根据委托人提供的原始凭证和其他资料，进行会计核算

B. 定期向有关部门和其他会计报表使用者提供会计报表

C. 定期向税务机关提供税务资料

D. 出具审计报告

6. 代理记账机构根据委托人提供的原始凭证和其他资料，按照国家统一的会计制度的规定进行会计核算，包括(　　)等。

A. 填制原始凭证　　B. 填制记账凭证

C. 登记会计账簿　　D. 编制财务会计报告

7. 代理记账机构为委托人编制的财务会计报告，经(　　)签名并盖章后，按照有关法律、行政法规和国家统一的会计制度的规定对外提供。

A. 代理记账机构主管代理记账业务的负责人　　B. 代理记账机构负责人

C. 委托人　　D. 财政部门

8. 代理记账机构及其从业人员的义务有(　　)。

A. 依法按照委托合同办理代理记账业务

B. 保守商业秘密

C. 对委托人示意要求提供不实会计资料，应当拒绝

D. 对委托人提出的有关会计处理原则问题负有解释的责任

9. 以下关于代理记账法律责任正确的说法是(　　)。

A. 委托人对代理记账机构在委托合同约定范围内的行为承担责任

B. 代理记账机构对其专职从业人员和兼职从业人员的业务活动承担责任

C. 县级以上人民政府财政部门对代理记账机构及其从事代理记账业务情况实施监督检查

D. 代理记账机构对在委托合同约定范围内的行为承担责任

10. 下列各项中，属于会计工作岗位的是(　　)。

A. 工资核算岗位　　B. 出纳岗位

C. 成本核算岗位　　D. 单位内部审计岗位

11. 会计基础工作规范规定，会计工作岗位设置可以(　　)。

A. 一人一岗　　B. 一人多岗

C. 一岗多人　　D. 根据其会计业务的需要设置会计工作岗位

12. 根据会计法律制度的规定，下列各项中，出纳人员不得兼做的工作有(　　)。

A. 稽核工作　　B. 会计档案保管工作

C. 收入、费用、债权债务账目的登记工作　　D. 固定资产登记工作

13. 会计工作岗位设置要求包括(　　)。

A. 按需设岗　　B. 符合内部牵制的要求

C. 建立岗位责任制　　D. 建立轮岗制度

14. 下列属于会计人员工作交接范围的是(　　)。

A. 会计人员调动工作　　B. 会计人员离职

C. 会计人员临时离职　　D. 会计人员因病不能工作

15. 关于会计人员办理会计工作交接前的准备工作，下列说法中，正确的有(　　)。

A. 编制移交清册

B. 整理资料、公物，对未了事项和遗留问题写出书面说明

C. 尚未登记的账目不再登记

D. 已受理但未办理的经济业务不再办理

16. 移交人员离职前，必须将本人经管的会计工作交接清楚，具体要求是(　　)。

A. 现金要根据会计账簿记录余额当面点交，不得短缺

B. 有价证券面额与发行价不一致时，按会计账簿余额交接

C. 因为可能存在未达账项，所以无须核对银行存款账户余额与银行对账单余额

D. 公章、收据、空白支票、发票以及其他物品必须交接清楚

17. 会计工作交接时，应在移交清册上注明(　　)。

A. 单位名称　　B. 交接日期

C. 交接双方和监交人的职务　　D. 移交清册页数

18. 财政部门建立的会计人员管理信息系统，所记录的持有会计从业资格证人员的信息有(　　)。

A. 基础信息和注册、变更、调转登记情况

B. 从事会计工作情况

C. 接受继续教育情况

D. 受到奖惩的情况

19. 会计人员继续教育具有(　　)的特点。

A. 针对性　　B. 适应性　　C. 灵活性　　D. 原则性

三、判断题

1. 一般来说，凡实行企业化管理的事业单位、大中型企业应当设置会计机构；业务较多的行政单位、社会团体和其他组织也应设置会计机构。而对那些规模很小的企业、业务和人员都不多的行政单位，可以将业务并入其他职能部门，或者实行代理记账。(　　)

2. 代理记账机构对其专职从业人员和兼职从业人员的业务活动承担责任。(　　)

3. 设置会计机构，应当在有关机构中配备专职会计人员，应当在专职会计人员中指定会计主管人员。(　　)

4. 会计机构负责人(会计主管人员)，是指在一个单位内具体负责会计工作的高层领导人员。(　　)

5. 出纳人员不得兼任任何账目的登记工作。(　　)

6. 对会计人员的工作岗位要有计划地进行轮岗，以相互牵制。(　　)

7. 开展会计电算化和管理会计的单位，可以根据需要设置相应工作岗位，不能与其他工作岗位相结合。(　　)

8. 会计人员办理工作交接后，移交人员对自己移交的会计资料的合法性、真实性不再承担法律责任。(　　)

9. 总会计师不是会计机构的负责人或会计主管人员，而是一种专业技术职务。(　　)

10. 各单位必须在单位内部设置会计机构，并指定会计主管人员。(　　)

11. 国有企业和大、中型企业必须设置总会计师。(　　)

12. 代理记账，是指企业委托有会计资格证书的人员的记账行为。(　　)

13. 会计档案正式移交档案管理部门后，会计档案管理工作属于会计岗位。(　　)

14. 内部牵制制度，是指凡涉及款项或者财物的收付、结算以及登记工作，必须由一人以上分工办理，以相互制约的工作制度。(　　)

15. 会计人员工作调动或者因故离职，必须将本人所经管的会计工作全部移交给接替人员。没有办清交接手续的，不得调动或者离职。(　　)

16. 会计人员临时离职或者因病不能工作且需要接替或者代理的，会计机构负责人、会计主管人员或者单位领导人必须指定有关人员接替或者代理，并办理交接手续。(　　)

17. 移交人对自己经办且已经移交的会计资料的真实性、完整性负责。(　　)

18. 只有在企事业单位和其他组织，从事会计工作的在职人员都必须按规定接受继续教育。(　　)

19. 会计专业技术资格，是区别会计人员业务技能的技术等级。(　　)

20. 聘任和任命会计专业职务，应由本人申请、单位推荐，经会计专业职务评审委员会(以下简称评审委员会)考核评议，确认符合相应的任职条件。(　　)

四、案例分析题

(一) 财政部门对某国有中型企业 2015 年的会计工作进行检查，发现以下情况：

(1) 3 月该厂精简机构将财务科撤并到综合办公室，由厂办主任陈某兼综合办公室负责人，陈某一直从事行政管理工作；

(2) 由出纳王某兼会计档案保管工作并兼记固定资产明细账；

(3) 原工资核算岗位的李某调往设计科，其工作交给王某，由人事科科长监交，后来王某发现李某移交的资料有短缺的问题。

要求：根据上述材料，回答以下问题。

1. 下列关于单位设置会计机构的表述中正确的是(　　)。

A. 各单位应该设置会计机构

B. 各单位不必设置会计机构

C. 单位可以不设置会计机构但应当在有关机构设置专职会计人员

D. 各单位应当根据会计业务需要设置会计机构

2. 对于事项(1)，下列说法正确的是(　　)。

A. 陈某成为了会计主管人员

B. 陈某不是会计人员

C. 陈某不具备会计主管人员的资格

D. 陈某如要担任单位会计主管人员，应当具备会计师以上专业技术职务资格或者从事会计工作三年以上经历

3. 下列说法符合法律规定的是(　　)。

A. 出纳可以兼会计档案保管，也可以兼记固定资产明细账

B. 出纳既不得兼会计档案保管，也不能兼记固定资产明细账

C. 出纳可以兼会计档案保管，但不可以兼记固定资产明细账

D. 出纳不得兼会计档案保管，但可以兼固定资产明细账

4. 与王某的会计交接中，下列说法正确的是(　　)。

A. 应由人事科科长监交　　B. 监交人员应为会计机构负责人

C. 会计资料短缺由接收人员王某负责　　D. 会计资料短缺应由移交人员李某负责

5. 关于会计工作岗位设置的原则有(　　)。

A. 一人一岗　　B. 一人多岗　　C. 一岗多人　　D. 多人多岗

(二) 2015 年，某市财政局对某大型国有企业进行检查时，发现如下事项：

(1) 该企业设置了总会计师，同时设置了一名主管财务工作的副总经理。

(2) 该企业会计人员王某脱产学习一星期，会计科长指定会计人员李某临时接管王某工作，未办理会计工作交接手续。

(3) 名牌大学毕业生张某业务精湛，虽然尚未取得会计从业资格证，单位负责人仍决定委派他担任会计机构负责人。

要求：根据上述资料，分析回答下列问题。

1. 针对事项(1)，下列说法中正确的有(　　)。

A. 设置总会计师的单位，不应当再设置与总会计师职责重叠的行政副职

B. 所有的企业都必须设置总会计师

C. 国有企业和大中型企业必须设置总会计师

D. 总会计师的设置、任职条件、职责权限由本单位规定

2. 关于总会计师的任职资格，下列说法中正确的有(　　)。

A. 取得会计师专业技术资格

B. 主管一个单位的财务会计工作的时间不少于 3 年

C. 主管一个单位内部一个重要方面的财务会计工作的时间不少于 3 年

D. 取得会计从业资格证

3. 针对事项(2)，下列说法中正确的有(　　)。

A. 除临时离职或因正当原因暂时不能工作的以外，会计人员在离职时都应办理交接手续

B. 应由单位负责人负责监交

C. 应由会计机构负责人负责监交

D. 不需办理交接手续

4. 下列关于交接的说法中正确的有( )。

A. 会计机构负责人办理交接手续时，应由总会计师负责监交

B. 会计人员在办理会计工作交接手续中发现"白条顶库"现象时，由监交人员负责查清处理

C. 经单位领导人批准，委托他人代办移交的，委托人仍应承担相应责任

D. 移交人员办理完交接手续后仍需对原工作期间经办的会计资料的真实性，完整性负责

5. 针对事项(3)，下列说法中正确的有( )。

A. 张某不能担任会计机构负责人，因为他未取得会计从业资格证

B. 担任会计机构负责人，除取得会计从业资格证外，还应当具备会计师以上专业技术职务资格并且从事会计工作三年以上的经历

C. 担任会计机构负责人，除取得会计从业资格证外，还应当具备会计师以上专业技术职务资格或者从事会计工作三年以上的经历

D. 担任会计机构负责人，除取得会计从业资格证外，还必须具备助理会计师资格

第六节 法律责任

考证热点分析

1. 会计违法行为。
2. 会计违法行为的法律责任。

内容精讲

一、法律责任概述

《会计法》规定的法律责任如表 1-41 所示。

表 1-41 《会计法》规定的法律责任

《会计法》规定的法律责任		实施对象	形式
行政责任(追究一般违法行为，由国家特定行政机关如财政部门依法决定)	行政处罚	公民、法人、其他组织	罚款、责令限期改正、吊销会计从业资格证书
	行政处分	国家工作人员	警告、记过、记大过、降级、撤职、开除
刑事责任(追究犯罪行为，由司法机关依《刑法》决定)	主刑(只能独立适用，对犯罪分子只能判一种主刑)	触犯《刑法》的犯罪人	管制、拘役、有期徒刑、无期徒刑、死刑
	附加刑(既可独立适用又可附加适用)		罚金、剥夺政治权利、没收财产

注：《刑法》对单位犯罪基本上实行两罚制，既处罚单位，比如判处罚金，又处罚直接负责的主管人员和其他直接责任人员。

二、会计违法行为

违反《会计法》第四十二条规定的不依法设置会计账簿等会计违法行为如下。

(1) 不依法设置会计账簿的行为。

(2) 私设会计账簿的行为。

(3) 未按照规定填制、取得原始凭证或者填制、取得的原始凭证不符合规定的行为。

(4) 以未经审核的会计凭证为依据登记会计账簿或者登记会计账簿不符合规定的行为。

(5) 随意变更会计处理方法的行为。

(6) 向不同的会计资料使用者提供的财务会计报告编制依据不一致的行为。

(7) 未按照规定使用会计记录文字或者记账本位币的行为。

(8) 未按照规定保管会计资料，致使会计资料毁损、灭失的行为。

(9) 未按照规定建立并实施单位内部会计监督制度，或者拒绝依法实施的监督，或者不如实提供有关会计资料及有关情况的行为。

(10) 任用会计人员不符合本法规定的行为。

其他会计违法行为如表 1-42 所示。

表 1-42　其他会计违法行为

违 法 行 为	内　　容
伪造、变造会计凭证、会计账簿，编制虚假财务会计报告	—
隐匿或者故意销毁依法应当保存的会计凭证、会计账簿、财务会计报告	隐匿指故意转移、隐藏应当保存的会计凭证、会计账簿、财务会计报告的行为
	故意销毁指故意将会计凭证、会计账簿、财务会计报告予以毁灭的行为
授意、指使、强令会计机构、会计人员及其他人员伪造、变造会计凭证、会计账簿，编制虚假财务会计报告或者隐匿、故意销毁依法应当保存的会计凭证、会计账簿、财务会计报告	授意——暗示
	指使——明示
	强令——迫使
单位负责人对会计人员实行打击报复	打击报复形式：降级、撤职、调离工作岗位、解聘、开除

报复会计人员罪及内容如表 1-43 所示。

表 1-43　报复会计人员罪

项　　目	内　　容
构成要件	本罪的主体：公司、企业、事业单位、机关、团体的领导人
	本罪的犯罪对象：依法履行职责、抵制违反本法规定行为的会计人员
	本罪在客观方面表现为对依法履行职责、抵制违反本法规定行为的会计人员实行打击报复情节恶劣的行为
补救措施	恢复其名誉和原有职务、级别

三、会计违法行为的法律责任

会计违法行为的法律责任如表 1-44 所示。

表 1-44 四种会计违法行为的法律责任

违法行为 / 法律责任		违反会计法规行为	伪造、变造会计凭证、会计账簿、编制虚假财务会计报告以及隐匿或者故意销毁依法应当保存的会计资料	授意、指使、强令会计机构、会计人员伪造、变造、编制、隐匿、故意销毁会计资料
行政责任		责令限期改正	通报	—
		警告至开除的行政处分	撤职直至开除的行政处分	降级、撤职、开除的行政处分
		情节严重的，吊销其会计证	不论情节是否严重，吊销会计证	—
		罚单位 3 000～5 万元	罚单位 5 000～10 万元	—
		罚直接责任人 2 000～2 万元	罚直接责任人 3 000～5 万元	罚直接责任人 5 000～5 万元
刑事责任		构成犯罪的，依法追究刑事责任		构成打击报复会计人员罪的，处以三年以下有期徒刑或拘役

本节考点强化练习

一、单选题

1. 刑罚分为主刑和附加刑，属于主刑的有(　　)。

A. 剥夺政治权利　B. 罚金　C. 责令限期改正　D. 拘役

2. 刑罚分为主刑和附加刑，属于附加刑的有(　　)。

A. 没收财产　B. 死刑　C. 行政处罚　D. 管制

3. 下列情形中，可以不予行政处罚的是(　　)。

A. 配合行政机关查处违法行为有立功表现的

B. 当事人主动消除或者减轻后果的

C. 违法行为轻微并及时纠正，未造成危害后果的

D. 当事人受到他人胁迫而有违法行为

4. 行政处分的对象是(　　)。

A. 公务员　B. 公民　C. 法人　D. 其他组织

5. 不属于行政处罚对象的是(　　)。

A. 公务员　B. 公民　C. 法人　D. 其他组织

6.(　　)是指违反法律规定的行为应当承担的法律后果。

A. 会计责任　B. 行政责任　C. 刑事责任　D. 法律责任

7. 法律责任是指违反法律规定的行为应当承担的法律后果，也就是对违法者的(　　)。

A. 处罚　B. 处分　C. 制裁　D. 打击

8.(　　)是指特定的行政主体基于一般行政管理职权，对其认为违反行政法上的强制性义务，违反行政管理程序的行政管理相对人所实施的一种行政制裁措施。

A. 刑罚　B. 行政处分　C. 罚款　D. 行政处罚

9.(　　)是行政法律关系主体在国家行政管理活动中因违反了行政法律规范，不履行行政上的义务而产生的责任。

A. 赔偿责任　　B. 民事责任　　C. 行政责任　　D. 刑事责任

10.(　　)是指犯罪行为应当承担的法律责任，即对犯罪分子依照刑事法律的规定追究的法律责任。

A. 赔偿责任　　B. 民事责任　　C. 行政责任　　D. 刑事责任

11.(　　)是指国家工作人员违反行政法律规范所应承担的一种行政法律责任，是行政机关对国家工作人员故意或者过失侵犯行政相对人的合法权益所实施的法律制裁。

A. 刑罚　　B. 行政处分　　C. 罚款　　D. 行政处罚

12. 如果单位会计主管人员和直接责任人员未按《会计法》的要求设置会计账簿，县级以上人民政府财政部门可以处(　　)的罚款。

A. 1 000 元以上 2 万元以下　　B. 2 000 元以上 2 万元以下

C. 2 万元以上 20 万元以下　　D. 5 000 元以上 5 万元以下

13. 违反《会计法》规定，向不同的会计资料使用者提供的财务会计报告编制依据不一致的，责令限期改正，可以对单位并处(　　)的罚款；构成犯罪的，依法追究刑事责任

A. 2 000 元以上 2 万元以下　　B. 3 000 元以上 2 万元以下

C. 2 000 元以上 5 万元以下　　D. 3 000 元以上 5 万元以下

14. 按照《会计法》的规定，对于不依法设置会计账簿不构成犯罪的，由(　　)予以处罚。

A. 各级人民政府　　B. 各级人民政府财政部门

C. 县级以上人民政府　　D. 县级以上人民政府财政部门

15. 隐匿或者故意销毁依法应当保存的会计凭证、会计账簿、财务会计报告，尚不构成犯罪的直接责任会计人员，可以处 3 000 元以上 5 万元以下的罚款，(　　)由县级以上人民政府财政部门吊销会计从业资格证书。

A. 可　　B. 拟　　C. 或　　D. 并

16. 国家工作人员授意、指使、强令会计机构、会计人员隐匿、故意销毁依法应当保存的会计凭证、会计账簿、财务会计报告，尚不构成犯罪的，应当由其所在单位或者有关单位依法给予(　　)、撤职、开除的行政处分。

A. 警告　　B. 记过　　C. 记大过　　D. 降级

17. 单位负责人对依法履行职责，抵制违反《会计法》的会计人员进行打击报复，构成犯罪的，(　　)。

A. 给予罚款　　B. 承担经济责任　　C. 追究刑事责任　　D. 责令限期改正

18. 对受打击报复的会计人员，应当恢复其(　　)和原有职务、级别。

A. 待遇　　B. 名誉　　C. 职称　　D. 原岗位

二、多选题

1. 违法行为分为(　　)。

A. 行政责任　　B. 一般违法　　C. 刑事责任　　D. 严重违法

2. 行政责任主要有(　　)两种方式。

A. 主刑　　B. 附加刑　　C. 行政处罚　　D. 行政处分

3. 县级以上财政部门对违反《中华人民共和国会计法》规定行为的单位和个人做出行政处罚的类别主要有(　　)。

A. 罚款　　B. 责令限期改正
C. 吊销会计从业资格证书　　D. 记过

4. 行政处分的方式主要包括(　　)等惩罚性措施。

A. 警告　　B. 记过　　C. 降级　　D. 开除

5. 犯罪的基本特征是(　　)。

A. 严重的社会危害性　　B. 刑事违法性
C. 应受刑罚处罚性　　D. 社会影响力

6. 刑罚分为(　　)。

A. 主刑　　B. 附加刑　　C. 行政处罚　　D. 行政处分

7. 主刑分为(　　)。

A. 管制　　B. 拘役　　C. 有期徒刑　　D. 无期徒刑

8. 附加刑分为(　　)。

A. 罚金　　B. 剥夺政治权利　　C. 没收财产　　D. 开除

9.(　　)属于违反《会计法》第四十二条对不依法设置会计账簿等会计违法行为。

A. 以未经审核的会计凭证为依据登记会计账簿的行为
B. 随意变更会计处理方法的行为
C. 未在规定期限办理纳税申报的行为
D. 未按规定建立并实施单位内部会计监督制度的行为

10. 违反《会计法》第四十二条对不依法设置会计账簿等会计违法行为的处罚手段包括(　　)。

A. 责令限期改正　　B. 罚款
C. 给予行政处分　　D. 吊销会计从业资格证书

11. 伪造、变造会计凭证、会计账簿，编制虚假财务会计报告的法律责任包括(　　)。

A. 通报　　B. 罚款
C. 给予行政处分　　D. 吊销会计从业资格证书

12. 授意、指使、强令会计机构、会计人员及其他人员伪造、变造会计凭证、会计账簿，编制虚假财务会计报告或者隐匿、故意销毁依法应当保存的会计凭证、会计账簿、财务会计报告的法律责任分别是(　　)。

A. 通报　　B. 罚款
C. 给予行政处分　　D. 依法追究刑事责任

13. 单位负责人对依法履行职责、抵制违反本法规定行为的会计人员以(　　)或者开除等方式实行打击报复，构成犯罪的，依法追究刑事责任。

A. 降级　　B. 撤职
C. 调离工作岗位　　D. 解聘

14. 违反《会计法》第四十二条对不依法设置会计账簿等会计违反行为单位隐匿或者故意销毁依法应当保存的会计凭证、会计账簿、财务会计报告的，县级以上人民政府财政部门可以依法行使的职权包括(　　)。

A. 予以通报
B. 对单位处以 5 000 元以上 10 万元以下的罚款
C. 对其直接负责的主管人员和其他责任人员处以 3 000 元以上 5 万元以下的罚款
D. 对其中的会计人员吊销会计从业资格证书

15.《会计法》规定的法律责任形式有(　　)。

A. 民事责任　　B. 连带责任
C. 行政责任　　D. 刑事责任

三、判断题

1. 刑事责任是指行政法律关系主体在国家行政管理活动中因违反了行政法律规范，所应承受的由国家行政机关或国家授权单位对其依行政程序所给予的制裁。(　　)

2. 行政责任是指触犯《刑法》的犯罪人所应承受的由国家审判机关(人民法院)给予的制裁。(　　)

3. 主刑只能独立适用，不能附加适用，对犯罪分子只能判一种主刑。(　　)

4.《刑法》对单位犯罪基本上实行一罚制，要么处罚单位，比如判处罚金，要么处罚直接负责的主管人员和其他直接责任人员。(　　)

5. 对同一犯罪行为只能在主刑之后判处一个附加刑，或独立判处一个附加刑。(　　)

6. 对犯罪的外国人，也可以独立或者附加适用驱逐出境。(　　)

7. 隐匿是指故意将会计凭证、会计账簿、财务会计报告予以毁灭的行为。(　　)

8. 故意销毁是指故意转移、隐藏应当保存的会计凭证、会计账簿、财务会计报告的行为。(　　)

9. 强令是指暗示他人按其意思行事。(　　)

10. 授意是指通过明示方式，指示他人按其意思行事。(　　)

四、案例分析题

(一) 某市财政局在 2015 年 12 月进行的《会计法》执法检查中，发现某企业出纳员张某在单位负责人的授意下，将收到的下脚料销售款 7 000 元，另行存放不入账，以便负责人日后对外公关、应酬之用。会计主管王某发现后，向上级主管部门举报。上级主管部门将检举材料一并转给该企业，责令其自行纠正。该企业负责人遂以加强财务部管理和会计人员要内部团结为由，将会计主管王某调离会计工作岗位，并扬言王某终生不能从事会计工作。

1. 出纳员张某将收到的下脚料销售款 7 000 元，另行存放不入账，属于(　　)。

A. 随意变更会计处理方法的行为
B. 不依法设置会计账簿的行为
C. 私设会计账簿的行为
D. 未按照规定填制、取得原始凭证或者填制、取得的原始凭证不符合规定的行为

2. 财政部门根据《会计法》第四十二条的规定，对张某以上行为应做出(　　)处理。

A. 责令限期改正，该企业应当按财政部门发出的责令限期改正的通知，将另行存放的“小金库”的款项办理入账手续，调整和清理有关账目
B. 据上述违法行为性质、情节及危害程度，可对单位并处 3 000 元以上 5 万元以下的罚款

C. 对其直接负责的主管人员和其他直接责任人员，可以处 2 000 元以上 2 万元以下的罚款

D. 直接吊销其会计从业资格证书

3. 该公司负责人以工作需要为由，将会计主管王某调离会计工作岗位，你认为应(　　)。

A. 是对依法履行职责、抵制违反本法规定行为的会计人员实行打击报复

B. 情节恶劣的，构成打击报复会计人员罪

C. 对犯打击报复会计人员罪的人员处以三年以下有期徒刑或拘役

D. 打击报复会计人员罪的犯罪对象是公司、企业、事业单位、机关、团体的领导人

4. 对受打击报复的会计人员王某，应当(　　)。

A. 由所在单位或者有关单位依法给予降级、撤职、开除的行政处分

B. 由所在单位调整到符合单位工作需要的岗位

C. 恢复王某的名誉和原有职务、级别

D. 恢复王某的原有职务、级别

5. 会计主管王某向上级主管部门举报，上级主管部门将检举材料一并转给该企业，责令其自行纠正，(　　)。

A. 王某的行为，也属于会计工作社会监督的范畴

B. 收到检举的部门有权处理的，应当依法按照职责分工及时处理；无权处理的，应当及时移送有权处理的部门处理

C. 收到检举的部门、负责处理的部门应当为检举人保密，不得将检举人姓名和检举材料转给被检举单位和被检举人个人

D. 对将检举材料一并转给企业的责任人，应由所在单位或者有关单位依法给予行政处分

(二) 众星公司是一家国有大型企业。2015 年 12 月，公司由于传统客户的经济情况发生重大变化，经营效益由盈转亏，总经理张明指示财务经理，为了公司的整体和长远利益，把会计报告做得漂亮些。财务经理按公司领导意图，对本年度的财务会计报告进行了技术处理，虚拟了若干笔无交易的销售收入，从而使公司报表由亏变盈。经诚信会计师事务所审计后，公司财务会计报告对外报出。

1. 财务经理的行为属于(　　)。

A. 伪造会计资料　　B. 变造会计资料

C. 编制虚假财务会计报告　　D. 会计资料的不真实或不完整

2. 财务经理的行为，应承担(　　)法律责任。

A. 通报

B. 可以处 3 000 元以上 5 万元以下的罚款

C. 由其所在单位或者有关单位依法给予撤职直至开除的行政处分

D. 若情节严重，由县级以上人民政府财政部门吊销其会计从业资格证书

3. 对财务经理的行为，县级以上财政部门可以对单位进行的处罚是(　　)。

A. 责令限期改正，2 000 元以上 2 万元以下的罚款

B. 责令限期改正，5 000 元以上 10 万元以下的罚款

C. 通报，2 000 元以上 2 万元以下的罚款

D. 通报，5 000 元以上 10 万元以下的罚款

4. 总经理张明指示财务经理把会计报告做得漂亮些，该行为是(　　)。

A. 授意会计机构、会计人员编制虚假财务会计报告

B. 指使会计机构、会计人员编制虚假财务会计报告

C. 强令会计机构、会计人员编制虚假财务会计报告

D. 编制虚假财务会计报告

5. 对总经理张明的以上行为，县级以上财政部门可以对其进行的处罚是(　　)。

A. 责令限期改正，2 000 元以上 2 万元以下的罚款

B. 责令限期改正，3 000 元以上 5 万元以下的罚款

C. 可以处 5 000 元以上 5 万元以下的罚款

D. 由所在单位或者有关单位依法给予降级、撤职、开除的行政处分

本章测试

一、单选题

1. 一个单位应当设置会计机构还是在有关机构中设置专职会计人员，由各单位(　　)。

A. 根据会计业务的繁简和实际需要决定　　B. 提出设置方案，报税务部门批准

C. 提出设置方案，报财政部门批准　　D. 提出设置方案，报审计部门批准

2. 根据《会计法》的规定，对随意变更会计处理方法的会计人员应处以(　　)的罚款。

A. 2 000 元以上 5 万元以下　　B. 2 000 元以上 2 万元以下

C. 3 000 元以上 2 万元以下　　D. 3 000 元以上 5 万元以下

3. 高级会计资格的取得实行(　　)。

A. 国家统一考试制度　　B. 考试和评审相结合制度

C. 地方统一考试制度　　D. 评审制度

4.《会计法》规定，对“金额”错误的发票，正确的处理方法是(　　)。

A. 退回原出具单位，并由原出具单位重新开具发票

B. 退回原出具单位，并由原出具单位划线更正并加盖公章

C. 接受单位直接更正，并要求原出具单位说明情况同时加盖单位公章

D. 接受单位直接更正，并说明情况同时加盖单位公章

5. 下列岗位不属于会计岗位的有(　　)。

A. 会计电算化岗位　　B. 财务成本核算岗位

C. 收入核算岗位　　D. 商场收银员岗位

6. 根据《会计法》的规定，下列关于单位有关负责人在财务会计报告上签章的做法中，正确的是(　　)。

A. 签名　　B. 加盖单位公章

C. 签名或加盖单位公章　　D. 签名并加盖个人名章

7. 长沙某公司存在伪造、变造会计凭证、会计账簿的行为，长沙市财政局发现后应

根据性质，视情节轻重，对该公司直接负责的主管人员和其他直接责任人员处以(　　)的罚款。

A. 3 000 元以上 5 万元以下　　B. 5 000 元以上 3 万元以下

C. 2 000 元以上 2 万元以下　　D. 3 000 元以上 3 万元以下

8. 根据《会计法》的规定，对于伪造、变造会计凭证、会计账簿，编制虚假财务会计报告的会计人员，由县级以上人民政府财政部门吊销其(　　)。

A. 单位工作证　　B. 学历证书

C. 学位证书　　D. 会计从业资格证书

9. 以下对会计工作的社会监督描述错误的是(　　)。

A. 社会监督是一种外部监督，主要是指社会各界对会计工作的监督

B. 社会监督是一种外部监督，主要是指注册会计师及其所在的会计师事务所对受托单位会计工作的监督

C. 社会监督具有很强的权威性和公正性

D. 财政部门对中介机构实行的社会监督可以实施再监督，主要是对其出具审计报告的程序和内容进行监督

10. 以下有关代理记账委托人的义务，表述错误的是(　　)。

A. 对本单位发生的经济业务事项，应填制或者取得符合国家统一会计制度规定的原始凭证

B. 及时向代理记账机构提供真实、完整的原始凭证和记账凭证(注：原始和其他相关资料)

C. 应当配备专人负责日常货币收支和保管

D. 对于代理记账机构退回的要求按照国家统一的会计制度规定进行更正、补充的原始凭证，应当及时予以更正、补充

11. 会计人员下列(　　)发生变更，可以不向会计从业资格管理机构办理从业档案信息变更登记。

A. 学历或学位　　B. 接受继续教育

C. 专业技术职务资格　　D. 会计岗位

12. 现金日记账、银行存款日记账的保管期限为(　　)年。

A. 10　　B. 15　　C. 25　　D. 30

13. 会计档案分为永久和定期。定期保管的会计档案，其最短期限为(　　)年。

A. 2　　B. 3　　C. 5　　D. 15

14. 下列各项中，属于会计部门规章的是(　　)。

A. 企业会计制度　　B. 企业财务会计报告条例

C. 总会计师条例　　D. 会计从业资格管理办法

15. 会计年度是以(　　)为单位进行会计核算的时间区间。

A. 月份　　B. 季度　　C. 半年度　　D. 年度

16. (　　)是登记会计账簿的依据。

A. 取得的原始凭证　　B. 编制的记账凭证

C. 经审核无误的记账凭证　　D. 自制的原始凭证

17. 一般会计人员办理交接手续，由(　　)监交。

A. 会计机构负责人　B. 总会计师　C. 财务总监　D. 单位负责人

18. 地方会计工作的管理由(　　)负责。

A. 市级以上人民政府财政部门　B. 省级人民政府财政部门

C. 县级以上人民政府　D. 县级以上地方各级人民政府财政部门

19.《会计从业资格管理办法》规定，持证人员从事会计工作，应当自从事会计工作之日起(　　)日内，向有关机关办理注册登记。

A. 10　B. 30　C. 60　D. 90

20. 会计机构、会计人员对不真实、不合法的原始凭证(　　)。

A. 不予受理　B. 予以退回　C. 予以销毁　D. 要求更正

21. 某国有企业会计主管人员办理工作交接手续，根据《会计法》的规定，负责监交的人员应是(　　)。

A. 该单位一般会计人员　B. 该单位会计机构负责人

C. 该单位负责人　D. 当地财政部门派出人员

22. 根据《会计法》的规定，授意、指使、强令他人伪造、变造或者隐匿、故意销毁会计资料行为，尚不构成犯罪的，县级以上财政部门对违法行为人的罚款金额最高为(　　)元。

A. 10 万　B. 2 万　C. 3 万　D. 5 万

23. 国家统一的会计制度由(　　)制定。

A. 全国人大　B. 国务院财政部门　C. 国务院　D. 全国人大常委会

24. 会计工作的(　　)是指由注册会计师及其所在的会计师事务所依法对委托单位的经济活动进行审计、鉴证的一种监督制度。

A. 政府监督　B. 社会监督　C. 单位内部监督　D. 群众监督

25. 出纳人员可以兼任(　　)工作。

A. 稽查　B. 收入、支出、费用、债权债务账目的登记

C. 会计档案保管　D. 固定资产明细账的登记

26. 现行《会计法》是在(　　)经第九届全国人民代表大会常务委员会第十二次会议修订通过的。

A. 1999 年 10 月 31 日　B. 2001 年 12 月 31 日

C. 1999 年 12 月 31 日　D. 2001 年 10 月 31 日

27.(　　)是指负责管理会计事务、行使会计机构负责人职权的负责人。

A. 单位负责人　B. 会计主管人员　C. 会计师　D. 主办会计

28. 会计从业资格管理部门是(　　)。

A. 审计部门　B. 税务部门　C. 财政部门　D. 人事部门

29. 在办理会计工作交接时，交接双方要按照移交清册列明的内容，进行逐项交接，下列说法错误的是(　　)。

A. 所有会计资料必须完整无缺

B. 有价证券的数量要与会计账簿记录一致，由于一些有价证券如债券、国库券等面额与发行价格可能会不一致，因此也可以与账簿记录不一致

C. 移交人员经管的票据、印章及其他会计用品等，也必须交接清楚

D. 现金要根据会计账簿记录余额进行当面点交，不得短缺

30. 我国规定会计核算的记账本位币是(　　)。

A. 人民币　　B. 美元　　C. 港币　　D. 欧元

31. 下列各项中，属于代理记账机构不能办理的业务是(　　)。

A. 接受委托进行会计核算　　B. 对外提供财务会计报告

C. 向税务机关提供税务资料　　D. 接受委托进行社会审计

32. 按照会计核算的真实性和客观性要求，各单位会计核算的依据必须是(　　)。

A. 原始凭证　　B. 会计账簿

C. 记账凭证　　D. 实际发生的经济业务

33. 根据《会计法》规定，下列(　　)不属于担任会计机构负责人所必须具备的条件。

A. 取得会计从业资格证书　　B. 具备会计师以上专业技术职务资格

C. 从事会计工作 3 年以上经历　　D. 具备研究生以上学历

34. 下列关于单位内部会计监督制度说法正确的是(　　)。

A. 会计事项的经办人员和审批人员可由一人兼任

B. 记账人员和经济业务的审批人员可由一人兼任

C. 财产清查的范围、期限和组织程序应当明确

D. 记账人员和经济业务的经办人员可由一人兼任

35. 根据《会计法》的规定，对于伪造、变造会计凭证、会计账簿，编制虚假财务会计报告的，县级以上人民政府财政部门视其情节轻重，可以对其接负责的主管辖人员和其他直接责任人员处(　　)的罚款。

A. 3 000 元以上 5 万元以下　　B. 5 000 元以上 10 万元以下

C. 1 万元以上 10 万元以下　　D. 2 万元以上 20 万元以下

36. 根据《会计法》的规定，对故意销毁依法应当保存的会计凭证、会计账簿、财务会计报告，尚不构成犯罪的，县级以上财政部门除按规定对直接负责的主管人员和其他直接责任人员进行处罚外，对单位予以通报，可以并处罚款。对单位所处的罚款金额最低为(　　)元。

A. 1 000　　B. 2 000　　C. 3 000　　D. 5 000

37. 下列属于相容职务的有(　　)。

A. 业务经办与财物保管　　B. 财物保管与记账

C. 出纳与记账　　D. 出纳与现金保管

38. 因违法违纪行为被吊销会计从业资格证书的人员，自被吊销会计从业资格证书之日起(　　)年内，不得重新取得会计从业资格证书。

A. 2　　B. 3　　C. 5　　D. 6

39. 某单位会计人员刘某调到其他地区继续从事会计工作。办理会计从业档案调转手续时，应当(　　)。

A. 无须办理档案调转和重新注册登记手续

B. 持会计从业资格证书，到新单位所在地会计从业管理部门更换新证

C. 持会计从业资格证书及时向原注册登记的会计从业资格管理机构办理调出手续，并自办理调出手续之日起 90 日内，到新单位所在地的会计从业资格管理机构办理

调入手续

D. 持会计从业资格证书及时向原注册登记的会计从业资格管理机构办理调出手续，并自办理调出手续之日起 60 日内，到新单位所在地的会计从业资格管理机构办理调入手续

40. 在我国，单位内部会计监督的主体一般是指(　　)。

A. 财政、税务、审计机关　　B. 注册会计师及其事务所

C. 本单位的会计机构和会计人员　　D. 本单位的内部审计机构及其人员

41. 会计资料移交后，如发现是移交人员以前会计工作期间内所发生的问题由(　　)负责。

A. 原移交人员　　B. 当时的监交人员

C. 单位负责人　　D. 会计机构负责人

42. 按照会计机构设置原则，股份有限公司(　　)。

A. 可以设置会计机构，也可以不设置会计机构

B. 应当设置会计机构

C. 可以不单独设置会计机构，但应聘请具备资质的中介机构代理记账

D. 可以不单独设置会计机构，但应将会计业务并入相关职能部门

43. 按照会计账簿的外形不同，其分类不包含(　　)。

A. 订本式　　B. 活页式　　C. 卡片式　　D. 两栏式

44. 凡是从事会计工作的会计人员，必须取得(　　)才能在会计行业执业。

A. 会计从业资格证　　B. 助理会计师证

C. 会计师证　　D. 初级会计师证

45. (　　)对本单位的会计工作和会计资料的真实性、完整性负责。

A. 会计主管　　B. 总会计师　　C. 财务总监　　D. 单位负责人

46. 行政处分的对象为(　　)。

A. 具有公务员身份的人　　B. 中国公民

C. 法人　　D. 其他组织

47. 根据《会计法》的规定，下列各项中，属于我国法定会计年度期间的是(　　)。

A. 公历 1 月 1 日起至 12 月 31 日止

B. 公历 4 月 1 日起至 3 月 31 日止

C. 公历 7 月 1 日起至 6 月 30 日止

D. 由企业根据经营特点自行确定的会计年度期间

48. 下列属于行政处分形式的是(　　)。

A. 赔礼道歉　　B. 留用察看　　C. 责令停产停业　　D. 管制

49. 下列不属于会计岗位的是(　　)。

A. 财产物资的收发、增减核算　　B. 总账

C. 药房收费员　　D. 成本核算

50. 根据《会计法》的规定，主管全国会计工作的部门是(　　)。

A. 全国人大常务委员会　　B. 中国会计学会

C. 国务院财政部门　　D. 中国注册会计师协会

51. 会计工作交接完毕后，可以不用在移交清册上签名或盖章的是(　　)。

A. 会计主管　　B. 移交人　　C. 接交人　　D. 监交人

52. 某单位会计人员做假账，被依法追究刑事责任，则该会计人员(　　)不得从事会计工作。

A. 终身　　B. 3 年内　　C. 5 年内　　D. 10 年内

53. 下列会计档案的保管期限为定期的是(　　)。

A. 总账　　B. 会计档案保管清册

C. 年度财务报告　　D. 会计档案销毁清册

54. 违反《会计法》已构成犯罪的应追究其(　　)。

A. 政治责任　　B. 行政责任　　C. 刑事责任　　D. 民事责任

55. 会计机构、会计人员对违法的收支(　　)。

A. 应当退回予以更正

B. 应当向单位领导人提出书面意见，请求处理

C. 应当向主管单位或者财政、审计、税务机关报告

D. 不予受理，并向单位负责人报告

56. 民族自治地方的单位，会计记录文字应当符合的规定是(　　)。

A. 在中文和民族文字中任选一种

B. 使用中文，也可同时使用当地通用的一种民族文字

C. 只能使用民族文字

D. 只能使用中文

57. 根据会计法律制度的规定，下列行为中，属于变造会计资料的是(　　)。

A. 以虚假的经济业务编制会计凭证和会计账簿

B. 用涂改、挖补等手段改变会计凭证和会计账簿的真实内容

C. 预收货款时开具增值税专用发票

D. 由于差错导致会计凭证与会计账簿记录不一致

58. 下列不符合现金管理内部控制制度的是(　　)。

A. 出纳员登记现金日记账　　B. 出纳员管理现金

C. 出纳员每日盘点现金　　D. 出纳员负责稽核

59. 在中国境内的外商投资企业，会计记录使用的文字符合规定的是(　　)。

A. 只能使用中文，不能使用其他文字　　B. 只能使用外文

C. 在中文和外文中选择一种　　D. 使用中文，同时可以选择一种外文

60. 根据《会计基础工作规范》的规定，对移交的会计凭证、会计账簿、会计报表和其他会计资料的合法性、真实性承担法律责任的是(　　)。

A. 会计机构负责人　B. 移交人员　　C. 接替人员　　D. 单位负责人

61. 各单位内部会计监督制度要求，(　　)与经济业务或会计事项的审批人员、经办人员、财物保管人员的职责权限应当明确，并相互分离、相互制约。

A. 会计人员　　B. 记账人员　　C. 审计人员　　D. 审核人员

62. 授意、指使、强令会计机构、会计人员及其他人员伪造、变造会计凭证、会计账簿，编制虚假财务会计报告，尚未构成犯罪的，由县级以上人民政府财政部门对违法行为

人处以(　　)的罚款。

A. 3 000元以上5万元以下　　B. 5 000元以上5万元以下

C. 1万元以上10万元以下　　D. 2万元以上20万元以下

63. (　　)有权对会计师事务所出具的审计报告的程序和内容进行监督。

A. 审计部门　　B. 财政部门

C. 证券监管　　D. 税务部门

64. 我国境内业务收支以人民币以外的货币为主的单位，其(　　)应折算为人民币。

A. 填制原始凭证　　B. 填制记账凭证

C. 登记账簿　　D. 编制财务会计报告

65. 会计人员应当接受继续教育，每年接受培训(面授)的时间累计不得少于(　　)小时。

A. 12　　B. 24　　C. 36　　D. 48

66. 下列不属于会计工作岗位的是(　　)。

A. 财物的收发、增减　　B. 单位内部的审计

C. 会计机构内会计档案管理　　D. 出纳

67. 根据《会计从业资格管理办法》规定，持证人员离开会计工作岗位超过(　　)个月的，应当向原注册登记的会计从业资格管理机构办理备案。

A. 6　　B. 4　　C. 3　　D. 1

68. 应当对本单位内部会计监督制度的建立和有效实施承担最终责任的是(　　)。

A. 会计机构负责人　B. 会计主管人员　　C. 总会计师　　D. 单位负责人

69.《会计法》规定，行使行政处罚的行政机关是(　　)。

A. 县级以上人民政府财政部门　　B. 省级人民政府财政部门

C. 县级以上工商行政管理部门　　D. 省级工商行政管理部门

70. 不属于担任单位会计机构负责人(会计主管人员)的基本条件的是(　　)。

A. 取得会计资格证书　　B. 具备会计师以上专业技术资格

C. 从事会计工作3年以上　　D. 有主管会计工作的经历

71. 会计机构发现会计账簿记录与实物、款项及有关资料不相符的，按照国家统一会计制度的规定有权处理的，应当及时处理；无权处理的，应立即向(　　)报告，请示查明原因，做出处理。

A. 单位负责人　　B. 总会计师

C. 财务处处长　　D. 企业分管会计工作的领导

72. 会计机构负责人(会计主管人员)的直系亲属不得在本单位会计机构中担任(　　)工作。

A. 成本核算　　B. 稽核

C. 出纳　　D. 资金、基金核算

73. 根据《会计法》的规定，会计主管人员因调动工作或者离职办理交接手续时，负责监交的人员应当是(　　)。

A. 其他会计人员　　B. 会计机构负责人

C. 单位负责人　　D. 财政部门派出人员

74. 会计人员继续教育的特点，不包括(　　)。

A. 针对性　　B. 适应性　　C. 灵活性　　D. 普遍性

75. 根据《会计从业资格管理办法》的规定，会计从业资格证书实行登记备案制度，持有会计从业资格证书的人员从事会计工作时，应当自从事会计工作之日起一定期限内，向会计从业资格管理机构办理注册登记。该期限为(　　)日内。

A. 30　　B. 60　　C. 90　　D. 120

76. 持有会计从业资格证书的人员离开会计岗位超过6个月的，应办理(　　)。

A. 注销登记　　B. 离岗备案　　C. 调转登记　　D. 变更登记

77. 某公司会计王某采用涂改手段，将金额为1万元的购货发票改为4万元。根据《会计法》有关规定，该行为属于(　　)。

A. 伪造会计凭证　　B. 变造会计凭证　　C. 伪造会计账簿　　D. 变造会计账簿

78. 移交人员因病或其他特殊原因不能亲自办理移交手续的，经单位负责人批准，可由移交人委托他人代办交接，(　　)对所移交的会计资料的真实性、完整性承担法律责任。

A. 委托人　　B. 受托人

C. 会计机构负责人　　D. 单位负责人

79. 我国的会计法律制度由会计法律、会计行政法规、会计部门规章和(　　)构成。

A. 地方性会计法规　　B. 地方性经济法规

C. 地方性政策法规　　D. 地方性法律、法规

80. 隐匿或故意销毁依法应当保存的会计凭证、会计账簿、财务会计报告，尚未构成犯罪的，应当根据《会计法》的有关规定，县级以上人民政府财政部门在予以通报的同时，可以对单位处以(　　)元的罚款。

A. 3 000～5万　　B. 3 000～10万　　C. 5 000～5万　　D. 5 000～10万

81. 下列档案中，不属于会计档案的是(　　)。

A. 会计移交清册　　B. 银行存款余额调节表

C. 单位采购预算单　　D. 固定资产卡片

82.《会计法》第二十八条第一款规定，(　　)应当保证会计机构、会计人员依法履行职责，不得授意、指使、强令会计机构、会计人员违法办理会计事项。

A. 会计机构负责人　B. 总会计师　　C. 单位负责人　　D. 各级财政部门

83. 会计人员在办理监交手续时，必须有人监交，起到督促、公正作用。一般会计人员办理交接手续，负责监交的是(　　)。

A. 人事部门负责人　　B. 会计档案部门负责人

C. 会计机构负责人　　D. 本单位负责人

84. 会计人员继续教育的对象为(　　)。

A. 出纳　　B. 在职会计人员

C. 单位负责人　　D. 取得会计从业资格证书人员

85. 对于隐匿或者故意销毁依法应当保存的会计凭证、会计账簿、财务会计报告的行为，情节严重的，根据《刑法》规定，可(　　)。

A. 处10年以下有期徒刑或者拘役，并处或单处2万元以上20万元以下罚金

B. 处 3 年以下有期徒刑或者拘役，并处或单处 2 万元以上 20 万元以下罚金

C. 处 8 年以下有期徒刑或者拘役，并处或单处 2 万元以上 20 万元以下罚金

D. 处 5 年以下有期徒刑或者拘役，并处或单处 2 万元以上 20 万元以下罚金

86.《会计法》属于(　　)。

A. 会计法律　　B. 会计行政法规　　C. 会计规章　　D. 会计规范性文件

87. 对记载不准确、不完整的原始凭证，会计人员应当(　　)。

A. 拒绝接受，并报告领导，要求查明原因

B. 应予以销毁，并报告领导，要求查明原因

C. 予以退回，并要求经办人员按规定进行更正、补充

D. 拒绝接受，并不能让经办人员进行更正、补充

88. 下列各项中，属于我国会计部门规章的是(　　)。

A.《企业财务会计报告条例》　　B.《总会计师条例》

C.《会计基础工作规范》　　D.《企业会计准则——基本准则》

89. 下列各项中不属于代理记账及其从业人员的义务的是(　　)。

A. 应当负责日常货币的收支和保管

B. 对在执行业务中知悉的商业秘密保密

C. 对委托人提出的会计处理原则问题予以解释

D. 遵守相关法律、法规规定

90. 下列各项中，属于会计法律的有(　　)。

A.《会计法》　　B.《企业财务会计报告条例》

C.《档案管理办法》　　D.《企业会计制度》

91. 不依法设置会计账簿、私设会计账簿的，对其直接负责的主管人员和其他直接责任人员，可以处(　　)元的罚款。

A. 3 000～5 万　　B. 5 000～2 万

C. 2 000～2 万　　D. 5 000～5 万

92. 单位会计账簿记录与实物、款项实有数核对相符，简称为(　　)。

A. 账实相符　　B. 账证相符　　C. 账表相符　　D. 账账相符

93. 某企业出纳审核一张采购员购买材料的发票时，发现发票上的单价和金额数字有涂改痕迹，材料单价也高于市场价格 1 倍。该发票应当属于(　　)的原始凭证。

A. 不真实　　B. 不合法　　C. 不准确　　D. 不完整

94. 会计档案是指记录和反映经济业务事项的重要历史(　　)。

A. 资料和证据　　B. 材料

C. 资料　　D. 凭证

95. 下列关于会计专业职务的基本职责，说法错误的是(　　)。

A. 会计员负责分析检查某一方面或某些项目的财务收支和预算的执行情况

B. 助理会计师负责草拟一般的财务会计制度、规定、办法

C. 会计师负责培养初级会计人才

D. 高级会计师负责组织和指导一个地区或一个部门、一个系统的经济核算和财务会计工作

二、多选题

1. 内部控制的全面性原则有两层意思，分别是（　　）。

A. 全过程控制　B. 分步骤控制　C. 针对性控制　D. 全员控制

2. 内部审计通过单位内部独立的审计机构和审计人员审查和评价本部门、本单位财务收支和其他经营活动以及内部控制的（　　）来促进单位目标的实现。

A. 适当性　B. 合法性　C. 有效性　D. 完整性

3. 办理会计工作移交手续前，应编制移交清册，列明应当移交的内容包括（　　）。

A. 财务会计报告　B. 公章　C. 现金　D. 支票簿

4. 下列关于刑事责任与行政责任的主要区别表述正确的有（　　）。

A. 追究行政责任的是一般违法行为，追究刑事责任的是犯罪行为

B. 追究行政责任由国家特定的行政机关负责，追究刑事责任只能由司法机关依照《刑法》的规定决定

C. 在惩罚的严厉程度上类似

D. 追究刑事责任是最严厉的制裁，可以判处死刑，比追究行政责任严厉得多

5. 下列各项中，属于《代理记账管理办法》中规定内容的有（　　）。

A. 代理记账机构设置的条件　B. 代理记账的业务范围

C. 代理记账机构与委托人的关系　D. 代理记账人员的道德规则

6. 关于会计机构的设置，下列说法正确的有（　　）。

A. 实行企业化管理的事业单位一般应当单独设置会计机构

B. 股份有限公司一般应当单独设置会计机构

C. 一个单位在经营管理上的要求越高，其对会计信息的需求就越低，可以决定不设置会计机构

D. 财务收支数额较大、会计业务较多的社会团体应单独设置会计机构

7. 根据《会计基础工作规范》的要求，实行回避制度的单位，单位领导人的直系亲属不得担任本单位的（　　）。

A. 会计机构负责人　B. 会计主管人员　C. 总账会计　D. 稽核

8. 会计机构和会计人员在内部会计监督中的职责主要有（　　）。

A. 记账人员与经济业务事项或会计事项的审批人员、经办人员、财物保管人员的职责权限应当明确，并相互分离、相互制约

B. 重大对外投资、资产处置、资金调度和其他重要经济业务事项的决策和执行的相互监督、相互制约的程序应当明确

C. 依法开展会计核算和监督，对违反《会计法》和国家统一的会计制度规定的会计事项，有权拒绝办理或者按照职权予以纠正

D. 对单位内部的会计资料和财产物资实施监督

9. 根据《会计基础工作规范》的规定，会计机构、会计人员进行监督的依据可以有（　　）。

A. 财经法律、法规、规章

B. 各单位内部的预算、财务计划、经济计划、业务计划等

C. 各单位根据国家有关法律制度制定的单位内部会计管理制度

D. 会计法律、法规和国家统一的会计制度

10. 下列关于会计凭证的说法中，正确的有(　　)。

A. 记账凭证是编制原始凭证的依据　　B. 原始凭证是编制记账凭证的依据

C. 会计凭证是登记账簿的依据　　D. 记账凭证是登记账簿的直接依据

11. 下列有关会计凭证填制的说法中，错误的有(　　)。

A. 填制记账凭证时，应当对记账凭证连续编号

B. 除结账和更正错误的记账凭证可以不附原始凭证外，其他记账凭证必须附有原始凭证

C. 一张原始凭证所列支出需要几个单位共同负担的，应当将原件复印后交给对方单位

D. 登记入账前填制记账凭证时发生金额错误的，应当重新填制，发生金额以外其他错误的，可以直接更正并在更正处签名或盖章。

12.《会计法》规定，(　　)和其他会计资料，必须符合国家统一的会计制度的规定。

A. 会计凭证　　B. 会计账簿　　C. 财务会计报告　　D. 分析报告

13. 下列各项中，属于变造会计凭证行为的有(　　)。

A. 某公司为一客户虚开假发票一张，并按票面金额的10%收取好处费

B. 某业务员将购货发票上的金额50万元，用“消字灵”修改为80万元报账

C. 企业某现金出纳将一张报销凭证上的金额7 000元涂改为9 000元

D. 购货部门转来一张购货发票，原金额计算有误，出票单位已作更正并加盖出票单位公章

14. 中国会计学会接受(　　)的业务指导、监督和管理。

A. 财政部　　B. 民政部　　C. 商务部　　D. 司法部

15. 注册会计师协会是由注册会计师组成的社会团体，履行行业自律管理职能。其主要职责包括(　　)。

A. 制定行业自律管理规范，对违反行业自律管理规范的行为予以惩戒

B. 对注册会计师任职资格和执业情况进行年度检查

C. 组织和推动会员培训工作

D. 协调行业内、外部关系，支持会员依法执业，维护会员合法权益

16. 行政事业单位内部控制的控制方法一般包括(　　)。

A. 不相容岗位相互分离　　B. 归口管理

C. 运营分析控制　　D. 会计控制

17. 企业内部控制的目标主要包括(　　)。

A. 合理保证企业经营管理合法合规

B. 合理保证企业运转流畅

C. 合理保证企业财务报告及相关信息真实完整

D. 促进企业实现发展战略

18. 单位隐匿或者故意销毁依法应当保存的会计凭证、会计账簿、财务会计报告的，县级以上人民政府财政部门可以依法行使的职权包括(　　)。

A. 予以通报

B. 对单位处以5 000元以上10万元以下的罚款

C. 对其直接负责的主管人员和其他责任人员处以 3 000 元以上 5 万元以下的罚款

D. 对其中的会计人员吊销会计从业资格证书

19. 下列各项中，(　　)属于违反《中华人民共和国会计法》行为。

A. 隐匿会计账簿的行为　　B. 随意变更会计处理方法的行为

C. 签发空头支票的行为　　D. 任用会计人员不符合会计法规的行为

20. 下列各项中，属于会计人员必须将本人所经管的会计工作全部移交给接替人员，没办清手续不得离职的情况包括(　　)。

A. 因病或因故不能工作超过 3 个月　　B. 单位撤销、合并或分立

C. 撤销会计职务　　D. 休探亲假

21. 下列各项中，属于行政处分的是(　　)。

A. 记过　　B. 罚款　　C. 警告　　D. 撤职

22. 下列关于会计专业技术资格的表述中，正确的有(　　)。

A. 会计专业职务是一种技术职称，会计专业技术资格是担任会计专业职务的任职资格

B. 会计专业技术资格分为初级资格、中级资格和高级资格

C. 中级会计资格实行考试制度

D. 高级会计师资格实行考试与评审相结合制度

23. 报名参加会计专业技术资格考试的人员，应具备的基本条件包括(　　)。

A. 坚持原则，具备良好的职业道德品质

B. 认真执行《会计法》和国家统一的会计制度，以及有关财经法律、法规、规章制度，无严重违反财经法律的行为

C. 履行岗位职责，热爱本职工作

D. 具备会计从业资格，持有会计从业资格证书

24. 持证人员有下列(　　)行为，应当依法注销其会计从业资格。

A. 通过不正当手段取得从业资格　　B. 持证人员死亡

C. 持证人员丧失行为能力　　D. 从业资格被依法吊销

25. 下列属于会计从业资格管理机构可以撤销持证人员的会计从业资格的有(　　)。

A. 考试作弊得到的从业资格

B. 从业资格管理机构工作人员超越法定职权给予持证人员的从业资格

C. 持证人员死亡

D. 会计从业资格管理机构工作人员滥用职权给予持证人员的从业资格

26. 下列关于移交人员和接管人员的责任说法正确的有(　　)。

A. 移交人员应对所移交的会计资料的真实性、完整性负责

B. 接管人员对所接管的会计资料的真实性、完整性负责

C. 接管人员在交接时未发现所接资料的真实性、完整性方面的问题，由接管人员负责，交接时发现的问题由移交人员负责

D. 接管人员在交接时未发现交接资料的真实性、完整性方面的问题，如事后发现，该问题仍应由移交人员负责

27. 设置会计工作岗位的基本原则包括(　　)。

A. 根据本单位会计业务的需要设置会计工作岗位

B. 要建立岗位责任制

C. 对会计人员的工作岗位要有计划地轮岗，以促进其全面熟悉业务和不断提高业务素质

D. 符合内部牵制制度的要求

28. 下列各项中，不属于会计工作岗位的有(　　)。

A. 单位内部稽核　　B. 医院住院处收费员

C. 注册会计师　　D. 单位内部审计

29. 注册会计师及其所在的会计师事务所会计咨询、服务业务具体包括(　　)。

A. 提供税务咨询　　B. 代理、申请工商登记

C. 拟订合　　D. 设计财务会计制度

30. 下列关于注册会计师审计与单位内部审计的区别，说法正确的有(　　)。

A. 审计独立性不同　　B. 审计方式不同

C. 审计职责和作用不同　　D. 接受审计的自愿程度不同

31. 根据《中华人民共和国会计法》的规定，下列各项中，属于财政部门实施会计监督检查的内容有(　　)。

A. 是否依法设置会计账簿

B. 是否按时进行纳税申报

C. 是否按时足额缴纳税款

D. 是否按照实际发生的经济业务进行会计核算

32. 会计工作的政府监督主体主要有(　　)。

A. 证券监管部门　　B. 审计部门　　C. 税务部门　　D. 会计师事务所

33. 下列关于会计档案销毁程序的描述中正确的是(　　)。

A. 保管期满的会计档案，经单位负责人批准后即可销毁

B. 保管期满但未结清的债权债务原始凭证及其他未了事项的原始凭证，不得销毁

C. 保管期满但未结清的债权债务原始凭证及其他未了事项的原始凭证，应当单独抽出立卷，保管到未了事项完结时为止

D. 正在项目建设期间的建设单位，其保管期满的会计档案不得销毁

34. 下列各项中，属于会计档案的有(　　)。

A. 原始凭证　　B. 年度工作计划　　C. 现金日记账　　D. 资产负债表

35. 下列会计账簿保管期限为15年的有(　　)。

A. 总账　　B. 明细账

C. 日记账　　D. 库存现金存款日记账

36. 下列关于财务会计报告的签章的说法中，正确的有(　　)。

A. 应当由单位负责人和主管会计工作的负责人、会计机构负责人(会计主管人员)签名并盖章

B. 出纳人员签名盖章

C. 会计人员签名并盖章

D. 设置总会计师的单位，还须由总会计师签名并盖章

37. 财务会计报告反映的会计信息包括(　　)。

A. 某一特定日期的财务状况　　B. 某一会计期间的经营成果

C. 某一会计期间现金流量　　D. 企业的组织机构

38. 单位负责人是单位对外提供财务会计报告的责任主体，必须保证对外提供的财务会计报告的(　　)。

A. 真实性　　B. 完整性　　C. 连续性　　D. 全面性

39. 会计账簿是对会计凭证提供的大量分散数据或资料进行分类归集整理，以(　　)地记录和反映经济活动情况。

A. 全面　　B. 详细　　C. 连续　　D. 系统

40. 关于会计账簿的登记，下列表述正确的有(　　)。

A. 会计账簿登记，必须以经过审核的会计凭证为依据

B. 会计账簿应当按照连续编号的页码顺序登记

C. 会计账簿记录发生错误或者隔页、缺号、跳行的，应当按照国家统一的会计制度规定的方法更正，并由会计人员和单位负责人盖章

D. 实行会计电算化的单位，其会计账簿的登记、更正可以不符合国家统一会计制度的规定

41. 担任单位会计机构负责人的要求包括(　　)。

A. 会计从业资格证书　　B. 会计师以上专业技术职务资格

C. 从事会计工作一年以上经历　　D. 注册会计师证书

42. 单位负责人主要包括(　　)。

A. 单位的法定代表人

B. 国有工业企业的党委书记

C. 公司制企业的总经理

D. 按照法律、行政法规规定代表单位行使职权的负责人

43. 依照《会计法》对单位的会计资料实施监督检查的部门包括(　　)。

A. 工商部门　　B. 人民银行　　C. 证券监管　　D. 保险监管

44. 在市场经济条件下，政府必须加强对会计市场的管理，包括(　　)。

A. 会计市场的准入管理　　B. 会计市场的过程管理

C. 会计市场的退出管理　　D. 会计监督检查

45. 下列各项中，属于会计行政法规的有(　　)。

A.《会计法》　　B.《企业财务会计报告条例》

C.《云南省会计条例》　　D.《总会计师条例》

46. 我国的会计法律制度主要包括(　　)。

A. 宪法　　B. 会计法律　　C. 会计行政法规　　D. 会计部门规章

47. 下列各项中，属于《会计法》规定的单位负责人应承担的违法责任有(　　)。

A. 本单位会计人员贪污

B. 本单位对外提供虚假会计信息

C. 授意、指使、强令会计人员伪造、变造会计凭证、会计账簿，编造虚假财务会计报告

D. 授意、指使、强令会计人员隐匿、故意销毁依法应当保存的会计账簿、财务会计报告

48. 在下列各项中属于注册会计师及其所在的会计师事务所可依法承办的审计业务有(　　)。

A. 审查企业财务会计报告，出具审计报告

B. 验证企业资本、出具验资报告

C. 办理企业合并、分立、清算事宜中的审计业务，出具有关报告

D. 法律、行政法规规定的其他审计业务

49. 出纳人员不得兼任(　　)工作。

A. 稽核　　B. 会计档案保管

C. 收入、费用、债权债务账目的登记工作　　D. 现金日记账、银行存款日记账的登记工作

50. 会计工作岗位可以(　　)。

A. 一人多岗　　B. 一岗多人　　C. 一人一岗　　D. 多岗多人

三、判断题

1. 某学生准备报考注册会计师，并认为只要考试合格就可以从事会计工作。(　　)

2. 设置会计账簿的种类和具体要求，应当符合《会计法》和国家统一的会计制度的规定。(　　)

3. 某国有企业因经营业绩滑坡，无法实现当年利润目标，单位负责人对财务负责人说："我们一定要实现今年的利润目标，既然会计师事务所是我们出钱请的，要他们按我们的要求出具审计报告。"(　　)

4. 会计人员对不真实、不合法的原始凭证，有权不予受理，并向单位负责人报告，请求查明原因，追究相关当事人的责任。(　　)

5. 各单位必须严格按照《会计法》的要求执行，保证所提供的会计资料真实、完整。(　　)

6. 会计机构负责人(会计主管人员)办理交接手续，由单位负责人监交。(　　)

7. 从事会计工作的人员，必须取得会计从业资格证书。(　　)

8. 行政处罚的形式包括罚款、没收违法所得、责令停产停业、行政拘留等。(　　)

9. 在会计工作交接中现金要根据账簿余额进行当面点交，如有短缺可用白条抵库。(　　)

10. 因有提供虚假财务会计报告、贪污、职务侵占等与会计职务有关的违法行为被依法追究刑事责任的人员，5 年内不得重新取得会计从业资格证书。(　　)

11. 担任单位会计机构负责人(会计主管人员)的，除取得会计从业资格证书外，还应当具备会计师以上专业技术职务资格或从事会计工作 5 年以上经历。(　　)

12. 持证人员从事会计工作，应当自从事会计工作起 60 日内，向单位所在地或所属部门、系统的会计从业资格管理机构办理注册登记。(　　)

13. 会计工作交接后，为了分清责任，接替人员应另立账簿，进行记账。(　　)

14. 会计工作的社会监督主要是指由注册会计师及其所在的会计师事务所依法对受托单位的经济活动进行审计、鉴证的一种监督制度。(　　)

15. 因病或其他特殊原因不能亲自办理移交手续委托他人代办交接的，委托人应当对所移交的会计凭证、会计账簿、财务会计报告和其他有关资料的真实性、完整性承担法律责任。(　　)

16. 代理记账机构为委托人编制的财务会计报告，只需经委托人签名并盖章后，就可以对外提供。(　　)

17. 保管期满的会计档案可以经单位负责人审批后销毁。(　　)

18. 单位内部会计监督的主体是单位的经济活动。(　　)

19. 法律责任分为民事责任、行政责任、刑事责任。(　　)

20. 在会计档案移交档案管理部门之后，管理会计档案的工作仍属于会计岗位。(　　)

21. 所谓的变造会计凭证、会计账簿和其他会计资料，是指以虚假的经济业务事项为前提，编造不真实的会计凭证、会计账簿和其他会计资料。(　　)

22. 单位负责人是单位对外提供的财务会计报告的责任主体，必须保证对外提供的财务会计报告的真实、完整。(　　)

23. 行政处分的形式包括记过、警告、罚款、没收违法所得等。(　　)

24. 追究行政责任由国家特定的行政机关依照有关法律的规定决定；追究刑事责任只能由司法机关依照《刑法》的规定决定。(　　)

25. 取得会计从业资格都必须通过考试。(　　)

26. 出纳人员也可兼任债权债务账目登记工作。(　　)

27. 会计专业职务分为高级会计师(高级职务)、会计师(中级职称)、会计员(初级职务)。(　　)

28. 会计人员继续教育，只有培训一种形式。(　　)

29. 单位法定代表人是单位负责人。(　　)

30. 会计资料的真实性和完整性，是会计资料最基本的质量要求，是会计工作的生命。(　　)

31. 某美资企业业务收支以美元为主，根据外国企业在华的有关政策，美资企业可以用美元编制其财务会计报告。(　　)

32. 财政部门实施会计监督检查的对象是企业的经济活动。(　　)

33. 财政部门对注册会计师出具的所有的审计报告进行查验。(　　)

34. 会计专业技术资格分为初级资格、中级资格和高级资格。(　　)

35. 会计工作交接，移交清册应填制一式两份，交接双方各执一份。(　　)

36. 在中国境内设立的外商投资企业、外国企业可以使用选定的一种外国文字作为会计记录文字。(　　)

37. 各种会计账簿应按页次顺序连续登记，不得跳行、隔页。(　　)

38. 单位负责人是单位会计责任主体，如果一个单位会计工作中出现违法违纪行为，单位负责人应当承担全部责任。(　　)

39. 职工出差借款凭据，必须附在记账凭证之后作为记账依据。收回借款时另开收据或退回借据副本，不能退还原借款凭据。(　　)

40. 私设会计账簿，可以对单位处 3 000 元以上 2 万元以下罚款。(　　)

41. 在我国，单位内部会计监督的主体一般是指本单位的会计机构和会计人员。(　　)

42. 使用计算机进行会计核算的，其软件及其生成的会计凭证、会计账簿、财务会计报告和其他会计资料，也必须符合国家统一会计制度的规定。(　　)

43. 采用外币为记账本位币的单位，其编制的会计报表也同样用外币进行反映。(　　)

44. 对违反《会计法》行为情节不严重的会计人员，由县级以上的人民政府财政部门吊销其会计从业资格证书。(　　)

45 获得专业技术资格的会计人员，表明其已具备担任相应会计专业职务的水平能力。(　　)

46. 单位和个人检举违反国家统一的会计制度的行为，也属会计工作社会监督。(　　)

47. 会计档案由单位会计机构负责整理归档，并紧接着移交单位的会计档案管理机构或指定专人保管。(　　)

48. 行政处罚制裁的行为是国家工作人员与其职务有关的违法、渎职或失职行为。(　　)

49. 单位负责人的直系亲属不得担任本单位会计机构负责人。(　　)

50. 会计工作交接后，原移交人员因会计资料已办理移交，因而不再对这些会计资料的合法性、真实性负责。(　　)

51. 中级会计专业技术资格的取得实行考试和评审相结合的制度。(　　)

52. 财政部门有权对会计师事务所出具的审计报告的程序和内容监督。(　　)

53. 单位内部会计监督的对象是单位的经济活动。(　　)

54. 所有的企业，会计核算必须以人民币为记账本位币。(　　)

55. 我国会计工作管理体制的总原则是统一领导、分级管理。(　　)

56. 单位负责人应当保证会计机构、会计人员依法履行职责。(　　)

57. 会计工作交接后，接替人员应继续使用移交前的账簿。(　　)

58. 持证人员离开会计工作岗位超过 6 个月的，应当填写注册登记表，并持会计从业资格证书，向原注册登记的会计从业资格管理机构备案。(　　)

59. 隐匿、故意销毁依法应当保存的会计账簿、财务会计报告的行为应承担法律责任。(　　)

60. 对当事人的同一违法行为，不得给予两次以上罚款的行政处罚。(　　)

61. 对不真实、不合法的原始凭证，会计人员有权予以退回，并要求经办人员按照国家统一的会计制度的规定进行更正、补充。(　　)

62. 出纳人员不得兼任任何账目的登记工作。(　　)

63. 接管人员在会计资料交接完毕后发现所接的会计资料在真实性、完整性方面存在问题，由于交接已完毕，接管人员应对此承担责任。(　　)

64. 对犯有打击报复会计人员罪的单位负责人，可处 5 年以下有期徒刑或者拘役。(　　)

65. 会计规章的制定依据是会计法律和会计行政法规。(　　)

66. 对犯罪分子只能判处一种主刑；对同一犯罪行为只能在主刑之后判处一个或两个以上的附加刑。(　　)

四、案例分析题

(一) 伦潘公司是我国某市一家外商独资企业，2015 年度发生了以下事项：

(1) 该公司平时采用英镑记账，期末使用人民币编制财务会计报表。

(2) 由于公司董事长 Sara 居住在英国，为提高信息披露效率，经公司董事会研究决定，公司对外报送的财务会计报告由财务经理蒋某签字、盖章后报出，不再由董事长签章。

（3）公司从外地购买一批原材料，收到发票后，公司的经办人员李某发现发票上记载的日期有误，于是对发票的日期进行了更改，并在更改处加盖了自己的印章，作为报销凭证。

根据材料，选择下列符合题意的选项。

1. 在中国境内的外商投资企业，会计记录使用的文字符合规定的是（　　）。

A. 只能使用中文，不能使用其他文字　　B. 只能使用外文

C. 在中文和外文中选择一种　　D. 使用中文，同时可以选择一种外文

2. 该企业期末编制财务会计报表应当使用（　　）。

A. 英镑　　B. 人民币　　C. 美元　　D. 欧元

3. 公司对外报送的财务会计报告，应当签章的主体有（　　）。

A. 单位负责人　　B. 会计机构负责人

C. 主管会计工作的负责人　　D. 总会计师

4. 单位负责人、主管会计工作的负责人、会计机构负责人（会计主管人员）在财务会计报告上签章的下列做法中，符合规定的是（　　）。

A. 签名　　B. 签章　　C. 签名或盖章　　D. 签名并盖章

5. 针对公司经办人员李某更改日期的做法，下列表述正确的是（　　）。

A. 符合规定，原始凭证有错误的，应由接收单位重开或更正，更正处应当加盖接收单位印章

B. 不符合规定，原始凭证有错误的，应由出具单位重开或更正，更正处应加盖出具单位印章

C. 不符合规定，应当由出具单位重开，不得在原始凭证上更正

D. 不符合规定，应当由接收单位重开，不得在原始凭证上更正

（二）龙腾商贸有限责任公司为国有企业，2015 年 6 月，该公司会计科长江某将其侄女小江调到公司担任出纳工作，小江已取得会计从业资格。7 月，小江调到一家外贸公司财务部工作，调离前与接任的小张自行办理了会计工作交接手续。小张接替出纳工作后，另设置了现金日记账和银行存款日记账。9 月，A 公司向龙腾公司购买了一批总价款为 30 万元人民币的货物，龙腾公司收到货款后，小张为 A 公司开具了收款发票，在填写发票时将 30 万元误填为 3 万元，A 公司发现后，交给小张进行了更改并加盖了单位印章。

根据材料，选择下列符合题意的选项。

1. 下列单位中，不用实行会计人员回避制度的有（　　）。

A. 国家机关　　B. 国有企业　　C. 民营企业　　D. 事业单位

2. 小江担任龙腾公司出纳工作，对此下列表述正确的有（　　）。

A. 小江已取得会计从业资格，可以在该单位担任出纳

B. 小江不属于需要回避的直系亲属范围

C. 单位会计机构负责人、会计主管人员的直系亲属不得在本单位会计机构中担任出纳工作

D. 单位领导人的直系亲属不得担任本单位的出纳

3. 一般会计人员交接，由单位（　　）负责监交。

A. 会计机构负责人　B. 会计主管人员　　C. 单位负责人　　D. 总会计师

4. 小张接替出纳工作后，另设置了现金日记账和银行存款日记账，对此下列表述正确的有(　　)。

A. 小张不能另行设置现金日记账和银行存款日记账

B. 小张可以另行设置现金日记账和银行存款日记账

C. 接替人员应当继续使用移交的会计账簿，不得自行另立新账

D. 接替人员可以选择是否继续使用移交的会计账簿，还是自行另立新账

5. 原始凭证有错误的，下列表述错误的有(　　)。

A. 原始凭证有错误的，应当由出具单位重开或更正，更正处应当加盖出具单位印章

B. 原始凭证有错误的，应当由接收单位重开或更正，更正处应当加盖接收单位印章

C. 原始凭证金额有错误的，应当由出具单位重开，不得在原始凭证上更正

D. 原始凭证金额有错误的，也可以由出具单位在原始凭证上更正

(三) 2016 年 3 月，某市财政局派出检查组对该市某大型国有企业(以下简称甲企业)的会计工作进行了检查。检查中发现以下情况：

(1) 2015 年 1 月 10 日，甲企业收到一张应由甲企业和乙企业共同负担费用支出的原始凭证，甲企业的会计人员范某以该原始凭证及应承担的费用进行了账务处理，并保存该原始凭证；同时应乙企业的要求将该原始凭证的复印件提供给乙企业用于账务处理。

(2) 2015 年 3 月 6 日，新上任的厂长张某安排符合会计机构负责人任职条件的儿媳龚某担任本企业的财务科长。3 月 20 日，龚某与原会计机构负责人办理了会计工作交接手续，人事科长进行了监交。

(3) 2015 年 5 月 15 日，经会计机构负责人龚某批准，业务单位丙企业因业务需要查阅了甲企业 2014 年有关会计档案，对有关原始凭证进行了复制，并办理了登记手续。

(4) 2015 年 6 月 22 日，甲企业拟销毁一批保管期满的会计档案(其中包括两张未结清债权债务的原始凭证)，由总会计师贺某在会计档案销毁清册上签署意见后，该批会计档案于 2015 年 6 月 30 日销毁。

(5) 2015 年 7 月 18 日，厂长张某以总会计师贺某“擅自在会计档案销毁清册上签署意见”为由，撤销了总会计师贺某的职务，并决定该厂今后不再设置总会计师的职位。

据上述情况回答下列问题。

1. 关于会计人员范某的做法，下列说法正确的是(　　)。

A. 会计人员的做法是符合规定的

B. 会计人员的做法是不符合规定的，应该在复印件上盖上公章

C. 会计人员的做法是不符合规定的，原始凭证应该轮换保管

D. 会计人员的做法是不符合规定的，应该开具原始凭证的分割单给乙企业

2. 龚某担任甲企业的会计机构负责人，下列说法正确的是(　　)。

A. 龚某不能担任甲企业的会计机构负责人

B. 龚某可以担任甲企业的会计机构负责人

C. 会计机构负责人办理会计工作交接手续，应由单位领导人负责监交

D. 会计机构负责人办理会计工作交接手续，应由财务总监负责监交

3. 关于甲企业将有关原始凭证复制给业务单位丙企业的做法，下列说法正确的是(　　)。

A. 甲企业的行为符合规定，原始凭证原则上不能外借

B. 甲企业的行为不符合规定，原始凭证是不能复印提供给其他单位的

C. 甲企业的行为不符合规定，应该直接把原始凭证交给丙企业

D. 甲企业的行为符合规定，且办理登记手续时需要由提供人员和收取人员共同签名或盖章

4. 关于甲企业销毁会计档案的过程下列说法错误的是(　　)。

A. 保管期满但未结清的债权债务原始凭证不得销毁

B. 销毁两张未结清债权债务的原始凭证的做法错误，但由总会计师贺某在会计档案销毁清单上签署了意见，此做法是符合规定的

C. 关于其他保管期满且已结清的原始凭证可以销毁

D. 单位负责人需要在会计档案销毁清册上签署意见

5. 关于张某撤销总会计师贺某的职务，并决定该厂今后不再设置总会计师的职位的做法，下列说法正确的是(　　)。

A. 张某有权撤销总会计师 C 的职务

B. 张某只有提名撤销的权力，无权直接撤销总会计师贺某的职务

C. 张某是厂长，可以决定该厂今后不再设置总会计师的职位

D. 只有单位主要行政领导人全部同意才能不再设置总会计师的职位

(四)达理公司 2015 年发生了下列事项：

(1) 1 月，刚取得会计从业资格证书的李某，被公司从办公室调到财务科任出纳，原出纳张某调到销售科。李某与张某在办理会计工作交接时，因财务科长出差，由公司临时指定财务科一名会计负责监交工作。交接中李某发现存在“白条顶库”问题，即电话向财务科长汇报，财务科长指示他先办理完交接手续，再对“白条顶库”问题逐个查清处理。随后，李某、张某及监交人在移交清册上签字盖章。

(2) 4 月，李某在办理报销工作时，发现采购科送来报销的 3 张由供货方开具的发票有更改现象：其中 2 张发票分别被更改了数量和用途，另外 1 张发票被更改了金额；该 3 张发票的更改处均盖有供货方的业务印章。尽管李某开始有些犹豫，但考虑到 3 张发票已经本公司总经理、财务科长签字同意，最后均予以报销。

(3) 12 月，公司在进行内部审计时，发现原出纳张某在经办出纳工作期间的有关账目存在一些问题，而接替者李某在交接时并未发现。审计人员在了解情况时，原出纳张某认为既然已经办理了会计交接手续，自己不应再承担任何责任。

据上述情况回答下列问题。

1. 李某与张某办理会计工作交接的手续，下列说法错误的是(　　)。

A. 应该由会计机构负责人(会计主管人员)负责监交

B. 财务科的一名会计可以负责监交，只要有签字就可以

C. 李某发现存在“白条顶库”问题，应由李某上岗后负责查清处理

D. 李某发现存在“白条顶库”问题，应由张某负责查清处理

2. 李某对 3 张更改的发票予以报销的做法，下列说法正确的是(　　)。

A. 李某对 3 张更改的发票予以报销的做法不符合规定

B. 李某对 3 张更改的发票予以报销的做法符合规定

C. 李某应对发票的合法性、真实性和有效性进行全面审核

D. 李某有权对不符合规定的发票拒收，不予报销

3. 下列关于原始凭证说法正确的是(　　)。

A. 原始凭证上的金额，是反映经济业务事项情况的最重要的数据

B. 原始凭证金额错误的，如随意更改，容易导致舞弊，不利于确保原始凭证的质量

C. 原始凭证金额错误的，只能由原始凭证出具单位重新开具

D. 原始凭证开具单位对于填制有误的原始凭证负有更正和重新开具的义务，不得拒绝

4. 关于张某的解释理由，下列说法正确的是(　　)。

A. 张某已办理交接手续，且接替者李某在交接时并没有发现这些问题，故此理由可以理解

B. 张某应该对工作期间的资料存在的问题承担法律责任

C. 会计资料移交后，发现的一切问题由接管人员负责

D. 移交人员对移交的会计资料的合法性、真实性承担法律责任

5. 关于办理会计工作交接，下列说法正确的是(　　)。

A. 一般会计人员办理交接手续，由会计机构负责人(会计主管人员)监交

B. 如所属单位负责人与办理交接手续的会计机构负责人有矛盾，交接时需要主管单位派人会同监交

C. 接管人员应继续使用移交前的账簿，不得擅自另立账簿

D. 移交清册一般应填制一式两份，交接双方各执一份

2 第二章 Chapter 2 支付结算法律制度

>>> **本章考情分析**

本章以结算方式为主线展开，分别介绍了现金结算和支付结算，涵盖了《票据法》《现金管理暂行条例》《票据管理实施办法》《人民币银行结算账户管理办法》等相关法律、法规的内容。本章为“财经法规与会计职业道德”课程的重点章节，在历年考试中题型多样，单选、多选、判断、不定项(案例分析)均有涉及，分值在20～30分之间。

本章重点是银行结算账户和票据结算方式。

第一节　现金结算

考证热点分析

1. 现金结算的范围。
2. 现金使用的限额。
3. 现金管理的基本要求。

内容精讲

一、现金结算的范围

现金结算的范围如下。

(1) 职工工资、津贴(1 000元以下)。

(2) 个人劳务报酬(1 000元以下)。

(3) 根据国家规定颁发给个人的科学技术、文化艺术、体育等各种奖金(1 000元以下)。

(4) 各种劳保、福利费用以及国家规定的对个人的其他支出(1 000 元以下)。

(5) 向个人收购农副产品和其他物资的价款(无限制)。

(6) 出差人员必须随身携带的差旅费(无限制)。

(7) 结算起点以下的零星支出(1 000 元以下)。

(8) 中国人民银行确定需要支付现金的其他支出。

其中,(1)～(6)项的结算对象为个人,(7)项的结算对象为单位。

二、现金使用的限额

现金使用的限额如表 2-1 所示。

表 2-1　现金使用的限额

<table>
<tr><th>开户单位</th><th>限　额</th><th>注 意 事 项</th></tr>
<tr><td>一般单位</td><td>3～5 天的零星开支</td><td rowspan="2">(1)对没有在银行单独开立账户的附属单位也要实行现金管理,必须保留的现金,也要核定限额,其限额包括在开户单位的库存限额之内
(2)商业和服务行业的找零备用现金也要根据营业额核定定额,但不包括在开户单位的库存现金限额之内</td></tr>
<tr><td>边远地区和交通不便地区的单位</td><td>可多于 5 天、但不得超过 15 天的日常零星开支</td></tr>
</table>

三、现金管理的基本要求

现金管理的基本要求如表 2-2 所示。

表 2-2　现金管理的基本要求

<table>
<tr><th>基本要求</th><th>具 体 规 定</th></tr>
<tr><td>当日送存银行</td><td>开户单位现金收入应当于当日送存开户银行</td></tr>
<tr><td>不准坐支现金</td><td>开户单位支付现金,可从本单位现金库存中支付或者从开户银行提取,不得从本单位的现金收入中直接支付(即坐支)</td></tr>
<tr><td rowspan="2">财会部门负责人签字盖章</td><td>开户单位在规定的现金使用范围内从开户银行提取现金时,应当如实写明用途,由本单位财会部门负责人签字盖章,并经开户银行审查批准,予以支付</td></tr>
<tr><td>因采购地点不确定、交通不便、抢险救灾以及其他特殊情况,办理转账结算不够方便、必须使用现金的开户单位,要向开户银行提出书面申请,由本单位财务部门负责人签字盖章,开户银行审查批准后,予以支付现金</td></tr>
<tr><td rowspan="7">七不准</td><td>不准用不符合财务制度的凭证顶替库存现金</td></tr>
<tr><td>不准单位之间相互借用现金</td></tr>
<tr><td>不准谎报用途套取现金</td></tr>
<tr><td>不准利用银行账户代其他单位和个人存入或支取现金</td></tr>
<tr><td>不准将单位收入的现金以个人名义存入储蓄</td></tr>
<tr><td>不准保留账外公款(即小金库)</td></tr>
<tr><td>禁止发行变相货币,不准以任何票券代替人民币在市场上流通</td></tr>
</table>

本节考点强化练习

一、单选题

1. 开户单位在发生日常零星支出时，可以使用现金的结算起点为(　　)元。

A. 1 000　　B. 2 000　　C. 3 000　　D. 4 000

2. 根据《现金管理暂行条例》的规定，不能使用现金的是(　　)。

A. 职工工资、津贴　　B. 结算起点以上的支出

C. 必须随身携带的差旅费　　D. 各种劳保、福利费用

3. 开户单位以下支出中，超过 1 000 元仍然可以使用现金支付的是(　　)。

A. 个人劳务报酬

B. 根据国家规定颁发给个人的科学技术、文化艺术、体育等各种奖金

C. 各种劳保、福利费用以及国家规定的对个人的其他支出

D. 向个人收购农副产品和其他物资的价款

4. 某企业每天的零星现金支付额为 8 000 元，根据《现金管理暂行条例》规定，该单位库存现金的最高限额应为(　　)元。

A. 8 000　　B. 24 000　　C. 40 000　　D. 80 000

5. 根据《现金管理暂行条例》的规定，边远地区和交通不便地区的开户单位的库存现金限额，可以适当放宽的最高标准是(　　)。

A. 不得超过 10 天的日常零星开支　　B. 不得超过 15 天的日常零星开支

C. 不得超过 20 天的日常零星开支　　D. 不得超过 30 天的日常零星开支

6. 开户单位现金收入应当于当日送存开户银行。当日送存确有困难的，由(　　)确定送存时间。

A. 中国人民银行　　B. 开户银行　　C. 财政部门　　D. 单位负责人

7. 开户单位原则上不能坐支现金，因特殊情况需要坐支现金的，要事先报经(　　)审查批准。

A. 单位负责人　　B. 会计机构负责人　　C. 中国人民银行　　D. 开户银行

8. 开户单位在规定的现金使用范围内从开户银行提取现金时，应当如实写明用途，由(　　)签字盖章。

A. 财会部门负责人　　B. 出纳　　C. 内部审计人员　　D. 单位负责人

9. 所谓小金库，是指(　　)。

A. 谎报用途套取现金　　B. 用不符合财务制度的凭证顶替库存现金

C. 保留账外公款　　D. 将单位收入的现金以个人名义存入储蓄

10. 因采购地点不确定、交通不便、抢险救灾以及其他特殊情况，办理转账结算不够方便、必须使用现金的开户单位，要向(　　)提出书面申请。

A. 单位负责人　　B. 财政部门

C. 中国人民银行　　D. 开户银行

二、多选题

1. 狭义的现金包括(　　)。

A. 黄金　　B. 纸币　　C. 硬币　　D. 信用卡

2. 现金结算的特点包括(   )。

A. 直接便利　　B. 不安全性

C. 不易宏观控制和管理　　D. 费用较高

3. 根据《现金管理暂行条例》的规定，单位可以使用现金的有(   )。

A. 发给公司员工李某的 2 000 元奖金　　B. 支付给出差人员差旅费 3 000 元

C. 向农民收购农产品的 5 000 元收购款　　D. 支付购买办公用品价款 600 元

4. 根据《现金管理暂行条例实施细则》的规定，开户单位使用现金的范围包括(   )。

A. 1 000 元以下的职工工资

B. 1 000 元以下的劳保福利费用

C. 收购单位向个人收购农副产品和其他物资支付的价款

D. 1 000 元以下的零星支出

5. 下列选项中，属于现金结算渠道的有(   )。

A. 付款人直接将现金支付给收款人

B. 付款人委托银行、非银行金融机构将现金支付给收款人

C. 付款人委托非金融机构将现金支付给收款人

D. 付款人签发支票委托银行支付款项给收款人

6. 下列关于单位库存现金限额的表述中，正确的有(   )。

A. 现金使用的限额由开户行根据单位的实际需要核定，一般按照单位 3～5 天日常零星开支所需确定

B. 边远地区和交通不便地区的开户单位的库存现金限额，可按多于 5 天、但不得超过 15 天的日常零星开支的需要确定

C. 需要增加或者减少库存现金限额的，应当向中国人民银行提出申请，由中国人民银行核定

D. 商业和服务行业的找零备用现金也要根据营业额核定定额，但不包括在开户单位的库存现金限额之内

7. 下列叙述中，符合现金管理要求的有(   )。

A. 转账结算凭证在经济往来中具有同现金相同的支付能力

B. 开户单位在购销活动中，应当对现金结算给予比转账结算优惠的待遇

C. 开户单位不得只收现金而拒收支票、银行汇票、银行本票和其他转账结算凭证

D. 开户单位支付现金，可从本单位现金库存中支付

8. 下列选项中，不符合现金管理要求的有(   )。

A. 开户单位现金收入应当于次日送存开户银行

B. 开户单位支付现金，可从本单位现金库存中支付或者从开户银行提取，也可以从本单位的现金收入中直接支付

C. 开户单位在规定的现金使用范围内从开户银行提取现金时，应当如实写明用途，由本单位财会部门负责人签字盖章，并经开户银行审查批准，予以支付

D. 因采购地点不确定、交通不便、抢险救灾以及其他特殊情况，办理转账结算不够方便、必须使用现金的开户单位，要向开户银行提出书面申请，由本单位财务部门负责人签字盖章，开户银行审查批准后，予以支付现金

9. 开户单位收支现金的下列做法，符合现金收支管理规定的有（　　）。

A. 本单位现金库存中支付　　B. 从开户银行提取现金支付

C. 从本单位的现金收入中直接支付　　D. 现金收入应当于当日送存开户银行

10. 关于现金账目的管理，下列说法正确的有（　　）。

A. 开户单位应当建立健全现金账目，逐笔记载现金支付

B. 开户单位之间可以相互借用现金

C. 开户单位可以利用银行账户代其他单位和个人存入或支取现金

D. 开户单位不准将单位收入的现金以个人名义存入储蓄

三、判断题

1. 付款人委托银行、非银行金融机构或者非金融机构将现金支付给收款人属于现金结算。（　　）

2. 开户单位可以使用现金购买500元的劳防用品。（　　）

3. 结算起点的调整，由开户银行确定后，报中国人民银行备案。（　　）

4. 现金使用的限额由开户行根据单位的实际需要核定，一般按照单位5～7天日常零星开支所需确定。（　　）

5. 对没有在银行单独开立账户的附属单位也要实行现金管理，必须保留的现金，也要核定限额，其限额包括在开户单位的库存限额之内。（　　）

6. 开户单位在购销活动中，对现金结算应当给予比转账结算优惠的待遇。（　　）

7. 开户单位现金收入应当于次日送存开户银行。（　　）

8. 开户单位在规定的现金使用范围内从开户银行提取现金时，应当如实写明用途，由本单位财会部门负责人签字盖章。（　　）

9. 因采购地点不确定、交通不便、抢险救灾以及其他特殊情况，办理转账结算不够方便、必须使用现金的开户单位，要向开户银行提出书面申请，由本单位财务部门负责人签字盖章，开户银行审查批准后，予以支付现金。（　　）

10. 开户单位应当建立健全现金账目，逐笔记载现金支付。账目应当日清月结、账款相符。（　　）

四、案例分析题

某农产品公司地处边远山区，每日现金零星支付需要量为2 000元。经开户银行审查批准，该企业可以从自己的收入中坐支现金，坐支的限额是10 000元。表2-3所示是该企业2015年11月的库存现金日记账。

表2-3　某企业2015年11月库存现金-记账　　　　单位：元

2015		凭证		摘要	对方科目	收入	付出	结余
月	日	字	号					
11	1	略	略	期初余额	略			40 000
	3	略	略	职工出差借款	略		3 000	37 000
	5	略	略	向农民收购农副产品	略		15 000	22 000
	12	略	略	收到销售给个人的货款	略	75 000		97 000
	20	略	略	向农民收购农副产品	略		55 000	42 000
	26	略	略	收到销售给个人的货款	略	58 000		100 000
	30	略	略	本月合计及期末余额	略	133 000	73 000	100 000

请根据上述资料，回答下列问题。

1. 根据现金管理的有关规定，该单位的库存现金限额应该不超过(　　)元。

A. 40 000　　B. 30 000　　C. 20 000　　D. 10 000

2. 按照现金管理要求，以下说法中正确的有(　　)。

A. 11 月 3 日，支付给职工出差借款 3 000 元，超出现金使用限额规定

B. 11 月 5 日，向农民收购农副产品 15 000 元，可以支付现金

C. 11 月 12 日，销售给个人的货款 75 000 元，不应收取现金

D. 11 月 20 日，向农民收购农副产品 55 000 元，不应支付现金

3. 下列判断正确的有(　　)。

A. 该单位不存在坐支

B. 该单位存在坐支

C. 坐支的金额没有超出开户银行规定的坐支限额

D. 坐支的金额已经超出开户银行规定的坐支限额

4. 下列说法中，正确的有(　　)。

A. 2015 年 11 月月初，库存现金超过了库存限额

B. 2015 年 11 月月末，库存现金超过了库存限额

C. 2015 年 11 月 30 日，送存银行的现金不应少于 90 000 元

D. 2015 年 11 月 30 日，送存银行的现金不应少于 70 000 元

5. 根据规定，下列事项中，开户单位可以使用现金的有(　　)。

A. 超过 1 000 元的职工工资、津贴

B. 超过 1 000 元的个人劳务报酬

C. 超过 1 000 元的出差人员必须随身携带的差旅费

D. 超过 1 000 元的向个人收购农副产品和其他物资的价款

第二节　支付结算概述

考证热点分析

1. 支付结算的概念。

2. 支付结算的特征。

3. 支付结算的基本原则。

4. 办理支付结算的基本要求。

5. 支付结算凭证填写的要求。

内容精讲

一、支付结算的概念

支付结算流程如图 2-1 所示。

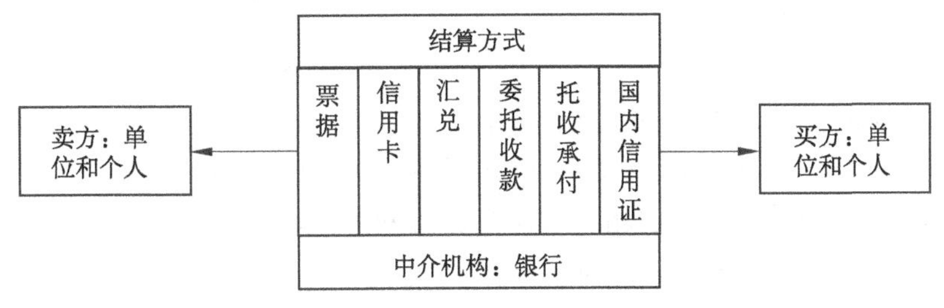

图 2-1 支付结算示意图

二、支付结算的特征

支付结算的特征如表 2-4 所示。

表 2-4 支付结算的特征

特　征	具体规定
支付结算必须通过中国人民银行批准的金融机构进行	银行是支付结算和资金清算的中介机构
支付结算的发生取决于委托人的意志	银行对单位、个人在银行开立存款账户的存款，除国家法律、行政法规另有规定外，不得为任何单位或者个人查询；除国家法律另有规定外，银行不得为任何单位或个人冻结、扣款，不得停止单位、个人存款的正常支付
实行统一领导，分级管理	统一领导——中国人民银行总行
	分级管理——中国人民银行各地分支行
支付结算是一种要式行为	单位、个人和银行办理支付结算，必须使用按中国人民银行统一规定印制的票据凭证和统一规定的结算凭证。未使用按中国人民银行统一规定印制的票据，票据无效；未使用中国人民银行统一规定格式的结算凭证，银行不予受理
支付结算必须依法进行	—

三、支付结算的基本原则

支付结算包括以下三个基本原则。

(1) 恪守信用，履约付款。

(2) 谁的钱进谁的账，由谁支配。

(3) 银行不垫款。

四、办理支付结算的基本要求

办理支付结算的基本要求如表 2-5 所示。

表 2-5 办理支付结算的基本要求

要　求	具体规定
必须按统一的规定开立和使用账户	银行是支付结算和资金清算的中介机构

续表

要　　求	具体规定
必须使用中国人民银行统一规定的票据和结算凭证	未使用按中国人民银行统一规定印制的票据，票据无效；未使用中国人民银行统一规定格式的结算凭证，银行不予受理
票据和结算凭证上的签章和记载事项必须真实，不得变造、伪造	伪造：无权限人假冒他人或虚构人名在票据和结算凭证上签章道的行为
	变造：无权限更改票据和结算凭证的人对票据和结算凭证上签章以外的记载事项加以改变的行为
填写票据和结算凭证应当全面规范	票据和结算凭证的金额、出票或签发日期、收款人名称不得更改，更改的票据无效；更改的结算凭证，银行不予受理
	票据和结算凭证金额以中文大写和阿拉伯数码同时记载，两者必须一致，两者不一致的票据无效；两者不一致的结算凭证，银行不予受理

五、支付结算凭证填写的要求

支付结算凭证填写的要求如下。

(1) 封头：大写数字前标明“人民币”；小写数字前填写人民币符号“¥”。

(2) 封尾分为三种情况：①元为止，后加“整”或“正”；②角为止，可“整”可不“整”；③分为止，不加“整”。

(3) 有“0”分为四种情况：①中间一个“0”，写“零”；②中间几个“0”，只写一个“零”；③万位或元位“0”，大写可写一个“零”，也可不写；④角位“0”，分位不是“0”，“元”后应加“零”。

(4) 有“1”：首位是“1”时，必须写“壹”。

出票日期书写规则如下。

(1) 必须使用中文大写。

(2) 前面加“零”：①月为 1、2、10；②日为 1～9、10、20、30。

(3) 前面加“壹”：日为 11～19。

注意：票据出票日期使用小写填写的，银行不予受理；大写日期未按要求规范填写的，银行可予受理，但由此造成损失的，由出票人自行承担。

本节考点强化练习

一、单选题

1. (　　)是支付结算和资金清算的中介机构。

A. 银行　　B. 国家　　C. 企业　　D. 个人

2. (　　)负责制定统一的支付结算法律制度。

A. 中国银行总行　　B. 中国人民银行总行

C. 商业银行总行　　D. 国家政策性银行

3. 单位、个人和银行办理支付结算，必须使用(　　)。

A. 各开户银行印制的票据凭证和结算凭证

B. 按财政部统一规定印制的票据凭证和统一规定的结算凭证

C. 按国家税务部门统一规定印制的票据凭证和统一规定的结算凭证

D. 按中国人民银行统一规定印制的票据凭证和统一规定的结算凭证

4. 某公司签发一张商业汇票，根据《票据法》的规定，该公司的下列签章行为中，正确的是(　　)。

A. 公司盖章　　B. 公司法定代表人李某签名加盖章

C. 公司法定代表人李某盖章　　D. 公司盖章加公司法定代表人李某盖章

5. 在我国，票据和结算凭证金额以中文大写和阿拉伯数码同时记载，若两者不一致，则(　　)。

A. 以中文大写为准　　B. 以数码小写为准

C. 票据无效　　D. 票据行为无效

6. 票据和结算凭证上的下列记载事项，可以更改的是(　　)。

A. 金额　　B. 付款人名称　　C. 收款人名称　　D. 出票日期

7. 填写票据金额时，￥50 032 元应写成(　　)。

A. 人民币五万零三拾二元整　　B. 人民币伍万零零叁拾贰元整

C. 人民币伍万零叁拾贰元整　　D. 人民币伍万零叁拾贰元

8. 下列各项中，不符合票据和结算凭证填写要求的是(　　)。

A. 中文大写金额数字到“角”为止的，在“角”之后没有写“整”字

B. 票据的出票日期使用阿拉伯数字填写

C. 阿拉伯小写金额数字前填写了人民币符号

D. 中文大写金额数字使用了繁体字“贰”

9. 某企业于 2015 年 2 月 10 日签发一张转账支票，支票上日期填写正确的是(　　)。

A. 贰零壹伍年贰月拾日　　B. 贰零壹伍年零贰月壹拾日

C. 贰零壹伍年贰月零壹拾日　　D. 贰零壹伍年零贰月零壹拾日

10. 票据出票日期填写大写日期，但未按要求规范填写的，银行可予受理，但由此造成损失的，由(　　)承担。

A. 银行　　B. 持票人　　C. 出票人　　D. 付款人

二、多选题

1. 支付结算是(　　)的行为。

A. 商品采购　　B. 货币给付　　C. 商品销售　　D. 资金清算

2. 根据《支付结算办法》的规定，属于支付结算范畴的有(　　)。

A. 使用票据结算　　B. 使用现金结算

C. 使用信用卡结算　　D. 通过委托收款结算

3. 支付结算的主体包括(　　)。

A. 银行　　B. 农村信用合作社　　C. 单位　　D. 个人

4. 支付结算的特征包括(　　)。

A. 支付结算必须依法进行

B. 支付结算是一种要式行为

C. 支付结算的发生取决于委托人的意志

D. 支付结算必须通过中国人民银行批准的金融机构进行

5. 为了规范支付结算工作，我国制定了一系列支付结算方面的法律、法规和制度，

主要包括(　　)。

A.《中华人民共和国票据法》
B.《支付结算办法》
C.《国内信用证结算办法》
D.《企业财务会计报告条例》

6. 支付结算的基本原则包括(　　)。

A. 恪守信用，履约付款
B. 谁的钱进谁的账，由谁支配
C. 一个基本账户原则
D. 银行不垫款

7. 下列属于无效票据的有(　　)。

A. 更改签发日期的票据
B. 更改收款单位名称的票据
C. 出票日期使用中文大写，但未按要求规范填写的票据
D. 更改中文大写金额的票据

8. 银行不予受理的结算凭证有(　　)。

A. 金额大写使用少数民族文字的结算凭证
B. 金额中文大写与阿拉伯数字不一致的结算凭证
C. 金额大写使用外国文字的结算凭证
D. 金额被更改的结算凭证

9. 填写票据和结算凭证的基本要求为(　　)。

A. 如果金额数字书写中使用繁体字，银行不予受理
B. 中文大写金额数字到"角"为止的，在"角"之后必须写"整"(或"正")字
C. 中文大写金额数字前应标明"人民币"字样，大写金额数字应紧接"人民币"字样填写，不得留有空白
D. 阿拉伯金额数字中间有"0"时，中文大写金额要写"零"字

10. 使用中文大写填写票据出票日期时应在其前面加"零"的月份有(　　)。

A. 壹月
B. 贰月
C. 叁月
D. 壹拾月

三、判断题

1. 支付结算的发生取决于受托人的意志。(　　)

2. 银行不得为任何单位或个人冻结、扣款，不得停止单位、个人存款的正常支付。(　　)

3. 未经中国人民银行批准的非银行金融机构和其他单位不得作为中介机构经营支付结算业务，但法律、行政法规另有规定的除外。(　　)

4. 单位、个人和银行办理支付结算，必须使用按中国人民银行统一规定印制的票据凭证和统一规定的结算凭证。未使用按中国人民银行统一规定印制的票据，银行不予受理；未使用中国人民银行统一规定格式的结算凭证，结算凭证无效。(　　)

5. 银行在办理结算过程中只负责将结算款项从付款单位账户划转到收款单位账户，并不承担垫付任何款项的责任。(　　)

6."变造票据和结算凭证"指无权限人假冒他人或虚构人名在票据和结算凭证上签章的行为。(　　)

7. 填写票据和结算凭证应当全面规范，做到数字正确，要素齐全，不错不漏，字迹清楚，防止涂改。(　　)

8. 阿拉伯金额数字角位是“0”，而分位不是“0”时，中文大写金额元后面不写“零”字。(　　)

9. 当阿拉伯金额数字首位是“1”时，中文大写金额前面必须写上“壹”字。(　　)

10. 票据出票日期使用小写填写的，银行可予受理，但由此造成损失的，由出票人自行承担。(　　)

四、案例分析

2015年8月20日，甲公司签发了一张金额为200 800元的转账支票，用于向乙公司支付货款。

请根据上述资料，回答下列问题。

1. 关于甲公司在支票上的签章，下列说法中正确的有(　　)。

A. 盖公司公章　　B. 盖公司公章加法定代表人私章

C. 盖公司财务专用章　　D. 公司法定代表人签名加盖私章

2. 甲公司出纳人员填写的出票日期为贰零壹伍年捌月贰拾日，则(　　)。

A. 该支票无效

B. 银行不予受理

C. 银行可予受理，由此造成损失的，由银行承担

D. 银行可予受理，由此造成损失的，由出票人承担

3. 该支票大写金额的下列写法中，正确的是(　　)。

A. 贰拾万零捌佰元　　B. 贰拾万捌佰元

C. 贰拾万零捌佰元整　　D. 贰拾万捌佰元整

4. 甲公司出纳人员填写支票用途栏时，不小心将货款的“货”字写错了，发现后改正过来，并在更改处签章，对于该支票，下列说法正确的有(　　)。

A. 该支票无效　　B. 该支票有效　　C. 银行可予受理　　D. 银行不予受理

5. 关于办理支付结算的要求，下列说法正确的有(　　)。

A. 办理支付结算必须按统一的规定开立和使用账户

B. 办理支付结算必须使用中国银行统一规定的票据和结算凭证

C. 票据和结算凭证上的签章和记载事项必须真实，不得变造、伪造

D. 填写票据和结算凭证应当全面规范

第三节 银行结算账户

考证热点分析

1. 银行结算账户的概念与分类。
2. 单位银行结算账户。
3. 个人银行结算账户。
4. 银行结算账户的开立、变更与撤销。

5. 银行结算账户管理的基本原则。

6. 违反银行账户管理法律制度的法律责任。

内容精讲

一、银行结算账户的概念与分类

银行结算账户是指存款人在经办银行开立的办理资金收付结算的人民币活期存款账户，其分类如图 2-2 所示。

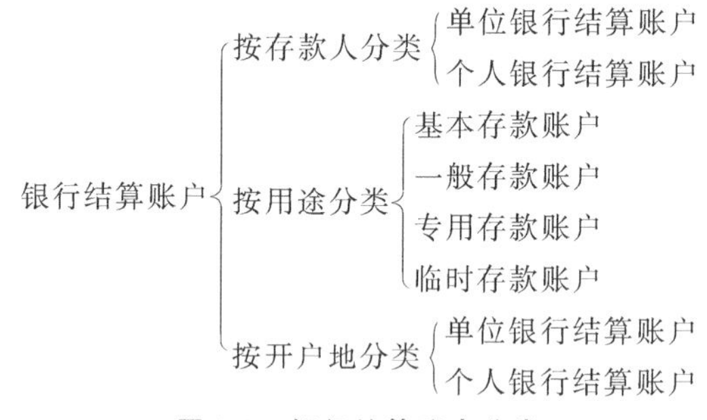

图 2-2　银行结算账户分类

二、单位银行结算账户

单位银行结算账户相关规定如表 2-6 所示。

表 2-6　单位银行结算账户及相关规定

账户	开立资格	使用范围	现金管理	其他规定
基本户	除自然人外都可开立（注意：团级以上军队、武警部队；异地常设机构；单位设立的独立核算的附属机构）	日常经营活动的资金收付及其工资、奖金和现金的支取	可存可取	只能开一个
一般户	已开立基本户	借款转存、借款归还等	只存不取	不能在基本户的开户银行开立
专用户	已开立基本户	单位银行卡备用金	不存不取	QFII 专用存款账户纳入专用存款账户管理
		财政预算外资金；证券交易结算资金；期货交易保证金；信托基金	只存不取	
		基本建设资金；更新改造资金；金融机构存放同业资金；政策性房地产开发资金	可存，经批准可取	
		粮、棉、油收购资金；住房基金；社会保障基金；党、团、工会设在单位的组织机构经费	可存可取	
		收入汇缴资金	只收不付	
		业务支出资金	只付不收	

续表

账户	开立资格	使用范围	现金管理	其他规定
临时户	设立临时机构；异地临时经营活动；注册验资和增资验资；境外（含港澳台地区）机构在境内从事经营活动	临时机构以及存款人临时经营活动发生的资金收付	可存可取，验资期间只收不付	有效期不得超过2年

三、个人银行结算账户

个人银行结算账户用于个人转账收付和现金存取，单位从其银行结算账户支付给个人银行结算账户的款项，每笔超过5万元的，应向其开户银行提供付款依据。

四、银行结算账户的开立、变更与撤销

银行结算账户的开立、变更与撤销相关规定如表2-7和表2-8所示。

表2-7 银行结算账户的开立

	核准制	备案制
概念	经中国人民银行核准后方可开立银行结算账户	银行先为符合条件的存款人开立账户后向中国人民银行备案
适用账户	基本户、临时户（因注册验资和增资验资开立的除外）、预算单位专用户、QFII专用存款账户	一般户、因注册验资和增资验资开立的临时户、专用户（除预算单位专用存款账户外）、个人银行结算账户
开户程序	存款人申请 → 银行审查 → 中国人民银行核准（2个工作日） → 开户	存款人申请 → 银行审查 → 开户（5个工作日） → 中国人民银行核准
注意事项	（1）银行为存款人开立一般存款账户、专用存款账户和临时存款账户的，应自开户之日起3个工作日内书面通知基本存款账户开户银行 （2）存款人开立单位银行结算账户，自正式开立之日起3个工作日后，方可办理付款业务，但注册验资的临时存款账户转为基本存款账户和因借款转存开立的一般存款账户除外	

表2-8 银行结算账户的变更与撤销

	变更	撤销
事由	存款人名称、单位法定代表人或主要负责人、住址以及其他开户资料发生变更	被撤并、解散、宣告破产或关闭；注销、被吊销营业执照；因迁址，需要变更开户银行；其他原因

续表

	变　更	撤　销
期限	5 个工作日	5 个工作日
注意事项	银行办理变更手续后于 2 个工作日内向中国人民银行报告	(1)存款人尚未清偿其开户银行债务的，不得申请撤销该账户 (2)银行对一年未发生收付活动且未欠开户银行债务的单位银行结算账户，应通知单位自发出通知之日起 30 日内办理销户手续，逾期视同自愿销户，未划转款项列入久悬未取专户管理

五、银行结算账户管理的基本原则

银行结算账户管理有四个基本原则：一个基本账户原则、自主选择原则、守法合规原则，以及存款信息保密原则。

六、违反银行账户管理法律制度的法律责任

存款人违反银行结算账户管理制度罚款金额如表 2-9 所示。

表 2-9　存款人违反银行结算账户管理制度罚款金额

违反银行账户结算管理制度事项	经营性存款人	非经营性存款人
法定代表人或主要负责人、存款人地址以及其他开户资料的变更事项未在规定期限内通知银行	1 000 元	1 000 元
违反规定开立银行结算账户	1 万元以上 3 万元以下	
伪造、变造证明文件欺骗银行开立银行结算账户		
违反规定不及时撤销银行结算账户		
伪造、变造、私自印制开户许可证		
违反规定将单位款项转入个人银行结算账户	5 000 元以上 3 万元以下	
违反规定支取现金		
利用开立银行结算账户逃废银行债务		
出租、出借银行结算账户		
从基本存款账户之外的银行结算账户转账存入、将销货收入存入或现金存入单位信用卡账户		

银行及其有关人员违反银行结算账户管理制度罚款金额如表 2-10 所示。

表 2-10　银行及其有关人员违反银行结算账户管理制度罚款金额

类　型	违 规 行 为	罚 款 金 额
开立违规	违反规定为存款人多头开立银行结算账户	5 万元以上 30 万元以下
	明知或应知是单位资金，而允许以自然人名称开立账户存储	

续表

类　　型	违 规 行 为	罚 款 金 额
使用违规	提供虚假开户申请资料欺骗中国人民银行许可开立基本存款账户、临时存款账户、预算单位专用存款账户	5 000 元以上 3 万元以下
	开立或撤销单位银行结算账户，未规定在其基本存款账户开户登记证上予以登记、签章或通知相关开户银行	
	违反规定办理个人银行结算账户转账结算	
	为储蓄账户办理转账结算	
	违反规定为存款人支付现金或办理现金存入	
	超过期限或未向中国人民银行报送账户开立、变更、撤销等资料	

本节考点强化练习

一、单选题

1. 存款人因办理日常转账结算和现金收付需要，可以开立（　　）。

A. 基本存款账户　B. 一般存款账户　C. 专用存款账户　D. 临时存款账户

2. 下列存款人中，不可以申请开立基本存款账户的是（　　）。

A. 上海市财政局　B. 个体工商户张某经营的服装店

C. 光明村村委会　D. 在某公司工作的员工李某

3. 专用存款账户中不得支取现金的是（　　）。

A. 基本建设资金专用账户　B. 更新改造资金专用账户

C. 证券交易结算资金专用账户　D. 金融机构存放同业资金专用账户

4. 临时存款账户的有效期（　　）。

A. 最长不超过 1 年　B. 最长不超过 2 年

C. 最短不少于 1 年　D. 最短不少于 2 年

5. 注册验资的临时存款账户在验资期间（　　）。

A. 不收不付　B. 可以收付　C. 只收不付　D. 只付不收

6. 单位从其银行结算账户支付给个人银行结算账户的款项，每笔超过（　　）万元的，应向其开户银行提供付款依据。

A. 1　B. 3　C. 5　D. 10

7. 存款人更改名称，但不改变开户银行及账号的，应于（　　）个工作日内向开户银行提出银行结算账户的变更申请，并出具有关部门的证明文件。

A. 3　B. 5　C. 7　D. 10

8. 关于银行结算账户的变更与撤销，下列表述中不正确的是（　　）。

A. 存款人更改名称，但不改变开户银行及账号的，应于 5 个工作日内向开户银行提出银行结算账户的变更申请，并出具有关部门的证明文件

B. 单位的住址以及其他开户资料发生变更时，应于 5 日内书面通知开户银行并提供有关证明

C. 存款人发生被注销、被吊销营业执照等主体资格终止情形的，应于5个工作日内向开户银行提出撤销银行结算账户的申请

D. 存款人因迁址或者其他原因撤销基本存款账户后，需要重新开立基本存款账户的，应在撤销其原基本存款账户后10日内申请重新开立基本存款账户

9.(　　)是银行结算账户的监督管理部门，负责对银行结算账户的开立、使用、变更和撤销进行检查监督。

A. 中国人民银行　B. 财政部门　C. 开户银行　D. 中国银监会

10. 银行结算账户管理的基本原则不包括(　　)。

A. 一个基本账户原则　B. 守法合规原则

C. 银行不垫款原则　D. 存款信息保密原则

二、多选题

1. 单位银行结算账户按用途的不同分为(　　)。

A. 基本存款账户　B. 一般存款账户

C. 专用存款账户　D. 个人银行结算账户

2. 可以申请开立基本存款账户的存款人包括(　　)。

A. 企业法人　B. 单位设立的非独立核算的附属机构

C. 非法人企业　D. 居民委员会、村民委员会、社区委员会

3. 基本存款账户的使用范围包括(　　)。

A. 日常经营活动的资金收付

B. 工资、奖金的支取

C. 党、团、工会设在单位的组织机构经费的收付

D. 现金的支取

4. 一般存款账户可以办理(　　)。

A. 现金支取　B. 借款转存　C. 借款归还　D. 现金缴存

5. 下列关于一般存款账户的表述中，正确的有(　　)。

A. 一般存款账户是存款人因借款或其他结算需要开立的银行结算账户

B. 一般存款账户在基本存款账户开户银行以外的银行营业机构开立

C. 开立基本存款账户的存款人都可以申请开立一般存款账户

D. 存款人只能开立一个一般存款账户

6. 下列关于专用存款账户使用范围的表述中，正确的有(　　)。

A. 单位银行卡账户的资金必须由其基本存款账户转账存入

B. 基本建设资金、更新改造资金、政策性房地产开发资金、金融机构存放同业资金账户需要支取现金的，应在开户时报开户银行批准

C. 粮、棉、油收购资金、社会保障基金、住房基金和党、团、工会经费等专用存款账户支取现金应按照国家现金管理的规定办理

D. 业务支出账户只收不付，不得支取现金

7. 下列情况中，存款人可以申请开立临时存款账户的有(　　)。

A. 设立临时机构　B. 异地临时经营活动

C. 注册验资　D. 增资验资

8. 可以在异地开立有关银行结算账户的情形包括(　　)。

A. 营业执照注册地与经营地不在同一行政区域(跨省、市、县)需要开立基本存款账户的

B. 办理异地借款和其他结算需要开立一般存款账户的

C. 存款人因附属的非独立核算单位或派出机构发生的收入汇缴或业务支出需要开立专用存款账户的

D. 异地临时经营活动需要开立临时存款账户的

9. 存款人开立(　　)实行核准制度。

A. 基本存款账户　　B. 个人银行结算账户

C. 一般存款账户　　D. 预算单位专用存款账户

10. 企业发生下列情况应该向开户银行申请撤销银行结算账户的有(　　)。

A. 企业宣布破产　　B. 企业迁址，但不改变开户银行

C. 企业被吊销营业执照　　D. 企业更换法定代表人

三、判断题

1. 银行结算账户是指存款人在经办银行开立的办理资金收付结算的人民币定期存款账户。(　　)

2. 银行结算账户按存款人不同，分为公司存款账户和个体工商户存款账户。(　　)

3. 基本存款账户是存款人的主办账户，存款人只能在银行开立一个基本存款账户。(　　)

4. 存款人因借款或其他结算需要，只能申请开立一个一般存款账户。(　　)

5. 收入汇缴账户只付不收，其现金支取必须按照国家现金管理的规定办理。(　　)

6. 存款人为临时机构的，只能在其驻在地开立一个临时存款账户，不得开立其他银行结算账户。(　　)

7. 个人银行结算账户仅限于办理现金存取业务，不得办理转账结算。(　　)

8. 异地银行结算账户是指存款人符合法定条件，根据需要在注册地或住所地之外的地方开立的银行结算账户。(　　)

9. 存款人开立单位银行结算账户的，自开立之日起即可使用该账户办理结算业务。(　　)

10. 存款人尚未清偿其开户银行债务的，不得申请撤销该账户。(　　)

11. 存款人主体资格终止后撤销银行结算账户的，应先撤销一般存款账户、专用存款账户、临时存款账户，将账户资金转入基本存款账户后，方可办理基本存款账户的撤销。(　　)

12. 存款人开立单位银行结算账户的，自开立之日起即可使用该账户办理结算业务。(　　)

13. 对单位银行结算账户的存款和有关资料，除国家法律、行政法规另有规定外，银行有权拒绝任何单位或个人查询。(　　)

14. 银行结算账户管理档案的保管期限为银行结算账户撤销后5年。(　　)

15. 对于伪造、变造、私自印制开户登记证的经营性存款人，处以1 000元罚款。(　　)

四、案例分析题

光明公司在中国工商银行甲市支行开立了基本存款账户，后因经营需要向中国建设银

行乙市支行申请贷款50万元，为转存借款，光明公司又在中国建设银行乙市支行开立了账户。

请根据上述资料，回答下列问题：

1. 光明公司在中国建设银行乙市支行开立的账户为(　　)。

A. 基本存款账户　　B. 一般存款账户

C. 专用存款账户　　D. 临时存款账户

2. 光明公司在中国建设银行乙市支行开立的账户可以办理结算业务的时间为(　　)。

A. 贷款获得批准之日起　　B. 贷款获得批准之日起3个工作日后

C. 账户正式开立之日起　　D. 账户正式开立之日起3个工作日后

3. 光明公司因违规经营被工商行政管理部门吊销了营业执照，应于(　　)向开户银行提出撤销银行结算账户的申请。

A. 3个工作日内　　B. 5个工作日内

C. 10个工作日内　　D. 15个工作日内

4. 光明公司被吊销营业执照后如果没有及时撤销银行结算账户，应处以(　　)的罚款。

A. 1 000元以上5 000元以下　　B. 5 000元以上1万元以下

C. 5 000元以上3万元以下　　D. 1万元以上3万元以下

5. 关于人民币银行结算账户管理，下列说法正确的有(　　)。

A. 存款人只能在银行开立一个基本存款账户。

B. 存款人可以自主选择银行开立银行结算账户。

C. 银行结算账户的开立和使用应当遵守法律、行政法规。

D. 对单位银行结算账户的存款和有关资料，银行有权拒绝任何单位或个人查询。

第四节　票据结算方式

考证热点分析

1. 票据概述。
2. 支票。
3. 商业汇票。
4. 银行汇票。
5. 银行本票。

内容精讲

一、票据结算概述

票据的概念、特征和功能如表2-11所示。

表 2-11 票据的概念、特征和功能

项目	内 容
概念	广义：各种有价证券和凭证
	狭义：由出票人依法签发的，约定自己或者委托付款人在见票时或指定的日期向收款人或持票人无条件支付一定金额的有价证券
分类	汇票、商业汇票、银行本票、支票
特征	票据是债券凭证和金钱凭证
	票据是设权证券
	票据是文义证券
功能	支付功能、汇兑功能、信用功能、结算功能、融资功能

二、票据行为

票据的行为及释义如表 2-12 所示。

表 2-12 票据行为

票据行为	释 义		
出票	出票人签发票据并将其交付给收款人的票据行为(出票＝作成＋交付)		
背书	定义：持票人为将票据权利转让给他人或者将一定的票据权利授予他人行使而在票据背面或者粘单上记载有关事项并签章的行为		
	分类	转让背书：持票人将票据权利转让给他人为目的	
		非转让背书	委托收款背书
			质押背书
承兑	汇票付款人承诺在汇票到期日支付汇票金额并签章的行为		
保证	票据债务人以外的人为担保特定债务人履行票据债务而在票据上记载有关事项并签章的行为		

三、票据当事人

票据当票人的相关定义如表 2-13 所示。

表 2-13 票据当事人

当事人	内 容
基本当事人	出票人：指依法定方式签发汇票、本票和支票并将该票据交付给收款人的票据行为人
	收款人：票据正面记载的到期后有权收取票据所载金额的人，又称为票据权利人
	付款人：由出票人委托付款或自行承担付款责任的人
非基本当事人	承兑人：接受汇票出票人的付款委托，同意承担支付票款义务的人
	背书人：在转让票据时，在票据背面签字或盖章并将该票据交付给受让人的票据收款人或持有人
	被背书人：被记名受让票据或接受票据转让的人
	保证人：为票据债务提供担保的人，由票据债务人以外的人担当

注：非基本当事人是否存在，完全取决于相应票据行为是否发生。

四、票据权利与责任

票据权利与责任如表 2-14 所示。

表 2-14 票据权利与责任

项 目	释 义	内 容
票据权利	持票人向票据债务人请求支付票据金额的权利	付款请求权：第一顺序权利，是指持票人向汇票的承兑人、本票的出票人、支票的付款人等付款义务人出示票据请求付款的权利。行使付款请求权的持票人可以是票据记载的收款人或最后的被背书人
		票据追索权：第二顺序权利，是指票据当事人行使付款请求权遭到拒绝或有其他法定原因存在时，向其前手请求偿还票据金额及其他法定费用的权利。行使追索权的当事人可以是票据记载的收款人或最后被背书人、代为清偿债务的保证人、背书人
票据责任	票据债务人向持票人支付票据金额的责任	汇票承兑人因承兑而应承担付款义务
		本票出票人因出票而承担自己付款的义务
		支票付款人在与持票人有资金关系时承担付款义务
		汇票、本票、支票的背书人，汇票、支票的出票人、保证人，在票据不获承兑或不获付款时的付款清偿义务

五、票据签章

票据签章的形式包括签名、盖章，以及签名+盖章。

票据签章时的注意内容如下。

(1) 票据缺少当事人的签章，该项票据行为无效。

(2) 签章当事人在票据上的签章不符合法定要求的，签章无效。

(3) 票据签发时，由出票人签章；票据转让时，由背书人签章；票据承兑时，由承兑人签章；票据保证时，由保证人签章；票据代理时，由代理人签章；持票人行使票据权利时，由持票人签章。

六、票据记载事项

票据记载事项如表 2-15 所示。

表 2-15 票据记载事项

种 类	内 容
绝对记载事项	如不记载，票据即为无效
相对记载事项	可以记载，也可以不记载。未记载的，适用法律的统一认定
任意记载事项	不记载不影响票据效力，记载时则产生票据效力
不产生效力的记载事项	若记载，不具有票据效力

七、支票

支票的相关内容如表 2-16 所示。

表 2-16 支票

项 目		内 容
概念		出票人签发的，委托办理支票存款业务的银行或者其他金融机构在见票时无条件支付确定的金额给收款人或者持票人的票据
基本当事人		出票人：即存款人，是在经中国人民银行当地分支行批准办理支票业务的银行或其他金融机构开立可以使用支票的存款账户的单位和个人
		付款人：支票上记载的出票人开户银行或其他金融机构
		收款人：票面上填明的收款人，也可以是经背书转让的被背书人。出票人可以在支票上记载自己为收款人
种类		现金支票：只能用于支取现金，不能转账
		转账支票：只能用于转账，不能支取现金
		普通支票：可以用于支取现金，也可用于转账。在普通支票左上角划两条平行线的，为划线支票，划线支票只能用于转账，不能支取现金
适用范围		单位和个人的各种款项结算，均可以使用支票 全国范围内互通使用 支票可以背书转让，但用于支取现金的支票不能背书转让
出票	绝对记载事项	表明“支票”的字样；无条件支付的委托；确定的金额；付款人名称；出票日期；出票人签章(支票的金额、收款人名称可以由出票人授权补记，未补记前不得背书转让和提示付款)
	相对记载事项	付款地：支票上未记载付款地的，付款人的营业场所为付款地
		出票地：支票上未记载出票地的，出票人的营业场所、住所或者经常居住地为出票地
付款	提示付款	支票的持票人应当自出票日起 10 日内提示付款。超过提示付款期限的，付款人可以不予付款；付款人不予付款的，出票人仍应当对持票人承担票据责任
	付款	出票人在付款人处的存款足以支付支票金额时，付款人应当在见票当日足额付款。支票限于见票即付，不得另行记载付款日期，另行记载付款日期的，该记载无效
办理要求	要求	支票的出票人所签发的支票金额不得超过其付款时在付款人处实有的存款金额，出票人签发的支票金额超过其付款时在付款人处实有的存款金额的，为空头支票 出票人不得签发与其预留银行签章不符的支票；使用支付密码的，出票人不得签发支付密码错误的支票
	罚则	出票人签发空头支票、签章与预留银行签章不符的支票，使用支付密码的地区，支付密码错误的支票，银行应予以退票，并按票面金额处以 5%不低于 1 000元的罚款；持票人有权要求出票人赔偿支票金额 2%的赔偿金

八、商业汇票概述

汇票分为银行汇票和商业汇票。银行汇票的出票人是银行。商业汇票的出票人是银行以外的企事业单位、机关、团体等。

商业汇票是由出票人签发的，委托付款人在指定日期无条件支付确定金额给收款人或者持票人的票据。商业汇票包括银行承兑汇票和商业承兑汇票。银行承兑汇票由银行承兑。商业承兑汇票由银行以外的付款人承兑。

九、商业汇票的出票

商业汇票的出票及相关内容如表 2-17 所示。

表 2-17　商业汇票的出票

<table>
<tr><th>项　目</th><th colspan="2">内　容</th></tr>
<tr><td>出票人资格</td><td colspan="2">(1)为在银行开立存款账户的法人以及其他组织
(2)与付款人具有真实的委托付款关系
(3)具有支付汇票金额的可靠资金来源
注意：个人不能使用商业汇票。出票人不得签发无对价的汇票用以骗取银行或者其他票据当事人的资金</td></tr>
<tr><td rowspan="2">记载事项</td><td>绝对记载事项</td><td>表明商业承兑汇票或银行承兑汇票的字样；无条件支付的委托；确定的金额；付款人名称；收款人名称；出票日期；出票人签章</td></tr>
<tr><td>相对记载事项</td><td>汇票上未记载付款日期的，视为见票即付；汇票上未记载付款地的，付款人的营业场所、住所或者经常居住地为付款地；汇票上未记载出票地的，出票人的营业场所、住所或者经常居住地为出票地</td></tr>
<tr><td>效力</td><td colspan="2">(1)对收款人的效力：收款人取得汇票后，即取得票据权利
(2)对付款人的效力：出票行为是单方行为，付款人并不因此而有付款义务，只有在对汇票承兑后，才负有付款义务，成为汇票上的主债务人
(3)对出票人的效力：出票人签发汇票后，即承担保证该汇票承兑和付款的责任</td></tr>
</table>

十、商业汇票的承兑

商业汇票的承兑及相关内容如表 2-18 所示。

表 2-18　商业汇票的承兑

<table>
<tr><th>项　目</th><th colspan="2">内　容</th></tr>
<tr><td>概念</td><td colspan="2">汇票付款人承诺在汇票到期日支付汇票金额的票据行为(承兑是汇票特有的制度，本票和支票都没有承兑)</td></tr>
<tr><td rowspan="5">程序</td><td>提示承兑</td><td>(1)定日付款或者出票后定期付款的汇票，持票人应当在汇票到期日前向付款人提示承兑
(2)见票后定期付款的汇票，持票人应当自出票日起 1 个月内向付款人提示承兑
(3)见票即付的汇票无须提示承兑</td></tr>
<tr><td rowspan="4">承兑成立</td><td>承兑时间：自收到提示承兑的汇票之日起 3 日内承兑或者拒绝承兑。如果付款人在 3 日内不作承兑与否表示的，则应视为拒绝承兑</td></tr>
<tr><td>接受承兑：付款人收到持票人提示承兑的汇票时，应当向持票人签发收到汇票的回单。回单上应当记明汇票提示承兑日期并签章</td></tr>
<tr><td>承兑的格式：在汇票正面记载“承兑”字样和承兑日期并签章</td></tr>
<tr><td>退回已承兑的汇票：付款人将已承兑的汇票退回持票人后才产生承兑的效力</td></tr>
</table>

续表

项　目	内　　容
效力	(1)承兑人于汇票到期日必须向持票人无条件地支付汇票上的金额 (2)承兑人必须对汇票上的一切权利人承担责任 (3)承兑人不得以其与出票人之间的资金关系来对抗持票人 (4)承兑人的票据责任不因持票人未在法定期限提示付款而解除
单纯承兑	付款人承兑商业汇票，不得附有条件；承兑附有条件的，视为拒绝承兑

十一、商业汇票的付款

商业汇票的付款及相关内容如表 2-19 所示。

表 2-19　商业汇票的付款

项目		内　　容
付款期限		最长不得超过 6 个月。定日付款的汇票付款期限自出票日起计算，并在汇票上记载具体的到期日。出票后定期付款的汇票付款期限自出票日起按月计算，并在汇票上记载。见票后定期付款的汇票付款期限自承兑或拒绝承兑日起按月计算，并在汇票上记载
程序	提示付款	见票即付的汇票，自出票日起 1 个月内向付款人提示付款
		定日付款、出票后定期付款或者见票后定期付款的汇票，自到期日起 10 日内向承兑人提示付款
	支付票款	持票人付款提示后，付款人依法审查无误后必须无条件地在当日按票据金额足额支付给持票人
效力		付款人依法足额付款后，全体汇票债务人的责任解除

十二、商业汇票的背书

商业汇票的背书及相关内容如表 2-20 所示。

表 2-20　商业汇票的背书

项　目		内　　容
记载事项	绝对记载事项	背书人签章
		被背书人名称，但持票人在票据被背书人栏内记载自己的名称与背书人记载具有同等法律效力
	相对记载事项	背书日期
不得记载的事项		附有条件的背书(汇票背书附有条件的，所附条件不具有汇票上的效力，即背书行为仍然有效) 部分背书(部分背书无效)
禁止背书的记载		出票人的禁止背书：出票人的禁止背书应记载在汇票的正面。出票人在汇票上记载“不得转让”字样的，汇票不得转让
		背书人的禁止背书：背书人的禁止背书应记载在汇票的背面。背书人在汇票上记载“不得转让”字样，其后手再背书转让的，原背书人对后手的被背书人不承担保证责任，其只对直接的被背书人承担责任
背书连续		如果背书不连续，付款人可以拒绝向持票人付款

续表

项　目	内　　容
法定禁止背书	被拒绝承兑
	被拒绝付款
	超过付款提示期限

十三、商业汇票的保证

商业汇票的保证及相关内容如表 2-21 所示。

表 2-21　商业汇票的保证

项　目	内　　容	
记载事项	绝对记载事项	表明“保证”的字样
		保证人签章
	相对记载事项	保证人名称和住所
		被保证人的名称
		保证日期
不得记载的事项	保证不得附有条件(附有条件的，所附条件无效，保证本身仍具有效力)	
效力	保证人应当与被保证人对持票人承担连带责任	
	保证人为两人以上的，保证人之间承担连带责任	
	保证人清偿汇票债务后，可以行使持票人对被保证人及其前手的追索权	

十四、银行汇票

银行汇票的相关内容如表 2-22 所示。

表 2-22　银行汇票

项　目	内　　容	
概念	由出票银行签发的，在见票时按照实际结算金额无条件支付给收款人或者持票人的票据	
适用范围	单位和个人在异地、同城或同一票据交换区域的各种款项结算，均可使用银行汇票	
记载事项	表明“银行汇票”的字样。无条件支付的承诺；确定的金额；付款人名称；收款人名称；出票日期；出票人签章	
出票	申请	申请人和收款人均为个人，需要使用银行汇票向代理付款人支取现金的，申请人须在“银行汇票申请书”上填明代理付款人名称，在“汇票金额”栏先填写“现金”字样，后填写汇票金额。申请人或者收款人为单位的，不得在“银行汇票申请书”上填明“现金”字样
	签发	出票银行受理银行汇票申请书，收妥款项后签发银行汇票，并用压数机压印出票金额，将银行汇票和解讫通知一并交给申请人。签发现金银行汇票，申请人和收款人必须均为个人，收妥申请人交存的现金后，在银行汇票“出票金额”栏先填写“现金”字样，后填写出票金额，并填写代理付款人名称。申请人或者收款人为单位的，银行不得为其签发现金银行汇票

续表

项　目	内　　容
基本规定	银行汇票可以用于转账，标明现金字样的“银行汇票”也可以提取现金
	银行汇票的提示付款期限自出票日起一个月内
	银行汇票可以背书转让，但填明“现金”字样的银行汇票不得背书转让，未填写实际结算金额或实际结算金额超过出票金额的银行汇票不得背书转让
申办和兑付的基本规定	收款人受理银行汇票依法审查无误后，应在出票金额以内，根据实际需要的款项办理结算，并将实际结算金额和多余金额填入银行汇票和解讫通知的有关栏内。未填明实际结算金额和多余金额或实际结算金额超过出票金额的，银行不予受理。银行汇票的实际结算金额不得更改，更改实际结算金额的银行汇票无效
	持票人向银行提示付款时，必须同时提交银行汇票和解讫通知，缺少任何一联，银行不予受理

十五、银行本票

银行本票的相关内容如表 2-23 所示。

表 2-23　银行本票

项　　目	内　　容	
概念	出票人签发的，承诺自己在见票时无条件支付确定的金额给收款人或者持票人的票据	
适用范围	单位和个人在同一票据交换区域需要支付的各种款项，均可以使用银行本票。银行本票可以用于转账，注明“现金”字样的银行本票可以用于支取现金	
记载事项	表明“银行本票”的字样；无条件支付的承诺；确定的金额；收款人名称；出票日期；出票人签章	
出票	申请	申请人或收款人为单位的，不得申请签发现金银行本票
	签发	申请人或收款人为单位的，银行不得为其签发现金银行本票
提示付款期限	银行本票见票即付。银行本票的提示付款期限自出票日起最长不得超过 2 个月	

各种票据对比总结如表 2-24 所示。

表 2-24　票据对比总结表

票据种类	付款日期	提示承兑期限	提示付款期限	绝对记载事项	不能背书的情形
支票	见票即付	—	出票日起 10 日	表明“支票”的字样；无条件支付的委托；确定的金额；付款人名称；出票日期；出票人签章	现金支票；未授权补记的支票

续表

票据种类	付款日期	提示承兑期限	提示付款期限	绝对记载事项	不能背书的情形
商业汇票	见票即付	无须提示承兑	出票日起1个月	表明商业承兑汇票或银行承兑汇票的字样；无条件支付的委托；确定的金额；付款人名称；收款人名称；出票日期；出票人签章	被拒绝承兑的汇票；被拒绝付款的汇票；超过付款提示期限的汇票
	定日付款	汇票到期日前	到期日起10日		
	出票后定期付款				
	见票后定期付款	自出票日起1个月			
银行汇票	见票即付	—	出票日起1个月	表明"银行汇票"的字样；无条件支付的承诺；确定的金额；付款人名称；收款人名称；出票日期；出票人签章	现金汇票；未填写实际结算金额的汇票；实际结算金额超过出票金额的汇票
银行本票	见票即付	—	出票日起2个月	表明"银行本票"的字样；无条件支付的承诺；确定的金额；收款人名称；出票日期；出票人签章	现金本票

本节考点强化练习

一、单选题

1. 下列选项中，不属于《票据法》中规定的票据的是(　　)。

A. 银行汇票　　B. 商业汇票　　C. 支票　　D. 发票

2. 票据是指由出票人依法签发的，约定自己或者委托付款人在见票时或(　　)一定金额的有价证券。

A. 在指定日期有条件支付　　B. 在不定日期有条件支付

C. 在指定日期无条件支付　　D. 在不定日期无条件支付

3. 下列选项中，一定不能背书转让的支票是(　　)。

A. 现金支票　　B. 转账支票　　C. 普通支票　　D. 划线支票

4. 见票后定期付款的汇票，持票人应当自出票日起(　　)向付款人提示承兑。

A. 10日内　　B. 1个月内　　C. 2个月内　　D. 3个月内

5. 商业汇票的付款期限，最长不得超过(　　)。

A. 3个月　　B. 6个月　　C. 9个月　　D. 12个月

6. 下列关于汇票的说法中，不正确的是(　　)。

A. 出票人不得签发无对价的汇票用以骗取银行或者其他票据当事人的资金

B. 汇票上未记载承兑日期的，以3天承兑期的最后一日为承兑日期

C. 付款人承兑商业汇票，不得附有条件；承兑附有条件的，条件无效

D. 汇票转让只能采用背书方式，而不能仅凭单纯交付方式，否则不产生票据转让的效力

7. 银行汇票的持票人向银行提示付款时，必须同时提交银行汇票和(　　)。

A. 进账单　　B. 解讫通知　　C. 个人身份证　　D. 支款凭证

8. 根据《支付结算办法》的规定，(　　)能够签发银行汇票。

A. 企业　　B. 事业单位　　C. 银行　　D. 社会团体

9. 下列关于银行汇票的表述，不正确的是(　　)。

A. 异地、同一票据交换区域均可使用银行汇票

B. 银行汇票的提示付款期限自出票日起10日内

C. 未填写实际结算金额或实际结算金额超过出票金额的银行汇票不得背书转让

D. 银行汇票的实际结算金额不得更改，更改实际结算金额的银行汇票无效

10. 银行本票的提示付款期限自出票日起最长不得超过(　　)。

A. 10日　　B. 1个月　　C. 2个月　　D. 3个月

二、多选题

1. 与其他有价证券相比，票据的特征包括(　　)。

A. 票据是金钱凭证　　B. 票据是设权证券

C. 票据是有因证券　　D. 票据是文义证券

2. 下列各项中，无须承兑的票据有(　　)。

A. 银行汇票　　B. 商业汇票　　C. 银行本票　　D. 支票

3. 下列关于票据当事人的表述中，正确的有(　　)。

A. 票据当事人是指票据法律关系中享有票据权利、承担票据义务的当事人，也称为票据法律关系的主体

B. 票据当事人可分为基本当事人和非基本当事人

C. 基本当事人是指在票据作成并交付后，通过一定的票据行为加入票据关系而享有一定权利、履行一定义务的当事人

D. 基本当事人包括出票人、付款人和收款人

4. 下列关于票据签章效力的表述中，正确的有(　　)。

A. 出票人在票据上的签章不符合《中华人民共和国票据法》等规定的，其签章无效，但不影响其他符合规定签章的效力

B. 背书人在票据上的签章不符合《中华人民共和国票据法》等规定的，其签章无效，但不影响其前手符合规定签章的效力

C. 承兑人在票据上的签章不符合《中华人民共和国票据法》等规定的，其签章无效，但不影响其他符合规定签章的效力

D. 保证人在票据上的签章不符合《中华人民共和国票据法》等规定的，其签章无效，但不影响其他符合规定签章的效力

5. 可能行使付款请求权的当事人有(　　)。

A. 票据记载的收款人　　B. 最后的被背书人

C. 代为清偿债务的保证人　　D. 代为清偿债务的背书人

6. (　　)只能用于转账，不能支取现金。

A. 转账支票　　B. 现金支票　　C. 普通支票　　D. 划线支票

7. 支票的记载事项可以授权补记的有(　　)。

A. 付款人名称　　B. 出票金额　　C. 收款人名称　　D. 出票日期

8. 商业汇票的出票人可以是(　　)。

A. 企业　B. 事业单位　C. 机关　D. 社会团体

9. 汇票承兑的效力表现在(　　)。

A. 承兑人于汇票到期日必须向持票人无条件地支付汇票上的金额

B. 承兑人必须对汇票上的一切权利人承担责任

C. 承兑人不得以其与出票人之间的资金关系来对抗持票人

D. 持票人如果未在法定期限提示付款，承兑人的票据责任解除

10. 应当自到期日起 10 日内向承兑人提示付款的汇票包括(　　)。

A. 见票即付的汇票　B. 出票后定期付款或者

C. 定日付款的汇票　D. 见票后定期付款的汇票

11. 背书是一种要式行为，背书记载的事项包括(　　)。

A. 背书人的签章　B. 被背书人的名称　C. 背书用途　D. 部分日期

12. 下列行为中，会导致汇票背书无效的有(　　)。

A. 背书人没有签章　B. 不记载被背书人名称

C. 背书附有条件　D. 部分背书

13. 下列各项中，(　　)属于法定禁止背书的汇票。

A. 见票即付的汇票　B. 被拒绝付款的汇票

C. 被拒绝承兑的汇票　D. 超过付款提示期限的汇票

14. 签发银行本票，必须记载的事项包括(　　)。

A. 收款人名称　B. 付款人名称　C. 出票日期　D. 无条件支付的承诺

15. 下列票据支付方式中，单位和个人都能使用的有(　　)。

A. 支票　B. 银行本票　C. 银行汇票　D. 商业汇票

三、判断题

1. 出票包括两个行为：一是作成票据；二是交付票据。(　　)

2. 所有的票据当事人都会出现在同一张票据上。(　　)

3. 出票人不得在支票上记载自己为收款人。(　　)

4. 空头支票是指出票人签发的支票金额超过其出票时在付款人处实有的存款金额的支票。(　　)

5. 商业承兑汇票属于商业汇票，银行承兑汇票属于银行汇票。(　　)

6. 如果付款人在 3 日内不作承兑与否表示的，则应视为拒绝承兑。(　　)

7. 一张票据可以多次背书、多次转让，但背书必须连续。(　　)

8. 保证不得附有条件，附有条件的，保证无效。(　　)

9. 银行汇票只可以用于转账，不得提取现金。(　　)

10. 申请人或收款人为单位的，不得申请签发现金银行本票。(　　)

四、案例分析题

(一) 甲公司销售一批货物给本市乙公司，乙公司签发了一张转账支票，上面记载有如下内容：金额 20 万元，收款人为甲公司，付款人为建设银行某支行，出票日期为 2015 年 11 月 10 日。甲公司到银行提示付款时，发现该支票是空头支票。

请根据上述资料，回答下列问题：

1. 该支票上没有记载出票地，则(　　)。

A. 以甲公司的营业场所为出票地　　B. 以乙公司的营业场所为出票地

C. 该支票无效　　D. 该支票有效

2. 关于该支票的说法，正确的有(　　)。

A. 该支票只能用于转账　　B. 该支票既能转账又能取现

C. 该支票只能用于取现　　D. 该支票无须提示承兑

3. 甲公司最迟应于(　　)提示付款。

A. 2015 年 11 月 19 日　　B. 2015 年 11 月 20 日

C. 2015 年 12 月 19 日　　D. 2015 年 12 月 20 日

4. 根据法律规定，对于乙公司签发空头支票的行为应处以(　　)元的罚款。

A. 1 000　　B. 2 000　　C. 4 000　　D. 10 000

5. 甲公司有权要求乙公司赔偿(　　)元。

A. 1 000　　B. 2 000　　C. 4 000　　D. 10 000

(二) 2015 年 9 月 1 日，甲公司向乙公司签发了一张金额为 20 万元的银行承兑汇票用于支付货款，该汇票付款日期为 2015 年 12 月 1 日。9 月 10 日，乙公司向银行提示承兑并于当日获得承兑。9 月 15 日，乙公司因采购货物，将此汇票背书转让给丙公司，并在汇票上记载"不得转让"字样，但没有记载背书时间。10 月 20 日，丙公司又将此汇票背书给丁公司。12 月 5 日，丁公司向银行提示付款，但银行拒绝付款。

请根据上述资料，回答下列问题：

6. 该汇票的基本当事人包括(　　)。

A. 甲公司　　B. 乙公司　　C. 丙公司　　D. 丁公司

7. 该汇票上记载的"不得背书"事项属于(　　)。

A. 绝对记载事项　　B. 相对记载事项　　C. 任意记载事项　　D. 非法定加载事项

8. 下列属于甲公司出票时必须记载的事项有(　　)。

A. 确定的金额　　B. 无条件支付的承诺

C. 收款人名称　　D. 出票人签章

9. 乙公司没有记载背书时间，则(　　)。

A. 该汇票无效　　B. 背书无效

C. 背书有效　　D. 视为在汇票到期日前背书

10. 丁公司可以向(　　)行使追索权。

A. 甲公司　　B. 乙公司　　C. 丙公司　　D. 承兑银行

第五节　银行卡

考证热点分析

1. 银行卡的概念与分类。

2. 银行卡交易的基本规定。
3. 银行卡资金来源。
4. 银行卡计息与收费。
5. 银行卡申领与注销。

内容精讲

一、银行卡的概念与分类

银行卡的概念与分类如表 2-25 所示。

表 2-25　银行卡的概念与分类

项　目	内　容	
概念	经批准由商业银行(含邮政金融机构)向社会发行的具有消费信用、转账结算、存取现金等全部或部分功能的信用支付工具	
分类	发行主体是否在境内	境内卡、境外卡
	是否给持卡人授信额度	信用卡(先消费后还款，分为贷记卡和准贷记卡)、借记卡(先存款后消费)
	账户币种	人民币卡、外币卡、双币种卡
	信息载体	磁条卡、芯片卡

二、银行卡的账户与交易

银行卡的账户与交易如表 2-26 所示。

表 2-26　银行卡的账户与交易

项　目	内　容	
银行卡交易的基本规定	单位人民币卡可办理商品交易和劳务供应款项的结算，但不得透支	
	单位卡不得支取现金	
	准贷记卡的透支期限最长为 60 天。贷记卡的首月最低还款额不得低于其当月透支余额的 10%	
	发卡银行通过下列途径追偿透支款项和诈骗款项：扣减持卡人保证金、依法处理抵押物和质押物；向保证人追索透支款项；通过司法机关的诉讼程序进行追偿	
银行卡资金来源	单位卡	一律从其基本存款账户转账存入，不得交存现金，不得将销货收入的款项存入其账户
	个人卡	只限于其持有的现金存入和工资性款项以及属于个人的劳务报酬收入转账存入，严禁将单位的款项存入个人卡账户

续表

项　目		内　　容
计息		准贷记卡和借记卡计息，贷记卡不计息
		贷记卡持卡人非现金交易享受如下优惠条件： (1)免息还款期待遇：银行记账日至发卡行规定的到期还款日之间为免息还款期，最长为60天 (2)最低还款额待遇：持卡人在到期还款日前偿还所使用全部银行款项有困难的，可按发卡行规定的最低还款额还款
		贷记卡选择最低还款或超过批准的信用额度用卡，不得享受免息还款期待遇。贷记卡支取现金、准贷记卡透支，不享受免息还款期和最低还款额待遇。贷记卡透支按月计收复利，准贷记卡按月计收单利。透支利率为日利率0.05%
		发卡银行对贷记卡持卡人未偿还最低还款额和超信用额度用卡的行为，分别按最低还款额未还部分、超过信用额度部分的5%收取滞纳金和超限费
收费		宾馆、餐饮、娱乐、旅游等行业不得低于交易金额的2%
		其他行业不得低于交易金额的1%
申领	单位卡	凡在中国境内金融机构开立基本存款账户的单位，可凭中国人民银行核发的开户许可证申领单位卡
		单位卡可申领若干张
	个人卡	凡具有完全民事行为能力的公民，可凭本人有效身份证件及发卡银行规定的相关证明文件申领个人卡
		个人卡的主卡持卡人，可为其配偶及年满18周岁的亲属申领附属卡，申领的附属卡最多不得超过两张
销户	销户的情形	信用卡有效期满45天后，持卡人不更换新卡的
		信用卡挂失满45天后，没有附属卡又不更换新卡的
		信用卡被列入止付名单，发卡银行已收回其信用卡45天的
		持卡人死亡，发卡银行已收回其信用卡45天的
		持卡人要求销户或担保人撤销担保，已交回信用卡45天的
		信用卡账户两年(含)以上未发生交易的
		持卡人违反其他规定，发卡银行认为应该取消资格的
	余额	单位卡账户余额转入其基本存款账户，不得提取现金
		个人卡账户可以转账结清，也可以提取现金

本节考点强化练习

一、单选题

1. 根据《银行卡业务管理办法》的规定，单位卡账户的资金一律(　　)。

A. 将销货收入存入　　B. 用现金存入

C. 从其基本账户转账存入　　D. 从其一般账户转账存入

2. 准贷记卡的透支期限最长为(　　)。

A. 30 天　　B. 60 天　　C. 90 天　　D. 120 天

3. 贷记卡的首月最低还款额不得低于(　　)。

A. 其信用额度的 5%　　B. 其信用额度的 10%

C. 其当月透支余额的 5%　　D. 其当月透支余额的 10%

4. 单位人民币卡可办理商品交易和劳务供应款项的结算，(　　)。

A. 但不得透支　　B. 但结算金额不得超过 1 万元

C. 可透支 5 万元　　D. 可透支 10 万元

5. 贷记卡透支利率为日利率(　　)。

A. 0.05%　　B. 0.5%　　C. 1%　　D. 5%

6. 发卡银行对贷记卡持卡人未偿还最低还款额和超信用额度用卡的行为，分别按最低还款额未还部分、超过信用额度部分的(　　)收取滞纳金和超限费。

A. 0.05%　　B. 0.5%　　C. 1%　　D. 5%

7. 下列关于个人卡的表述中，不正确的是(　　)。

A. 凡具有完全民事行为能力的公民，可凭本人有效身份证件及发卡银行规定的相关证明文件申领个人卡

B. 个人卡的主卡持卡人，可为其配偶及年满 18 周岁的亲属申领若干张附属卡

C. 严禁将单位的款项存入个人卡账户

D. 个人卡可以存入现金

8. 关于信用卡的申领，以下说法错误的是(　　)。

A. 申领单位卡的单位必须在中国境内金融机构开立基本存款账户

B. 单位卡只限于申领一张

C. 有完全民事行为能力的公民可以申领个人卡

D. 申领人可采用保证、抵押或质押的方式向发卡银行提供担保

9. 信用卡有效期满(　　)后，持卡人不更换新卡的，持卡人在还清全部交易款项、透支本息和有关费用后，可申请办理销户。

A. 15 天　　B. 30 天　　C. 45 天　　D. 60 天

10. 单位卡销户时，其余额(　　)。

A. 可提取现金　　B. 转入临时存款账户

C. 转入基本存款账户　　D. 转入一般存款账户

二、多选题

1. 银行卡是指经批准由商业银行向社会发行的具有(　　)等全部或部分功能的信用支付工具。

A. 消费信用　　B. 转账结算　　C. 存入现金　　D. 支取现金

2. 银行卡按是否给予持卡人授信额度分为(　　)。

A. 信用卡　　B. 贷记卡　　C. 借记卡　　D. 芯片卡

3. 下列银行卡中，属于信用卡的有(　　)。

A. 专用卡　　B. 贷记卡

C. 准贷记卡　　D. 转账卡

4. 关于单位卡的使用规定，正确的有(　　)。

A. 不得支取现金
B. 可以存入现金
C. 不得将销货收入存入
D. 可办理商品交易和劳务供应款项的结算

5. 发卡银行追偿透支款项和诈骗款项的途径包括(　　)。

A. 扣减持卡人保证金
B. 依法处理抵押物和质押物
C. 向保证人追索透支款项
D. 通过司法机关的诉讼程序进行追偿

6. 发卡银行不计付利息的银行卡包括(　　)。

A. 贷记卡　B. 准贷记卡　C. 储值卡　D. 借记卡

7. 下列情况中可以办理信用卡销户的有(　　)。

A. 信用卡被列入止付名单，发卡银行已收回其信用卡 45 天的
B. 信用卡挂失满 45 天后，没有附属卡又不更换新卡的
C. 信用卡账户一年(含)以上未发生交易的
D. 持卡人死亡，发卡银行已收回其信用卡 45 天的

8. 信用卡销户时，(　　)。

A. 单位卡账户余额转入其基本存款账户
B. 单位卡账户余额也可由单位提取现金
C. 单位卡账户余额不得转入一般存款账户
D. 单位卡账户余额不得提取现金

9. 个人卡销户时，其账户余额(　　)。

A. 可以办理转账结算
B. 可以支取现金
C. 不得办理转账结算
D. 不得支取现金

10. 持卡人丧失银行卡，应向(　　)申请挂失。

A. 发卡银行　B. 中国人民银行　C. 代办银行　D. 中国银行

三、判断题

1. 信用卡是商业银行向个人和单位发行的先存款后消费没有透支功能的银行卡。(　　)

2. 单位人民币卡可办理商品交易和劳务供应款项的结算，并且可以透支。(　　)

3. 发卡银行对贷记卡的取现应当每笔进行授权，每卡每日累计取现不得超过限定额度。(　　)

4. 个人卡在使用过程中，需要向其账户续存资金的，可以将其持有的现金存入和工资性款项以及单位的款项转账存入。(　　)

5. 贷记卡支取现金、准贷记卡透支，不享受免息还款期和最低还款额待遇。(　　)

6. 贷记卡透支按月计收单利，准贷记卡按月计收复利。(　　)

7. 商业银行办理银行卡收单业务向宾馆、餐饮、娱乐、旅游等行业的商户收取的结算手续费不得低于交易金额的 2%。(　　)

8. 凡在中国境内金融机构开立基本存款账户的单位，可凭工商营业执照申领单位卡。(　　)

9. 个人卡的主卡支持人无权要求注销其附属卡。(　　)

10. 销户时，单位卡账户余额转入其基本存款账户，不得提取现金。(　　)

四、案例分析题

2015 年 5 月 10 日，张某在甲商业银行申办了一张在银行核定的信用额度内先消费、后还款的信用卡。当月，张某在乙商场使用该信用卡刷卡消费了 1 万元。

请根据上述资料，回答下列问题：

1. 关于张某申办的这张信用卡的种类，下列说法中正确的有(　　)。

A. 借记卡　　B. 贷记卡　　C. 个人卡　　D. 准贷记卡

2. 对于消费的1万元，如果张某选择首月最低还款额还款，下列说法中正确的有(　　)。

A. 最低还款额不得低于1 000元　　B. 最低还款额不得低于500元

C. 张某不再享受免息还款期待遇　　D. 张某仍可享受免息还款期待遇

3. 张某非现金交易享受免息还款期，免息还款期最长为(　　)。

A. 30天　　B. 50天　　C. 60天　　D. 90天

4. 关于信用卡的使用，下列说法中正确的有(　　)。

A. 甲商业银行应按规定向张某收取结算手续费

B. 甲商业银行应按规定向乙商场收取结算手续费

C. 甲商业银行应按规定向张某和乙商场收取结算手续费

D. 甲商业银行只有在张某未按期履行还款义务时才向乙商场收取结算手续费

5. 下列关于发卡银行对卡内存款计付利息的说法中正确的有(　　)。

A. 贷记卡账户内的存款计付利息　　B. 贷记卡账户内的存款不计付利息

C. 准贷记卡账户内的存款不计付利息　　D. 借记卡账户内的存款计付利息

第六节　其他结算方式

考证热点分析

1. 汇兑。
2. 委托收款。
3. 托收承付。
4. 国内信用证。

内容精讲

一、汇兑

汇兑的相关内容如表2-27所示。

表2-27　汇兑

项　目	内　容	
概念	汇款人委托银行将其款项支付给收款人的结算方式	
适用范围	适用于各种经济内容的异地提现和结算	
种类	信汇	汇出行将信汇委托书以邮寄方式寄给汇入行
	电汇	汇款银行通过电报或电传给汇入行

续表

<table>
<tr><th>项 目</th><th colspan="2">内 容</th></tr>
<tr><td rowspan="4">程序</td><td rowspan="2">签发汇兑凭证</td><td>记载事项：表明“信汇”或“电汇”的字样；无条件支付的委托；确定的金额；收款人名称；汇款人名称；汇入地点、汇入行名称；汇出地点、汇出行名称；委托日期；汇款人签章</td></tr>
<tr><td>汇款人和收款人均为个人，需要在汇入银行支取现金的，应在信、电汇凭证的汇款金额大写栏，先填写“现金”字样，后填写汇款金额</td></tr>
<tr><td>银行受理</td><td>汇出银行受理汇款人签发的汇兑凭证，经审查无误后，应及时向汇入银行办理汇款，并向汇款人签发汇款回单汇款回单只能作为汇出银行受理汇款的依据，不能作为该笔汇款已转入收款人账户的证明</td></tr>
<tr><td>汇入处理</td><td>汇入银行对开立存款账户的收款人，应将汇入款项直接转入收款人账户，并向其发出收账通知收账通知是银行将款项确已收入收款人账户的凭据</td></tr>
<tr><td>撤销</td><td colspan="2">撤销：款项尚未汇出</td></tr>
<tr><td rowspan="2">退汇</td><td colspan="2">退汇：款项已经汇出</td></tr>
<tr><td colspan="2">汇入行主动退汇的情形：收款人拒绝接受的汇款；经过 2 个月无法交付的汇款</td></tr>
</table>

二、委托收款

委托收款的相关内容如表 2-28 所示。

表 2-28 委托收款

项 目	内 容
概念	收款人委托银行向付款人收取款项的结算方式
适用范围	单位和个人凭已承兑的商业汇票、债券、存单等付款人债务证明办理款项的结算，均可以使用委托收款结算方式。委托收款在同城、异地均可以使用
种类	根据结算款项的划回方式分为邮寄和电报两种
记载事项	表明“委托收款”的字样；确定的金额；付款人名称；收款人名称；委托收款凭据名称及附寄单证张数；委托日期；收款人签章
注意事项	付款人审查有关债务证明后，对收款人委托收取的款项需要拒绝付款的，有权提出拒绝付款

三、托收承付

托收承付的相关内容如表 2-29 所示。

表 2-29 托收承付

项 目	内 容
概念	根据购销合同由收款人发货后委托银行向异地付款人收取款项，由付款人向银行承付的结算方式

续表

项　目	内　　容
适用范围	使用托收承付结算方式的收款单位和付款单位，必须是国有企业、供销合作社以及经营管理较好，并经开户银行审查同意的城乡集体所有制工业企业
	办理托收承付结算的款项，必须是商品交易以及因商品交易而产生的劳务供应的款项。代销、寄销、赊销商品的款项不得办理托收承付结算
	托收承付结算每笔的金额起点为1万元，新华书店系统每笔的金额起点为1 000元
种类	分为邮寄和电报两种
记载事项	表明“托收承付”的字样；确定的金额；付款人的名称和账号；收款人的名称和账号；付款人的开户银行名称；收款人的开户银行名称；托收附寄单证张数或册数；合同名称、号码；委托日期；收款人签章
办理方法	验单承付：承付期为3天，从购货单位开户银行发出通知的次日算起
	验货承付：承付期为10天，从运输部门向付款人发出提货通知的次日算起
	付款人在承付期内，未向银行表示拒绝付款，银行即视作承付，在承付期满的次日上午将款项划给收款人

四、国内信用证

国内信用证的相关内容如表2-30所示。

表2-30　国内信用证

项　目		内　　容
概念		开证银行依照申请人(购货方)的申请向受益人(销货方)开出的有一定金额、在一定期限内凭信用证规定的单据支付款项的书面承诺
适用范围		只适用于国内企业之间商品交易产生的货款结算
		只能用于转账结算，不得支取现金
办理程序	开证	开证行决定受理开证业务时，应向申请人收取不低于开证金额20%的保证金，并可根据申请人资信情况要求其提供抵押、质押或由其他金融机构出具保函
	通知	通知行收到信用证审核无误后，应填制信用证通知书，连同信用证交付受益人
	议付	信用证指定的议付行在单证相符条件下，扣除议付利息后向受益人给付对价。议付仅限于延期付款信用证
	付款	申请人交存的保证金和其存款账户余额不足支付的，开证行仍应在规定的付款时间内进行付款

本节考点强化练习

一、单选题

1.(　　)是汇款人将一定款项交存汇款银行，汇款银行通过电报或电传给目的地的分行或代理行(汇入行)，指示汇入行向收款人支付一定金额的汇兑方式。

A. 汇票　　B. 信汇　　C. 电汇　　D. 汇兑

2. 根据支付计算法律制度的规定，下列关于汇兑的表述中，不正确的是(　　)。

A. 汇兑是汇款人委托银行将其款项支付给收款人的结算方式

B. 汇兑结算适用于各种经济内容的异地提现和结算

C. 汇兑可以分为信汇和电汇两种

D. 汇兑每笔金额起点为1万元

3. (　　)是银行将款项确已收入收款人账户的凭据。

A. 汇款回单　　B. 收账通知　　C. 银行汇票　　D. 解讫通知

4. 采用汇兑结算方式需要支取现金的，必须符合的条件是(　　)。

A. 汇款人为个人　　B. 收款人为个人

C. 汇款人和收款人均为个人　　D. 汇款人为单位，收款人可以是单位或个人

5. 根据规定，汇款人申请撤销汇款必须符合的条件不包括(　　)。

A. 该汇款尚未汇出　　B. 出具正式函件或本人身份证件

C. 汇款人持原信、电汇回单　　D. 汇款人应取得收款人同意

6. 根据《支付结算办法》的规定，收款人根据购销合同发货后委托银行向异地付款人收取款项，付款人向银行承认付款的结算方式是(　　)。

A. 汇兑　　B. 托收承付　　C. 委托收款　　D. 国内信用证

7. 根据规定，办理托收承付结算的款项，必须是(　　)。

A. 代销商品的款项

B. 因商品交易而产生的劳务供应的款项

C. 寄销商品的款项

D. 赊销商品的款项

8. 根据《支付结算办法》的规定，有金额起点限制的结算方式是(　　)。

A. 汇兑　　B. 委托收款　　C. 托收承付　　D. 银行卡

9. 开证行决定受理开证业务时，应向申请人收取不低于开证金额(　　)的保证金。

A. 20%　　B. 15%　　C. 10%　　D. 5%

10. 下列关于国内信用证的表述，不正确的是(　　)。

A. 国内信用证结算方式适用于国内外贸易产生的货款结算

B. 开证申请人申请办理开证业务时，应当填具开证申请书、信用证申请人承诺书并提交有关购销合同

C. 议付行必须是开证行指定的受益人开户行

D. 申请人交存的保证金和其存款账户余额不足支付的，开证行仍应在规定的付款时间内进行付款

二、多选题

1. 根据划转款项的不同方法以及传递方式的不同，汇兑可以分为(　　)。

A. 电汇　　B. 电传　　C. 邮汇　　D. 信汇

2. 下列关于汇兑的表述中，正确的有(　　)。

A. 单位和个人各种款项的结算，均可使用汇兑结算方式

B. 汇款回单是汇款已转入收款人账户的证明

C. 汇款人对汇出银行尚未汇出的款项可以申请撤销

D. 汇入银行对于收款人拒绝接受的汇款，应办理退汇

3. 签发汇兑凭证必须记载下列事项包括(　　)。

A. 无条件支付的委托　　B. 收款人名称

C. 汇款人名称　　D. 汇入地点、汇入行名称

4. 关于签发汇兑凭证的注意事项，下列说法正确的有(　　)。

A. 汇兑凭证记载的汇款人名称、收款人名称，其在银行开立存款账户的，必须记载其账号

B. 汇款人和收款人均为个人，需要在汇入银行支取现金的，应在汇兑凭证备注栏注明“现金”字样

C. 汇兑凭证上记载收款人为个人的，收款人需要到汇入银行领取汇款，汇款人应在汇兑凭证上注明“留行待取”字样

D. 汇款人确定不得转汇的，应在汇兑凭证备注栏注明“不得转汇”字样

5. 下列情形中，可以办理退汇的是(　　)。

A. 该汇款尚未汇出　　B. 汇款人与收款人达成一致退汇意见

C. 经过2个月无法交付的汇款　　D. 收款人拒绝接受的汇款

6. 下列各项中，可以使用委托收款结算方式的有(　　)。

A. 已承兑的商业汇票　　B. 债券

C. 股票　　D. 存单

7. 当事人签发委托收款凭证时，必须记载的事项包括(　　)。

A. 确定的金额　　B. 委托收款凭据名称及附寄单证张数

C. 收款人签章　　D. 收款日期

8. 托收承付结算方式适用于(　　)之间的结算。

A. 国有企业

B. 供销合作社

C. 个人独资企业

D. 经营管理较好，并经开户银行审查同意的城乡集体所有制工业企业

9. 托收承付结算方式下，关于承付货款的说法正确的有(　　)。

A. 付款人可在承付期内提前向银行表示承付

B. 付款人在承付期内，未向银行表示拒绝付款，银行即视作承付，在承付期满的次日上午将款项划给收款人

C. 验单付款的承付期为10天

D. 验货付款的承付期为3天

10. 开证行决定受理开证业务时，可根据申请人资信情况要求其提供(　　)。

A. 抵押　　B. 质押

C. 留置　　D. 由其他金融机构出具保函

三、判断题

1. 汇入银行审查无误后，以付款人的姓名开立应解汇款及临时存款账户，该账户只付不收，付完清户，不计付利息。(　　)

2. 转汇银行不得受理汇款人或汇出银行对汇款的撤销或退汇。(　　)

3. 汇入银行对于向收款人发出取款通知，经过1个月无法交付的汇款，应主动办理退汇。(　　)

4. 采用委托收款方式结算时，以银行为付款人的，银行应在3日内将款项主动支付给收款人。(　　)

5. 对于采用委托收款方式结算的款项，付款人审查有关债务证明后，对收款人委托收取的款项需要拒绝付款的，有权提出拒绝付款。(　　)

6. 除新华书店系统外，托收承付结算每笔的金额起点为5 000元。(　　)

7. 在采用托收承付结算方式时，付款人应当在承付期满时承付，不得提前承付。(　　)

8. 国内信用证结算方式只适用于国内企业之间商品交易产生的货款结算，既可以用于转账结算，又可以支取现金。(　　)

9. 议付是指信用证指定的议付行在单证相符条件下，扣除议付利息后向受益人给付对价的行为。(　　)

四、不定项选择题

甲公司和乙公司签订食品购销合同，双方约定采用托收承付、验单付款结算方式。2015年9月1日，付款人开户银行向付款人甲公司发出承付通知。

请根据上述资料，回答下列问题：

1. 甲公司和乙公司都不可能是(　　)。

A. 中外合资企业　　B. 国有企业

C. 外商投资企业　　D. 集体所有制企业

2. 甲公司和乙公司结算的货款不会低于(　　)元。

A. 1 000　　B. 5 000　　C. 10 000　　D. 20 000

3. 根据《支付结算办法》的规定，如不考虑法定节假日因素，A公司承付期满日为(　　)。

A. 2015年9月11日　　B. 2015年9月4日

C. 2015年10月1日　　D. 2015年9月6日

4. 如果甲公司在承付期内未向银行表示拒绝付款，则(　　)。

A. 银行即视作承付

B. 银行即视作拒绝承付

C. 银行在承付期满的次日上午将款项划给收款人

D. 银行不会将款项划给收款人

5. 下列托收承付的说法中，正确的有(　　)。

A. 托收承付结算款项的划回方法，分邮寄和电报两种，由收款人选用

B. 收款人按照签订的购销合同发货后，应将托收凭证并附发运凭证或其他符合托收承付结算的有关证明和交易单证送交银行

C. 购货单位承付货款有验单承付和验票承付两种方式，由收付双方商量选用，并在合同中明确规定

D. 付款人可以在承付期内提前向银行表示承付，并通知银行提前付款，银行应立即办理划款

本章测试

一、单选题

1. 根据《现金管理暂行条例》的规定，不能使用现金的是(　　)。

A. 工资及工资性津贴　　B. 结算起点以上的支出

C. 必须随身携带的差旅费　　D. 各种符合国家规定发放的奖金

2. 填写票据的出票日期时，9月20日的正确写法为(　　)。

A. 玖月贰拾日　　B. 零玖月零贰拾日

C. 零玖月贰拾日　　D. 玖月零贰拾日

3. 根据《支付结算办法》规定，签发票据时，可以更改的项目是(　　)。

A. 出票日期　　B. 收款人名称　　C. 票据金额　　D. 用途

4. 根据有关规定，票据金额以中文大写和阿拉伯数字同时记载，两者不一致的(　　)。

A. 以票据上较大的金额为准　　B. 以中文大写为准

C. 票据无效　　D. 银行可予受理，出票人自行承担责任

5. 存款人开立基本存款账户、临时存款账户和预算单位开立专用存款账户实行核准制度，经(　　)核准后，由开户银行核发开户登记证。

A. 中国人民银行　　B. 各级财政部门

C. 各上级主管部门　　D. 地方各级人民政府

6. 一般存款账户不可以办理(　　)。

A. 现金缴存　　B. 现金支取

C. 存款人借款转存　　D. 存款人借款归还

7. 为了加强对财政预算外资金的管理，存款人应依法申请在银行开立(　　)。

A. 基本存款账户　　B. 一般存款账户

C. 专用存款账户　　D. 临时存款账户

8. 下列(　　)情况存在时，存款人不得申请向开户行提出撤销银行结算账户。

A. 公司破产　　B. 被吊销营业执照

C. 公司迁址　　D. 拖欠开户银行债务

9. 支票的出票人签发空头支票，持票人有权要求出票人进行赔偿，赔偿方法是(　　)。

A. 赔偿支票金额5%的赔偿金　　B. 按照持票人的实际损失进行赔偿

C. 赔偿支票金额2%的赔偿金　　D. 按照持票人的直接损失进行赔偿

10. 支票的收款人名称可以由(　　)授权补记，未补记的支票，不得使用。

A. 出票人　　B. 持票人　　C. 背书人　　D. 承兑人

11. 银行签发的由其在见票时按照实际结算金额无条件支付给收款人或持票人的是(　　)。

A. 银行本票　　B. 银行汇票　　C. 支票　　D. 银行承兑汇票

12. 信用卡透支期限最长为(　　)。

A. 30天　　B. 60天　　C. 90天　　D. 120天

13. 下列情形中，可以办理退汇的是(　　)。

A. 该汇款尚未汇出　　B. 汇款人与收款人未达成一致退汇意见

C. 经过1个月无法交付的汇款　　D. 收款人拒绝接受的汇款

14. 托收承付结算每笔的金额起点为(　　)元。

A. 10 000　　B. 5 000　　C. 2 000　　D. 1 000

15. 国内信用证有效期最长为(　　)。

A. 30天　　B. 60天　　C. 90天　　D. 180天

二、多选题

1. 下列属于办理支付结算主体的有(　　)。

A. 银行　　B. 个体工商户　　C. 个人　　D. 农村信用合作社

2. 支付结算包括(　　)等结算方式。

A. 信用卡　　B. 汇兑　　C. 票据　　D. 托收承付

3. 基本存款账户的使用范围包括(　　)。

A. 办理日常转账结算　　B. 办理日常现金收付

C. 工资、奖金和现金的支取　　D. 基本建设资金的管理

4. 下列账户中，需要中国人民银行核准的有(　　)。

A. 基本存款账户　　B. 注册验资账户

C. 预算单位专用存款账户　　D. 一般企业专用存款账户

5. 存款人应及时向开户银行办理变更手续的情形有(　　)。

A. 账户名称变更　　B. 财务负责人变更

C. 法定代表人变更　　D. 地址、邮编、电话等其他开户资料变更

6. 下列各项中，对基本存款账户与临时存款账户在管理上的区别，表述错误的有(　　)。

A. 基本存款账户能支取现金而临时存款账户不能支取现金

B. 基本存款账户不可以在异地开立而临时存款账户可以在异地开立

C. 基本存款账户没有数量的限制而临时存款账户受数量的限制

D. 基本存款账户没有时间限制而临时存款账户实行有效期管理

7. 票据的非基本当事人包括(　　)。

A. 背书人　　B. 出票人　　C. 付款人　　D. 承兑人

8. 根据规定，下列关于支票的表述正确的有(　　)。

A. 个人不能使用支票

B. 支票没有金额的限制

C. 用于支取现金的支票不能背书转让

D. 出票人只能在账户可用余额以内签发支票，不能透支

9. 关于汇票的提示付款期限，下列说法中正确的有(　　)。

A. 见票即付的汇票无需提示付款

B. 见票即付的汇票，自出票日起1个月内向付款人提示付款

C. 定日付款的汇票，自到期日起10日内向承兑人提示付款

D. 见票后定期付款的汇票，自到期日起10日内向承兑人提示付款

10. 关于银行汇票的表述，正确的有(　　)。

A. 异地、同一票据交换区域均可使用

B. 未填写实际结算金额的银行汇票不得背书转让

C. 银行汇票不可用于支取现金

D. 银行汇票可以用于转账

11. 下列有关商业汇票的表述中，错误的有（　　）。

A. 商业汇票未记载付款人名称的，可补记

B. 商业汇票未记载付款日期的，为出票后3日付款

C. 商业汇票的付款期限，最长不得超过6个月

D. 商业汇票未记载出票日期的，汇票无效

12. 下列关于信用卡的分类，表述正确的有（　　）。

A. 按使用对象不同，可分为单位卡和个人卡

B. 按是否给予持卡人授信额度，可分为白金卡、金卡和普通卡

C. 按币种不同，可分为人民币卡和外币卡

D. 按信息载体不同，可分为磁条卡和芯片卡

13. 关于汇兑，下列说法正确的有（　　）。

A. 汇款回单是该笔汇款已转入收款人账户的证明

B. 汇款人可以对汇款人尚未汇出的款项申请撤销

C. 汇款人也可以对汇款人已经汇出的款项申请退汇

D. 转汇银行可以办理汇款人或汇出银行对汇款的撤销或退汇

14. 签发托收承付凭证必须记载的事项包括（　　）。

A. 确定的金额　　B. 托收附寄单证张数或册数

C. 收款人签章　　D. 委托日期

15. 托收承付结算方式下，关于承付货款的说法正确的有（　　）。

A. 付款人可在承付期内提前向银行表示承付

B. 付款人在承付期内，未向银行表示拒绝付款，银行即视作拒付

C. 验单付款的承付期为3天

D. 验货付款的承付期为10天

三、判断题

1. 公司采购商品30 000元，按规定可以用现金支付。（　　）

2. 现金使用的限额由开户行根据单位的实际需要核定，一般按照单位3～5天日常零星开支所需确定。（　　）

3. 票据出票日期使用小写的，银行可以受理，但由此造成的损失由出票人承担。（　　）

4. 中文大写金额数字前应标明“人民币”字样，大写金额数字紧接“人民币”字样填写，不得留有空白。（　　）

5. 个体工商户凭营业执照以字号或经营者姓名开立的银行结算账户纳入个人银行结算账户管理。（　　）

6. 银行对两年未发生收付活动且未欠开户银行债务的单位银行结算账户，应通知单位办理销户手续。（　　）

7. 临时存款账户有效期不得超过两年。（　　）

8. 个人银行结算账户用于办理个人转账收付和现金支取，储蓄存款账户既可以办理现金存取业务，也可以办理转账结算。（　　）

9. 某公司签发给李某支票，其票面金额为6万元，当时该公司在开户银行的账面存款余额为5万元，次日李某持该支票到银行转账时，公司账面存款余额为6.9万元，该支票

不是空头支票。( )

10. 承兑是汇票特有的制度，本票和支票都没有承兑。( )

11. 汇票背书附有条件的，背书行为无效。( )

12. 银行本票自出票日起1个月内提示付款。( )

13. 一个单位只能开立一个基本存款账户，同样，只能申领一张单位卡。( )

14. 单位和个人凭已承兑的商业汇票、债券、存单等付款人债务证明办理款项的结算，均可以使用委托收款结算方式，委托收款在同城、异地均可以使用。( )

15. 申请人交存的保证金和其存款账户余额不足支付的，开证行仍应在规定的付款时间内进行付款。( )

四、案例分析题

(一) 甲公司发生了以下业务行为：

(1) 向乙公司购买一批原材料，使用了一张出票金额为50万元的银行汇票，该汇票的收款人为乙公司，实际结算时材料价款为55万元。征得甲公司同意，乙公司在汇票实际结算金额栏内填写55万元，向银行提示付款，不料银行不予受理。随后甲公司向乙公司开具已经由甲公司开户银行承兑的银行承兑汇票支付55万元货款，乙公司将该银行承兑汇票背书转让给丙公司，丙公司又背书转让给丁公司。

(2) 甲公司出纳人员在签发支票的时候，将收款人和金额两项内容授权业务人员补记。

(3) 甲公司向张某签发了一张10万元的支票，出票日期为2015年2月1日，张某于2月9日背书转让给李某。

请根据上述资料，回答下列问题：

1. 下列关于银行汇票的表述，正确的有( )。

A. 银行不可以拒绝受理案例中的银行汇票

B. 银行汇票的实际结算金额应当小于等于出票金额

C. 银行汇票的出票人是甲公司

D. 银行汇票不可以用于原材料的购买结算

2. 业务(1)中，乙公司是( )。

A. 银行汇票的收款人　　B. 银行承兑汇票的收款人

C. 银行承兑汇票的背书人　　D. 银行承兑汇票的被背书人

3. 业务(2)中，甲公司业务人员将支票交付其他企业，填写金额时( )。

A. 可以用繁体字书写中文大写金额数字

B. 中文大写金额的“角”之后应写“整”(或“正”)字

C. 阿拉伯小写金额数字前面应填写人民币符号“¥”

D. 中文大写金额数“分”之后不写“整”字

4. 业务(3)中，支票出票日期的填写正确的是( )。

A. 2015年2月1日　　B. 二〇一五年二月一日

C. 贰零壹伍年贰月壹日　　D. 贰零壹伍年零贰月零壹日

5. 下列对案例中的支票操作和退票中，正确的有( )。

A. 李某应当在2月11日之前向银行提示付款

B. 李某应当在2月19日之前向银行提示付款

C. 若李某向银行提示付款后被银行通知“空头支票退票”，李某有权向银行索取支票

金额2%的赔偿金

D. 若李某向银行提示付款后被银行通知"空头支票退票"，出票人甲公司将被银行处1 000元的罚款

(二) 2015年9月10日，甲公司的财务科长持有关证件到A银行营业部办理基本存款账户开立手续，A银行工作人员审查了其开户的证明文件，并留存了相关证件的复印件，为其办理了开户手续。同日该财务科长持以上证件和与B银行签订的贷款合同到B银行开立了一个一般存款账户。9月12日，A银行的工作人员携带甲公司的基本存款账户开户资料向当地中国人民银行报送，申请核准。9月15日，该财务科长签发了一张现金支票，同日向B银行提示付款，要求提取现金30万，B银行工作人员对该支票进行审查后，拒绝为该公司办理现金取款手续。

请根据上述资料，回答下列问题：

1. 针对A银行为甲公司开立基本存款账户的做法，下列说法中正确的有(　　)。

A. 甲公司可以申请开立基本存款账户

B. 开立基本存款账户需要中国人民银行当地分支行核准

C. A银行在未将甲公司的开户资料报送当地中国人民银行核准并颁发基本存款账户许可证之前，即为甲公司办理开户手续不符合规定

D. 中国人民银行当地分支行可以对A银行进行处罚

2. 针对B银行为甲公司开立一般存款账户的做法，下列说法中正确的有(　　)。

A. 甲公司可以申请开立一般存款账户

B. 因甲公司已经有了基本存款账户，因此B银行为甲公司开立一般存款账户的程序符合《银行结算账户管理办法》的规定

C. 开立一般存款账户需要中国人民银行当地分支行核准

D. B银行为甲公司开立一般存款账户的做法不符合《人民币银行结算账户管理办法的规定》，中国人民银行当地分支行可以对B银行处以5 000元以上3万元以下的罚款

3. 对于B银行拒绝付款的做法，下列说法中错误的有(　　)。

A. B银行的做法正确

B. 一般存款账户可以办理现金支取

C. 一般存款账户可以办理现金缴存

D. 一般存款账户只能办理转账结算，不能办理现金存取

4. 关于基本存款账户的使用规定，下列说法正确的有(　　)。

A. 如甲公司有异地结算的需要，可以在异地再开立一个异地基本存款账户

B. 基本存款账户可以办理现金支取

C. 如甲公司名称改变，但不改变银行结算账户的，则应于3个工作日内向开户银行提出书面申请

D. 甲公司在A银行开立的银行结算账户为公司的主办账户

5. 关于一般存款账户的使用规定，下列说法正确的有(　　)。

A. 如甲公司与A银行签订了贷款合同，则还可以在A银行再开立一个一般存款账户

B. 开立一般存款账户没有数量限制

C. 如甲公司有异地结算的需要，可以在异地再开立一个异地一般存款账户

D. 甲公司在B银行开立的银行结算账户为公司的主办账户

3 第三章 Chapter 3 税收法律制度

>>> 本章考情分析

本章为"财经法规与会计职业道德"课程中最难也最有实用性的一章，以《税法》为主线，在历年考试中题型多样，单选、多选、判断、案例分析均有涉及，历年考试分值在25分左右，本章要掌握主要税种的基本计算方法，要准确理解税收征管的相关内容。

本章重点是增值税、企业所得税和税收征管。

第一节 税收概述

考证热点分析

1. 税收按征税对象、计税标准的分类。
2. 税法按功能作用、法律级次的分类。
3. 税法的三个最基本要素。

内容精讲

一、税收的概念与分类

税收的概念、作用与特征如表3-1和表3-2所示。

表 3-1 税收的概念

目的	国家为了满足一般的社会共同需要
手段	凭借政治的权力
依据	按照国家法律规定的标准
取得形式	强制地、无偿地取得财政收入

表 3-2 税收的作用与特征

项目	内容
作用	税收是国家组织财政收入的主要形式和工具
	税收是国家调控经济运行的重要手段
	税收具有维护国家政权的作用
	税收是国际经济交往中维护国家利益的可靠保证
特征	强制性
	无偿性(税收“三性”的核心)
	固定性

税收的分类如表 3-3 所示。

表 3-3 税收的分类

分类标准	类型	代表税种
征税对象	流转税类	增值税、消费税和关税
	所得税类	企业所得税、个人所得税
	财产税类	房产税、车船税
	资源税类	资源税、土地增值税、城镇土地使用税
	行为税类	印花税、城市维护建设税、车辆购置税、契税、耕地占用税
征收管理的分工体系	工商税类	绝大多数
	关税类	进出口关税，进口环节增值税、消费税和船舶吨税
征收权限和收入支配权限	中央税	海关负责征收的税种，消费税
	地方税	城镇土地使用税、耕地占用税、土地增值税、房产税、车船使用税、契税
	中央地方共享税	增值税、企业所得税、个人所得税、资源税、城市维护建设税、印花税
计税标准	从价税	增值税、企业所得税、个人所得税
	从量税	车船(使用)税、城镇土地使用税、消费税中的啤酒黄酒和成品油
	复合税	消费税中的卷烟和白酒

二、税法及其构成要素

税法是指税收法律制度，是国家权力机关和行政机关制定的用以调整国家与纳税人之间在税收征纳方面的权利与义务关系的法律规范的总称，是国家法律的重要组成部分。

税法的分类如表 3-4 所示。

表 3-4 税法的分类

分类标准	类型	代表税法
税法的功能作用	税收实体法(确定税种立法)	《企业所得税法》《个人所得税法》
	税收程序法(针对税务管理程序)	税收管理法、纳税程序法、发票管理法、税务机关组织法、税务争议处理法

续表

分类标准	类　型	代表税法
主权国家行使税收管辖权	国内税法	在一国税收管辖权范围内
	国际税法	双边或多边国家间的税收协定、条约和国际惯例
	外国税法	—
税法法律级次(比照会计法律级次)	税收法律(全国人大及常委会制定)	《企业所得税法》《个人所得税法》《税收征收管理法》
	税收行政法规(国务院制定)	《增值税暂行条例》《消费税暂行条例》
	税收行政规章和税收规范性文件(国务院财税主管部门制定)	《增值税暂行条例实施细则》《税务代理实行办法》

税法的构成要素一般包括征税人、纳税义务人、征税对象、税目、税率、计税依据、纳税环节、纳税期限、纳税地点、减免税和法律责任等内容，如表 3-5 所示。其中，纳税义务人、征税对象、税率是构成税法的三个最基本的要素。

表 3-5　税法的构成要素

构成要素	内　容
征税人	各级税务机关和海关
纳税义务人	既包括自然人和法人，也包括居民纳税人和非居民纳税人(注意：区别于负税人——税收的实际负担者)
征税对象	区别不同税种的主要标志
税目	列举法，具体列举征税对象，如消费税
	概括法，按照商品大类或行业设计税目
税率	比例税率
	定额税率(固定税额)
	累进税率、超额累进税率、超率累进税率
计税依据	从价计征：应纳税额＝计税金额×适用税率
	从量计征：应纳税额＝计税数量×单位适用税额
	复合计征：应纳税额＝计税数量×单位适用税额＋计税金额×适用税率
纳税环节	单一的纳税环节，如消费税
	多个环节征税，如增值税
纳税期限	按期纳税
	按次纳税
纳税地点	机构所在地、经济活动发生地、财产所在地、报关地、特定行为发生地
减免税	减税与免税：减税是从应征税额中减征部分；免税是对应征税款全部予以免征
	起征点与免征额：起征点是不到不征，一到全征；免征额是不到不征，一到只征超额部分
法律责任	税收法律责任的形式主要有行政责任和刑事责任

本节考点强化练习

一、单选题

1. 国家征税凭借的是(　　)。

A. 经济权力　B. 财产权利　C. 政治权力　D. 以上三者均有

2. (　　)是征税对象的具体化。

A. 计税依据　B. 税源　C. 税目　D. 税率

3. 税法构成要素中，用以区分不同税种的是(　　)。

A. 纳税义务人　B. 征税对象　C. 税目　D. 税率

4. 下列税种中，(　　)是价外税。

A. 关税　B. 增值税　C. 消费税　D. 资源税

5. 下列税种中，属于行为税的有(　　)。

A. 营业税　B. 增值税　C. 消费税　D. 印花税

6. 在国家财政收入中比重最大的是(　　)。

A. 政府规费收入　B. 税收

C. 国有资产经营收入　D. 国债收入

7. (　　)是指对同一征税对象或同一税目，不论数额大小只规定一个百分比的税率。

A. 比例税率　B. 超额累进税率　C. 超率累进税率　D. 定额税率

8. 在我国现行的下列税种中，适用超率累进税率的是(　　)。

A. 增值税　B. 消费税

C. 土地增值税　D. 城市维护建设税

9. 将课税对象的数额划分为不同的部分，按不同的部分规定不同的税率，对每个等级分别计征税额，这种税率是(　　)。

A. 定额税率　B. 全额累进税率

C. 超额累进税率　D. 超率累进税率

10. (　　)是指计算应纳税额的依据或标准，即依据什么来计算纳税人应缴纳的税额。

A. 计税依据　B. 纳税期限　C. 税率　D. 纳税人

二、多选题

1. 税收具有(　　)的作用。

A. 国家组织财政收入的主要形式和工具

B. 国家调控经济运行的重要手段

C. 维护国家政权的作用

D. 国际经济交往中维护国家利益的可靠保证

2. 税收具有(　　)特点。

A. 固定性　B. 无偿性　C. 强制性　D. 自愿性

3. 按征税对象分类，可将全部税收划分为(　　)。

A. 流转税　B. 所得税　C. 财产税　D. 资源税

4. 现行税制中，(　　)属于流转税。

A. 关税　B. 增值税　C. 资源税　D. 消费税

5. 按征收管理的分工体系分类，可分为(　　)。

A. 中央税　　B. 工商税类　　D. 关税类　　C. 地方税

6. 按照(　　)，可分为中央税、地方税和中央地方共享税。

A. 税收征收权限　　B. 征收管理的分工体系

C. 收入支配权限　　D. 征税对象

7. 下列税种中，(　　)属于中央与地方共享税。

A. 房产税　　B. 增值税　　C. 消费税　　D. 企业所得税

8. 按照计税标准不同分类，可分为(　　)。

A. 从价税　　B. 从量税　　C. 组合税　　D. 复合税

9. 根据税法的功能作用的不同，可以将税法分为(　　)。

A. 税收行政法规　　B. 税收实体法　　C. 税收程序法　　D. 国际税法

10. 按税法法律级次不同，分为(　　)。

A. 税收法律　　B. 税收行政法规　　C. 税收行政规章　　D. 税收规范性文件

11. (　　)是构成税法的三个最基本的要素。

A. 纳税义务人　　B. 税目　　C. 征税对象　　D. 税率

12. 下列关于纳税人的说法正确的有(　　)。

A. 纳税人是纳税义务人的简称　　B. 纳税人即纳税主体

C. 纳税人就是负税人　　D. 纳税人只包括法人

13. 我国现行的税率主要有(　　)形式。

A. 比例税率　　B. 累进税率　　C. 定额税率　　D. 复合税率

14. 我国现行税制的纳税期限主要有(　　)形式。

A. 按期纳税　　B. 按次纳税

C. 按年计征，分期缴纳　　D. 预提税

15. 累进税率，是按征税对象数额的大小划分若干等级，每一等级规定一个税率，数额越大，税率越高，包括(　　)。

A. 比例税率　　B. 超额累进税率　　C. 超率累进税率　　D. 定额税率

三、判断题

1. 国家征税的目的是为了实现其职能。(　　)

2. 消费税是一种价内税。(　　)

3. 增值税是从价计税。(　　)

4. 不论是价内税与价外税，税款的最终负担者都是消费者。(　　)

5. 个人所得税是从量计税。(　　)

6. 征税对象是一种税区别于另一种税的最主要标志。(　　)

7. 纳税人即负税人。(　　)

8. 免税是对应征税款减征一部分；减税是对应征税款全部予以免征。(　　)

9. 免征额，是指税法规定对征税对象开始征税的起点数额。征税对象的数额达到起征点的就全部数额征税，未达到起征点的不征税。(　　)

10. 起征点是税法规定的课税对象全部数额中免予征税的数额，是对所有纳税人的照顾。(　　)

第二节　主要税种

考证热点分析

1. 增值税的纳税人、征税范围、税率、计算，以及纳税义务发生时间。
2. 消费税的纳税人、征税范围、税率、计算，以及纳税义务发生时间。
3. 企业所得税的纳税人、征税范围、税率，以及计算。
4. 个人所得税的纳税人、征税范围、税率，以及计算。

内容精讲

一、增值税

（一）增值税的分类

增值税的分类如表 3-6 所示。

表 3-6　增值税的分类

分类标准	范　围	内　容
固定资产已纳的增值税税金是否允许扣除	生产型增值税	不允许扣除任何外购的固定资产价款
	收入型增值税	只允许扣除纳税期内应计入产品价值的固定资产折旧部分
	消费型增值税	纳税期内购置的用于生产产品的全部固定资产的价款在纳税期内一次全部扣除

我国从 2009 年 1 月 1 日起实行消费型增值税。

（二）增值税的征税范围

增值税的征税范围如表 3-7 所示。

表 3-7　增值税的征税范围

征税范围	项　目
一般规定	销售或进口的货物（有形动产）
	提供的加工、修理修配劳务（注意：不包括单位或个体经营者聘用的员工为本单位或雇主提供加工、修理修配劳务）
	销售服务（交通运输服务、邮政服务、电信服务、建筑服务、金融服务、现代服务、生活服务）、无形资产或者不动产
特殊规定	视同销售货物行为： （1）将货物交付其他单位或者个人代销 （2）销售代销货物 （3）设有两个以上机构并实行统一核算的纳税人，将货物从一个机构移送其他机构用于销售，但相关机构设在同一县（市）的除外 （4）将自产、委托加工的货物用于非增值税应税项目，集体福利或个人消费 （5）将自产、委托加工或购进的货物作为投资，分配给股东或投资者，无偿赠送其他单位或个人

续表

征税范围	项　目
特殊规定	视同销售服务、无形资产或者不动产： (1)单位或者个体工商户向其他单位或者个人无偿提供服务，但用于公益事业或者以社会公众为对象的除外 (2)单位或者个人向其他单位或者个人无偿转让无形资产或者不动产，但用于公益事业或者以社会公众为对象的除外 (3)财政部和国家税务总局规定的其他情形
	混合销售行为：一项销售行为如果既涉及服务又涉及货物，为混合销售。从事货物的生产、批发或者零售的单位和个体工商户的混合销售行为，按照销售货物缴纳增值税；其他单位和个体工商户的混合销售行为，按照销售服务缴纳增值税
	兼营销售行为："兼营"销售货物、劳务、服务、无形资产或者不动产，适用不同税率或者征收率的，应当分别核算适用不同税率或者征收率的销售额；未分别核算的，从高适用税率

（三）增值税的纳税人

增值税的纳税人及计税规定如表 3-8 所示。

表 3-8　增值税的纳税人及计税规定

类　别	标　准	特殊情况	计税规定
小规模纳税人	生产型：50 万元以下； 非生产型：80 万元以下； 应税服务：500 万元以下	除个体经营者以外的其他个人；非企业性单位；不经常发生应税行为的企业	简易征税；不得使用增值税专用发票(可以到税务机关代开)
一般纳税人	超过小规模纳税人认定标准	小规模纳税人会计核算健全，可以申请认定为一般纳税人	执行税款抵扣制；可以使用增值税专用发票

注：除国家税务总局另有规定外，纳税人一经认定为一般纳税人后，不得转为小规模纳税人。

（四）增值税的扣缴义务人

增值税的扣缴义务人：中华人民共和国境外(以下简称境外)的单位或者个人在境内提供应税服务，在境内未设有经营机构的，以其代理人为增值税扣缴义务人；在境内没有代理人的，以接受方为增值税扣缴义务人。境外单位或者个人在境内提供应税服务，在境内未设有经营机构的，扣缴义务人按照下列公式计算应扣缴税额：

应扣缴税额＝接受方支付的价款÷(1＋税率)×税率

（五）增值税税率

增值税税率如表 3-9 所示。

表 3-9 增值税税率

按纳税人划分	税率或征收率	适用范围
一般纳税人	17%	销售或进口货物；提供应税劳务；提供有形动产租赁服务
	13%	销售或进口税法列举的五类货物
	11%	提供交通运输服务、邮政服务、基础电信服务、建筑服务、不动产租赁服务、金融业和生活服务业
	6%	提供现代服务业服务(有形动产租赁服务之外)、增值电信服务
	零税率	纳税人出口货物；境内单位和个人发生的跨境应税行为
小规模纳税人	3%	销售或进口货物；提供应税劳务；应税服务

(六) 增值税一般纳税人应纳税额的计算

▶ 1. 一般纳税人应纳税额

我国增值税实行扣税法。一般纳税人凭增值税专用发票及其他合法扣税凭证注明税款进行抵扣，其应纳增值税的计算公式为

应纳税额＝当期销项税额－当期进项税额＝当期销售额×适用税率－当期进项税额

▶ 2. 销售额的确定

一般纳税人的销售额的税务处理如表 3-10 所示。

表 3-10 一般纳税人销售额的税务处理

情形	税务处理
一般销售额	销售额＝价款＋价外费用(含税) 营改增的大多数应税情形是全额计税，差额计税的情形如下。 (1)金融商品转让业务，销售额＝卖出价－买入价 (2)经纪代理服务，销售额＝价款＋价外费用－向委托方收取并代为支付的政府性基金或者行政事业性收费 (3)融资租赁和融资性售后回租业务，融资租赁服务，销售额＝价款＋价外费用－(支付的借款利息＋发行债券利息＋车辆购置税)；融资性售后回租服务，销售额＝价款＋价外费用(不含本金)－(对外支付的借款利息＋发行债券利息) (4)试点纳税人中的一般纳税人提供客运场站服务，销售额＝价款＋价外费用－支付给承运方运费 (5)旅游业务，销售额＝旅游费－(住宿费＋餐饮费＋交通费＋签证费＋门票费＋支付给其他接团旅游企业的旅游费用) (6)房地产开发企业中的一般纳税人销售其开发的房地产项目(选择简易计税方法的房地产老项目除外)，销售额＝价款＋价外费用－受让土地时向政府部门支付的土地价款 (7)试点纳税人提供建筑服务适用简易计税方法的，销售额＝价款＋价外费用－分包额
价税合计的销售额	不含税销售额＝含税销售额÷(1＋税率)

续表

<table>
<tr><th colspan="2">情　　形</th><th>税 务 处 理</th></tr>
<tr><td colspan="2" rowspan="2">包装物押金</td><td>一般包装物押金(包括啤酒、黄酒包装物押金)：
(1)若单独记账核算，时间在1年以内，又未过期的，不并入销售额
(2)因1年内逾期或超过1年未收回的，应并入销售额</td></tr>
<tr><td>特殊包装物押金(啤酒、黄酒以外的其他酒类产品)无论是否逾期，一律并入销售额征税(注意：逾期包装物押金为含税收入，需换算成不含税价再并入销售额；征税税率为所包装货物适用税率)</td></tr>
<tr><td rowspan="3">折扣销售</td><td>折扣销售(商业折扣)</td><td>折扣额与销售额开在同一张发票上，能从销售额中扣减</td></tr>
<tr><td>销售折扣(现金折扣)</td><td>折扣额不得从销售额中减除</td></tr>
<tr><td>销售折让</td><td>折让额可以从销售额中减除</td></tr>
<tr><td colspan="2">以旧换新销售</td><td>管新(新货销售额)不管旧(旧货销售额)，金银首饰的以新减旧</td></tr>
<tr><td colspan="2">还本销售</td><td>不管还本支出</td></tr>
<tr><td colspan="2">以物易物销售</td><td>双方各自做购销处理</td></tr>
<tr><td colspan="2">视同销售行为而无销售额的、货物价格明显偏低无正当理由的(或应税服务、不动产、无形资产价格明显偏低或者偏高且无合理商业目的的)</td><td>由主管税务机关核定其销售额，必须遵从下列顺序：
(1)按纳税人最近时期同类货物、服务、无形资产或者不动产平均售价
(2)按其他纳税人最近时期同类货物、服务、无形资产或者不动产平均售价
(3)按组成计税价格　组成计税价格＝成本(1＋成本利润率)÷(1－消费税税率)</td></tr>
<tr><td colspan="2">进口货物</td><td>组成计税价格＝关税完税价格＋关税＋消费税</td></tr>
</table>

3. 进项税额的计算

(1) 准予从销项税额中抵扣的进项税额。先明确允许抵扣的增值税扣税凭证，再按照以票抵税、计算抵税进行抵扣，如表3-11所示。

表3-11　准予从销项税额中抵扣的进项税额

<table>
<tr><td>增值税扣税凭证</td><td>增值税专用发票、海关进口增值税专用缴款书、农产品收购发票和农产品销售发票、完税凭证</td></tr>
<tr><td rowspan="3">以票抵税</td><td>从销售方取得的增值税专用发票上注明的增值税额(含税控机动车销售统一发票，下同)</td></tr>
<tr><td>从海关取得的专用缴款书上注明的增值税额</td></tr>
<tr><td>从境外单位或者个人购进服务、无形资产或者不动产，自税务机关或者扣缴义务人取得的解缴税款的完税凭证上注明的增值税额</td></tr>
<tr><td rowspan="2">计算抵税</td><td>外购免税农产品，取得收购发票或者销售发票：进项税额＝买价×13%</td></tr>
<tr><td>外购运输劳务：
2013年8月1日(含)营改增之前取得运输费用结算单据(计算抵扣)：进项税额＝运输费用×7%
2013年8月1日营改增之后开具的运输费用结算单据，不得作为增值税抵扣进项税额，实行以票抵扣：进项税额＝运输费用×11%</td></tr>
</table>

(2) 不得从销项税额中抵扣的进项税额项目如表 3-12 所示。

表 3-12　不得抵扣的进项税额项目

不得抵扣项目	解　　析
用于简易办法计税、免征增值税项目、集体福利或者个人消费的购进货物、加工修理修配劳务、服务、无形资产和不动产	个人消费包括纳税人的交际应酬消费
(1)非正常损失的购进货物,以及相关的加工修理修配劳务和交通运输服务 (2)非正常损失的在产品、产成品所耗用的购进货物(不含固定资产)、加工修理修配劳务和交通运输服务 (3)非正常损失的不动产、不动产在建工程,以及所耗用的购进货物、设计服务和建筑服务	非正常损失是指因管理不善造成货物被盗、丢失、霉烂变质,以及因违反法律法规造成货物或者不动产被依法没收、销毁、拆除的情形 纳税人新建、改建、扩建、修缮、装饰不动产,均属于不动产在建工程
国务院财政、税务主管部门规定的纳税人自用消费品。	—
上述四项规定的货物的运输费用和销售免税货物的运输费用	—

(七) 小规模纳税人增值税应纳税额的计算

小规模纳税人增值税应纳税额的计算实行简易办法,不得抵扣进项税额,并不得开具增值税专用发票,小规模纳税人的增值税征收率为 3%。

应纳税额=不含税销售额×3%=含税销售额÷(1+3%)×3%

(八)增值税的征收管理

增值税纳税义务的发生时间如表 3-13 所示。

表 3-13　增值税纳税义务发生时间

结 算 方 式	纳税义务发生时间
一般应税行为	收讫销售额或者索取销售凭据的当天;先开具发票的,为开具发票的当天
直接收款	不论货物是否发出或应税服务是否提供,均为收到销售款或者取得索取销售款凭据的当天
	先开具发票的,为开具发票的当天
托收承付和委托银行收款	为发出货物并办妥托收手续的当天
赊销和分期收款	为书面合同约定的收款日期的当天
	无书面合同的或者书面合同没有约定收款日期的,为货物发出的当天
预收货款	一般,为货物发出的当天
	生产销售生产工期超过 12 个月的大型机械设备、船舶、飞机等货物,为收到预收款或者书面合同约定的收款日期的当天
	提供建筑服务、租赁服务采取预收款方式的,其纳税义务发生时间为收到预收款的当天
委托其他纳税人代销货物	为收到代销单位的代销清单或者收到全部或者部分货款的当天
	未收到代销清单及货款的,为发出代销货物满 180 天的当天

续表

结算方式	纳税义务发生时间
从事金融商品转让的	金融商品所有权转移的当天
视同销售货物	为货物移送的当天
视同销售服务、无形资产或者不动产	服务、无形资产转让完成的当天或者不动产权属变更的当天
进口货物	为报关进口的当天
增值税扣缴义务发生时间	为纳税人增值税纳税义务发生的当天

增值税的纳税期限分别为1日、3日、5日、10日、15日、1个月或1个季度。申报纳税为自××之日起15日内。

纳税人的具体纳税期限，由主管税务机关根据纳税人应纳税额的大小分别核定；不能按照固定期限纳税的，可以按次纳税。以1个季度为纳税期限的规定仅适用于小规模纳税人、银行、财务公司、信托投资公司、信用社，以及财政部和国家税务总局规定的其他纳税人。

增值税纳税地点的相关规定如表3-14所示。

表3-14 增值税纳税地点

纳税人类型	纳税地点
固定业户	机构所在地或者居住地主管税务机关申报纳税
	总机构和分支机构不在同一县(市)的，应当分别向各自所在地主管税务机关申报纳税
	外出经营，应申请开具外管证： (1)有外管证，则在机构所在地申报纳税 (2)无外管证，则在外出经营地申报纳税
非固定业户	销售地或者应税行为发生地主管税务机关申报纳税
其他个人提供建筑服务，销售或者租赁不动产，转让自然资源使用权	向建筑服务发生地、不动产所在地、自然资源所在地主管税务机关申报纳税
进口货物	报关地海关纳税申报纳税
扣缴义务人	机构所在地或者居住地主管税务机关申报缴纳其扣缴税款

二、消费税

消费税是对在我国境内从事生产、委托加工和进口应税消费品的单位和个人征收的一种流转税，是对特定的消费品和消费行为在特定的环节征收的一种流转税。

(一) 消费税的征税范围

消费税的征税范围如表 3-15 所示。

表 3-15 消费税的征税范围、纳税环节

征税范围	纳税环节
生产应税消费品	生产销售环节征税(注意：将生产的应税消费品换取生产资料、消费资料、投资、偿债，以及用于继续生产应税消费品以外的其他方面都应缴纳消费税)
委托加工应税消费品	委托加工时，一般，由受托方交货时代收代缴消费税； 委托个人加工的，委托方自行缴纳消费税(注意：委托加工须是委托方提供原料、主要材料)
	委托加工后，用于连续生产应税消费品的，所纳税款准予按规定抵扣；直接出售的，不再缴纳消费税(注意：直接出售，指以不高于受托方的计税价格出售)
进口应税消费品	报关进口时
批发卷烟	纳税人销售给纳税人以外的单位和个人(不从事卷烟批发业务的单位和个人)的卷烟于销售时纳税(注意：纳税人直接销售的卷烟不缴纳消费税)
零售金银首饰	金基、银基合金首饰以及金、银和金基、银基合金的镶嵌首饰(金、银为主材)消费税零售环节征税(注意：既销售金银首饰，又销售非金银首饰的，应分别核算，否则，在生产环节销售的从高征税，在零售环节销售按金银首饰征税；金银首饰与其他产品组成成套消费品销售的，应按销售额全额征；金银首饰连同包装物一起销售的，包装物均应并入金银首饰的销售额计税；带料加工的金银首饰，应按受托方的同类售价计税，否则按组成计税价格计税(同委托加工)；以旧换新(含翻新改制)销售金银首饰，按实收不含税价款征税)

(二) 消费税纳税人

在中华人民共和国境内(起运地或者所在地在境内)生产、委托加工和进口《消费税暂行条例》规定的消费品的单位和个人，以及国务院确定的销售《消费税暂行条例》规定的消费品的其他单位和个人。

(三) 消费税的税目与税率

我国消费税的税目共有 15 个，分别是：烟；酒；化妆品；贵重首饰及珠宝玉石；鞭炮、焰火；成品油；摩托车；小汽车；高尔夫球及球具；高档手表；游艇；木制一次性筷子；实木地板；电池；涂料。

消费税的税率包括比例税率和定额税率两类。

(四) 消费税应纳税额

▶ 1. 消费税计税方法

消费税计税方法如表 3-16 所示。

表 3-16 消费税的三种计税方法

计税方法	计税依据	适用范围	计税公式
从价定率计税	销售额(注意：消费税的销售额与增值税的完全相同)	除列举项目之外的应税消费品	应纳税额 ＝不含税销售额×比例税率

续表

计税方法	计税依据	适用范围	计税公式
从量定额计税	销售数量	列举三种：啤酒、黄酒、成品油	应纳税额 ＝销售数量×单位税额
复合计税	销售额、销售数量	列举两种：白酒、卷烟	应纳税额＝不含税销售额×比例税率＋销售数量×单位税额

▶ 2. 应税消费品已纳税款的扣除

应税消费品若是用外购已缴纳消费税的应税消费品连续生产出来的，在对这些连续生产出来的应税消费品征税时，按当期生产领用数量计算准予扣除的外购应税消费品已缴纳的消费税税款。注意，在消费税 15 个税目中，除酒、小汽车、高档手表、游艇、电池、涂料外，其余税目有扣税规定。

▶ 3. 自产自用、委托加工应税消费品应纳税额

自产自用、委托加工应税消费品应纳税额如表 3-17 所示。

表 3-17 自产自用、委托加工应税消费品税务处理、组成计税价格公式

<table>
<tr><th colspan="2">情形</th><th>税务处理</th><th>组成计税价格公式</th></tr>
<tr><td rowspan="4">自产自用情形</td><td>用于连续生产应税消费品的</td><td>不纳税</td><td>—</td></tr>
<tr><td rowspan="3">用于其他方面的</td><td>按纳税人生产的同类消费品的售价计税</td><td>—</td></tr>
<tr><td rowspan="2">没同类消费品销售价格的，按照组成计税价格计税（注意：自产自用应税消费品同时涉及缴纳增值税，组成计税价格与消费税相同）</td><td>从价定率：
组成计税价格＝(成本＋利润)÷(1－比例税率)</td></tr>
<tr><td>复合计税：
组成计税价格＝(成本＋利润＋自产自用数量×定额税率)÷(1－比例税率)</td></tr>
<tr><td colspan="2" rowspan="3">委托加工的应税消费品</td><td>按照受托方的同类消费品的销售价格计算纳税</td><td>—</td></tr>
<tr><td rowspan="2">没同类消费品销售价格的，按照组成计税价格计税</td><td>从价定率：
组成计税价格＝(材料成本＋加工费)÷(1－比例税率)</td></tr>
<tr><td>复合计税：
组成计税价格＝(材料成本＋加工费＋委托加工数量×定额税率)÷(1－比例税率)</td></tr>
</table>

（五）消费税征收管理

▶ 1. 纳税义务发生时间

除以下两种之外，其余消费税的纳税义务发生时间与增值税相同：

(1) 纳税人自产自用应税消费品的，为移送使用的当天。

(2) 纳税人委托加工应税消费品的，为纳税人提货的当天。

▶ 2. 消费税纳税期限

消费税的纳税期限与增值税的纳税期限完全相同。

▶ 3. 消费税纳税地点

消费税的纳税地点也遵循属地原则，向机构所在地或者居住地的主管税务机关申报纳税，进口的应税消费品向报关地海关申报纳税。

应税消费品发生销售退回时，经由所在地主管税务机关审核批准后，可退还已征收的消费税税款，但不能自行直接抵减应纳税税款。

三、企业所得税

企业所得税是对我国企业和其他组织的生产经营所得和其他所得征收的一种税。

(一) 企业所得税的纳税人、征税对象、税率

企业所得税的纳税人是在中华人民共和国境内的企业和其他取得收入的组织，其征税对象及税率如表 3-18 所示。

表 3-18　企业所得税的纳税人、征税对象及税率

<table>
<tr><th>划分标准</th><th>纳税人</th><th colspan="2">具体类型</th><th>征税对象</th><th>税率</th></tr>
<tr><td>在中国境内成立</td><td rowspan="2">居民企业</td><td colspan="2" rowspan="2"></td><td rowspan="2">源于中国境内、境外的所得</td><td rowspan="3">基本税率25%</td></tr>
<tr><td>依外国(地区)法律成立但实际管理机构在中国境内</td></tr>
<tr><td rowspan="3">依外国(地区)法律成立且实际管理机构不在中国境内</td><td rowspan="3">非居民企业</td><td rowspan="2">在我国境内设立机构场所</td><td>取得所得与设立机构场所有联系的</td><td>与设立机构场所有联系的中国境内、境外所得</td></tr>
<tr><td>取得所得与设立机构场所没有实际联系的</td><td rowspan="2">来源于中国境内的所得</td><td rowspan="2">低税率20%(实际征税时适用10%的税率)</td></tr>
<tr><td colspan="2">未在我国境内设立机构场所，却有来源于我国的所得</td></tr>
</table>

注：个人独资企业和合伙企业缴纳个人所得税，不是企业所得税的纳税人。

对符合条件的小型微利企业，减按 20%税率征收企业所得税；对国家需要重点扶持的高新技术企业，减按 15%税率征收企业所得税。

(二) 企业所得税应纳税所得额

▶ 1. 应纳税所得额

企业所得税应纳税所得额是企业所得税的计税依据。

直接计算法的应纳税所得额计算公式为

应纳税所得额＝收入总额－不征税收入－免税收入－各项扣除－以前年度亏损

间接计算法下的计算公式为

应纳税所得额＝利润总额＋纳税调整项目金额

直接计算法下企业所得税已纳税所得额项目如表 3-19 所示。

表 3-19 直接计算法下企业所得税已纳税所得额项目

项目	含义	范围
收入总额	以货币形式和非货币形式从各种来源取得的收入	销售货物收入，提供劳务收入，转让财产收入，股息、红利等权益性投资收益，利息收入，租金收入，特许权使用费收入，接受捐赠收入，其他收入
不征税收入	从性质和根源上不属于企业营利性活动带来的经济利益、不负有纳税义务并不作为应纳税所得额组成部分的收入	财政拨款
		依法收取并纳入财政管理的行政事业性收费、政府性基金
免税收入	属于企业的应税所得但按照税法规定免予征收企业所得税的收入	国债利息收入
		符合条件的居民企业之间的股息、红利收入(条件：持有 12 个月以上)
		在中国境内设立机构、场所的非居民企业从居民企业取得与该机构、场所有实际联系的股息、红利收入
		符合条件的非营利组织的收入(注意：要分清不征税收入和免税收入)
准予扣除项目	企业实际发生的与取得收入有关的、合理的支出	成本、费用、税金、损失和其他支出
亏损	税法上的亏损，指每一纳税年度的收入总额－不征税收入－免税收入－各项扣除＜0 的数额	先亏先补，最长 5 年

2. 不得扣除项目

不得扣除的项目如下。

(1) 向投资者支付的股息、红利等权益性投资收益款项。

(2) 企业所得税税款。

(3) 税收滞纳金。

(4) 罚金、罚款和被没收财物的损失。

(5) 企业发生的公益性捐赠支出以外的捐赠支出。企业发生的公益性捐赠支出，在年度利润总额 12%内的部分，准予在计算应纳税所得额时扣除。

(6) 赞助支出，是指企业发生的与生产经营活动无关的各种非广告性支出。

(7) 企业之间支付的管理费、企业内营业机构之间支付的租金和特许权使用费，以及非银行企业内营业机构之间支付的利息。

(8) 与取得收入无关的其他支出。

3. 职工福利费、工会经费和职工教育经费支出的税前扣除

职工福利费、工会经费和职工教育经费支出的税前扣除如表 3-20 所示。

表 3-20 职工福利费、工会经费和职工教育经费支出的税前扣除

经费名称	扣除标准	超过部分税务处理
职工福利费	不超过工资薪金总额 14%	超过部分，不允许在以后纳税年度结转扣除
工会经费	不超过工资薪金总额 2%	
职工教育经费	不超过工资薪金总额 2.5%	超过部分，准予在以后纳税年度结转扣除

(三) 企业所得税征收管理

▶ 1. 纳税地点

企业所得税的纳税地点如表 3-21 所示。

表 3-21 企业所得税的纳税地点

纳税人类型	情　　形	纳税地点
居民企业	一般情况	登记注册地
	登记注册地在境外	实际管理机构所在地
	居民企业在中国境内设立不具有法人资格的营业机构的，应当汇总计算并缴纳企业所得税	
非居民企业	在中国境内设立机构、场所	扣缴义务人所在地
	在中国境内未设立机构、场所的或虽设立机构、场所但取得的所得与其所设机构、场所没有实际联系	扣缴义务人所在地

▶ 2. 纳税期限

企业所得税实行按年(自公历 1 月 1 日起到 12 月 31 日止)计算，分月或分季预缴，年终汇算清缴(年终后 5 个月内进行)、多退少补的征纳方法。

纳税人在一个年度中间开业，或者由于合并、关闭等原因，使该纳税年度的实际经营期不足 12 个月的，应当以其实际经营期为一个纳税年度。

▶ 3. 纳税申报

按月或按季预缴的，应当自月份或季度终了之日起 15 日内，向税务机关报送预缴企业所得税纳税申报表，预缴税款。

四、个人所得税

个人所得税是以个人(自然人)取得的各项应税所得为征税对象所征收的一种税。

(一) 个人所得税的纳税义务人

个人所得税的纳税义务、判断标准及征税范围如表 3-22 所示。

表 3-22 个人所得税的纳税义务、判断标准及征税范围

纳税义务人	判定标准(住所和居住时间)	纳税义务	征税范围
居民纳税人	住所标准或居住时间标准只需具备一个： (1)在中国境内有住所的个人 (2)在中国境内无住所，而在中国境内居住满一年的个人	无限纳税义务	境内所得 境外所得

续表

纳税义务人	判定标准(住所和居住时间)	纳税义务	征税范围
非居民纳税人	(1)在中国境内无住所且不居住的个人 (2)在中国境内无住所且居住不满一年的个人	有限纳税义务	境内所得

(1) 个人所得税纳税人为自然人，不仅包括个人还包括具有自然人性质的企业，我国个人独资企业和合伙企业投资者应依法缴纳个人所得税。

(2) “居住满 1 年”是指在一个纳税年度(即公历 1 月 1 日起至 12 月 31 日止，下同)内，在中国境内居住满 365 日。临时离境的，不扣减日数。临时离境是指在一个纳税年度中，一次不超过 30 日或者多次累计不超过 90 日的离境。

(二) 个人所得税的应纳税额计算

个人所得税的应纳税额计算如表 3-23 所示。

表 3-23 个人所得税应纳税额计算

<table>
<tr><th>应税项目</th><th>税率</th><th>计税方法</th><th>应纳税所得额</th><th>应纳税额计算</th></tr>
<tr><td>工资、薪金所得</td><td>3%～45%的 7 级超额累进税率</td><td>按月(注意：扣除 4 800 的情形)</td><td>应纳税所得额
=全月工薪收入(含当月奖金、补贴、津贴)－3 500 元(或 4 800 元)</td><td rowspan="3">应纳税额
=应纳税所得额×适用税率－速算扣除数</td></tr>
<tr><td>个体工商户的生产、经营所得(个人独资企业、合伙企业照此纳税)</td><td rowspan="2">5%～35%的 5 级超额累进税率</td><td rowspan="2">按年</td><td>应纳税所得额
=全年收入总额－成本、费用以及损失</td></tr>
<tr><td>企事业单位承包经营、承租经营所得</td><td>应纳税所得额
=全年收入总额－必要费用</td></tr>
<tr><td>劳务报酬所得</td><td rowspan="7">20%(注意：劳务报酬所得每次应纳税所得额超过 2 万元不超过 5 万元的，加征 50%，超过万元的，加征 100%；稿酬所得，减征 30%)</td><td rowspan="7">按次</td><td rowspan="4">①每次收入超过 4 000 元的，减除费用 800 元
应纳税所得额
=每次收入－800 元；
②4 000 元以上的，减除 20%的费用
应纳税所得额
=每次收入×(1－20%)</td><td>应纳税额
=应纳税所得额×适用税率－速算扣除数</td></tr>
<tr><td>稿酬所得</td><td>应纳税额
=应纳税所得额×20%×(1－30%)</td></tr>
<tr><td>特许权使用费所得(个人专利或者著作权)</td><td rowspan="5">应纳税额
=应纳税所得额×20%税率</td></tr>
<tr><td>财产租赁所得</td></tr>
<tr><td>财产转让所得</td><td>应纳税所得额
=收入总额－财产原值－合理费用</td></tr>
<tr><td>利息、股息、红利所得</td><td rowspan="2">应纳税所得额
=每次取得的收入(全额)</td></tr>
<tr><td>偶然所得</td></tr>
</table>

(三) 个人所得税征收管理

个人所得税的申报相关规定如表 3-24 所示。

表 3-24 个人所得税的申报

<table>
<tr><th>申报方式</th><th>纳税/扣缴义务人</th></tr>
<tr><td rowspan="5">自行申报个体工商户和个人独资、合伙企业投资者取得的生产、经营所得</td><td>年所得 12 万元以上的</td></tr>
<tr><td>从中国境内两处或者两处以上取得工资、薪金所得的</td></tr>
<tr><td>从中国境外取得所得的</td></tr>
<tr><td>取得应纳税所得，没有扣缴义务人的</td></tr>
<tr><td>国务院规定的其他情形</td></tr>
<tr><td>代扣代缴</td><td>只有个体工商户生产、经营所得不采用代扣代缴方式征收</td></tr>
</table>

本节考点强化练习

一、单选题

1. 按照对外购固定资产价值的处理方式，可以将增值税划分为不同类型。2009 年 1 月 1 日起，我国增值税实行(　　)。

A. 消费型增值税　B. 收入型增值税　C. 生产型增值税　D. 实耗型增值税

2. 下列业务按规定不应征收增值税的是(　　)。

A. 订立合同　B. 房屋装修　C. 饮食服务　D. 装卸搬运

3. 从事货物生产或者提供应税劳务的纳税人，以及以从事货物生产或者提供应税劳务为主，并兼营货物批发或者零售的纳税人，认定为一般纳税人的年销售额指的是(　　)万元以上。

A. 50　B. 80　C. 100　D. 180

4. 下列属于增值税基本税率的是(　　)。

A. 17%　B. 13%　C. 3%　D. 7%

5. 下列属于增值税低税率的是(　　)。

A. 17%　B. 13%　C. 3%　D. 7%

6. 小规模纳税人的征收率为(　　)。

A. 4%　B. 3%　C. 6%　D. 13%

7. 甲企业是一般纳税人企业，在 2 月份的进项税是 10 000 元。当月不含税的销售额是 20 万元，则当月应纳增值税额是(　　)万元。

A. 3.93　B. 2.4　C. 2.73　D. 0.93

8. 某酒厂为一般纳税人，3 月份向一小规模纳税人销售白酒，开具普通发票上注明含税金额为 93 600 元；同时收取包装物押金 2 000 元，此业务酒厂应计算的销项税额为(　　)元。

A. 13 600　B. 13 890.60　C. 15 011.32　D. 15 301.92

9. 某一般纳税人本月销售货物，取得不含税销售额 200 万元，同时负责运输所售货物，取得运费 11.7 万元。该企业适用的增值税税率为 17%，则该企业本月应纳增值税额为(　　)万元。

A. 33.93　B. 35.7　C. 1.7　D. 34

10. 某工厂为小规模纳税人，2015 年 4 月购进原材料 2 000 元，取得增值税专用发票，进项税额为 340 元。当期生产的产品以 15 000 元的价格(含税)卖出。已知小规模纳税人适用的增值税征收率为 3%。则该厂当月应纳增值税额为(　　)。

A. 96.89　　B. 436.89　　C. 450　　D. 110

11. 某一般纳税人本月销售甲货物，取得不含税销售额 200 万元，销售乙货物，取得含税销售额 11.7 万元。本月外购原材料，支付运输费用 10 万元，取得增值税专用发票。该企业适用的增值税税率为 17%，则该企业本月应纳增值税额为(　　)。

A. 35 万元　　B. 34.6 万元　　C. 0.7 万元　　D. 34.79 万元

12. 某企业属于小规模纳税人，本月销售商品 100 件，开具普通发票金额为 26 万元。已知小规模纳税人适用的增值税征收率为 3%。该企业当月应纳增值税额为(　　)万元。

A. 1.18　　B. 0.76　　C. 0.78　　D. 1.25

13. 某一般纳税人购进货物的进项税为 1 200 元，购进固定资产的进项税额为 300 元，均取得增值税专用发票，则该企业当月可抵扣的进项税额为(　　)元。

A. 1 200　　B. 1 500　　C. 300　　D. 900

14. 某一般纳税人本月销售甲货物，取得不含税销售额 100 万元，销售乙货物，取得含税销售额 117 万元。本月向农业生产者购买农产品，买价为 50 万元。该企业适用的增值税税率为 17%，则该企业本月应纳增值税额为(　　)万元。

A. 34　　B. 27.5　　C. 6.5　　D. 17

15. 某服装厂将自产的服装作为福利发给本厂职工，该批产品制造成本共计 8 万元，利润率为 10%，按当月同类产品平均销售价格计算为 10 万元。则该笔业务计征增值税的销售额应为(　　)万元。

A. 8.8　　B. 10　　C. 8　　D. 9

16. 纳税人进口货物应纳的增值税，应当自海关填发税款缴纳证的次日起(　　)日内缴纳。

A. 5　　B. 7　　C. 15　　D. 10

17. 以 1 个月为一期的纳税人，于期满后(　　)日内申报纳税。

A. 1　　B. 5　　C. 15　　D. 10

18. 下列消费品中，征收消费税的是(　　)。

A. 茶叶　　B. 白酒　　C. 高档住宅　　D. 电视机

19. 某酒厂 3 月销售黄酒 10 吨，不含税销售额 100 000 元，应缴纳消费税(　　)元。

A. 17 000　　B. 2 400　　C. 19 400　　D. 13 600

20. 某烟厂为增值税一般纳税人，2015 年 6 月销售甲类卷烟 1 000 标准条，取得销售收入(含税)93 600 元，已知该批卷烟适用的消费税比例税率为 56%，定额税率为 0.003 元/支，1 标准条有 200 支。该烟厂本期应纳消费税为(　　)元。

A. 44 800　　B. 600　　C. 45 400　　D. 52 416

21. 某企业 3 月将自产应税消费品作为职工福利发放，成本 100 万元，成本利润率为 5%，消费税税率 30%，市场上无同类应税消费品价格，则该部分产品应缴消费税(　　)万元。

A. 40　　B. 45　　C. 50　　D. 60

22. 委托加工应税消费品是指(　　)。

A. 由受托方以委托方名义购进原材料生产的产品

B. 由受托方提供原材料生产的产品

C. 由受托方将原材料卖给委托方，然后再接受加工的产品

D. 由委托方提供原材料和主要材料，受托方只收取加工费和代垫部分辅助材料加工的产品

23. 纳税人用外购应税消费品连续生产应税消费品，在计算纳税时，其外购应税消费品的已纳消费税税款应按下列办法处理(　　)。

A. 该已纳税款当期可以全部扣除

B. 该已纳税款当期可扣除 50%

C. 可对外购应税消费品当期领用部分已纳税款予以扣除

D. 该已纳税款当期不得扣除

24. 消费税规定，纳税人自产自用应税消费品，用于连续生产应税消费品的(　　)

A. 不纳税　　B. 按组成计税价格纳税

C. 于移送使用时纳税　　D. 视同销售纳税

25. 进口的应税消费品，按组成计税价格和规定的税率计算应纳税额，其组成计税价格的公式为(　　)。

A. 组成计税价格＝关税完税价格＋关税

B. 组成计税价格＝关税完税价格＋关税＋增值税

C. 组成计税价格＝(关税完税价格＋关税)÷(1－消费税税率)

D. 组成计税价格＝(关税完税价格＋关税)÷(1－增值税税率)

26. 纳税人采取委托收款结算方式销售应税消费品，其纳税义务发生时间为(　　)。

A. 发出应税消费品并办妥托收手续的当天　B. 销售合同约定的收款日期的当天

C. 办妥托收手续的当天　　D. 取得销售款的凭证的当天

27. 某制药厂 2015 年销售收入 200 万元，广告费支出 40 万元，则 2015 年准予税前扣除的广告费为(　　)万元。

A. 10　　B. 20　　C. 30　　D. 40

28. 某企业全年营业收入 5 000 万元，业务招待费为 30 万元，按规定可在税前费用中列支的业务招待费应为(　　)万元。

A. 20　　B. 18　　C. 19　　D. 5

29. 企业在计算所得税应纳税所得额时，按工资总额分别列支的职工工会经费、职工福利费、职工教育经费的比例是(　　)。

A. 2%、10%、3%　　B. 5%、10%、3%

C. 2%、14%、1.5%　　D. 2%、14%、2.5%

30. 企业所得税的纳税人发生年度亏损的，可用以后年度所得逐年延续弥补，但延续弥补期最长不得超过(　　)。

A. 1 年　　B. 3 年　　C. 5 年　　D. 10 年

31. 飞腾公司 2015 年度实现利润总额为 320 万元，无其他纳税调整事项。经税务机关核实的 2014 年度亏损额为 300 万元。该公司 2015 年度应缴纳的企业所得税税额为(　　)万元。

A. 105.6　　B. 5　　C. 5.4　　D. 3.6

32. 某企业 2008—2015 年的盈亏情况如下所示。

年度	2008	2009	2010	2011	2012	2013	2014	2015
应纳税所得额(万元)	−100	20	−40	20	20	30	−20	95

该企业 2015 年应交(　　)万元企业所得税。

A. 6.5　　B. 23.75　　C. 0　　D. 8.75

33. 我国个人所得税(　　)。

A. 只对我国公民征收　　B. 只对境内的外籍公民征收

C. 只对我国居民征收　　D. 以上都不对

34. 下列各项中，属于个人所得税居民纳税人的是(　　)。

A. 在中国境内无住所，居住也不满一年的个人

B. 在中国境内无住所且不居住的个人

C. 在中国境内无住所，在境内居住不超过 6 个月的个人

D. 在中国境内有住所的个人

35. 在下列所得中，以一个月内取得的收入为一次纳税的是(　　)。

A. 稿酬所得　　B. 财产转让所得　　C. 利息所得　　D. 财产租赁所得

36. 下列所得可实行加成征收的是(　　)。

A. 稿酬所得　　B. 偶然所得　　C. 劳务报酬所得　　D. 股息红利所得

37. 在计算应纳税所得额时，允许在所得中扣除费用的是(　　)。

A. 劳务报酬所得　　B. 利息所得　　C. 彩票中奖所得　　D. 股息、红利所得

38. 演员孙某举办个人演唱会，获得表演收入 300 000 元，其应纳个人所得税(　　)元。

A. 120 000　　B. 13 000　　C. 89 000　　D. 18 000

39. 我国公民张某 2016 年 1 月彩票中奖，中奖额为 500 万元，张某应纳个人所得税(　　)万元。

A. 80　　B. 20　　C. 100　　D. 120

二、多选题

1. 下列销售行为属于增值税征税范围的是(　　)。

A. 销售电力　　B. 签订协议　　C. 销售水泥　　D. 销售自来水

2. 下列各项中属于视同销售行为应当计算销项税额的有(　　)。

A. 将自产的货物用于非应税项目　　B. 将购买的货物委托外单位加工

C. 将购买的货物无偿赠送他人　　D. 将委托加工的货物用于集体福利

3. 下列各项中，应计入增值税的应税销售额的有(　　)。

A. 向购买者收取的包装物租金　　B. 向购买者收取的销项税额

C. 因销售货物向购买者收取的手续费　　D. 因销售货物向购买者收取的代收款项

4. 下列关于增值税纳税义务发生时间的说法中，不正确的有(　　)。

A. 采取委托银行收款方式销售货物，为发出货物并办妥托收手续的当天

B. 采取预收货款方式销售货物，为收到预收款的当天

C. 销售应税劳务，为提供劳务同时收讫销售额或取得索取销售额的凭据的当天

D. 进口货物，为货物验收入库的当天

5. 纳税人提供应税劳务、转让无形资产或销售不动产价格明显偏低而无正当理由，下列各项有可能作为增值税计税依据的是(　　)。

A. 明显偏低而无正当理由的销售额

B. 纳税人最近时期提供的同类应税劳务或销售的同类不动产的平均价格

C. 纳税人最近时期提供的同类应税劳务或销售的同类不动产的最高价格

D. 其他纳税人最近时期提供的同类应税劳务或销售的同类不动产的平均价格

6. 纳税人自产自用的应税消费品，用于(　　)的应缴纳消费税。

A. 在建工程　　B. 职工福利

C. 管理部门　　D. 连续生产应税消费品

7. 下列表述中，正确的有(　　)。

A 消费税是价内税

B 消费税是价外税

C 实行从价定率征收的消费品，是以含消费税而不含增值税的销售额为计税依据

D 实行从价定率征收的消费品，是以含有消费税和增值税的销售额为计税依据

8. 消费税的纳税环节主要包括(　　)。

A. 生产环节　　B. 委托加工环节　　C. 批发环节　　D. 进口环节

9. 消费税的计税方法有(　　)。

A. 从价定率　　B. 从量定额　　C. 复合计税　　D. 从量定率

10. 下列应税消费品中，应采用从量计征消费税的有(　　)。

A. 高档手表　　B. 柴油　　C. 啤酒　　D. 白酒

11. 下列各项中，按从价从量复合计征消费税的是(　　)。

A. 卷烟　　B. 化妆品　　C. 白酒　　D. 珠宝玉石

12. 以下不适用我国现行《企业所得税法》的企业有(　　)。

A. 合伙企业　　B. 个人独资企业

C. 中外合资企业　　D. 内资企业

13. 以下属于非居民企业的有(　　)。

A. 依中国法律在中国境内成立的企业

B. 依照外国(地区)法律成立但实际管理机构在中国境内的企业

C. 依照外国(地区)法律成立且实际管理机构不在中国境内，但在中国境内设立机构、场所的企业

D. 在中国境内未设立机构、场所，但有来源于中国境内所得的企业

14. 根据企业所得税法律制度的规定，下列各项中，属于免税收入的是(　　)。

A. 国债利息收入

B. 财政拨款

C. 符合规定条件的居民企业之间的股息、红利等权益性投资收益

D. 接受捐赠的收入

15. 在计算应纳税所得额时，下列支出不得扣除(　　)。

A. 向投资者支付的股息、红利等权益性投资收益款

B. 未经核定的准备金支出

C. 税收滞纳金

D. 罚金、罚款和被没收财物的损失

16. 根据个人所得税法律制度的规定，可以将个人所得税的纳税义务人区分为居民纳税义务人和非居民纳税义务人，依据的标准有(　　)。

A. 境内有无住所　　B. 境内工作时间

C. 取得收入的工作地　　D. 境内居住时间

17. 下列各项中，税率为20%比例税率的是(　　)。

A. 工资、薪金所得　　B. 利息所得

C. 财产转让所得　　D. 财产租赁所得

18. 按“4 000元以下扣除800元，超过4 000元扣除20%”的方式扣除附加费用的应税项目是(　　)。

A. 劳务报酬所得　　B. 稿酬所得

C. 财产租赁所得　　D. 特许权使用费所得

19. 根据个人所得税的规定，以下各项所得适用累进税率形式的有(　　)。

A. 工资薪金所得　　B. 个体工商户生产经营所得

C. 财产转让所得　　D. 承包承租经营所得

20. 下列纳税义务人中，适用工资薪金所得适用附加费用扣除标准的有(　　)。

A. 在境外任职或受雇的中国公民　　B. 在境内中外合资企业任职的外籍人员

C. 在境内外商投资企业任职的中方人员　　D. 在境内外国企业任职的中方人员

21. 下列各项中，纳税义务人应自行申报纳税的是(　　)。

A. 在两处以上取得工资、薪金所得　　B. 年所得12万元以上

C. 从中国境外取得所得的　　D. 取得应纳税所得，没有扣缴义务人的

三、判断题

1. 年应税销售额未超过小规模纳税人认定标准的企业，即使企业会计核算健全，能准确核算并提供销项税额、进项税额，一定不能申请办理一般纳税人手续。(　　)

2. 纳税人销售货物一律向纳税人机构所在地主管税务机关申报缴纳增值税。(　　)

3. 增值税一般纳税人从购买方收取的价外费用，在征税时，应视为含税收入，计算税额时应换算为不含税收入。(　　)

4. 纳税人为鼓励顾客及早偿还货款而承诺给予顾客的折扣额，可以从销售额中扣除，按扣除折扣后的余额计算增值税的销项税额。(　　)

5. 个体经营者一律不可以认定为增值税一般纳税人。(　　)

6. 采取商业折扣方式销售货物时，销售额和折扣额在同一张发票上分别说明的，按折扣后的销售额征收增值税；折扣额另开发票的，不论其财务上如何处理，均不得从销售额中扣减折扣额。(　　)

7. 以1个季度为纳税期限的规定仅适用于小规模纳税人。(　　)

8. 纳税人销售货物或者应税劳务价格明显偏低并无正当理由的，或纳税人发生视同销售行为而无销售额的，按组成计税价格核定其销售额。(　　)

9. 消费税实行价外税制度。(　　)

10. 应税消费品的计税销售额含消费税税额，不含增值税税额。(　　)

11. 征收消费税的产品，不再征收增值税。(　　)

12. 从购货方取得的各种价外费用，不计入消费税的销售额。(　　)

13. 委托个人加工的应税消费品，由受托方向其机构所在地或居住地主管税务机关申报缴纳消费税。(　　)

14. 只有依照中国法律在中国境内成立的企业才是居民企业。(　　)

15. 企业所得税的计税依据是企业的会计利润。(　　)

16. 企业发生的公益性捐赠，在年度应纳税所得额12%以内的部分，准予在计算应纳税所得额时扣除。(　　)

17. 企业所得税的纳税年度，自公历1月1日起至12月31日止。(　　)

18. 现行企业所得税法规定，企业应当自年度终了之日起3个月内，向税务机关报送年度企业所得税申报表，并汇算清缴税款。(　　)

19. 某演员取得一次性的演出收入2.1万元，对此应实行加成征收办法计算个人所得税。(　　)

20. 个体工商户生产经营所得的个人所得税税率为25%的比例税率。(　　)

21. 小陆2013年在美国留学，已有两年未回其国内居住地居住，因而小陆不属于我国居民纳税义务人。(　　)

四、案例分析题

(一) 某生产企业为增值税一般纳税人，2月份的有关生产经营业务如下：

(1) 销售甲产品，开具普通发票，取得含税销售收入29.25万元。

(2) 将生产的一批乙产品用于本企业基建工程，该批产品市场不含税销售价22万元。

(3) 将生产的一批丙产品用于本企业职工福利，该批产品市场不含税销售价5万元。

(4) 将上月购进的一批A材料用于生产甲产品，该批材料不含税购买价10万元。

(5) 购进B材料，取得增值税专用发票上注明支付的货款60万元、增值税税额10.2万元；另外支付购货的运输费用6万元，取得增值税专用发票。

(6) 向农业生产者购进免税农产品一批，取得收购凭证上注明价款30万元，支付给运输单位的运费5万元，取得运输单位开具的运输发票。本月下旬将购进农产品的20%用于本企业职工福利。

已知：有关票据在本月均通过主管税务机关认证并申报抵扣，2月初增值税留抵税额为0。要求：根据上述材料，回答下列问题。

1. 该企业2月份开展的业务中，需要缴纳增值税的有(　　)。

A. 将购进A材料用于生产甲产品　　B. 将丙产品用于本企业职工福利

C. 销售甲产品　　D. 将乙产品用于基建工程

2. 该企业2月份的增值税销项税额为(　　)万元。

A. 7.99　　B. 4.25　　C. 10.54　　D. 8.84

3. 该企业购进材料及支付相关运费可抵扣的进项税额为(　　)万元。

A. 10.86　　B. 11.22　　C. 10.2　　D. 10.98

4. 该企业购进免税农产品及支付相关运费可抵扣的进项税额为(　　)万元。

A. 4.25　　B. 3.12　　C. 3.9　　D. 3.56

5. 该企业2月份可结转下月继续抵扣的增值税进项税额为(　　)万元。

A. 5.58　　B. 6.03　　C. 9.77　　D. 0

(二) 某日化厂生产企业为增值税一般纳税人。9月份该企业发生以下经济业务:

(1) 外购原材料一批，从供货方取得的增值税专用发票上注明支付的货款180万元，增值税税额30.6万元，款项已付验收入库，支付相关运费10万元，已收到运输专用增值税发票。

(2) 外购机器设备一套，从供货方取得的增值税专用发票上注明支付的货款50万元。增值税税额8.5万元，款项已付并验收入库。

(3) 购进一批办公用品取得普通发票，注明金额2 340元，办公用品已经投入使用。

(4) 购进一批红酒用于给职工发放福利，取得了增值税专用发票，发票上注明支付的货款6 000元，增值税税额1 020元。

(5) 月初将部分订单委托其他企业加工，发出原材料价值8 000元，委托加工合同规定加工费5 000元(不含税)，加工企业代垫辅助材料1 000元，月底尚未收到加工的化妆品和加工企业开具的发票。

(6) 对外销售化妆品一批，取得销售收入586.17万元(含税)。

有关票据本月通过主管税务机关认证并申报抵扣；化妆品的消费税税率为30%。

要求：根据上述资料。回答下列问题。

1. 下列关于该企业可抵扣进项税额的说法中正确的是(　　)。

A. 外购红酒可抵扣进项税额1 020元

B. 外购办公用品可抵扣进项税额340元

C. 外购机器设备可抵扣进项税额0元

D. 外购原材料及运费可抵扣进项税额31.7万元

2. 该企业本月发生的委托加工业务可抵扣的进项税额为(　　)元。

A. 2 380　　B. 0　　C. 850　　D. 1 020

3. 该企业对外销售化妆品的增值税销项税额为(　　)万元。

A. 99.45　　B. 85.17　　C. 85　　D. 99.65

4. 该企业对外销售化妆品的计税依据是(　　)万元。

A. 500　　B. 586.7　　C. 500.2　　D. 501

5. 该企业本月应缴纳的消费税为(　　)万元。

A. 100.20　　B. 175.85　　C. 117.23　　D. 150.30

第三节　税收征收管理

一、税务登记

税务登记是税务机关依据税法规定，对纳税人的生产、经营活动进行登记管理的一项法定制度，也是纳税人依法履行纳税义务的法定手续。税务登记是整个税收征收管理的起点，其内容如表3-25所示。

表3-25　税务登记内容

<table>
<tr><th>税务登记类型</th><th>适用范围</th><th>时间要求</th><th>程序</th></tr>
<tr><td>开业税务登记</td><td>除国家机关、个人和无固定生产、经营场所的流动性农村小商贩外的纳税人均需办理</td><td rowspan="2">自……起30日内</td><td rowspan="2">先工商后税务</td></tr>
<tr><td>变更税务登记</td><td>增减注册资金(资本)；改变名称、法定代表人、经济性质或经济类型、住所和经营地点(不涉及主管税务机关变动的)、生产经营或经营方式、隶属关系、生产经营期限；改变或增减银行账号；改变生产经营权属以及改变其他税务登记内容</td></tr>
<tr><td rowspan="6">注销税务登记</td><td>经营期满自动解散</td><td rowspan="6">自……起15日内</td><td rowspan="6">先税务后工商</td></tr>
<tr><td>企业由于改组、分立、合并等原因而被撤销</td></tr>
<tr><td>企业资不抵债而破产</td></tr>
<tr><td>纳税人住所、经营地址迁移涉及改变原主管税务机关的(先注销登记，再开业登记)</td></tr>
<tr><td>纳税人被工商行政管理部门吊销营业执照</td></tr>
<tr><td>纳税人依法终止履行纳税义务的其他情形</td></tr>
<tr><td rowspan="3">停业、复业登记</td><td rowspan="3">实行定期定额征收方式的纳税人，在营业执照核准的经营期限内需停业的，应提出停业登记</td><td>应于恢复生产经营之前，申办复业登记</td><td rowspan="3">先停业后复业</td></tr>
<tr><td>停业期满不能恢复生产经营的，应在停业期满前申请延长停业，否则视为已恢复营业，实施正常的税收征收管理</td></tr>
<tr><td>停业期间发生纳税义务的，应申报纳税</td></tr>
<tr><td rowspan="2">外出经营报验登记</td><td rowspan="2">纳税人到外县(市)临时从事生产经营活动的</td><td>《外管证》的有效期限一般30日，最长不得超过180天</td><td rowspan="2"></td></tr>
<tr><td>超过180天的，期满之日起30日内，向生产、经营所在地税务机关申报办理税务登记</td></tr>
</table>

二、发票开具与管理

(一) 发票的种类

发票是指在购销商品、提供劳务或接受劳务、服务以及从事其他经营活动，所提供给对方的收付款的凭证。

税务机关是发票的主管机关，负责发票的印制、领购、开具、取得、保管、缴销的管理和监督。发票的种类如表3-26所示。

表 3-26 发票的种类

种 类	适用主体	注 意
增值税专用发票	增值税一般纳税人	由国家税务总局指定的企业印制
普通发票	①原营业税纳税人 ②增值税小规模纳税人 ③增值税一般纳税人在不能开具专用发票的情况下也可使用普通发票	①行业发票：适用于某个行业的经营业务，如商业零售统一发票、商业批发统一发票、工业企业产品销售统一发票 ②专用发票：适用于某一经营项目，如广告费用结算发票、商品房销售发票
专业发票	国有： ①国有金融、保险企业凭证 ②国有邮政、电信企业凭证 ③国有铁路、国有航空企业和交通部门、国有公路、水上运输企业凭证	

(二) 发票的开具要求

单位和个人应在发生经营业务、确认营业收入时开具发票，未发生经营业务，一律不得开具发票。发票的开具要求如表 3-27 所示。

表 3-27 发票的开具要求

项 目	具体规定
开具要求	填写内容：应按号码顺序填开，填写项目齐全、内容真实、字迹清楚、全部联次一次性复写或打印，内容完全一致，并在发票联和抵扣联加盖单位财务印章或者发票专用章。开具发票后，如发生销货退回需开红字发票的，必须收回原发票并注明“作废”字样或取得对方有效证明；发生销售折让的，在收回原发票并注明“作废”字样后，重新开具销售发票
	填写文字：中文(必选)＋民族文字/外国文字(备选)(与会计记录文字的要求一致)
	电子计算机开具发票：必须报主管税务机关批准，并使用税务机关统一监制的机打发票
	开具发票时限、地点：必须准确，不能混淆销售或劳务时间，不得提前或滞后
使用要求	不得转借、转让、代开发票；未经税务机关批准，不得拆本使用发票；不得自行扩大专业发票适用范围
	发票限于领购单位和个人在本省、自治区、直辖市内开具。任何单位和个人未经批准，不得跨规定的使用区域携带、邮寄、运输空白发票。禁止携带、邮寄或者运输空白发票出入境
保管要求	专人保管制度、专库保管制度、专账登记制度、保管交接制度、定期盘点制度
缴销要求	发票销毁首先必须收缴；但收缴的发票不一定都要销毁

三、纳税申报

纳税申报是指纳税人、扣缴义务人按照税法规定的期限和内容向税务机关提交有关纳税事项书面报告的法律行为，其具体规定如表 3-28 所示。

表 3-28　纳税申报的对象、内容及方式

项　目	具体规定
对象	纳税人；扣缴义务人（注意：在纳税期内无应纳税款或享受减税、免税待遇的纳税人，都应办理纳税申报）
内容	税种、税目，应纳税项目或者应代扣代缴、代收代缴税款项目，计税依据，扣除项目及标准，适用税率或者单位税额，应退税项目及税额、应减免税项目及税额，应纳税额或者应代扣代缴、代收代缴税额，税款所属期限、延期缴纳税款、欠税、滞纳金
方式	直接申报，传统申报方式
	邮寄申报，以寄出的邮戳日期为实际申报日期
	数据电文，网上申报，是其中的一种形式
	简易申报
	实行定期定额缴纳税款的纳税人，在法律、行政法规规定的期限内或税务机关依据法规的规定确定的期限内缴纳税款的，税务机关可以视同申报

四、税款征收

税款征收是税收征收管理工作的中心环节，是全部税收征管工作的目的和归宿。税款征收的方式如表 3-29 所示。

表 3-29　税款征收的方式

征收方式	适用对象	税务处理
查账征收	财务会计制度较为健全，能够认真履行纳税义务的纳税单位(有账可查)	税务机关按照纳税人提供的账表所反映的经营情况，依照适用税率计算缴纳税款
查定征收	账册不健全、但能控制原材料或进销货的纳税单位	税务机关根据纳税人的从业人员、生产设备、采用原材料等因素，对其产制的应税产品查实核定产量、销售额并据以征收税款
查验征收	经营品种比较单一，经营地点、时间和商品来源不固定的纳税单位	税务机关对纳税人应税商品，通过查验数量，按市场一般销售单价计算其销售收入并据以征税
定期定额征收	无完整考核依据的小型纳税单位	税务机关通过典型调查，逐户确定营业额和所得额并据以征税
核定征收	会计账簿不健全，资料残缺难以查账，或其他原因难以准确确定纳税人应纳税额的纳税人	定额征收，直接核定所得税额
		核定应税所得率征收，按照收入总额或成本费用等项目的实际发生额，按照先核定的应税所得率计算缴纳所得税
代扣代缴	零星分散的税源	按照税法规定，负有扣缴税款的法定义务人，在向纳税人支付款项时，从所支付的款项中直接扣收税款
代收代缴	零星分散、不易控制的税源	负有收缴税款的法定义务人，对纳税人应纳的税款进行代收代缴
委托代征	小额、零散税源	税务机关委托代征人以税务机关的名义征收税款
其他方式	邮寄纳税、自计自填自缴、自报核缴、利用网络申报、用 IC 卡纳税	

五、税务代理

税务代理指代理人接受纳税主体的委托，在法定的代理范围内依法代其办理相关税务事宜的行为。

税务代理具有中介性、法定性、自愿性、公正性的特点。

税务代理人在其权限内，以纳税人(含扣缴义务人)的名义代为办理纳税申报，申办、变更、注销税务登记证，申请减免税，设置保管账簿凭证，进行税务行政复议和诉讼等纳税事项的服务活动。要注意如下事项。

(1) 不能行使税务机关的行政职能，如征税权。

(2) 对税务机关规定必须由纳税人、扣缴义务人自行办理的税务事宜，注册税务师不得代理(如增值税专用发票的领购)。

(3) 纳税人、扣缴义务人违反税收法律、法规的事宜，注册税务师不准代理。

六、税务检查

税务检查是税务机关根据税收法律、行政法规的规定，对纳税人、扣缴义务人履行纳税义务、扣缴义务及其他有关业务事项进行审查、核实、监督活动的总称。税收保全措施与税收强制执行措施如表 3-30 所示。

表 3-30 税收保全措施与税收强制执行措施

项 目	税收保全措施	税收强制执行措施
适用对象	从事生产、经营的纳税人	从事生产、经营的纳税人、扣缴义务人、纳税担保人
前提	有根据认为有逃避纳税义务行为的，可在规定纳税期前，责令限期缴纳税款→在限期内发现纳税人有明显的转移、隐匿其应纳税的财产迹象的，责令其提供纳税担保→若不能提供纳税担保，可采取税收保全措施	未按规定期限缴纳或者解缴税款、担保的税款，责令限期缴纳且逾期仍未缴纳的，可采取税收强制执行措施
具体措施	书面通知纳税人开户银行或者其他金融机构冻结纳税人的金额相当于应纳税款的存款(注意：不是冻结全部资金)	书面通知其开户银行或者其他金融机构从其存款中扣缴税款
	扣押、查封纳税人的价值相当于应纳税款的商品、货物或者其他财产(注意：不是扣押、查封全部财产)	扣押、查封、依法拍卖或者变卖其价值相当于应纳税款的商品、货物或者其他财产，以拍卖或者变卖所得抵缴税款。税务机关采取强制执行措施时，对上述纳税人、扣缴义务人、纳税担保人未缴纳的滞纳金同时强制执行
批准人	县以上税务局(分局)局长	
不适用的财产	个人及其所扶养家属维持生活必需的住房和用品，单价 5 000 元以下的其他生活用品	

七、税收法律责任

税收法律责任，是指税收法律关系的主体因违反税收法律规范所应承担的法律后果。

税收法律责任可分为行政责任和刑事责任。其中，行政责任包括责令限期改正、罚款、没收违法所得、没收非法财物、收缴未用发票和暂停供应发票、停止出口退税权。税收行政责任罚款规定如下。

▶ 1. 处2 000元以下的罚款；情节严重的，处2 000元以上1万元以下的罚款

(1) 未按照规定的期限申报办理税务登记、变更或者注销登记的。

(2) 未按照规定设置、保管账簿或者保管记账凭证和有关资料的。

(3) 未按照规定将财务、会计制度或者财务、会计处理办法和会计核算软件报送税务机关备查的。

(4) 未按照规定将其全部银行账号向税务机关报告。

(5) 未按照规定安装、使用税控装置，或损毁或擅自改动税控装置。

(6) 纳税人未按照规定办理税务登记证件验证或者换证手续的。

(7) 扣缴义务人未按照规定设置、保管代扣代缴、代收代缴税款账簿或者保管代扣代缴、代收代缴税款记账凭证及有关资料的。

▶ 2. 处2 000元以下的罚款；情节严重的，处2 000元以上5 000元以下的罚款

扣缴义务人未按照规定设置、保管代扣代缴、代收代缴税款账簿或者保管代扣代缴、代收代缴税款记账凭证及有关资料的。

▶ 3. 处2 000元以上1万元以下的罚款；情节严重的，处1万元以上5万元以下的罚款

(1) 未按照规定使用税务登记证件，或者转借、涂改、损毁、买卖、伪造税务登记证件的

(2) 非法印制、转借、倒卖、变造或者伪造完税凭证的。

▶ 4. 处1万元以下的罚款；情节严重的，处1万元以上5万元以下的罚款

拒绝税务机关检查，非法印制发票。

▶ 5. 罚款50%以上3倍以下

(1) 扣缴义务人应扣未扣、应收而不收税款的。

(2) 税务代理人违反法违规，造成纳税人未缴或者少缴税款的。

(3) 扣缴义务人不履行扣缴义务的。

▶ 6. 罚款50%以上5倍以下

(1) 在规定期限内不缴或者少缴税款。

(2) 逃避追缴欠税。

(3) 纳税人欠缴应纳税款，采取转移或者隐匿财产手段，妨碍税务机关追缴欠缴的税款的。

(4) 扣缴义务人不履行扣缴义务的。

▶ 7. 罚款1倍以上5倍以下

(1) 骗取出口退税。

(2) 抗税。

八、税务行政复议

税务行政复议是指当事人(纳税人、扣缴义务人、纳税担保人及其他税务当事人)对税务机关及其工作人员作出的税务具体行政行为不服，依法向上一级税务机关(复议机关)提

出申请，复议机关对具体行政行为的合法性、合理性做出裁决。

申请人申请行政复议的，必须先行缴纳或者解缴税款、滞纳金，或者提供相应的担保，罚款和加处罚款，才可以提出行政复议申请。

本节考点强化练习

一、单选题

1.(　　)，是税务机关依据税法规定，对纳税人的生产、经营活动进行登记管理的一项法定制度，也是纳税人依法履行纳税义务的法定手续，是整个税收征收管理的起点。

A. 工商登记　　B. 税务登记　　C. 纳税申报　　D. 延期申报

2.(　　)是指纳税人税务登记内容发生了根本性变化，需终止履行纳税义务时向税务机关申报办理的税务登记手续。

A. 开业税务登记　　B. 变更税务登记　　C. 停业登记　　D. 注销税务登记

3. 从事生产、经营的纳税人，应当自领取营业执照之日起(　　)日内，向生产、经营地或者纳税义务发生地的主管税务机关申报办理税务登记。

A. 10　　B. 15　　C. 30　　D. 60

4. 从事生产、经营的纳税人外出经营，在同一地连续12个月内累计超过(　　)日的，应当自期满之日起(　　)日内，向生产、经营所在地税务机关申报办理税务登记，税务机关核发临时税务登记证及副本。

A. 90、15　　B. 90、30　　C. 180、15　　D. 180、30

5. 税务机关应当自收到申报之日起(　　)日内审核并发给税务登记证件。

A. 15　　B. 20　　C. 30　　D. 60

6. 纳税人税务登记内容发生变化的，应当自工商行政管理机关或者其他机关办理变更登记之日起(　　)日内，持有关证件向原税务登记机关申报办理变更税务登记。

A. 15　　B. 30　　C. 60　　D. 90

7. 纳税人在营业执照核准经营期限内停业(　　)日以上时，应向主管税务机关的税务登记窗口提出停业登记。

A. 30　　B. 15　　C. 20　　D. 60

8. 实行定期定额征收方式的个体工商户需要停业的，应当向税务机关办理停业登记，其停业期限最长不得超过(　　)。

A. 一个月　　B. 一个半月　　C. 半年　　D. 一年

9. 纳税人应当于(　　)向税务机关申报办理复业登记。

A. 恢复生产经营后30日之内　　B. 恢复生产经营后15日之内

C. 恢复生产经营后10日之内　　D. 恢复生产经营之前

10. 纳税人停业期满未按期复业又不申请延长停业的，税务机关应当视为(　　)。

A. 自动注销税务登记　　B. 已恢复营业

C. 自动延长停业登记　　D. 自动接受罚款处理

11. 纳税人到外县(市)临时从事生产经营活动时，税务机关为其核发的《外出经营活动税收管理证明》，其有效期间一般为30日，最长不得超过(　　)日。

A. 180　　B. 120　　C. 90　　D. 60

12. 纳税人到外县(市)从事生产经营活动的，应当向(　　)税务机关报验登记。

A. 所在地　　B. 主管地　　C. 营业地　　D. 注册地

13. 纳税人被工商行政管理机关吊销营业执照的，应当自营业执照被吊销之日起(　　)日内，向原税务登记机关申报办理注销税务登记。

A. 15　　B. 30　　C. 60　　D. 90

14. 纳税人发生解散、破产、撤销以及其他情形，依法终止纳税义务的，应(　　)。

A. 先在向税务登记管理机关办理注销税务登记前，向工商管理机关办理注销手续

B. 先在向工商管理机关办理注销登记前，向税务登记管理机关办理注销税务登记

C. 直接向工商管理机关或有关机关办理注销手续

D. 直接向税务登记管理机关办理注销税务登记

15. 下列由国家税务总局指定的企业统一印制的是(　　)。

A. 服务业发票　　B. 运输业发票　　C. 契税完税证　　D. 增值税专用发票

16. 下列纳税人中，可以领购使用增值税专用发票的是(　　)。

A. 增值税小规模纳税人　　B. 增值税一般纳税人

C. 销售的货物全免征增值税的纳税人　　D. 居民企业

17. 纳税申报的对象不包括(　　)。

A. 纳税人　　B. 征收人员　　C. 扣缴义务人　　D. 代收代缴义务人

18. 目前纳税人的网上申报，就是(　　)申报方式的一种形式。

A. 直接申报　　B. 邮寄申报　　C. 数据电文　　D. 简易申报

19. 邮寄申报以(　　)为实际申报日期。

A. 寄出的邮戳日期　　B. 到达的邮戳日期

C. 税务机关实际收到的日期　　D. 填制纳税申报表的日期

20. 在税款征收方式中，查账征收方式一般适用于(　　)。

A. 经营品种比较单一，经营地点，时间和商品来源不固定的纳税单位

B. 账册不够健全，但能够控制原材料或进销存的纳税单位

C. 财务会计制度较为健全，能够认真履行纳税义务的纳税单位

D. 无完整考核依据的小型纳税单位

21. 税务机关通过按期查定纳税人的实物量而确定其应纳税额，进行分期征收税款的一种征收方式是(　　)。

A. 查账征收　　B. 查定征收　　C. 查验征收　　D. 核定征收

22. (　　)是指税务机关对纳税人应税商品，通过查验数量，按市场一般销售单价计算其销售收入并据以征税的方式。

A. 查账征收　　B. 查定征收　　C. 查验征收　　D. 定期定额征收

23. (　　)是指税务机关根据纳税人的从业人员、生产设备、采用原材料等因素，对其产制的应税产品查实核定产量、销售额并据以征收税款的方式。

A. 查账征收　　B. 查定征收　　C. 查验征收　　D. 定期定额征收

24. (　　)是指税务机关通过典型调查，逐户确定营业额和所得额并据以征税的方式。

A. 查账征收　　B. 查定征收　　C. 查验征收　　D. 定期定额征收

25. (　　)是指由于纳税人的会计账簿不健全，资料残缺难以查账，或其他原因难以准确确定纳税人应纳税额时，由税务机关采用合理的方法依法核定纳税人应纳税款的

征收方式。

A. 核定征收　　B. 查定征收　　C. 查验征收　　D. 定期定额征收

26. 受托单位按照税务机关核发的代征证书的要求，以税务机关的名义向纳税人征收零散税款的税款征收方式是(　　)

A. 定期定额征收　　B. 代扣代缴　　C. 委托征收　　D. 代收代缴

27. 采取税收保全措施、强制执行措施的权力的是(　　)。

A. 税务机关　　B. 公安局　　C. 财务部门　　D. 审计部门

28. 纳税人未按照规定期限缴纳税款的，扣缴义务人未按照规定期限解缴税款的，税务机关除责令限期缴纳外，从滞纳税款之日起，按日加收滞纳税款(　　)的滞纳金。

A. 1‰　　B. 5%　　C. 5‰　　D. 0.5‰

29. 某市企业生产经营活动按月缴纳营业税，2015 年 10 月应缴纳营业税 40000 元，至 2015 年 11 月 15 日，该企业仍未缴纳该项税款。根据《税收征收管理法》的有关规定，税务机关的下列处理正确的是(　　)。

A. 税务机关于 2015 年 11 月 16 日对企业采取税收保全措施

B. 税务机关责令该企业于 2015 年 12 月 15 日之前缴纳欠缴税款，如逾期仍未缴纳的，经当地税务局局长批准，应对该企业采取强制执行措施

C. 税务机关责令该企业于 2015 年 11 月 30 日之前缴纳欠缴税款，如逾期仍未缴纳的，经当地税务局局长批准，应对企业采取强制执行措施

D. 税务机关于 2015 年 11 月 16 日对该企业采取强制执行措施

30. 根据《征管法》的规定，扣缴义务人应扣未扣、应收而不收税款的，由税务机关向纳税人追缴税款，对扣缴义务人处应扣未扣、应收未收税款(　　)的罚款。

A. 30%以上 3 倍以下　　B. 30%以上 5 倍以下

C. 50%以上 3 倍以下　　D. 50%以上 5 倍以下

31. 纳税人未按规定期限办理纳税申报和报送纳税资料，情节严重的，可处以(　　)的罚款。

A. 1 000 元　　B. 2 000 元以下

C. 2 000 元以上 5 000 元以下　　D. 2 000 元以上 10 000 元以下

二、多选题

1. 税务登记包括(　　)。

A. 开业登记　　B. 变更登记　　C. 停业登记　　D. 减免税登记

2. 根据有关规定，开业税务登记的纳税人分为(　　)。

A. 领取营业执照从事生产、经营的纳税人　B. 其他纳税人

C. 临时取得应税收入的纳税人　　D. 临时发生应税行为的纳税人

3. 下列应当办理开业税务登记的有(　　)。

A. 工商局　　B. 个体工商户

C. 某公司在上海的分公司　　D. 企业在外地设立的分支机构

4. 根据税收征管法的规定，下列各项中，应当办理税务登记的有(　　)。

A. 从事生产经营的单位或组织

B. 企业在外地设立的分支机构和从事生产、经营的场所

C. 个体工商户

D. 只缴纳个人所得税的个人

5. 纳税人办理税务登记后，发生下列(　　)情形之一，应当办理变更税务登记。

A. 改变名称　　B. 改变法定代表人

C. 改变经营性质或经济类型　　D. 增减注册资金

6. 关于《外出经营税收管理证明》，下列(　　)的说法正确。

A. 纳税人到外县(市)临时从事生产经营活动的，应当在外出生产经营以前，持税务登记证向主管税务机关申请开具《外出经营税收管理证明》

B. 税务机关按照一地一证的原则核发

C. 有效期一般为30天，最长不超过180天

D. 纳税人应当在该证注明地进行生产经营前向当地税务机关报验登记

7. 纳税人(　　)变更时应该办理变更税务登记。

A. 名称

B. 法定代表人

C. 注册资金

D. 改变住所和经营地点(不涉及主管税务机关变动的)

8. 下列各项中，属于纳税人办理注销税务登记的适用范围的有(　　)。

A. 纳税人因经营期限届满而自动解散

B. 企业资不抵债而破产

C. 纳税人住所、经营地址迁移不涉及主管税务机关变动的

D. 纳税人被工商行政管理部门吊销营业执照

9. 根据税收征收管理法律制度的规定，纳税人发生的下列情形中，应办理税务注销登记的有(　　)。

A. 破产　　B. 变更法定代表人　　C. 被吊销营业执照　　D. 暂停经营活动

10. 较为常见的发票有(　　)。

A. 增值税专用发票　　B. 收据　　C. 普通发票　　D. 专业发票

11. 以下属于发票的有(　　)。

A. 增值税专用发票　　B. 专业发票　　C. 行业发票　　D. 专用发票

12. 我国的专业发票主要包括(　　)。

A. 事业单位的收费凭证

B. 国有金融、保险企业的存货、汇兑、转账凭证、保险凭证

C. 国有邮政、电信企业的邮票、邮单、话务、电报收据

D. 国有铁路、国有航空企业和交通部门、国有公路、水上运输企业的客票货票

13. 下列企业中，属于专业发票使用范围的有(　　)。

A. 商品零售企业　　B. 国有邮政、电信企业

C. 国有广告企业　　D. 国有金融企业

14. 在普通发票的开具、使用、取得的过程中，下列说法中，正确的是(　　)。

A. 发票要全联一次填写

B. A省的小规模纳税人将其在所属税务机关领用的普通发票借给B省纳税人在B省使用

C. 开具发票要加盖财务印章或发票专用章

D. 开具发票后，如发生销售折让，在收回原发票并注明“作废”后，重新开具发票

15. 任何单位和个人不得(　　)发票。

A. 转借　　B. 拆本使用　　C. 转让　　D. 代开

16. 纳税申报的方式主要有(　　)。

A. 直接申报　　B. 邮寄申报　　C. 口头申报　　D. 数据电文申报

17. 数据电文纳税申报方式有(　　)。

A. 电话语音　　B. 电子数据交换　　C. 网络传输　　D. 邮政快件

18. 目前，我国税款征收的方式主要有(　　)。

A. 查账征收　　B. 查定征收　　C. 查验征收　　D. 定期定额征收

19. 查定征收方式一般适用于(　　)的纳税单位。

A. 财务会计制度比较健全，能够认真履行纳税义务

B. 账册不够健全

C. 能够控制原材料或进销货

D. 无完整考核依据

20. 查验征收一般适用于(　　)的纳税单位。

A. 经营品种比较单一　　B. 经营地点、时间和商品来源不固定

C. 能够控制原材料或进销货　　D. 无完整考核依据

21. 定期定额征收一般适用于(　　)。

A. 无完整考核依据　B. 有完整考核依据　C. 小型纳税单位　D. 大中型纳税单位

22. 根据《征管法》的规定，纳税人有下列情形之一的，税务机关有权核定其应纳税额的有(　　)。

A. 依照法律、行政法规的规定可以不设置账簿的

B. 依照法律、行政法规的规定应当设置但未设置账簿的

C. 擅自销毁账簿或者拒不提供纳税资料的

D. 纳税人申报的计税依据明显偏低，又无正当理由的

23. 下列属于税务代理特点的是(　　)。

A. 公正性　　B. 有偿性　　C. 自愿性　　D. 法定性

24. 下列各项中，属于税务代理业务范围的有(　　)。

A. 税务登记　　B. 纳税申报和扣缴税款报告

C. 申请税务行政复议或税务行政诉讼　　D. 税务咨询，受聘税务顾问

25. 下列各项中，属于税务检查的方法的有(　　)。

A. 全查法　　B. 抽查法　　C. 逆查法　　D. 现场检查法

26. 根据《税收征收管理法》的有关规定，税务机关采取的下列措施中，属于税收保全措施的有(　　)。

A. 书面通知纳税人开户银行或其他金融机构冻结纳税人的金额相当于应纳税款的存款

B. 扣押、查封纳税人的价值相当于应纳税款的商品、货物或者其他财产

C. 书面通知纳税人开户银行或者其他金融机构从其存款中扣缴税款

D. 扣押、查封、依法拍卖或者变卖其价值相当于应纳税款的商品、货物或者其他财产，以拍卖或者变卖所得抵缴税款

27. 根据税收征收管理法律制度的规定，下列各项中，属于税务机关采取的税收强制执行措施的有(　　)。

A. 书面通知纳税人开户银行暂停支付纳税人存款

B. 书面通知纳税人开户银行从其存款中扣缴税款

C. 拍卖所扣押的纳税人价值相当于应纳税款的财产，以拍卖所得抵缴税款

D. 扣押纳税人价值相当于应纳税款的财产

28. 纳税人有下列(　　)行为之一的，由税务机关责令限期改正，可以处 2 000 元以下的罚款；情节严重的，处 2 000 元以上 1 万元以下的罚款。

A. 未按照规定的期限申报办理税务登记、变更或者注销登记的

B. 未按照规定设置、保管账簿或者保管记账凭证和有关资料的

C. 未按照规定将其全部银行账号向税务机关报告的

D. 未按照规定安装、使用税控装置，或者损毁或擅自改动税控装置的

29. 根据《税收征收管理法》的规定，下列各项中，说法正确的有(　　)。

A. 纳税人不办理税务登记的，由税务机关责令限期改正；逾期不改正的，由工商行政管理机关吊销营业执照

B. 扣缴义务人未按照规定设置、保管代扣代缴、代收代缴税款账簿或者保管代扣代缴、代收代缴税款记账凭证及有关资料的，由税务机关责令限期改正，可处 2 000 元以下的罚款

C. 纳税人、扣缴义务人编造虚假计税依据的，由税务机关责令限期改正，并处 3 万元以下的罚款

D. 纳税人不进行纳税申报，不缴或者少缴应纳税款的，由税务机关追缴其不缴或者少缴的税款、滞纳金，并处不缴或者少缴税款 50%以上 3 倍以下的罚款

三、判断题

1. 未办理工商营业执照，也未经有关部门批准设立的纳税人按规定不需办理税务登记。(　　)

2. 纳税人停业期间发生纳税义务，应当在复业后及时向税务机关申报，依法补缴应纳税款。(　　)

3. 纳税人停业期满未按期复业又不申请延长停业的，税务机关应当视为已恢复营业，实施正常的税收征收管理。(　　)

4. 纳税人发生解散，依法终止纳税义务的应在向工商行政管理机关或其他机关办理注销登记后持有关证件和材料向原税务登记机关申报办理注销税务登记。(　　)

5. 纳税人被工商行政管理部门吊销营业执照的，应当在向工商行政管理机关办理注销登记前持有关证件向原税务登记管理机关申报办理注销税务登记。(　　)

6. 一般纳税人向小规模纳税人销售应税项目，也可以开具增值税专用发票(　　)

7. 增值税一般纳税人增值税、小规模纳税人均可领购使用增值税专用发票。(　　)

8. 专业发票是一种特殊的发票，适用于某个行业的经营业务。(　　)

9. 纳税申报的对象为纳税人和扣缴义务人。(　　)

10. 纳税人享受减税、免税待遇的，在减税、免税期间可以不办理纳税申报。(　　)

11. 实行定期定额征收方式的纳税人，在营业执照核准的经营期限内需要停业的，应当向税务机关提出停业登记，说明停业的理由、时间、停业前的纳税情况和发票的领、用、存情况，并如实填写申请停业登记表。税务机关经过审核，应责成其结清税款并收回税务登记证、发票领购簿及发票，办理停业登记。(　　)

12. 代收代缴是指按照税法规定，负有扣缴税款义务的法定义务人，在向纳税人支付款项时，从所支付的款项中直接扣收税款的方式。(　　)

13. 根据《税收征管法》的规定，税收强制执行措施仅适用从事生产经营的纳税人。(　　)

14. 税务行政复议仅指纳税人和扣缴义务人不服税务机关及其工作人员作出的税务具体行政行为，依法向上一级税务机关(复议机关)提出申请，复议机关经审理对原税务机关具体行政行为依法作出维持、变更、撤销等决定的活动。(　　)

15. 当纳税人不能提供纳税担保，可以冻结纳税人所有存款。(　　)

四、案例分析题

(一) 某化妆品生产企业是增值税一般纳税人。2015 年 5 月 6 日，该企业向当地税务机关申报纳税，结清 4 月份应缴纳税款。5 月 20 日，税务机关在对该企业 4 月份纳税情况实施税务稽核时，发现以下情况：

(1) 该企业销售一批化妆品，销售额为 90 000 元(不含税)，未计入销售收入计算缴纳增值税和消费税。

(2) 该企业外购一批用于生产化妆品的原料，已验收入库，取得增值税专用发票上注明支付的货款 30 000 元、增值税税额 5 100 元。经核查，该批原料因管理不善被盗，其进项税额已从 4 月份销项税额中抵扣。

(3) 该企业将新开发的化妆品 40 箱作为样品用于新产品发布会，会后全部赠送与会人员，该批样品未计入销售收入计算增值税和消费税。生产该批样品发生的进项税额已在 4 月份销项税额中抵扣。该化妆品市场售价为 315.9 元/箱(含税)。

(4) 该企业销售一批化妆品，取得承运公司开具的运输增值税专用发票上注明的运费金额为 5 000 元，该企业计算抵扣的进项税额为 350 元。(说明：化妆品消费税税率为 30%。)

根据上述资料，回答下列问题。

1. 该公司上述第一笔业务应补缴的增值税税额为(　　)元，消费税为(　　)元。

A. 15 300　　B. 11 700　　C. 27 000　　D. 13 076.9

2. 第二笔业务中，外购的原料因为管理不善被盗，应该(　　)。

A. 其进项税额应该做转出处理　　B. 应做视同销售处理

C. 应该补缴增值税 5 100 元　　D. 对增值税缴纳无影响

3. 该公司上述第三笔业务应补缴的增值税税额为(　　)元，消费税为(　　)元。

A. 1 836　　B. 2 418.12　　C. 1 453.7　　D. 3 240

4. 第四笔业务中，支付运费可以抵扣的进项税额为(　　)元。

A. 350　　B. 550　　C. 850　　D. 900

5. 税务机关对该企业违反税法规定的行为处理正确的是(　　)。

A. 责令其限期补缴少缴的增值税税款，加收滞纳金，并处少缴税款 50%以上 5 倍以下的罚款

B. 责令其限期补缴少缴的增值税税款，加收滞纳金，并处少缴税款 30%以上 3 倍以下的罚款

C. 扣押查封该企业价值相当于少缴税款的商品

D. 通知该公司开户银行冻结其金额相当于少缴税款的存款

（二）某私营企业已注册经营两年，由于该经营地近期要拆迁，该经营企业于 2016 年 2 月 3 日将经营地点从原来街道搬迁到离原来街道不远的一条街道，两条街道同属于某区内街道。税务机关 2016 年 4 月 6 日对辖区内的企业进行检查，发现该私营企业未办理相应的税务登记，于是责令该企业 10 日内到税务机关办理相应税务登记，并对其处以 2 000 元的罚款。要求：根据上述资料，回答下列问题。

1. 税务登记是税务机关依据税法规定，对纳税人的生产、经营活动进行登记管理的一项法定制度，也是纳税人依法履行纳税（　　）的法定手续。

A. 权利　　B. 义务　　C. 责任　　D. 负担

2. 下列属于纳税人应当办理变更税务登记情形的有（　　）。

A. 发生改变名称　　B. 改变经营性质　　C. 增减注册资本　　D. 改变银行账号

3. 税务登记包括（　　），外出经营报验登记等。

A. 开立登记　　B. 停业、复业登记　　C. 变更登记　　D. 注销登记

4. 该私营企业应自变更工商登记之日起（　　）日内办理税务登记。

A. 10　　B. 20　　C. 30　　D. 60

5. 对于该企业未按照规定的期限办理税务登记变更登记的行为，税务机关应责令限期改正，可以处（　　）的罚款；情节严重的，处（　　）的罚款。

A. 1 000 元以下　　B. 2 000 元以下

C. 1 000 元以上 10 000 元以下　　D. 2 000 元以上 10 000 元以下

本章测试

一、单选题

1. 国家征税的目的是为了满足（　　）。

A. 企业需要　　B. 社会公共需要　　C. 私人需要　　D. 国家需要

2. 对同一课税对象，无论其数额大小，都按照相同比例征税的税率是（　　）。

A. 比例税率　　B. 累进税率　　C. 定额税率　　D. 幅度税率

3. 按课税对象的单位直接规定固定征税数额的税率是（　　）。

A. 比例税率　　B. 累进税率　　C. 定额税率　　D. 幅度税率

4. 按扣除项目中对外购固定资产所含税金的处理方式不同，可将增值税划分为（　　）。

A. 生产型、流通型、收入型　　B. 生产型、流通型、消费型

C. 生产型、消费型、收入型　　D. 消费型、流通型、收入型

5. 目前，我国实行的增值税属于（　　）。

A. 消费型增值税　　B. 收入型增值税　　C. 生产型增值税　　D. 积累型增值税

6. 按照现行政策规定，纳税人（　　）不征收增值税。

A. 销售大型机床　　B. 销售电力　　C. 销售自来水　　D. 订立合同

7. 下列单位或者个人，不是增值税纳税人的是（　　）。

A. 进口固定资产设备的企业　　B. 销售商品房的公司

C. 零售杂货的个体户　　D. 生产销售自然资源的矿场

8. 增值税的零税率是指(　　)。

A. 纳税人外购货物为零　　B. 纳税人本环节应纳税额为零

C. 纳税人以后环节税额为零　　D. 纳税人生产销售货物整体税负为零

9. 某企业为增值税小规模纳税人，2016 年 3 月取得销售收入(含增值税)95 400 元，购进原材料支付价款(含增值税)36 400 元。已知小规模纳税人适用的增值税征收税率为 3%。根据增值税法律制度的规定，该企业 2016 年 3 月应缴纳的增值税税额为(　　)元。

A. 3 540　　B. 5 400　　C. 5 724　　D. 2 778.64

10. 纳税人因有特殊困难，不能按期缴纳税款的，经省级国家税务局、地方税务局批准，可以延期缴纳税款，但最长不得超过(　　)个月。

A. 1　　B. 2　　C. 3　　D. 6

11. 因纳税人、扣缴义务人计算错误等失误，未缴或者少缴税款，税务机关在(　　)年内可以追征税款、滞纳金。

A. 2　　B. 3　　C. 5　　D. 10

12. 纳税人停业期限不得超过(　　)年。

A. 半　　B. 1　　C. 2　　D. 3

13. 我国目前对消费税实行(　　)。

A. 普遍征收　　B. 列举征收　　C. 全部征收　　D. 地方可自行征收

14. 根据个人所得税法律制度的规定，下列所得中，以每次收入额为应纳税所得额的是(　　)。

A. 财产转让所得　　B. 稿酬所得

C. 股息、利息、红利所得　　D. 对企事业单位的承包、承租经营所得

15. 下列各项，适用 11%增值税税率的是(　　)。

A. 金融保险业　　B. 服务业　　C. 交通运输业　　D. 出口货物

16. 某钢厂属一般纳税人，本月直接向消费者销售钢材 23.4 万元，已开出普通发票，购进货物取得增值税发票，进项税额为 1.4 万元。该企业适用的增值税税率为 17%，则该企业本月应纳增值税额为(　　)万元。

A. 2　　B. 2.58　　C. 1.64　　D. 2.69

17. 下列税率中，不属于企业所得税税率的是(　　)。

A. 25%　　B. 20%　　C. 15%　　D. 24%

18. 某一般纳税人上月进项税额为 3 300 元，本月购进货物取得进项税为 5 500 元，则本期可抵扣的进项税额为(　　)元。

A. 5 500　　B. 1 200　　C. 8 800　　D. 3 300

19. 某一般纳税人本月销售甲货物，取得不含税销售额 100 万元，销售乙货物，取得含税销售额 117 万元。本月向农业生产者购买农产品，买价为 50 万元。该企业适用的增值税税率为 17%，则该企业本月应纳增值税额为(　　)万元。

A. 34　　B. 27.5　　C. 6.5　　D. 17

20. 下列表述内容中，不属于消费税纳税人的有(　　)。

A. 生产应税消费品的单位和个人　　B. 进口应税消费品的单位和个人

C. 委托加工应税消费品的单位和个人　　D. 加工应税消费品的单位和个人

21. 根据现行消费税税法规定，下列计算卷烟的消费税应纳税额公式正确的是(　　)。

A. 应纳税额=销售额×比例税率+销售数量×定额税率

B. 应纳税额=销售额×定额税率+销售数量×比例税率

C. 应纳税额=销售额×定额税率

D. 销售数量×定额税率

22. 某企业为增值税一般纳税人，本月销售 10 个标准箱卷烟，共取得不含消费税的销售税额为 100 000 元，已知该批卷烟适用的消费税比例税率为 56%，定额税率为 150 元/箱。该烟厂本期应纳消费税为(　　)元。

A. 57 500　　B. 56 000　　C. 1 500　　D. 36 000

23. 某企业 2015 年 3 月销售给一般纳税人货物，填开的增值税专用发票上注明的销售额为 10 万元，同时向购买方收取运输费、包装费等合计 3 500 元，增值税税率为 17%。则该企业 3 月的应纳增值税销项税额为(　　)元。

A. 17 508.5　　B. 17 000　　C. 16 405.5　　D. 15 000

24. 工资薪金所得实行按(　　)确定应纳税所得额。

A. 次　　B. 季　　C. 月　　D. 年

25. 某企业 2013 年亏损 10 万元，2014 年盈利 20 万元，2015 年盈利 30 万元，该企业适用的企业所得税税率为 25%，则该企业 2015 年应纳所得税税额为(　　)万元。

A. 7.5　　B. 10　　C. 0　　D. 12.5

26. 我国税法中，没有运用的税率形式有(　　)。

A. 定额税率　　B. 比例税率　　C. 全额累进税率　　D. 超率累进税率

27. 企业所得税的纳税人发生年度亏损，可以用来弥补的金额是(　　)。

A. 企业申报的亏损　　B. 税务机关按税法规定核实、调整后的金额

C. 企业财务报表的账面金额　　D. 企业自己核定的亏损额

28. 李某 2015 年 5 月取得一次性稿费收入 5 000 元，则其应纳个人所得税为(　　)元。

A. 700　　B. 588　　C. 560　　D. 1 000

29. 王某购买福利彩票支出 500 元，取得中奖收入 15 000 元，其应纳个人所得税为(　　)元。

A. 2 900　　B. 750　　C. 3 000　　D. 725

30. 根据个人所得税法律制度的规定，下列在中国境内无住所的人员中，属于中国居民纳税人的是(　　)。

A. 外籍个人甲 2014 年 9 月 1 日入境，2015 年 10 月 1 日离境

B. 外籍个人乙来华学习 200 天

C. 外籍个人丙 2015 年 1 月 1 日入境，2015 年 12 月 31 日离境

D. 外籍个人丁 2015 年 1 月 1 日入境，2015 年 11 月 20 日离境

31. 根据个人所得税法律制度的规定，可以实行加成征收的是(　　)。

A. 稿酬所得　　B. 工资、薪金所得　　C. 财产转让所得　　D. 劳务报酬所得

32. 纳税人、代扣代缴人、纳税担保人对县级税务局的税务具体行政行为不服的(　　)。

A. 可以直接向人民法院提起行政诉讼

B. 向国家税务总局或省级人民政府申请行政复议

C. 向上一级税务机关申请行政复议

D. 向县级人民政府申请行政复议

33. 下列各项中，不属于税收征收管理活动的是(　　)。

A. 税务登记管理　B. 税款征收　C. 税务检查行为　D. 工商登记

34. 下列应当办理税务登记的是(　　)。

A. 只缴纳个人所得税　B. 只缴纳车船使用税

C. 无固定资产场所的流动性小商贩　D. 个体工商户

35. 根据我国《税收征管法》的规定，从事生产、经营的纳税人，税务登记内容发生变化的，应当自工商行政管理机关办理变更登记之日起(　　)日内，向原税务机关申报变更税务登记。

A. 10　B. 15　C. 30　D. 60

36. 下列不属于变更税务登记的事项是(　　)。

A. 纳税人因经营地的迁移而要改变原主管税务机关

B. 改变法定代表人

C. 增减注册资金

D. 改变开户银行账号

37. 纳税人外出经营活动结束时应当填报《外出经营活动情况申报表》并上交给(　　)。

A. 公司所在税务机关　B. 经营地税务机关

C. 上一级税务机关　D. 不用上交

38. 增值税专用发票的印制权属于(　　)。

A. 税务所　B. 省级国税局　C. 省级地税局　D. 国家税务总局

39. 下列属于专业发票的是(　　)。

A. 商品房销售专用发票　B. 旅店业统一发票

C. 国有金融、保险的存贷、汇兑凭证　D. 印花税票出售发票

40. 单位和个人开具发票的时间是(　　)。

A. 发生经营业务、确认营业收入时　B. 收到货款时

C. 产品发出时　D. 合同鉴定时

41. 发票存根联和发票登记簿应当保存(　　)年。

A. 1　B. 5　C. 10　D. 15

42. 税务登记的主要内容，主要通过纳税人填写(　　)来实现。

A. 财务报表　B. 完税凭证　C. 纳税申报表　D. 税务登记表

43. 受托单位按照税务机关核发的代征证书的要求，以税务机关的名义向纳税人征收零散税款的税款征收方式是(　　)。

A. 定期定额征收　B. 委托代收　C. 代扣代收　D. 代收代缴

44. 对临时从事经营的纳税人，(　　)。

A. 由工商行政行政管理机构征收应缴税费　B. 税务机关应责令其办理工商注册登记

C. 由税务机关核定其应缴税额，责令缴纳　D. 税务机关在其办理工商登记后征收税款

45. 某单位为负有扣缴税款的法定义务人，在支付职工工资时，按个人所得税法规定，对超过法定扣除额的工资部分，应(　　)个人所得税。

A. 代收代缴　B. 代扣代缴　C. 委托代征　D. 自报核缴

46. 消费税的征收方式为(　　)。

A. 代收代缴　B. 代扣代缴　C. 委托代征　D. 自报核缴

47. (　　)是指由税务机关根据纳税人的生产设备等情况在正常情况下的生产、销售情况，对其生产的应税产品查定产量和销售额，然后依照税法规定的税率征收的一种税款征收方式。

A. 查账征收　B. 查定征收　C. 查验征收　D. 定期定额征收

48. 实行定期定额缴纳税款的纳税人，可以实行(　　)的纳税方式。

A. 直接申报　B. 邮寄申报　C. 数据电文申报　D. 简并征期

49. 从事生产、经营的纳税人领取工商营业执照(含临时工商营业执照)的，应当自领取工商营业执照之日起(　　)日内申报办理税务登记。

A. 20　B. 30　C. 50　D. 60

50. 下列各项中，准予在企业所得税前扣除的是(　　)。

A. 增值税　B. 税收滞纳金　C. 赞助支出　D. 购货成本

51. 下列各项中，不属于我国地税系统主要负责征收和管理的是(　　)。

A. 土地增值税　B. 房产税　C. 消费税　D. 烟叶税

52. 下列可以不办理纳税登记的是(　　)。

A. 私立学校　B. 高新技术企业　C. 个人　D. 国有企业

53. 纳税人、扣缴义务人编造虚假计税依据的，由税务机关责令限期改正，并处的罚款额为最高(　　)万元。

A. 1　B. 2　C. 3　D. 5

54. 凡有法律、法规规定的(　　)、应税财产或应税行为的各类纳税人，均应当按照《税收征管法》及其实施细则和国家税务总局印发的《税务登记管理办法》规定办理税务登记。

A. 收入　B. 现金收入　C. 劳务收入　D. 应税收入

55. 下列关于税务行政处罚权的陈述，错误的是(　　)。

A. 税务行政处罚是行政处罚的一部分

B. 税务行政处罚权的行使对于保证国家和纳税人的税收利益，有重要作用

C. 行政处罚法是税务行政处罚权的唯一依据

D. 税务行政处罚的种类有警告、罚款、停止出口退税权、通知出境管理机关阻止出境等

56. 我国消费税税率形式不包括(　　)。

A. 不定额税率　B. 定额税率　C. 比例税率　D. 复合税率

57. 根据税收法律制度的规定，下列税种中，适用超率累进税率的是(　　)。

A. 资源税　B. 城镇土地使用税　C. 车辆购置税　D. 土地增值税

58. 个体工商户的生产、经营所得，适用的个人所得税税率是(　　)。

A. 10%的比例税率

B. 20%的比例税率

C. 5%～35%的超额累进税率

D. 5%～45%的超额累进税率

59. 企业缴纳的下列税金中，不得在所得税前扣除的是(　　)。

A. 增值税　　B. 消费税　　C. 房产税　　D. 土地使用税

60. 根据《个人所得税法》的规定，下列各项中，属于工资、薪金所得项目的是(　　)。

A. 误餐补助　　B. 劳动分红　　C. 独生子女补贴　　D. 托儿补助费

61. 下列关于发票开具要求的表述中，错误的是(　　)。

A. 用电子计算机开具发票须报主管税务机关批准

B. 可自行拆本使用发票

C. 发票开具时限和地点应符合规定

D. 不得自行扩大专业发票的使用范围

62. 根据《税收征管法》的规定，纳税人不办理税务登记的，由税务机关责令限期改正；逾期不改正的，税务机关可以采取的措施是(　　)。

A. 处以 2 000 元以上 10 000 元以下罚款　　B. 提请工商行政管理机关吊销其营业执照

C. 没收其经营所得　　D. 提请公安机关查封其财产

63. 下列各项中，属于税收部门规章的是(　　)。

A.《纳税担保试行办法》　　B.《城市维护建设税暂行条例实施细则》

C.《消费税暂行条例》　　D.《个人所得税法》

64. 销售或者进口下列(　　)，不适用于 13%低税率计征增值税。

A. 图书、报纸、杂志　　B. 农药、农机、农膜

C. 石油液化气、天然气、煤气　　D. 提供加工、修理修配劳务

65. 纳税人以暴力、威胁方法拒不缴纳税款且情节严重的，应对其追究的法律责任是(　　)。

A. 处 3 年以上 7 年以下有期徒刑或者拘役，并处拒缴税款 5 倍以上的罚金

B. 处 3 年以下有期徒刑或者拘役，并处拒缴税款 1 倍以上 5 倍以下罚金

C. 处 3 年以上 7 年以下有期徒刑，并处拒缴税款 1 倍以上 5 倍以下罚金

D. 处 7 年以上有期徒刑，并处 5 倍以上的罚金

66. 虚开增值税专用发票骗取出口退税，数额巨大，情节特别严重的，依照《刑法》规定处(　　)。

A. 3 年以下有期徒刑或者拘役，并处 2 万元以上 20 万元以下罚金

B. 3 年以上 10 年以下有期徒刑，并处 5 万元以上 50 万元以下罚金

C. 10 年以上有期徒刑或无期徒刑，并处 5 万元以上 50 万元以下罚金或者没收财产

D. 无期徒刑或者死刑，并处没收财产

67. 税务机关在规定的纳税期满之前，对有逃避纳税义务行为的纳税人所采取的税款征收措施是(　　)。

A. 税收强制执行措施　　B. 税收优先权措施

C. 税收保全措施　　D. 阻止出境措施

68. 根据《企业所得税法》的规定，企业发生的公益性捐赠支出，准予在计算企业所得税应纳税所得额时的扣除标准是(　　)。

A. 全额扣除　　B. 在年度利润总额 12%以内的部分扣除

C. 在年度应纳税所得额 30%以内部分扣除　　D. 在年度应纳税所得额 12%以内部分扣除

69. 根据《企业所得税法》的规定，下列收入属于不征税收入，在计算应纳税所得额时应当予以扣减的是(　　)。

A. 财政拨款　　B. 股利收入　　C. 技术转让收入　　D. 营业外收入

70.《税收征管法》规定，税务机关可以采取的税收保全措施适用于(　　)。

A. 从事生产经营的纳税人　　B. 扣缴义务人

C. 纳税担保人　　D. 纳税人

71. 纳税人采用赊销、分期付款结算方式的，其增值税纳税义务的发生时间为(　　)。

A. 货物发出的次日　　B. 收到全部货款的当天

C. 合同签订的当天　　D. 合同约定收款日期的当天

72. 王教授受某出版社委托，为该出版社即将出版的一本专业书籍进行审稿，从出版社取得报酬 5 000 元。该笔报酬在缴纳个人所得税时适用的税目是(　　)。

A. 工资薪金所得　　B. 劳务报酬所得

C. 稿酬所得　　D. 特许权使用费所得

73. 纳税人采取隐匿财产的手段，致使税务机关无法追缴欠缴的税款，数额在 10 万元以上的，应追究的法律责任为(　　)。

A. 3 年以上 7 年以下有期徒刑或者拘役，并处偷税数额 1 倍以上 5 倍以下罚金

B. 3 年以上 7 年以下有期徒刑，并处偷税数额 1 倍以上 5 倍以下罚金

C. 5 年以上 7 年以下有期徒刑，并处偷税数额 1 倍以上 5 倍以下罚金

D. 6 年以上 7 年以下有期徒刑或者拘役，并处偷税数额 5 倍以上 10 倍以下罚金

74. 下列属于价外税的是(　　)。

A. 关税　　B. 消费税　　C. 城市维护建设税　　D. 增值税

75. 根据《企业所得税法》的规定，对国家需要重点扶持的高新技术企业，给予企业所得税税率优惠。优惠税率为(　　)。

A. 10%　　B. 15%　　C. 20%　　D. 25%

76. 在普通发票的开具、使用、取得的过程中，下列说法中，错误的是(　　)。

A. 发票要全联一次填写

B. A 省的小规模纳税人将其在所属税务机关领用的普通发票借给 B 省纳税人在 B 省使用

C. 开具发票要加盖财务印章或发票专用章

D. 开具发票后，如发生销售折让，在收回原发票并注明“作废”后，重新开具发票

77.(　　)是指税务机关依照有关法律、法规的规定，按照一定的程序，核定纳税人在一定经营时期内的应纳税经营额及收益额，并以此为计税依据，确定其应纳税额的一种税款征收方式。

A. 查定征收　　B. 查验征收　　C. 自报核缴方式　　D. 定期定额征收

78. 税务代理是社会中介服务，因此，在注册税务师从事税务代理活动时，下列说法不正确的是(　　)。

A. 代理关系是建立在代理双方自愿的前提下的

B. 在代理过程中，代理人应实现被代理人的全部意愿

C. 客观公正地开展代理活动是税务代理的一项重要原则

D. 税务代理必须依法代理

79. 纳税人欠缴税款的，由税务机关追缴欠缴的税款、滞纳金，并处欠缴税款(　　)的罚款。

A. 1倍以上5倍以下　　B. 1倍以上3倍以下

C. 50%以上5倍以下　　D. 30%以上5倍以下

二、多选题

1. 下列属于税收实体法的有(　　)。

A.《税收征管法》　　B.《增值税暂行条例》

C.《中华人民共和国企业所得税法》　　D.《税收征收管理法实施细则》

2. 下列各项中，符合我国《个人所得税法》规定的是(　　)。

A. 偶然所得按每次收入额为应纳税所得额

B. 稿酬所得按应纳税额减征50%

C. 国债利息收入免税

D. 对个人出租居民住房取得的所得按10%计征

3. 下列关于增值税纳税义务发生时间的表述中，正确的有(　　)。

A. 以预收款方式销售货物的，为收到预收款的当天

B. 委托他人代销货物的，为货物发出的当天

C. 采用赊销方式销售货物的，为书面合同约定的收款日期的当天

D. 进口货物，为报关进口的当天

4. 纳税人纳税申报的主要内容包括(　　)。

A. 税种　　B. 计税依据　　C. 税款所属期限　　D. 适用税率

5. 需要办理注销登记的情形包括(　　)。

A. 从事生产经营的纳税人解散、撤销

B. 从事生产经营的纳税人住所、经营地点变动

C. 纳税人被工商机关吊销营业执照

D. 从事生产经营的纳税人破产

6. 下列各项中，属于消费税征收范围的是(　　)。

A. 汽车销售公司销售小轿车　　B. 金银饰品厂批发自产的金银首饰

C. 日化公司销售自产的化妆品　　D. 烟草公司销售自产的烟丝

7. 下列属于专业发票的有(　　)。

A. 商品房销售发票　　B. 电信企业的邮票

C. 公路运输企业客票、货票　　D. 广告费用结算发票

8. 根据《税收征管法》的规定，税务机关有权(　　)。

A. 检查纳税人的账簿、记账凭证、报表和有关资料

B. 检查扣缴义务人代扣代缴、代收代缴税款账簿、记账凭证和有关资料

C. 检查扣缴义务人与代扣代缴、代收代缴税款有关的经营情况

D. 检查纳税人托运、邮寄应纳税商品的有关单据、凭证和有关资料

9. 下列属于普通发票的有(　　)。

A. 增值税专用发票　　B. 商业统一零售发票

C. 商品房销售发票　　D. 邮票

10. 普通发票主要由(　　)使用。

A. 小规模纳税人　　B. 一般纳税人能开具专用发票的

C. 原营业税纳税人　　D. 一般纳税人不能开具专用发票

11. 下列各项中，应缴纳消费税的有(　　)。

A. 生产化妆品　　B. 零售金银饰品

C. 批发卷烟　　D. 委托加工涂料

12. 根据《企业所得税法》的规定，下列各项中，纳税人在计算企业所得税应纳税所得额时，不得扣除的有(　　)。

A. 税收滞纳金　　B. 购建固定资产支出

C. 职工基本养老保险费　　D. 罚金和罚款

13.《企业所得税法》下列各项收入中，属于不征税收入的有(　　)。

A. 财政拨款

B. 依法收取并纳入财政管理的行政事业性收费、政府性基金

C. 在中国境内设立机构、场所的非居民企业从居民企业取得与该机构、场所有实际联系的股息、红利收入

D. 国债利息收入

14. 计算企业所得税时，可以作为销售税金在税前单独扣除的包括(　　)。

A. 消费税　　B. 增值税

C. 已计入管理费用的房产税　　D. 城市维护建设税

15. 普通发票由(　　)组成。

A. 增值税专用发票　B. 行业发票　　C. 专用发票　　D. 专业发票

16. 下列税种中，属于流转税的是(　　)。

A. 增值税　　B. 消费税　　C. 关税　　D. 土地增值税

17. 按征税对象分类，可将全部税收划分为(　　)等。

A. 流转税　　B. 中央税　　C. 所得税　　D. 财产税

18. 在现行纳税申报方式中，属于数据电文申报所采取的手段是(　　)。

A. 电报　　B. 电传　　C. 电子数据　　D. 电子邮件

19. 下列属于行业发票的是(　　)。

A. 商业零售统一发票　　B. 工业企业产品销售统一发票

C. 商业批发统一发票　　D. 广告费用结算发票

20. 查定征收一般适用于(　　)的纳税单位。

A. 财务会计制度比较健全，能够认真履行纳税义务

B. 账册不够健全

C. 能够控制原材料或进销货

D. 无完整考核依据

21. 下列税法构成要素中，属于税法三个最基本要素的是(　　)。

A. 纳税义务人　　B. 减免税　　C. 征税对象　　D. 税率

22. 在我国现行的下列税种中，属于地方税的有(　　)。

A. 增值税　　B. 消费税　　C. 土地增值税　　D. 房产税

23. 下列各项中，属于消费税税目的有(　　)。

A. 烟　　B. 酒　　C. 租赁业涂料　　D. 修理修配

24. 以下各项所得，适用累进税率形式的有(　　)。

A. 工资薪金所得　　B. 个体工商户生产经营所得

C. 财产转让所得　　D. 承包承租经营所得

25. 以下属于税收法律的是(　　)。

A.《中华人民共和国税收管理法》　　B.《中华人民共和国消费税暂行条例》

C.《中华人民共和国车船税暂行条例实施细则》　　D.《中华人民共和国个人所得税》

26. 现行政策规定，下列纳税人应视同小规模纳税人征税的有(　　)。

A. 年应税销售额在60万元的某工厂　　B. 年应税销售额在70万元的某商场

C. 年应税销售额达到100万元的张三个人　　D. 年应税销售额达100万元的非企业性单位

27. 某企业是一般纳税人，2016年1月准予抵扣的进项税额主要有(　　)。

A. 购进货物或者应税劳务时，从销售方取得的增值税专用发票上注明的增值税额

B. 进口货物时，从海关取得的完税凭证上注明的增值税额

C. 向农业生产者购买的免税农业产品或者向小规模纳税人购买农产品时，按照买价和13%的扣除计算的税额

D. 外购或销售货物所支付的运输费用，根据运费结算单据所列运费金额，依7%的扣除计算的税额

28. 根据消费税法律制度的规定，下列消费品中，实行从价定率与从量定额相结合的征税办法的有(　　)。

A. 粮食白酒　　B. 卷烟　　C. 黄酒　　D. 薯类白酒

29. 甲委托乙加工化妆品，则下列说法正确的是(　　)。

A. 甲是增值税的纳税义务人　　B. 甲是消费税的纳税义务人

C. 乙是增值税的纳税义务人　　D. 乙是消费税的纳税义务人

30. 下列单位不属于企业所得纳税人的是(　　)。

A. 有限责任公司　　B. 个人独资企业

C. 个体工商户　　D. 合伙企业

31. 下列属于不得领购使用增值税专用发票的单位和个人的是(　　)。

A. 年应税销售额超过小规模纳税人标准的个人

B. 年应税销售额在80万元以下的商品批发企业

C. 非企业性单位

D. 年应税销售额在50万元以上的生产性企业

32. 根据个人所得税法律制度的规定，下列各项中，属于个人所得税居民纳税人的有(　　)。

A. 在中国境内有住所的人

B. 在中国境内无住所而在境内居住满一年的个人

C. 在中国境内无住所又不居住

D. 在中国境内无住所而在中国境内居住不满1年的个人

33. 个人所得税的纳税办法，有自行申报纳税和代扣代缴两种，以下属于自行申报纳

税义务人的是(　　)。

A. 年所得 12 万元以上

B. 从中国境内两处或者两处以上取得工资，薪金所得的

C. 从中国境外取得所得的

D. 取得应税所得，没有扣缴义务人的

34. 根据税收征收管理法律制度的规定，下列各项中，属于税收保全措施的有(　　)。

A. 书面通知纳税人开户银行从其存款中直接扣缴税款

B. 拍卖纳税人的价值相当于应纳税款的商品、货物或者其他财务

C. 书面通知纳税人开户银行冻结纳税人的金额相当于应纳税额的存款

D. 扣押、查封纳税人的价值相当于应纳税款的商品、货物或者其他财务

35. 下列属于我国增值税的特点是(　　)。

A. 实行价外计税

B. 实行购进扣税法

C. 对纳税人按经营规模和会计核算水平标准分类

D. 允许扣除外购固定资产所含税金

36. 定期定额征收一般适用于(　　)。

A. 无完整考核依据　B. 有完整考核依据　C. 小型纳税单位　D. 大中型纳税单位

37. 外商投资企业和外国企业开具发票时可以(　　)。

A. 在使用中文的同时使用一种外国文字　B. 只使用外国文字

C. 同时使用两种外国文字　D. 只使用中文

38. 查验征收一般适用于(　　)的纳税单位。

A. 经营品种比较单一　B. 经营地点、时间和商品来源不固定

C. 能够控制原材料或进销货　D. 无完整考核依据

39. 在普通发票的开具、使用、取得的过程中，下列说法中，正确的是(　　)。

A. 发票要全联一次填写

B. A 省的小规模纳税人将其在所属税务机关领用的普通发票借给 B 省纳税人在 B 省使用

C. 开具发票要加盖财务印章或发票专用章

D. 开具发票后，如发生销售折让，在收回原发票并注明“作废”后，重新开具发票

40. 下列项目中，属于财产税类的有(　　)。

A. 车辆购置税　B. 城镇土地使用税　C. 房产税　D. 契税

41. 以下适用企业所得税税率为 25%的企业有(　　)。

A. 在中国境内的居民企业

B. 在中国境内设有机构、场所且所得与机构、场所有关联的非居民企业

C. 在中国境内设有机构、场所但所得与机构、场所没有实际联系的非居民企业

D. 在中国境内未设立机构、场所的非居民企业

42. 下列项目中，其进项税额不得从销项税额中抵扣的有(　　)。

A. 用于非应税项目的购进货物或者应税劳务

B. 用于免征增值税项目的购进货物或者应税劳务

C. 用于集体福利或者个人消费的购进货物或者应税劳务

D. 购进固定资产

43. 根据《增值税暂行条例》规定，对特殊方式下销售额的确定，表述正确的有(　　)。

A. 折扣销售，销售额和折扣额在同一张发票上分别注明的，可按折扣后的余额为销售额

B. 以旧换新，按新货物的销售价格扣减旧货物的收购价格为销售额

C. 还本销售，货物的销售价格就是销售额，不得减除还本支出

D. 以物易物，双方都应作购销处理，以各自发出的货物核算销售额

44. 根据《增值税暂行条例》规定，增值税一般纳税人采用下列(　　)方式销售货物，其纳税义务的发生时间为书面合同约定的收款日期的当天，无书面合同约定的或者书面合同没有约定收款日期的，为货物发出的当天。

A. 预收货款　　B. 赊销　　C. 分期收款　　D. 委托银行收款

45. 根据《增值税暂行条例》规定，增值税一般纳税人采用下列(　　)销售货物，增值税纳税义务的发生时间为发出货物并办妥托收手续的当天。

A. 预收货款　　B. 托收承付　　C. 分期收款　　D. 委托银行收款

46. 下列项目中，个人所得税税率为20%的有(　　)。

A. 稿酬所得　　B. 工资、薪金所得　　C. 财产租赁所得　　D. 财产转让所得

47. 根据《企业所得税法》规定，下列项目中，属于居民企业的有(　　)。

A. 依法在中国境内成立的企业

B. 依照外国(地区)法律成立且实际管理机构不在中国境内，但在中国境内设立机构、场所的企业

C. 依照外国(地区)法律成立但实际管理机构在中国境内的企业

D. 依照外国(地区)法律成立且实际管理机构不在中国境内，在中国境内未设立机构、场所，但有来源于中国境内所得的企业

48. 纳税人有下列(　　)行为的，由税务机关责令限期改正，可以处以2 000元以下的罚款；情节严重的处以2 000元以上10 000元以下的罚款。

A. 未按照规定的期限申报办理税务登记　　B. 未按照规定的期限办理纳税申报

C. 未按照规定设置、保管账簿　　D. 未按照规定使用税务登记证件

49. 下列关于企业所得税的纳税申报说法中，正确的有(　　)。

A. 企业所得税按纳税年度计算，分月或者分季预缴

B. 企业应当自月份或者季度终了之日起10日内，向税务机关报送预缴企业所得税纳税申报表，预缴税款

C. 企业应当自年度终了之日起4个月内，向税务机关报送年度企业所得税纳税申报表，并汇算清缴

D. 企业应当自年度终了之日起5个月内，向税务机关报送年度企业所得税纳税申报表，并汇算清缴，结清应缴应退税款

50. 下列项目中，每次收入不超过4 000元的，减除费用800元；4 000元以上的，减除20%的费用，其余额为个人所得税的应纳税所得额的有(　　)。

A. 财产转让所得　　B. 偶然所得

C. 劳务报酬所得　　D. 稿酬所得

三、判断题

1. 税收保全措施适用于从事生产，经营的纳税人，也适用于扣缴义务人和纳税担保人。（　　）

2. 所有的纳税义务的单位或个人都必须办理税务登记。（　　）

3. 个人独资企业，合伙企业也是企业所得税的纳税义务人。（　　）

4. 凡是增值税的价外费用，无论做何会计核算，均应并入销售额，计算应纳税额。（　　）

5. 暂停生产经营活动而办理停业登记的，适用于实行定期定额征收方式的纳税人。（　　）

6. 外出经营活动结束，纳税人应当向经营地税务机关填报《外出经营活动情况申报表》，并按规定结清税款、缴销未使用完的发票。（　　）

7. 某烟厂的卷烟是用外购已缴纳消费税的烟丝生产出来的，则卷烟在计征消费税时，应扣除外购的烟丝已纳的消费税税款。（　　）

8. 只要是一般纳税人就可以领购使用增值税专用发票。（　　）

9. 个人所得税的纳税方法，有自行申报纳税和代收代缴两种。（　　）

10. 个人所得税的征税对象只包括自然人。（　　）

11. 一般纳税人不能向税务机关准确提供增值税销项税额、进项税额、应纳税额及其有关增值税税务资料者，不得领购使用增值税专用发票。（　　）

12. 普通发票只是一种商事凭证，而增值税专用发票不仅是一种商事凭证，而且是一种扣税凭证。（　　）

13. 普通发票反映的价格是含税价，税款与价格不分离；增值税专用发票反映的是不含税价，税款与价格分开填列。（　　）

14. 年应税销售额未超过标准的小规模企业及个体营业者小规模纳税人会计核算健全，能够提供准确税务资料的，经主管税务机关批准，可以不视为小规模纳税人。（　　）

15. 增值税专用发票不但要包括普通发票所记载的内容，而且还要记录购销双方的税务登记号、地址、电话、银行账户和税额。（　　）

16. 享有减免税优惠的纳税人，在减免期内可以不办理纳税申报。（　　）

17. 罚金、罚款和被没收财物的损失，在计算企业所得税时，允许在税前扣除。（　　）

18. 代扣代缴是指负有收缴税款的法定义务人对纳税人应纳税款进行代收代缴的方式。（　　）

19. 从事生产经营的纳税人未按规定的期限缴纳税款，纳税担保人未按照规定的期限缴纳所担保的税款，由税务机关责令限期缴纳，逾期仍未缴纳的，税务机关直接可以书面通知其开户银行或者其他金融机构从其存款中扣缴税款。（　　）

20. 纳税人发生纳税义务，未按照税法规定的期限办理纳税申报，经税务机关责令限期申报，逾期仍未申报的，自行申报其应纳税额。（　　）

21. 对从事生产，委托加工、进口和出口应税消费品的单位和个人，都应当征收消费税。（　　）

22.《中华人民共和国个人所得税法》属于税收程序法。（　　）

23. 为鼓励出口，出口货物增值税实行零税率，国家限制出口的货物除外。（　　）

24. 如果税法规定某一税种的起征点是800元，则超过起征点的，只对超过800元的部分征税。(　　)

25. 增值税一般纳税人从事应纳税行为，一律适用17%的基本税率。(　　)

26. 我国1979年开始实行增值税，当时实行的是"生产型增值税"。2009年1月1日起，我国全面实施增值税转型，即由生产型增值税转为收入型增值税。(　　)

27. 只要增值税年应纳税销售额应达到规定标准的企业，都可以认定增值税一般纳税人；反之，年应纳销售额未达到规定标准的企业，一律不能申请认定为一般的纳税人。(　　)

28. 纳税申报采取邮寄申报方式的，以到达地的邮政局邮戳日期为实际申报日期。(　　)

29. 丁公司将自制的产品调往异地办事处准备出售，该产品应缴消费税和增值税，按税法规定，被领用产品的增值税和消费税纳税义务发生时间为产品完工入库的当天。(　　)

30. 税率的高低直接体现国家的政策要求，直接关系到国家财政收入的多少和纳税人的负担程度，是税收法律制度中的核心要素。(　　)

31. 当纳税人不能提供纳税担保，可以冻结纳税人所有存款。(　　)

32. 纳税人在申报期内不论有无收入，都必须在规定的期限内，如实填写适用税种的纳税申报表，并附报有关资料。(　　)

33. 按照现行税法规定，税收征收管理机关包括各级税务机关和海关。(　　)

34. 行业发票仅适用于某一经营项目，如广告费用结算发票、商品房销售发票等。(　　)

35. 对于未按照规定办理税务登记从事生产、经营的纳税人，税务机关有权核定其应纳税额。(　　)

四、案例分析题

(一) 丽晶公司为增值税一般纳税人，适用的增值税税率为17%。2016年3月，该公司发生以下经济业务：

(1) 2日，外购用于生产电视机的材料一批，全部价款已付并验收入库。从供货方取得的增值税专用发票上注明的增值税额为18.7万元。

(2) 10日，外购建筑材料一批，全部价款已付并验收入库。从供货方取得的增值税专用发票上注明的增值税额为3.4万元。当月已将该批建筑材料由于保管不当全部毁损。

(3) 15日，外购用于生产电视机的配件一批，价款已付，从供货方取得的增值税专用发票上注明的增值税额为51万元。供货方于3月16日将该批配件发出，但丽晶公司3月31日仍未收到该批配件。

(4) 19日，采取直接收款方式向H商场销售电视机一批，已收到全部价款(含税)760.5万元，给购买方开具了增值税专用发票，并于当日将"提货单"交给购买方自行提货。3月31日购买方尚未将该批货物提走。

(5) 23日，采取托收承付方式向M超市销售电视机一批，不含税价款为300万元。丽晶公司已将该批电视机发出并向银行办妥托收手续。3月31日丽晶公司尚未收到该批货款。

(6) 25日，支付销售电视机运输费用10万元，取得增值税专用发票。

已知：丽晶公司2016年3月1日增值税没有进项税额留抵数。3月取得的增值税专用发票和运输费用普通发票在3月31日前均已通过认证。

要求：根据上述资料，回答以下问题。

1. 丽晶公司3月份增值税进项税额是(　　)万元。

A. 69.7　　B. 70.8　　C. 73.1　　D. 73.73

2. 丽晶公司3月份增值税销项税额是(　　)万元。

A. 51　　B. 110.5　　C. 161.5　　D. 180.29

3. 丽晶公司增值税应纳税额是(　　)万元。

A. 73.73　　B. 90.7　　C. 161.5　　D. 235.23

4. 关于丽晶公司3月份增值税，表述正确的有(　　)。

A. 丽晶公司2016年3月1日增值税没有进项税额留抵数说明丽晶公司上月没有进项税额

B. 丽晶公司3月通过认证的发票必须确认为3月份的进项税额

C. 丽晶公司3月通过认证的发票有效抵扣的时间是认证之日起90日内

D. 丽晶公司3月产生的增值税应纳税额的申报、扣税时间在4月份

5. 下列关于纳税人生产销售应税消费品，其纳税义务发生时间的表述中，符合税法规定的有(　　)。

A. 采取分期收款结算方式的，为销售合同规定的收款日期的当天

B. 采取预收货款结算方式的，为发出应税消费品的当天

C. 采取赊销结算方式的，为发出应税消费品的当天

D. 采取委托银行收款方式的，为收到款项的当天

(二) A企业2016年3月以每台不含税售价4 000元销售冰箱100台，采用以旧换新方式销售冰箱50台，每台实收3 500元，企业按照575 000元计入该月销售额。

B超市是一般纳税人，2016年3月，开具专用发票销售商品，取得不含税销售额为200 000元，开具普通发票销售商品取得含税销售额为1 170 000元。

小规模纳税人C，2016年3月，填开普通发票销售货物，销售收入为51 500元。

6. A企业该月增值税的销售额为(　　)元。

A. 575 000　　B. 175 000　　C. 500 000　　D. 600 000

7. 下列关于销售额的确定，说法正确的是(　　)。

A. 销货方给购货方价格优惠或补偿等折扣行为，销货方可按规定开具红字增值税专用发票

B. 以旧换新方式销售货物，按照新货物的同期销售价格确定的销售额扣减旧货物的收购价格

C. 还本销售方式，应该从其销售额中减除还本支出

D. 以物易物的方式，双方都应作购销处理

8. 一般纳税人，按基本税率计征增值税，基本税率为(　　)，小规模纳税人增值税征收率为(　　)。

A. 17%　3%　　B. 15%　5%　　C. 17%　5%　　D. 15%　3%

9. B超市该月增值税的销售额为(　　)元。

A. 1 000 000　　B. 1 200 000

C. 1 100 000　　D. 200 000

10. 小规模纳税人C该月增值税销售额为(　　)元。

A. 50 000　　B. 34 333　　C. 49 047　　D. 60 000

(三) 某企业某年度有关财务资料如下:

(1) 全年销售收入3 000万元，营业外收入620万元，其中包括依法收取政府性基金200万元、国债利息收入20万元、直接投资A公司取得红利收益100万元、租金收入140万元，特许权使用费收入160万元。

(2) 有关销售成本支出1 800万元，缴纳营业税150万元，增值税336万元，预缴企业所得税120万元。

(3) 管理费用280万元，财务费用100万元，销售费用220万元。

(4) 营业外支出80万元，其中非公益性捐赠20万元。

已知：该企业上年度未弥补亏损12万元。企业适用所得税税率为25%。

要求：按照企业所得税的规定和要求，选择下列符合题意的选项(保留两位小数)。

11. 下列选项中，属于不征税收入的是(　　)。

A. 国债利息收入20万元　　B. 租金收入140万元

C. 依法收取政府性基金200万　　D. 特许权使用费收入160万元

12. 下列选项中，属于免税收入的是(　　)。

A. 国债利息收入20万元　　B. 从A公司取得红利收益100万元

C. 依法收取政府性基金200万　　D. 特许权使用费收入160万元

13. 下列选项中，在计算应纳税所得额时不得扣除的是(　　)。

A. 营业税　　B. 增值税　　C. 非公益性捐赠　　D. 企业所得税

14. 该企业当年应纳税所得额为(　　)万元。

A. 690　　B. 342　　C. 678　　D. 658

15. 该企业当年企业所得税应纳税额为(　　)万元。

A. 85.5　　B. 169.5　　C. 172.5　　D. 164.5

4 第四章 Chapter 4 财政法律制度

>>> 本章考情分析

本章是关于财政法规制度的介绍，财政法规制度包括预算法律制度、政府采购法律制度和国库集中收付制度，具体包括《中华人民共和国预算法》《中华人民共和国预算法实施条例》《中华人民共和国政府采购法》以及中央和地方有关国库集中收付制度的规范性文件等。在历年考试中，题型以单选、多选、判断、为主，案例分析也有涉及，分值在15～20分之间。

本章重点是预算法律制度。

第一节 预算法律制度

考证热点分析

1. 国家预算的级次划分与构成。
2. 预算管理的职权、各级预算管理职权的对比。
3. 预算收入与预算支出。

内容精讲

一、预算法律制度的构成

我国预算法律制度由《预算法》《预算法实施条例》及与国家预算管理有关的其他法规制度构成，如表4-1所示。

表4-1 预算法律制度的构成

形　　式	名　　称	施行时间
法律	预算法	1995年1月1日
行政法规	预算法实施条例	1995年11月22日

二、国家预算概述

国家预算的基本内容如表 4-2 所示。

表 4-2 国家预算的具体内容

项 目	具体内容
国家预算的原则	公开性、可靠性、完整性、统一性、年度性
国家预算的作用	财力保证作用、调节制约作用、反映监督作用

国家预算的级次划分如表 4-3 所示。

表 4-3 国家预算的级次划分

项 目	具体内容
级次划分依据	一级政府一级预算
级次划分标准	中央预算
	省级(省、自治区、直辖市)预算
	地市级(设区的市、自治州)预算
	县市级(县、自治县、不设区的市、市辖区)预算
	乡镇级(乡、民族乡、镇)预算。

国家预算的构成如表 4-4 所示。

表 4-4 国家预算的构成

分类标准	分类	
根据政府级次不同划分	中央预算	地方预算
	(1)部门和直属单位 中央各部门：与财政部直接发生预算缴款、拨款关系的“国家机关、军队、政党组织和社会团体” 中央直属单位：与财政部直接发生预算缴款、拨款关系的“企业和事业单位” (2)中央预算收入与中央预算支出 预算收入：中央固定收入，共享收入的中央收入部分，地方上缴收入 预算支出：中央本级支出，补助地方支出	(1)地方预算的组成 地方预算由各省、自治区、直辖市总预算组成 (2)地方预算收入与地方预算支出 预算收入：地方固定收入，共享收入的地方收入部分，中央对地方的返还、补助收入 预算支出：地方本级支出，上解中央支出
根据预算收支管理范围划分	总预算	部门单位预算
	总预算是指政府的财政汇总预算由财政部门负责编制，包括本级预算和所属的下级政府的总预算(注意：下级政府只有本级预算的，下级政府总预算即指下级政府的本级预算；没有下级政府预算的，总预算即指本级预算)	预算是指部门、单位的收支预算。各部门预算由本部门所属各单位预算组成。部门预算是一项综合预算

三、预算管理的职权

▶ 1. 各级人大及各级人大常委会的职权

各级人大的职权包括审查权、批准权、变更撤销权。

各级人大常委会的职权包括监督权、审批权、撤销权。

特殊情况有，设立预算的乡、民族乡、镇，由于不设立人大常委会，因而人大职权中还包括由人大常委会行使的监督权等。

全国人大与地方人大及地方人大常委会权力比较如表 4-5 和 4-6 所示。

表 4-5　全国人大与地方人大权力比较

	审查权	批准权	变更撤销权
全国人大	中央和地方预算草案和预算执行情况报告	中央预算和预算执行情况报告	全国人大常委会预算决算不适当的决议
地方人大	本级总预算草案和总预算执行情况报告	本级预算和预算执行情况报告	本级人大常委会及本级政府预算决算不适当的决议

注：(1)审查权：全国人大既可以审查中央预算草案，也可以审查地方预算草案；地方人大审查本级预算草案。

(2) 批准权：各级批各级的，全国人大批中央，地方人大批地方。

(3) 撤销权：全国人大撤销全国人大常委会，地方人大撤销本级。

表 4-6　全国人大常委会与地方人大常委会权力比较

	监督权	审批权	撤销权
全国人大常委会	中央和地方预算的执行	中央预算的调整方案、决算方案	国务院及省、自治区、直辖市人大及其常委会的决议
地方人大常委会	本级总预算的执行	本级预算的调整方案、决算方案	本级政府和下一级人大及常委会的决议

注：区别人大及人大常委会的权力(人大常委会为常设机构)。

▶ 2. 财政部门和各部门、各单位的职权

各级财政部门、各部门、各单位预算职权比较如表 4-7 所示。

表 4-7　各级财政部门、各部门、各单位预算职权比较

机构	具体职权	
各级财政部门	编制、执行、提案、报告	
各部门、各单位职权	各部门	编制本部门预算、决算草案
		组织和监督本部门预算的执行
		定期向本级政府财政部门报告预算的执行情况
	各单位	编制本单位预算、决算草案
		按照国家规定上缴预算收入
		安排预算支出
		接受国家有关部门的监督

四、预算收入与预算支出

预算收入与预算支出构成如表 4-8 所示。

表 4-8 预算收入与预算支出构成

<table>
<tr><th>项 目</th><th colspan="2">具 体 内 容</th></tr>
<tr><td rowspan="7">预算收入</td><td rowspan="4">预算收入的来源</td><td>税收收入</td></tr>
<tr><td>依照规定应当上缴的国有资产收益</td></tr>
<tr><td>专项收入</td></tr>
<tr><td>其他收入(罚没收入、规费收入等)</td></tr>
<tr><td rowspan="3">预算收入的划分</td><td>中央预算收入</td></tr>
<tr><td>地方预算收入</td></tr>
<tr><td>中央和地方预算共享收入</td></tr>
<tr><td rowspan="8">预算支出</td><td rowspan="6">按内容划分</td><td>经济建设支出;(预算支出的主要部分)</td></tr>
<tr><td>科、教、文、卫、体等事业发展支出</td></tr>
<tr><td>国家管理费用支出</td></tr>
<tr><td>国防支出</td></tr>
<tr><td>各项补贴支出</td></tr>
<tr><td>其他支出</td></tr>
<tr><td rowspan="2">按级次划分</td><td>中央预算支出</td></tr>
<tr><td>地方预算支出</td></tr>
</table>

五、预算组织程序

预算的组织程序包括预算的编制、审批、执行和调整。

▶ 1. 预算的编制

预算草案是指各级政府、各部门、各单位编制的未经法定程序审查和批准的预算收支计划。预算年度为公历 1 月 1 日—12 月 31 日，预算的编制内容如表 4-9 所示。

表 4-9 预算的编制内容

<table>
<tr><th colspan="2">中央预算的编制内容</th><th colspan="2">地方各级政府预算的编制内容</th></tr>
<tr><td rowspan="3">预算收入</td><td>本级预算收入</td><td rowspan="4">预算收入</td><td>本级预算收入</td></tr>
<tr><td rowspan="2">上一年度结余用于本年度安排的支出</td><td>上一年度结余用于本年度安排的支出</td></tr>
<tr><td>上级返还或者补助的收入</td></tr>
<tr><td>地方上解的收入</td><td>下级上解的收入</td></tr>
<tr><td rowspan="2">预算支出</td><td>本级预算支出</td><td rowspan="3">预算支出</td><td>本级预算支出</td></tr>
<tr><td rowspan="2">返还或者补助地方的支出</td><td>上解上级的支出</td></tr>
<tr><td></td><td>返还或者补助下级的支出</td></tr>
</table>

▶ 2. 预算的审批

预算的审批如表 4-10 所示。

表 4-10　预算的审批

项　目	基 本 内 容
审批权	各级批各级；中央预算——全国人民代表大会；地方各级政府预算——本级人民代表大会
预算备案	各级政府预算经本级人大批准后，必须依法自上而下地向相应的国家机关备案
预算批复	各级政府财政部门应当自本级人大会批准本级政府预算之日起 30 日内，批复本级各部门预算。各部门应当自本级财政部门批复本部门预算之日起 15 日内，批复所属各单位预算

▶ 3. 预算的执行

各级预算由本级政府组织执行，具体工作由本级政府财政部门负责。

▶ 4. 预算的调整

预算的调整如表 4-11 所示。

表 4-11　预算的调整

项　目	基 本 内 容
审批	县级以上包括中央，由人大常委会审批；乡、民族乡、镇政府预算的调整方案必须提请本级人民代表大会审查和批准。未经批准，不得调整预算
备案	地方各级政府预算的调整方案经批准后，由本级政府报上一级政府备案

注：不属于预算调整的范围如下。

(1) 在预算执行中，因上级政府返还或给予补助而引起的预算收支变化，不属于预算调整。

(2) 接受返还或者补助款项的县级以上地方各级政府应当向本级人大常委会报告有关情况。

(3) 接受返还或者补助款项的乡、民族乡、镇政府应当向本级人民代表大会报告有关情况。

六、决算

决算的流程如表 4-12 所示。

表 4-12　决算的流程

项　　目	基 本 内 容
决算草案的编制	决算草案由各级政府、各部门、各单位，在每一预算年度终了后按照国务院规定的时间编制
决算草案的审查批准	国务院财政部门编制中央决算草案，报国务院审定后，由国务院提请全国人民代表大会常务委员会审查和批准；县级以上地方各级政府财政部门编制本级决算草案，报本级政府审定后，由本级政府提请本级人民代表大会常务委员会审查和批准；乡、民族乡、镇政府编制本级决算草案，提请本级人民代表大会审查和批准

七、预决算的监督

预决算的监督体系如表 4-13 所示。

表 4-13 预、决算的监督体系

监督主体	监督内容
权力机关	全国人大及常委会对中央和地方预算、决算进行监督
	县级以上各级人大及常委会对本级和下级政府预算、决算进行监督
政府	各级政府监督下级政府的预算执行；下级政府应当定期向上一级报告预算执行情况
财政部门	各级政府财政部门负责监督检查本级各部门及其所属各单位预算的执行；并向本级政府和上一级政府财政部门报告预算执行情况
审计部门	各级政府审计部门对本级各部门、各单位和下级政府的预算执行和决算实行审计监督

本节考点强化练习

一、单选题

1. 我国《预算法》自(　　)起施行。

A. 1991年1月1日　　B. 1994年1月1日

C. 1995年1月1日　　D. 1996年1月1日

2. 下列各项中，不属于国家预算作用的是(　　)。

A. 财力保证作用　　B. 调节制约作用　　C. 反映监督作用　　D. 指导经济作用

3. 一般来说每个国家都有自己的预算年度，即在一定的时间期限内，全面反映该年度的财政收支活动。我国预算年度起止期限是(　　)。

A. 公历1月1日起至12月31日止　　B. 公历4月1日起至次年3月31日止

C. 公历6月1日起至次年5月31日止　　D. 每年10月1日起至次年9月30日止

4. 我国的国家预算实行一级政府一级预算，共分为(　　)预算。

A. 二级　　B. 三级　　C. 四级　　D. 五级

5. 根据《预算法》规定，属于全国人民代表大会常务委员会预算管理职权的是(　　)。

A. 审查中央和地方预算草案及中央和地方预算执行情况的报告

B. 审查和批准中央预算的调整方案

C. 批准中央预算和中央预算执行情况的报告

D. 改变或者撤销全国人民代表大会常务委员会关于预算、决算的不适当的决议

6. 财政部应当自全国人民代表大会批准中央预算之日起(　　)日内，批复中央各部门预算。

A. 5　　B. 7　　C. 10　　D. 30

7. 根据我国《预算法》的规定，(　　)负责审查和批准中央预算。

A. 全国人民代表大会　　B. 全国人代常务委员会

C. 国务院　　D. 财政部

8. 地方各级政府预算由(　　)审查和批准。

A. 上级人民政府　　B. 本级人民政府

C. 本级人民代表大会　　D. 本级人民代表大会常务委员会

9.《预算法》规定，中央预算的调整方案必须提请(　　)审查和批准。

A. 全国人民代表大会　　B. 全国人代常务委员会

C. 国务院　　D. 财政部

10.(　　)是指各级政府、部门、单位编制的未经法定程序审查和批准的预算收支的年度执行结果。

A. 预算编制　　B. 决算　　C. 预算调整　　D. 预算执行

二、多选题

1. 国家预算作为财政分配和宏观调控的主要手段，具有(　　)职能。

A. 指导　　B. 分配　　C. 调控　　D. 监督

2. 我国的国家预算，根据政府层次不同可以分为(　　)。

A. 中央预算　　B. 总预算　　C. 部门单位预算　　D. 地方预算

3. 我国国家预算级次包括(　　)。

A. 国家税务总局　　B. 长沙市预算　　C. 红星村预算　　D. 芙蓉区预算

4. 根据《预算法》规定，预算收入包括(　　)。

A. 税收收入　　B. 专项收入

C. 依照规定应当上缴的国有资产收益　　D. 其他收入

5. 从主体上讲，预算支出划分为(　　)。

A. 经济建设支出　　B. 中央预算支出

C. 国家管理费用支出　　D. 地方预算支出

6. 下列各项中，属于县级人民代表大会常务委员会预算管理职权的有(　　)。

A. 监督本级总预算执行

B. 审查和批准本级预算调整方案

C. 撤销乡级人民代表大会关于预算决算的不适合的决定

D. 定期向省级政府财政部门报告县级总预算的执行情况

7. 预算监督主体有(　　)。

A. 各级国家权力机关　　B. 各级人民政府

C. 各级人民政府的财政部门　　D. 各级政府审计部门

8. 下列属于国家预算构成的有(　　)。

A. 中央预算　　B. 地方预算

C. 总预算　　D. 部门单位预算

9. 下列(　　)属于全国人民代表大会的预算管理职权。

A. 审查中央和地方预算草案及中央和地方预算执行情况的报告

B. 组织中央和地方预算执行

C. 批准中央预算和中央预算执行情况的报告

D. 改变或者撤销全国人民代表大会常务委员会关于预算，决算的不适当的决议

10. 下列(　　)属于全国人民代表大会常务委员会的预算管理职权。

A. 审查和批准中央预算的调整方案

B. 审查和批准中央预算

C. 撤销国务院制定的同宪法、法律相抵触的关于预算、决算的行政法规定、决定和命令

D. 撤销省，自治区、直辖市人民代表大会及其常务委员会制定的同宪法、法律和行政法规相抵触的关于预算、决算的地方性法规决议

11. 下列(　　)属于国务院财政部门的预算管理职权。

A. 编制中央预算、决算草案

B. 组织中央和地方预算的执行

C. 审查和批准中央预算的调整方案

D. 改变或者撤销中央部门和地方政府关于预算、决算的不适当的决定、命令

12. 地方各级政府预算由本级各部门(含直属单位)的预算组成。地方各级政府预算包括(　　)。

A. 下级政府向上级政府上解的收入数额　　B. 上一年度结余用于本年度的收入

C. 上级政府对下级政府返还的数额　　D. 上级政府对下级政府给予补助的数额

13. 根据《预算法》规定，属于县级以上地方各级人民代表大会常务委员会预算管理职权的有(　　)。

A. 审查本级总预算草案及本级总预算执行情况的报告

B. 审查和批准本级预算的调整方案

C. 审查和批准本级政府的决算

D. 撤销本级政府和下一级人民代表大会及其常务委员会关于预算、决算的不适当的决定、命令和决议

14. 根据《预算法》规定，属于地方各级财政部门预算管理职权的有(　　)。

A. 具体编制本级预算、决算草案

B. 具体组织本级总预算的执行

C. 决定本级预算预备费动用方案

D. 改变或者撤销本级各部门和下级政府关于预算、决算的不适当的决定、命令

15. 以下属于国家预决算监督机构的有(　　)。

A. 各级人民代表大会　　B. 审计部门

C. 财政部门　　D. 各级人大常委会

三、判断题

1. 国家预算作为国家的基本财政计划，是国家财政实行宏观控制的主要依据和主要手段。(　　)

2. 我国的预算支出，主要用于经济建设和国防、文化、教育、科学、卫生、社会福利等各项事业。(　　)

3. 各级预算都要实行收入大于支出的原则。(　　)

4. 中央预算由中央各部门(含直属单位)的预算组成。上述“中央各部门”是指与财政部直接发生预算缴款、拨款关系的国家机关、军队、政党组织、社会团体、企业和事业单位。(　　)

5. 中央预算包括地方向中央上解的收入数额和中央对地方返还或者给予补助的数额。(　　)

6. 地方预算收入，是指按照分税制财政管理体制，纳入地方预算、中央不参与分享的收入，包括地方本级收入和中央按照规定返还或者补助地方的收入。(　　)

7. 中央预算和地方各级政府预算，应当参考上一年预算草案的编制内容和本年度收支预测进行编制。(　　)

8. 中央预算的调整方案必须提请国务院审查和批准。(　　)

9. 县级以上地方各级政府预算的调整方案必须提请上一级政府审查和批准。(　　)

10. 各级预算由本级政府组织执行，本级政府财政部门预算执行的中间环节，是办理预算收入的收纳、划分、留解和库款支拨的专门机构。(　　)

四、案例分析题

(一) 某县人民政府编制了某年度的预算草案，编制后按《预算法》的规定，县人民政府财政部门提交县人民代表大会常务委员会的有关工作，委员会进行了初步审查。通过审查后，县人民政府向县人民代表大会作关于本级政府总预算草案的报告，县人民代表大会批准了该预算。后来，在执行中，因特殊原因需调整预算。

要求：根据上述资料，从下列各题的备选答案中选出正确答案。

1. 根据《预算法》规定，某县人民政府编制预算草案的依据有(　　)。

A. 法律、法规

B. 国民经济和社会发展计划、财政中长期计划以及有关的财政经济政策

C. 本级政府的预算管理职权和财政管理体制确定的预算收支范围

D. 上一年度预算执行情况和本年度预算收支变化因素

2. 根据《预算法》规定，某县人民政府编制预算草案的内容包括(　　)。

A. 本级预算收入和支出

B. 上一年度结余用于本年度安排的支出

C. 上级返还或者补助的收入和返还或者补助下级的支出

D. 上解上级的支出和下级上解的收入

3. 预算收支旬报，按照财政部规定的内容编制，于每旬终了后(　　)日内报送财政部。

A. 3　　B. 5　　C. 7　　D. 15

4. 预算调整是指在预算执行中，因(　　)使原批准的收支平衡的预算的总支出超过总收入，或者使原批准的预算中举借债务的数额增加的部分变更。

A. 特殊情况需要增加支出　　B. 上级政府返还补助引起预算收支变化

C. 上级政府给予补助引起预算收支变化　　D. 特殊情况需要减少支出

5. 根据《预算法》规定，有关县级人民政府的预算调整方案表述正确的有(　　)。

A. 调整方案必须提请本级人民代表大会常务委员会审查和批准

B. 调整方案必须提请本级人民代表大会审查和批准

C. 调整方案经批准后由本级政府报上一级政府备案

D. 调整方案经批准后由本级政府报上一级政府审批

(二) 在一次关于国家预算研讨会上，参会代表分别作出如下发言：

甲：国家预算是指经法定程序批准的、国家在一定期间内预定的财政收支计划，是国家进行财政分配的依据和宏观调控的重要手段。国家预算在经济生活中主要起到财力保证、调节制约、统计和反映监督的作用。

乙：我国的国家预算实行一级政权一级预算的多级次预算。

丙：我国社会主义国家预算是具有法律效力的基本财政计划，是国家为了实现政治经济任务，有计划地集中和分配财政收入的重要工具，是国家经济政策的反映。

丁：我国的预算收入主要采取无偿划拨的形式，是社会主义经济的内部积累；我国的预算支出，主要用于经济建设和文化、教育、科学、卫生以及社会福利事业等。

戊：部门单位预算是由本部门所属各单位预算组成，各单位预算草案由其主管部门负责编制。

己：部门单位预算应具体由各预算部门和单位编制，是总预算的基础。

庚：我国国家预算级次结构是依据国家政权结构、经济发展区域规划、行政区域划分和财政管理体制设计。

根据以上资料，请回答如下问题。

1. 下列甲代表关于国家预算在经济生活中的作用的发言中，正确的为(　　)。

A. 统计作用　　B. 财力保证作用　　C. 反映监督作用　　D. 调节制约作用

2. 结合乙代表发言，下列各项有关我国现行国家预算实行级次的表述中，正确的为(　　)。

A. 三级预算　　B. 五级预算　　C. 四级预算　　D. 六级预算

3. 下列代表的发言中，不正确的为(　　)。

A. 丁：我国的预算支出，主要用于经济建设和文化、教育、科学、卫生以及社会福利事业等

B. 丁：我国的预算收入主要采取无偿划拨的形式，是社会主义经济的内部积累

C. 甲：国家预算是指经法定程序批准的、国家在一定期间内预定的财政收支计划

D. 丙：我国社会主义国家预算是具有法律效力的基本财政计划

4. 下列代表关于部门单位预算的发言中，不正确的为(　　)。

A. 戊：部门单位预算由本部门所属各单位预算组成

B. 戊：各单位预算草案由其主管部门负责编制

C. 己：部门单位预算由各预算部门和单位编制

D. 己：部门单位预算是总预算的基础

5. 结合庚代表发言，下列各项中，属于我国国家预算级次结构设计依据的为(　　)。

A. 国家政权结构　　B. 经济发展区域规划

C. 行政区域划分　　D. 财政管理体制

第二节 政府采购法律制度

考证热点分析

1. 政府采购的原则。
2. 政府采购的当事人。
3. 政府采购的方式。

内容精讲

一、政府采购法律制度的构成

政府采购法律制度的构成如表4-14所示。

表 4-14　预算法律制度的构成

形　　式	名　　称	施行时间
法律	《政府采购法》	2003 年 1 月 1 日
部门规章	《政府采购信息公告办法》(财政部第 19 号令)；《政府采购货物和服务招标投标管理办法》(财政部第 18 号令)	
地方性法规	《广东省实施〈政府采购法〉办法》	

二、政府采购的概念

政府采购的相关概念如表 4-15 所示。

表 4-15　政府采购的相关概念

政府采购	主体范围	国家机关、事业单位和团体组织
	资金范围	财政性资金＝财政预算资金＋预算外资金＋与财政资金相配套的单位自筹资金
	政府集中采购目录和政府采购限额标准	属于中央预算的政府采购项目，其集中采购目录和政府采购限额标准由国务院确定并公布
		属于地方预算的政府采购项目，其集中采购目录和政府采购限额由省、自治区、直辖市人民政府或者其授权的机构确定并公布
	对象范围	货物、工程和服务

三、政府采购的原则

政府采购的原则包括公开透明原则、公平竞争原则、公正原则、诚实信用原则。

四、政府采购的功能

政府采购的功能包括节约财政支出，提高采购资金的使用效益；强化宏观调控；活跃市场经济；推进反腐倡廉；保护民族产业。

政府采购的原则和功能的相关性如表 4-16 所示。

表 4-16　政府采购的原则和功能的相关性

原　　则	功　　能
公开透明原则	节约财政支出，提高采购资金的使用效益 推进反腐倡廉、保护民族产业
公平竞争原则	活跃市场经济
公正原则	活跃市场经济
诚实信用原则	活跃市场经济

五、政府采购的执行模式

政府采购的执行模式之间的比较如表 4-17 所示。

表 4-17 集中采购和分散采购的比较

项　　目	集 中 采 购	分 散 采 购
概念差异	政府设立的职能机构统一为其他政府机构提供采购服务的一种采购组织实施形式	各预算单位自行开展采购活动的一种采购组织实施形式
采购机构	委托集中采购机构代理采购	采购未纳入集中采购目录的政府采购，可以自行采购，也可以委托集中采购机构在委托范围内代理采购
优点	(1)取得规模效应、降低采购成本、保证采购质量 (2)贯彻落实政府采购有关政策取向，便于实施统一的管理和监督	(1)能实现采购的多样性和及时性 (2)手续简单，采购周期短
缺点	(1)不适合紧急情况采购 (2)难满足用户多样性的需求 (3)采购程序复杂、采购周期长	(1)失去了规模效应 (2)加大采购成本 (3)不利于监督管理

六、政府采购当事人

政府采购的当事人包括采购人、供应商和采购代理机构。

采购人，指国家机关、事业单位和团体组织。

供应商，指向采购人提供货物、工程或者服务的法人、其他组织或者自然人。

采购代理机构，指具备一定条件，经政府有关部门批准而依法拥有政府采购代理资格的社会中介机构，采购代理机构的运作流程如图 4-1 所示。

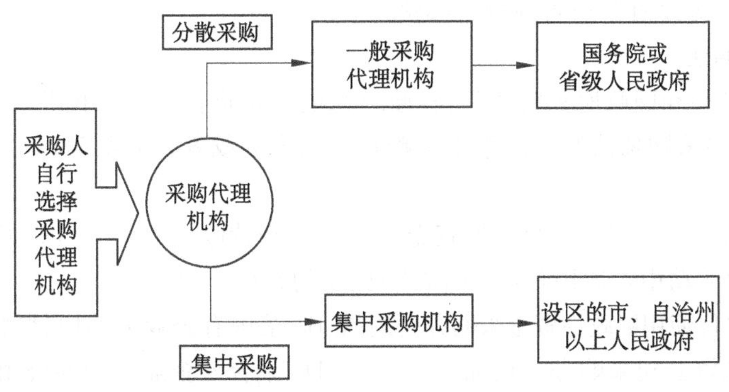

图 4-1 采购代理机构的运作流程

七、政府采购方式

政府采购方式比较如表 4-18 所示。

表 4-18 政府采购方式比较

方　　式	对　　象	数 量 要 求	适 用 情 况
公开招标	不特定供应商	无	工程采购
邀请招标	特定供应商	3 家以上	供应商有限
竞争谈判	特定供应商	3 家以上	一对一单独进行详细商谈采购细节
单一来源	特定供应商	1 家	唯一供应商、紧急情况、救灾
询价	特定供应商	3 家以上	采购货物规格标准统一、货源充足

八、政府采购的监督检查

政府采购的监督体系如表 4-19 所示。

表 4-19　政府采购的监督体系

监督主体	监督内容	
各级人民政府财政部门	政府采购的监督管理	
内部监督	集中采购机构	建立健全采购管理机制
	采购人	提高采购人员的职业素质和专业技能
其他部门	审计机关	审计监督
	监察机关	机关和人员监察
社会监督	单位和个人	检举揭发

本节考点强化练习

一、单选题

1. 在我国政府采购法律制度中，法律效力最高的法律文件是(　　)。

A.《政府采购信息公告管理办法》

B.《政府采购货物和服务招标投标管理办法》

C.《湖南省省级政府采购管理暂行办法》

D.《政府采购法》

2.《中华人民共和国政府采购法》所称政府采购，是指各级国家机关、事业单位和团体组织，使用(　　)采购依法制定的集中采购目录以内的或者采购限额标准以上的货物、工程和服务的行为。

A. 财政性资金　　B. 非财政性资金　　C. 经营收入　　D. 捐赠收入

3. 下列采购活动中，适用《政府采购法》调整的是(　　)。

A. 某事业单位使用财政性资金采购办公用品　B. 某国有企业采购原材料

C. 某国有独资公司采购办公用品　　D. 某合伙企业采购办公用品

4. 根据《政府采购法》的规定，下列项目中，不属于政府采购主体的是(　　)。

A. 国家机关　　B. 团体组织　　C. 事业单位　　D. 国有企业

5. 政府集中采购目录和政府采购限额标准由(　　)确定并公布。

A. 县级以上人民政府　　B. 省级以上人民政府财政部门

C. 省级以上人民政府　　D. 县级以上人民政府财政部门

6. 政府采购当事人的范围不包括(　　)。

A. 采购人　　B. 供应商

C. 政府采购监督管理机构　　D. 采购代理机构

7. 根据《政府采购法》的规定，政府采购的主要方式为(　　)。

A. 公开招标方式　　B. 邀请招标方式　　C. 竞争性谈判方式　D. 单一来源方式

8. 根据政府采购法律制度的规定，对于技术复杂或者性质特殊，不能确定详细规格或者具体要求的货物，其适用的政府采购方式是（ ）。

A. 公开招标方式 B. 邀请招标方式 C. 竞争性谈判方式 D. 单一来源方式

9. 根据《政府采购法》的规定，对于具有特殊性，只能从有限范围的供应商处采购的货物，其适用的政府采购方式是（ ）。

A. 公开招标方式 B. 邀请招标方式 C. 竞争性谈判方式 D. 单一来源方式

10. 负责政府采购监督管理，依法履行对政府采购活动的监督管理职责的部门是（ ）。

A. 各级人民政府的审计部门 B. 各级人民政府的监察部门

C. 上一级人民政府的财政部门 D. 各级人民政府的财政部门

二、多选题

1. 我国政府采购法律制度由（ ）构成。

A.《政府采购法》 B. 国务院行政法规

C. 政府采购部门规章 D. 政府采购地方性法规和政府规章

2. 我国政府采购的原则包括（ ）。

A. 公正原则 B. 公平竞争原则 C. 公开透明原则 D. 诚实信用原则

3. 政府采购当事人的范围包括（ ）。

A. 采购人 B. 供应商

C. 政府采购监督管理机构 D. 采购代理机构

4. 政府采购的功能除具有节约财政支出，提高采购资金的使用效益外，还包括的功能有（ ）。

A. 强化宏观调控 B. 推进反腐倡廉 C. 活跃市场经济 D. 保护民族产业

5. 下列采购活动中，不适用《政府采购法》调整的是（ ）。

A. 某大学使用财政性资金采购办公用品 B. 某市财政局采购原材料

C. 某国有独资公司采购办公用品 D. 某合伙企业采购办公用品

6. 下列项目中，属于分散采购不利之处的是（ ）。

A. 加大采购成本 B. 失去了规模效益

C. 满足采购及时性和多样性的需求 D. 不便于管理和监督

7. 下列项目中，属于集中采购有利之处的是（ ）。

A. 降低采购成本 B. 保证采购质量

C. 便于实施统一的管理和监督 D. 采购程序复杂

8. 根据《政府采购法》的规定，下列项目中，属于政府采购主体的是（ ）。

A. 国家机关 B. 团体组织 C. 事业单位 D. 国有企业

9. 下列项目中，属于采购人权利的有（ ）。

A. 审查政府采购供应商的资格的权利 B. 尊重供应商的正当合法权益

C. 依法确定中标供应商的权利 D. 依法答复供应商提出的疑问和质疑

10.《政府采购法》规定，集中采购机构是进行政府集中采购的法定代理机构，由（ ）以上人民政府根据本级政府采购项目组织集中采购的需要设立。

A. 乡镇 B. 县 C. 设区的市 D. 自治州

11. 公开招标应作为政府采购的主要采购方式，除公开招标采购方式外，政府采购方式还可以采用的方式有（ ）。

A. 单一来源　　B. 邀请招标　　C. 竞争性谈判　　D. 询价

12. 符合(　　)情形之一的货物或者服务，可以采用单一来源方式采购。

A. 只能从唯一供应商处采购

B. 发生了不可预见的紧急情况不能从其他供应商处采购的

C. 必须保证原有采购项目一致性或者服务配套的要求，需要继续从原供应商处添购，且添购资金总额不超过原合同采购金额百分之十的

D. 某供应商在政府采购活动中，一直质优价廉，讲究信誉的

13. 下列货物或者服务，可以采用邀请招标方式采购的有(　　)。

A. 具有特殊性，只能从有限范围的供应商处采购的

B. 技术复杂或者性质特殊，不能确定详细规格或者具体要求的

C. 采购的货物规格、标准统一、现货货源充足且价格变化幅度小

D. 采用公开招标方式的费用占政府采购项目总价值的比例过大的

14.(　　)的招标方式必须选择不少于3家的供应商。

A. 邀请招标　　B. 公开招标　　C. 询价采购　　D. 竞争谈判

15. 下列选项中可以对政府采购进行监督监察的有(　　)。

A. 各级政府财政部门　　B. 审计机关

C. 监察机关　　D. 单位和个人

三、判断题

1. 政府采购当事人，是指在政府采购活动中享有权利和承担义务的各类主体，包括采购人、供应商和采购代理机构等。(　　)

2. 政府采购资金为财政性资金，不包括预算外资金。(　　)

3.《政府采购法》明确规定，政府采购应当有助于实现国家的经济和社会发展政策目标，包括保护环境，扶持不发达地区和少数民族地区，促进各类企业发展等。(　　)

4.《政府采购法》规定，政府采购一律实行集中采购。(　　)

5. 实行集中采购有利于满足用户及时性和多样性的需求、取得规模效益、降低采购成本、保证采购质量、贯彻落实政府采购有关政策取向，便于实施统一的管理和监督。(　　)

6.《政府采购法》规定，采购未纳入集中采购目录的政府采购项目，应当自行采购，不得委托集中采购机构代理采购。(　　)

7. 我国《政府采购法》规定的采购人包括国有企业，主要是考虑到企业是生产经营性单位，其资金并非全部是财政性资金，存在资金来源多元化，而且其采购活动涉及生产的效率，不能完全套用政府采购的规定运作。(　　)

8. 邀请招标是指招标人(政府采购中心或其委托的中介机构)按照法定的程序，在媒体上公开刊登通告，吸引所有潜在有兴趣的不特定的供应商参加投标，并按事先确定的标准择优选出中标供应商，与之签订政府采购合同的一种采购方式。(　　)

9. 采购工程必须依法使用询价采购的方式。(　　)

10. 供应商的各主体是指在我国境内注册登记的法人和其他组织以及中国公民，还包括在我国境外注册登记的法人和其他组织以及外国公民。(　　)

四、案例分析题

(一) 某事业单位2011年初准备使用财政性资金修缮和装修一幢办公楼，预算金额为

800 万元，采用公开招标方式，已知 A 公司取得的政府采购代理机构资格的中介机构。A 公司于 2015 年 2 月 1 日在财政部指定的媒体上公开发布招标文件，招标文件中确认的投标截止时间为 2015 年 2 月 17 日。招标活动中，A 公司确定的符合专业条件的供应商为 5 家，最终确定中标的供应商为 B 建筑公司。工程于 2015 年 10 月 1 日完工验收，实际结算金额与预算相同。由于施工质量极佳，事业单位准备再将其另外一幢楼房按照同样的标准进行外墙修缮，但不再进行内部装修，并与 B 建筑公司签订补充合同，该合同的预算金额为 80 万元。

要求：根据本题所述内容，并结合《政府采购法》法律制度的规定，回答下列问题。

1. 采购代理机构分为(　　)。

A. 一般采购代理机构　　B. 集中采购代理机构

C. 重要采购代理机构　　D. 分散采购代理机构

2. 政府采购方式有(　　)。

A. 公开招标　　B. 邀请招标　　C. 竞争性谈判　　D. 单一来源及询价

3. 采购人询价需向(　　)家以上。

A. 1　　B. 2　　C. 3　　D. 4

4. 政府采购当事人包括(　　)。

A. 采购人　　B. 供应商　　C. 采购代理机构　　D. 其他人员

5. 该事业单位公司采用了何种采购方式(　　)。

A. 公开招标　　B. 询价　　C. 竞争性谈判　　D. 邀请招标

(二) 甲事业单位(以下简称甲单位)拟对其办公设备(均未纳入集中采购目录)进行政府采购。其中，A 设备是不具备竞争条件的物品，只能从乙供应商处取得采购货物；根据 B 设备的采购条件，甲单位选择采用邀请招标方式予以采购；根据 C 设备的采购条件，甲单位选择采用竞争性谈判方式予以采购；根据 D 设备的采购条件，甲单位选择采用单一来源方式予以采购。根据以上资料，请回答如下与政府采购方式有关的问题。

1. 以下采购方式中，可以作为甲单位政府采购方式的为(　　)。

A. 竞争性谈判　　B. 公开招标　　C. 询价　　D. 邀请招标

2. 对于甲单位拟政府采购的 A 设备，应当采用的采购方式为(　　)。

A. 竞争性谈判　　B. 公开招标　　C. 邀请招标　　D. 单一来源采购

3. 以下情形中，甲单位对 B 设备可以采用邀请招标方式采购的为(　　)。

A. B 设备只能从唯一供应商处采购

B. B 设备采用公开招标方式的费用占政府采购项目总价值的比例过大

C. 发生了不可预见的紧急情况，B 设备不能从其他供应商处采购

D. B 设备具有特殊性，只能从有限范围的供应商处采购

4. 以下情形中，甲单位对 C 设备可以采用竞争性谈判方式采购的为(　　)。

A. C 设备采用招标所需时间不能满足甲单位紧急需要

B. C 设备招标后没有供应商投标或者没有合格标的或者重新招标未能成立

C. C 设备技术复杂或者性质特殊，不能确定详细规格或者具体要求

D. 不能事先计算出 C 设备价格总额

5. 以下情形中，甲单位对 D 设备可以采用单一来源方式采购的为(　　)。

A. D 设备必须保证原有采购项目一致性或者服务配套的要求，需要继续从原供应商

处添购，且添购资金总额不超过原合同采购金额的百分之十

B. D设备具有特殊性，只能从有限范围的供应商处采购

C. 发生了不可预见的紧急情况，D设备不能从其他供应商处采购

D. D设备只能从唯一供应商处采购

第三节　国库集中收付制度

考证热点分析

1. 国库单一账户体系的构成。
2. 财政支付支出的方式和程序。

内容精讲

一、国库集中收付制度的概念

国库集中收付制度（国库单一账户制度）是指由财政部门代表政府设置国库单一账户体系，所有的财政性资金均纳入国库单一账户体系收缴、支付和管理的制度。

二、国库单一账户体系

国库单一账户体系，是指以财政国库存款账户为核心的各类财政性资金账户的集合，所有财政性资金的收入、支付、存储及资金清算活动均在该账户体系进行。

我国财政国库账户设置为国库单一账户、预算外资金财政专户、零余额账户（财政部门零余额账户、预算单位零余额账户）、小额现金户和特设专户五类账户的集合，统称为国库单一账户体系，如表4-20所示。

表4-20　国库单一账户体系

账户		开户银行	适用范围
国库单一账户		中国人民银行	用于记录、核算和反映纳入预算管理的财政收入和财政支出活动，并与财政部门零余额账户进行清算，实现支付
预算外资金专户		商业银行	用于记录、核算和反映预算外资金的收入和支出，并对预算外资金的日常收支进行清算
零余额账户	财政部门的零余额账户	商业银行	用于财政直接支付和与国库单一账户清算。在国库会计中使用
	预算单位零余额账	商业银行	用于财政授权支付和清算。该账户可以办理转账、提取现金等结算业务，可以向本单位按账户管理规定保留的相应账户划拨工会经费、住房公积金及提租补贴以及财政部门批准的特殊款项，不得违反规定向本单位其他账户和上级主管单位、所属下级单位账户划拨资金
特设专户		商业银行	用于记录核算预算单位特殊专项支出活动，并用于与国库单一账户清算

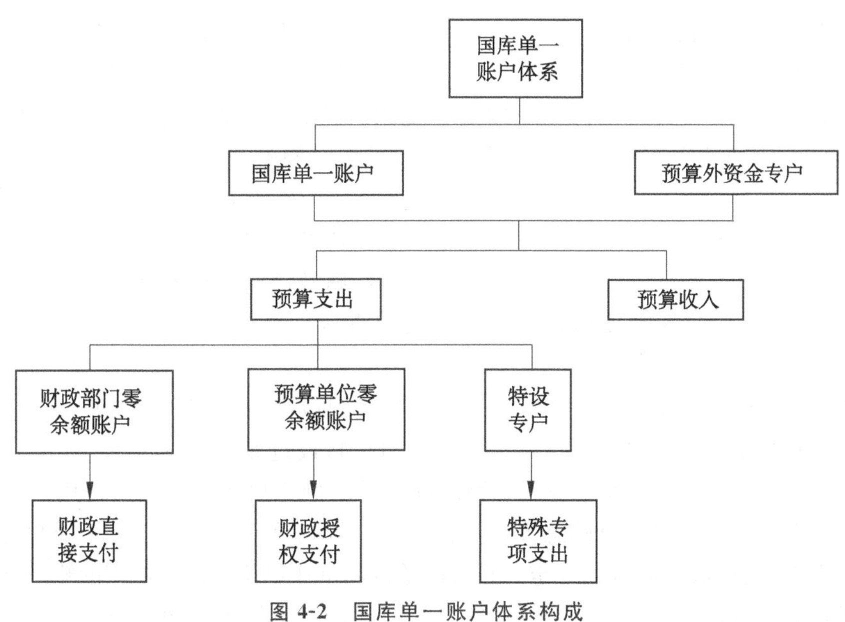

图 4-2 国库单一账户体系构成

三、财政收支方式

财政收入收缴方式对比如表 4-21 所示。

表 4-21 财政收入收缴方式对比

类　　型	收 缴 方 式
直接缴库	由预算单位或缴款人按规定，直接将应缴收入缴入国库单一账户或者预算外资金财政专户
集中汇缴	商业银行由征收机关按有关法律规定，将所收的应缴收入汇总缴入国库单一账户或预算外资金财政专户

财政支出支付方式对比如表 4-22 所示。

表 4-22 财政支出支付方式对比

类　　型	方　　式	支 付 范 围
财政直接支付	由财政部门开具支付令，通过国库单一账户体系直接将财政资金支付到收款人或用款单位账户	工程采购支出、物品和服务采购支出
财政授权支付	预算单位根据财政授权，自行开具支付令，通过国库单一账户体系将资金支付到收款人账户	未实行财政直接支付的购买支出和零星支出等

注：未实行财政直接支付的购买支出，指单件物品或单项服务购买额不足 10 万元人民币的购买支出；年度财政投资不足 50 万元人民币的工程采购支出，特别紧急的支出和经财政部门批准的其他支出。

一、单选题

1. 县级人民政府国库库款的支配权属于(　　)。

A. 县级人民政府税务部门　　B. 县级人民代表大会

C. 上一级人民政府　　D. 县级人民政府财政部门

2. 财政部门在中国人民银行开设的用于记录、核算和反映纳入预算管理的财政收入和支出活动，并用于与财政部门在商业银行开设的零余额账户进行清算，实现支付的账户是(　　)。

A. 国库单一账户　　B. 特设账户

C. 预算外资金专户　　D. 财政部门零余额账户

3. 根据国库集中收入制度的规定，用于财政直接支付和与国库单一账户支出清算的账户是(　　)。

A. 预算单位的零余额账户　　B. 财政部门的零余额账户

C. 预算外财政资金专户　　D. 特设过渡性专户

4. 根据国库集中收付制度的规定，财政部门零余额账户在(　　)中使用。

A. 国库会计　　B. 财政总预算会计　　C. 行政单位会计　　D. 事业单位会计

5. 根据国库集中收付制度的规定，在行政单位和事业单位会计中使用的账户是(　　)。

A. 国库单一账户　　B. 预算单位零余额账户

C. 预算外资金专户　　D. 财政部门零余额账户

6. 财政收入收缴方式中，由征收机关(有关法定单位)按有关法律法规规定，将所收的应缴收入汇总缴入国库单一账户或预算外资金财政专户的方式是(　　)。

A. 分次汇缴　　B. 直接缴库　　C. 集中汇缴　　D. 汇总缴纳

7. 财政部门开设的零余额账户，营业中(　　)，应当及时与国库单一账户清算。

A. 单笔支付额在 3 000 万元人民币以上(含 3 000 万元)的

B. 单笔支付额在 3 000 万元人民币以下(含 3 000 万元)的

C. 单笔支付额在 5 000 万元人民币以上(含 5 000 万元)的

D. 单笔支付额在 5 000 万元人民币以下(含 5 000 万元)的

8. 财政支出支付方式中，由财政部向中国人民银行和代理银行签发支付指令，代理银行根据支付指令通过国库单一账户体系将资金直接支付到收款人或用款单位账户的方式称为(　　)。

A. 财政直接支付　　B. 财政授权支付　　C. 财政委托支付　　D. 财政集中支付

9. 下列项目中，不属于预算单位实行财政直接支付的财政性资金的是(　　)。

A. 工资支出　　B. 工程采购支出

C. 零星支出　　D. 物品和服务采购支出

10. 已经缴入国库的各项预算收入，即成为国家预算资金，它的支配权属于(　　)。

A. 同级税务机关　　B. 同级国库　　C. 同级国库经收处　　D. 同级财政机关

二、多选题

1. 下列账户中，属于国库单一账户体系的包括(　　)。

A. 预算外资金专户　　B. 特设专户

C. 国库单一账户　　D. 财政部门零余额账户

2. 下列各项中，属于实行国库单一账户集中支付作用的有(　　)。

A. 建立起了预算执行的监督管理机制

B. 灵活地调度和使用资金，提高政府资金使用效率，降低成本

C. 从根本上杜绝在预算执行中的克扣、截留、挪用资金的现象

D. 促进政策资金使用信息公开化、透明化，强化了约束力和社会监督力

3. 各级国库库款的支配权属于本级政府财政部门。除(　　)另有规定外，未经本级政府财政部门同意，任何部门、单位和个人都无权动用国库库款或者以其他方式支配已入国库的库款。

A. 法律　　B. 行政法规　　C. 地方性法规　　D. 部门规章

4. 根据国库集中收付制度的规定，预算单位零余额账户在(　　)中使用。

A. 国库会计　　B. 财政总预算会计　　C. 行政单位会计　　D. 事业单位会计

5. 根据国库集中收付制度的规定，财政收入的收缴方式有(　　)。

A. 间接缴库　　B. 直接缴库　　C. 集中汇缴　　D. 分散汇缴

6. 财政支出支付方式按不同主体分为(　　)。

A. 财政直接支付　　B. 财政工资支付　　C. 财政转移支付　　D. 财政授权支付

7. 财政资金支出按照不同的支付主体分别实行财政直接支付和财政授权支付。实行财政直接支付的支出包括(　　)。

A. 工资支出　　B. 购买支出　　C. 转移支出　　D. 零星支出

8. 财政授权支付程序适用于(　　)。

A. 单件物品或单项服务购买额不足 10 万元人民币的购买支出

B. 单件物品或单项服务购买额不足 50 万元人民币的购买支出

C. 年度财政投资不足 50 万元人民币的工程采购支出

D. 特别紧急的支出

9. 下列项目中，属于预算单位实行财政直接支付的财政性资金的有(　　)。

A. 零星支出　　B. 工程采购支出

C. 工资支出　　D. 物品和服务采购支出

10. 根据国库集中收付制度的规定，财政性资金的支付方式有(　　)。

A. 财政直接支付　　B. 财政分散支付　　C. 财政集中支付　　D. 财政授权支付

三、判断题

1. 国库单一账户是指在商业银行为本单位开设的零余额账户，用于财政直接支付和与国库单一账户进行清算；并同时为预算单位开设的零余额账户，用于财政授权支付和与国库单一账户进行清算。(　　)

2. 国库集中收付制度是指将所有财政性资金全部集中到国库单一账户，并规定所有的支出必须由国库支付给商品或劳务供应者或用款单位，实行收支两条线管理。(　　)

3. 国库集中收付制度，是指以国库单一账户体系为基础，将所有财政性资金都纳入国库单一账户体系管理，收入直接缴入国库和财政专户，支出通过国库单一账户体系支付到商品和劳务供应者或用款单位的一项国库管理制度。(　　)

4. 财政部门是持有和管理国库单一账户体系的职能部门。(　　)

5. 直接缴库的税收收入，由纳税人或其税务代理人提出纳税申报，经征收机关审核无误后，由纳税人通过开户银行将税款缴入国库单一账户。小额零散税收和法律另有规定的应缴收入，由征收机关收缴收入的当日汇总缴入国库单一账户。(　　)

6. 国库单一账户在财政总预算会计中使用，行政单位和事业单位会计中不设该账户。（　　）

7. 预算单位零余额账户用于财政直接支付和清算。（　　）

8. 集中汇缴是指由缴款单位或缴款人按有关法律法规规定，直接将应缴收入缴入国库单一账户或预算外资金财政专户。（　　）

9. 财政授权支付是指预算单位按照财政部门的授权，自行向代理银行签发支付指令，代理银行根据支付指令，在财政部批准的预算单位的用款额度内，通过国库单一账户体系将资金支付到收款人账户。（　　）

10. 财政直接支付是由预算单位向财政部门发出支付令进行结算。（　　）

四、案例分析题

（一）乙单位是实行国库集中支付的事业单位，经批准，乙单位的工资支出和设备购置实行财政直接支付，日常办公及零星支出实行财政授权支付。2016 年 2 月份，审计机构对该单位财政资金使用进行检查，发现：

(1) 2014 年 4 月，该单位通过零余额账户向上级单位基本户划转资金 15 万元，用于为上级单位员工购个人商业保险；

(2) 8 月，该单位通过零余额账户向下级单位基本户划拨资金 50 万元，用于为下级单位支付设备采购款；

(3) 11 月，乙单位购买办公用品，通过零余额账户向本单位在商业银行开设的基本户转账 17 万元，再通过基本户支付采购款项；

(4) 12 月，该单位使用财政性资金购买了一台大型专用设备，该单位通过零余额账户向本单位其他户转账 80 万元，再通过单位基本户向供应商支付设备款。

要求：根据上述资料，回答下列问题。

1. 下列各项中，属于国库单一支付方式的有（　　）。

A. 财政集中汇缴　B. 财政直接缴库　C. 财政授权支付　D. 财政直接支付

2. 该单位的下列事项表述情形中，错误的有（　　）。

A. 通过零余额账户向本单位基本划拨资金，再通过基本户支付本单位大型设备的价款

B. 通过零余额账户向上级单划转资金，为上级单位员工购个人商业保险

C. 通过零余额账户向本单位基本户划转资金，再通过基本户支付本单位日常零星支出

D. 通过零余额账户向下级单位划转资金，为下级单位购买设备

3. 下列各项关于预算单位使用零余额账户的表述中，正确的有（　　）。

A. 通过零余额账户提取现金，用于支付本单位的日常办公零星支出

B. 通过零余额账户转账支付按规定应采用财政直接支付方式发放的职工工资

C. 通过零余额账户转账支付本单位的日常办公零星支出

D. 通过零余额账户向本单位按账户规定保留的相应账户划拨工会经费

4. 下列银行账户体系中，不属于财政直接支付的账户为（　　）。

A. 该单位在商业银行开设的基本户

B. 财政部门在商业银行为该单位开设的零余额账户

C. 财政部门在商业银行开设的预算外资金财政专户

D. 财政部门按资金使用性质在商业银行开设的零余额账户

5. 下列各项关于该单位实行财政直接支付方式的表述中，正确的为(　　)。

A. 该单位进行财政直接支付时应先按批复的部门预算和资金使用计划向财政国库支付机构执行机构提出支付申请

B. 财政直接支付中代理银行应根据财政部门支付指令通过国库单一账户体系将资金直接支付到该单位账户

C. 财政直接支付应由财政部门向中国人民银行和代理银行签发支付指令

D. 财政直接支付中财政部门应根据支付指令通过国库单一账户体系将资金直接支付到该单位账户

(二) 丙单位是实行国库集中支付的事业单位。2015 年 5 月，审计机构对丙单位 2014 年度财政资金使用情况进行检查，对以下情况提出质疑：

(1) 2014 年 3 月，丙单位将其代收的纳入预算管理的行政事业性收费存入本单位在商业银行开设的基本户，5 月，丙单位将部分行政事业性收费缴入国库，剩余部分直接用于购买本单位办公设备；

(2) 2014 年 6 月，丙单位通过零余额账户借款 20 万元给所属下级单位；

(3) 2014 年 7 月至 8 月，丙单位对办公楼进行内部装修，按照规定应采用财政直接支付方式支付工程款，丙单位通过零余额账户支付施工方工程款项 150 万元；

(4) 2014 年 9 月，丙单位与一家供应商签订了设备采购合同，设备价款为 80 万元，根据预算安排，价款中应采用财政授权支付的金额为 50 万元，剩余金额由丙单位自行负担。丙单位通过零余额账户向本单位在商业银行开设的基本户转账 50 万元，再从基本户向供应商转账 80 万元；

(5) 2014 年 11 月，丙单位通过零余额账户支付日常办公用品零星支出 2 万元。

根据以上情况，请回答如下问题。

1. 根据国库集中收付制度有关规定，下列关于行政事业性收费管理的表述正确的为(　　)。

A. 预算单位代收的纳入预算管理的行政事业性收费可以无限期存放在单位基本户

B. 预算单位代收的纳入预算管理行政事业性收费按规定的时限全额缴库

C. 预算单位代收的纳入预算管理的行政事业性收费可根据单位的需要部分缴库

D. 预算单位代收的纳入预算管理的行政事业性收费可以存放于基本户，直接用于支付单位的日常性开支

2. 下列各项关于预算单位使用零余额账户的情形中，不正确的为(　　)。

A. 通过零余额账户向下级单位账户划拨资金用于支付下级单位的日常办公支出

B. 通过零余额账户借款给下级单位

C. 通过零余额账户借款给上级单位

D. 通过零余额账户向上级单位账户划拨资金用于支付上级单位的日常办公支出

3. 下列各项关于丙单位实行财政直接支付方式的表述中，正确的为(　　)。

A. 财政直接支付中财政部门应根据支付指令通过国库单一账户体系将资金直接支付到丙单位账户

B. 丙单位进行财政直接支付时，应首先按照批复的部门预算和资金使用计划向财政国库支付执行机构提出支付申请

C. 财政直接支付中代理银行应根据财政部门支付指令通过国库单一账户体系将资金直接支付到丙单位账户

D. 财政直接支付中应由中国人民银行向代理银行签发支付指令

4. 国库单一账户体系中的下列各银行账户中，属于财政直接支付和与国库单一账户支出清算应使用的账户为(　　)。

A. 财政部门按资金使用性质在商业代理银行开设的零余额账户

B. 财政部门在中国人民银行开设的国库单一账户

C. 财政部门在商业银行为预算单位开设的零余额账户

D. 财政部门在商业银行开设的预算外资金财政专户

5. 本例中，下列各项关于丙单位使用零余额账户的情形中，正确的为(　　)。

A. 通过零余额账户向本单位基本户划拨资金 50 万元，再通过基本户支付设备采购款 80 万元

B. 通过零余额账户支付办公楼装修工程款

C. 通过零余额账户支付日常办公用品零星支出

D. 通过零余额账户借款给下级单位

本章测试

一、单项选择题

1. 我国《预算法》自(　　)施行。

A. 1991 年 1 月 1 日　B. 1994 年 1 月 1 日　C. 1995 年 1 月 1 日　D. 1996 年 1 月 1 日

2. 下列各项中，不属于国家预算作用的是(　　)。

A. 财力保证作用　B. 调节制约作用　C. 反映监督作用　D. 指导经济作用

3. 我国的国家预算实行一级政府一级预算，共分为(　　)预算。

A. 二级　B. 三级　C. 四级　D. 五级

4. 我国的国家预算实行一级政府一级预算，共分为五级预算，具体包括(　　)。

A. 中央预算、省级预算、地市级预算、各部门预算、各单位预算

B. 中央预算、省级预算、地市级预算、县市级预算、乡镇级预算

C. 中央预算、地方预算、总预算、各部门预算、各单位预算

D. 中央预算、省级预算、总预算、县市级预算、乡镇级预算

5. 下列各项中，属于总预算基础的是(　　)。

A. 部门单位预算　B. 中央预算　C. 下级政府预算　D. 地方预算

6. 根据《预算法》规定，属于全国人民代表大会常务委员会预算管理职权的是(　　)。

A. 审查中央和地方预算草案及中央和地方预算执行情况的报告

B. 审查和批准中央预算的调整方案

C. 批准中央预算和中央预算执行情况的报告

D. 改变或者撤销全国人民代表大会常务委员会关于预算、决算的不适当的决议

7. 根据《预算法》规定，决定中央预算预备费的动用，属于(　　)预算管理职权。

A. 全国人民代表大会　　B. 全国人民代表大会常务委员会

C. 国务院　　D. 国务院财政部门

8. 下列各项中，属于地方政府固定收入的是(　　)。

A. 增值税　　B. 车辆购置税　　C. 消费税　　D. 车船税

9. 各级预算收入的编制，应当与(　　)的增长率相适应。

A. 国家税收收入　　B. 国民生产总值

C. 物价消费指数　　D. 工业生产总值

10. 在我国政府采购法律制度中，法律效力最高的法律文件是(　　)。

A.《政府采购信息公告管理办法》　　B.《政府采购货物和服务招标投标管理办法》

C.《湖南省省级政府采购管理暂行办法》　　D.《政府采购法》

11. 我国国家预算级次不包括(　　)。

A. 国家税务总局　　B. 长沙市预算　　C. 红星村预算　　D. 芙蓉区预算

12. 财政部应当自全国人民代表大会批准中央预算之日起(　　)日内，批复中央各部门预算。

A. 5　　B. 7　　C. 10　　D. 30

13. 中央预算的政府采购项目，其集中采购目录由(　　)确定并公布。

A. 财政部　　B. 国务院

C. 全国人民代表大会　　D. 全国人民代表大会常务委员会

14. 一般来说每个国家都有自己的预算年度，即在一定的时间期限内，全面反映该年度的财政收支活动。我国预算年度起止期限是(　　)。

A. 公历 1 月 1 日起至 12 月 31 日止　　B. 公历 4 月 1 日起至次年 3 月 31 日止

C. 公历 6 月 1 日起至次年 5 月 31 日止　　D. 每年 10 月 1 日起至次年 9 月 30 日止

15. 根据《政府采购法》的规定，政府采购的主要方式为(　　)。

A. 公开招标方式　　B. 邀请招标方式　　C. 竞争性谈判方式　D. 单一来源方式

16. 根据我国《预算法》的规定，(　　)负责审查和批准中央预算。

A. 全国人民代表大会　　B. 全国人代常务委员会

C. 国务院　　D. 财政部

17. 地方各级政府预算由(　　)审查和批准。

A. 上级人民政府　　B. 本级人民政府

C. 本级人民代表大会　　D. 本级人民代表大会常务委员会

18. 县级以上地方各级政府对下一级政府依《预算法》有关规定报送备案的预算，认为有同法律相抵触或者有其他不适当之处，需要撤销批准预算决议的，应当提请(　　)审议决定。

A. 上级人民政府　　B. 本级人民政府

C. 本级人民代表大会　　D. 本级人民代表大会常务委员会

19.《预算法》规定，中央预算的调整方案必须提请(　　)审查和批准。

A. 全国人民代表大会　　B. 全国人代常务委员会

C. 国务院　　D. 财政部

20. 根据政府采购法律制度的规定，对于技术复杂或者性质特殊，不能确定详细规格或者具体要求的货物，其适用的政府采购方式是(　　)。

A. 公开招标方式　B. 邀请招标方式　C. 竞争性谈判方式　D. 单一来源方式

21. 根据《政府采购法》的规定，对于具有特殊性，只能从有限范围的供应商处采购的货物，其适用的政府采购方式是(　　)。

A. 公开招标方式　B. 邀请招标方式　C. 竞争性谈判方式　D. 单一来源方式

22. 政府采购当事人的范围不包括(　　)。

A. 采购人　　B. 供应商

C. 政府采购监督管理机构　　D. 采购代理机构

23.《中华人民共和国政府采购法》所称政府采购，是指各级国家机关、事业单位和团体组织，使用(　　)采购依法制定的集中采购目录以内的或者采购限额标准以上的货物、工程和服务的行为。

A. 财政性资金　B. 非财政性资　C. 经营收入　D. 捐赠收入

24. 下列采购活动中，适用《政府采购法》调整的是(　　)。

A. 某事业单位使用财政性资金采购办公用品　B. 某国有企业采购原材料

C. 某国有独资公司采购办公用品　D. 某合伙企业采购办公用品

25. 不能事先计算出价格总额的货物，其适用的政府采购方式是(　　)。

A. 公开招标方式　B. 邀请招标方式　C. 竞争性谈判方式　D. 单一来源方式

26. 下列货物或者服务，不可以采用单一来源方式采购的是(　　)。

A. 只能从唯一供应商处采购的

B. 具有特殊性，只能从有限范围的供应商处采购的

C. 发生了不可预见的紧急情况不能从其他供应商处采购的

D. 必须保证原有采购项目一致性或者服务配套的要求，需要继续从原供应商处添购，且添购资金总额不超过原合同采购金额10%的

27. 县级以上地方各级政府应当及时将经本级人民代表大会批准的本级预算及下一级政府报送备案的预算汇总，报(　　)备案。

A. 上一级人民代表大会　　B. 上一级政府

C. 上一级人民代表大会常务委员会　　D. 上一级财政部门

28. 各级预算由本级政府组织执行，具体工作由(　　)负责。

A. 本级政府税务部门　　B. 本级人民代表大会

C. 本级政府财政部门　　D. 本级人民代表大会常务委员会

29. 县级人民政府国库库款的支配权属于(　　)。

A. 县级人民政府税务部门　　B. 县级人民代表大会

C. 上一级人民政府　　D. 县级人民政府财政部门

30. 县级人民政府的预算调整方案必须提请(　　)审查和批准。

A. 县级人民政府　　B. 县级人民代表大会常务委员会

C. 上一级人民政府　　　　　　　　D. 县级人民代表大会

31. 各级政府应当在每一预算年度内至少(　　)向本级人民代表大会或其常务委员会作预算执行情况的报告。

A. 一次　　B. 两次　　C. 三次　　D. 四次

32. 根据《政府采购法》的规定，下列项目中，不属于政府采购主体的是(　　)。

A. 国家机关　　B. 团体组织　　C. 事业单位　　D. 国有企业

33. 政府集中采购目录和政府采购限额标准由(　　)确定并公布。

A. 县级以上人民政府　　　　　　B. 省级以上人民政府财政部门

C. 省级以上人民政府　　　　　　D. 县级以上人民政府财政部门

34. 下列项目中，属于集中采购不利之处的是(　　)。

A. 降低采购成本　　　　　　　　B. 保证采购质量

C. 便于实施统一的管理和监督　　D. 采购程序复杂

35. 下列项目中，属于采购人义务的是(　　)。

A. 审查政府采购供应商的资格的权利

B. 尊重供应商的正当合法权益

C. 依法确定中标供应商的权利

D. 签订采购合同并参与对供应商履约验收的权利

36.《中华人民共和国预算法》于 1994 年 3 月 22 日经第八届全国人民代表大会第二次会议通过，全文共(　　)章(　　)条。

A. 11、79　　B. 10、80　　C. 11、80　　D. 10、79

37. 下列项目中，应作为政府采购的主要采购方式的是(　　)。

A. 公开招标　　B. 邀请招标　　C. 竞争性谈判　　D. 询价

38. 询价是指采购人向(　　)个以上潜在的供应商发出询价单，对供应商一次性报出的价格进行分析比较，按照符合采购需求、质量和服务相等且报价最低的原则确定中标供应商一的采购方式。

A. 2　　B. 3　　C. 4　　D. 5

39. 负责政府采购监督管理，依法履行对政府采购活动的监督管理职责的部门是(　　)。

A. 各级人民政府的审计部门　　　　B. 各级人民政府的监察部门

C. 上一级人民政府的财政部门　　　D. 各级人民政府的财政部门

40. 财政部门在中国人民银行开设的用于记录、核算和反映纳入预算管理的财政收入支出活动，并用于与财政部门在商业银行开设的零余额账户进行清算，实现支付的账户是(　　)。

A. 国库单一账户　　　　　　　　B. 特设账户

C. 预算外资金专户　　　　　　　D. 财政部门零余额账户

41. 根据国库集中收付制度的规定，财政部门零余额账户在(　　)中使用。

A. 国库会计　　　　　　　　　　B. 财政总预算会计

C. 行政单位会计　　　　　　　　D. 事业单位会计

42. 下列不属于预算收入的是(　　)。

A. 税收收入　　　　　　　　　　B. 依照规定应当上缴的国有资产收益

C. 依照规定应当上缴的集体资产收益　　D. 专项收入

43. 根据国库集中收付制度的规定，在行政单位和事业单位会计中使用的账户是(　　)。

A. 国库单一账户　　B. 预算单位零余额账户

C. 预算外资金专户　　D. 财政部门零余额账户

44. 下列项目中，不属于预算单位实行财政直接支付的财政性资金的是(　　)。

A. 工资支出　　B. 工程采购支出

C. 零星支出　　D. 物品和服务采购支出

45. 已经缴入国库的各项预算收入，即成为国家预算资金，它的支配权属于(　　)。

A. 同级税务机关　B. 同级国库　C. 同级国库经收处　D. 同级财政机关

二、多项选择题

1. 下列各项中，属于县级人民代表大会常务委员会预算管理职权的有(　　)。

A. 监督本级总预算执行

B. 审查和批准本级预算调整方案

C. 撤销乡级人民代表大会关于预算决算的不适合的决定

D. 定期向省级政府财政部门报告县级总预算的执行情况

2. 预算监督主体有(　　)。

A. 各级国家权力机关　　B. 各级人民政府

C. 各级人民政府的财政部门　　D. 各级政府审计部门

3. 下列属于国家预算构成的有(　　)。

A. 中央预算　B. 地方预算　C. 总预算　D. 部门单位预算

4. 下列(　　)属于全国人民代表大会的预算管理职权。

A. 审查中央和地方预算草案及中央和地方预算执行情况的报告

B. 组织中央和地方预算执行

C. 批准中央预算和中央预算执行情况的报告

D. 改变或者撤销全国人民代表大会常务委员会关于预算，决算的不适当的决议。

5. 下列(　　)属于全国人民代表大会常务委员会的预算管理职权。

A. 审查和批准中央预算的调整方案

B. 审查和批准中央预算

C. 撤销国务院制定的同宪法、法律相抵触的关于预算、决算的行政法规定、决定和命令

D. 撤销省，自治区、直辖市人民代表大会及其常务委员会制定的同宪法、法律和行政法规相抵触的关于预算、决算的地方性法规决议

6. 下列(　　)属于国务院财政部门的预算管理职权。

A. 编制中央预算、决算草案

B. 组织中央和地方预算的执行

C. 审查和批准中央预算的调整方案

D. 改变或者撤销中央部门和地方政府关于预算、决算的不适当的决定、命令

7. 我国政府采购的原则包括(　　)。

A. 公正原则　B. 公平竞争原则　C. 公开透明原则　D. 诚实信用原则

8. 符合(　　)情形之一的货物或者服务，可以采用单一来源方式采购。

A. 只能从唯一供应商处采购

B. 发生了不可预见的紧急情况不能从其他供应商处采购的

C. 必须保证原有采购项目一致性或者服务配套的要求，需要继续从原供应商处添购，且添购资金总额不超过原合同采购金额百分之十的

D. 某供应商在政府采购活动中，一直质优价廉，讲究信誉的

9. 下列货物或者服务，可以采用邀请招标方式采购的有(　　)。

A. 具有特殊性，只能从有限范围的供应商处采购的

B. 技术复杂或者性质特殊，不能确定详细规格或者具体要求的

C. 采购的货物规格、标准统一、现货货源充足且价格变化幅度小

D. 采用公开招标方式的费用占政府采购项目总价值的比例过大的

10. 下列属于政府采购方式的有(　　)。

A. 公开招标　　B. 竞争性谈判　　C. 询价　　D. 邀请招标

11. 国家预算作为财政分配和宏观调控的主要手段，具有(　　)职能。

A. 指导　　B. 分配　　C. 调控　　D. 监督

12. 我国的国家预算，根据政府层次不同可以分为(　　)。

A. 中央预算　　B. 总预算　　C. 部门单位预算　　D. 地方预算

13. 从主体上讲，预算支出划分为(　　)。

A. 经济建设支出　　B. 中央预算支出

C. 国家管理费用支出　　D. 地方预算支出

14. 我国的国家预算，根据预算对象不同可以分为(　　)。

A. 中央预算　　B. 地方预算　　C. 部门单位预算　　D. 总预算

15. 地方各级政府预算由本级各部门(含直属单位)的预算组成。地方各级政府预算包括(　　)。

A. 下级政府向上级政府上解的收入数额　　B. 上一年度结余用于本年度的收入

C. 上级政府对下级政府返还的数额　　D. 上级政府对下级政府给予补助的数额

16. 根据《预算法》规定，属于县级以上地方各级人民代表大会常务委员会预算管理职权的有(　　)。

A. 审查本级总预算草案及本级总预算执行情况的报告

B. 审查和批准本级预算的调整方案

C. 审查和批准本级政府的决算

D. 撤销本级政府和下一级人民代表大会及其常务委员会关于预算、决算的不适当的决定、命令和决议

17. 根据《预算法》规定，属于地方各级财政部门预算管理职权的有(　　)。

A. 具体编制本级预算、决算草案

B. 具体组织本级总预算的执行

C. 决定本级预算预备费动用方案

D. 改变或者撤销本级各部门和下级政府关于预算、决算的不适当的决定、命令

18. 按照财政管理体制，预算收入划分为(　　)。

A. 中央预算收入　　B. 地方预算收入
C. 中央和地方预算共享收入　　D. 地方和地方预算共享收入

19. 根据《预算法》规定，预算收入包括(　　)。
A. 税收收入　　B. 专项收入
C. 依照规定应当上缴的国有资产收益　　D. 其他收入

20. 根据《预算法》规定，中央预算的编制内容包括(　　)。
A. 本级预算收入和支出　　B. 上一年度结余用于本年度安排的支出
C. 返还或者补助地方的支出　　D. 地方上解的收入

21. 各级国库库款的支配权属于本级政府财政部门。除(　　)另有规定外，未经本级政府财政部门同意，任何部门单位和个人都无权动用国库库款或者以其他方式支配已入国库的库款。
A. 法律　　B. 行政法规　　C. 地方性法规　　D. 部门规章

22. 预算调整是指经全国人民代表大会批准的中央预算和经地方各级人民代表大会批准的本级预算，在执行中因特殊情况需要(　　)，使原批准的收支平衡的预算的总支出超过总收入，或者使原批准的预算中举借债务的数额增加的部分变更。
A. 增加收入　　B. 增加支出　　C. 减少支出　　D. 减少收入

23. 各级政府审计部门对(　　)的预算执行、决算实行审计监督。
A. 本级各部门　　B. 本级政府　　C. 各单位　　D. 下级政府

24. 我国政府采购法律制度由(　　)构成。
A.《政府采购法》　　B. 国务院行政法规
C. 政府采购部门规章　　D. 政府采购地方性法规和政府规章

25. 根据《政府采购法》的规定，政府采购的主体，即采购人是指依法进行政府采购的(　　)。
A. 国家机关　　B. 团体组织　　C. 国有企业　　D. 事业单位

26.《政府采购法》规定，政府采购应当遵循的原则有(　　)。
A. 公开透明原则　　B. 公正原则　　C. 公平竞争原则　　D. 诚实信用原则

27. 政府采购功能除具有节约财政支出，提高采购资金的使用效益外，还包括(　　)功能。
A. 强化宏观调控　　B. 推进反腐倡廉
C. 活跃市场经济　　D. 保护民族产业

28. 下列项目中，属于分散采购不利之处的是(　　)。
A. 加大采购成本　　B. 失去了规模效益
C. 满足采购及时性和多样性的需求　　D. 不便于管理和监督

29. 下列项目中，属于采购人权利的有(　　)。
A. 审查政府采购供应商的资格的权利　　B. 尊重供应商的正当合法权益
C. 依法确定中标供应商的权利　　D. 依法答复供应商提出的疑问和质疑

30.《政府采购法》规定，集中采购机构是进行政府集中采购的法定代理机构，由(　　)以上人民政府根据本级政府采购项目组织集中采购的需要设立。
A. 乡镇　　B. 县　　C. 设区的市　　D. 自治州

31. 公开招标应作为政府采购的主要采购方式，除公开招标采购方式外，政府采购方式还可以采用的方式有(　　)。

A. 单一来源　　B. 邀请招标　　C. 竞争性谈判　　D. 询价

32. 根据国库集中收付制度的规定，预算单位零余额账户在(　　)中使用。

A. 国库会计　　B. 财政总预算会计　　C. 行政单位会计　　D. 事业单位会计

33. 根据国库集中收付制度的规定，财政收入的收缴方式有(　　)。

A. 间接缴库　　B. 直接缴库　　C. 集中汇缴　　D. 分散汇缴

34. 下列项目中，属于预算单位实行财政直接支付的财政性资金的有(　　)。

A. 零星支出　　B. 工程采购支出

C. 工资支出　　D. 物品和服务采购支出

35. 根据国库集中收付制度的规定，财政性资金的支付方式有(　　)。

A. 财政直接支付　　B. 财政分散支付

C. 财政集中支付　　D. 财政授权支付

三、判断题

1. 国家预算作为国家基本财政计划，是国家财政实行宏观控制的主要依据和手段。(　　)

2. 我国的预算支出，主要用于经济建设和国防、文化、教育、科学、卫生、社会福利等各项事业。(　　)

3. 各级预算都要实行收入大于支出的原则。(　　)

4. 中央预算由中央各部门(含直属单位)的预算组成。上述“中央各部门”是指与财政部直接发生预算缴款、拨款关系的国家机关、军队、政党组织、社会团体、企业和事业单位。(　　)

5. 中央预算包括地方向中央上解的收入数额和中央对地方返还或者给予补助的数额。(　　)

6. 地方各级财政部门提出本级预算预备费动用方案，报本级人民代表大会常务委员会决定。(　　)

7. 地方预算收入，是指按照分税制财政管理体制，纳入地方预算、中央不参与分享的收入，包括地方本级收入和中央按照规定返还或者补助地方的收入。(　　)

8. 中央预算与地方预算有关收入和支出项目的划分、地方向中央上解收入、中央对地方返还或者给予补助的具体办法，由国务院规定，报全国人民代表大会常务委员会批准。(　　)

9. 各级预算收入的编制，应当与国民生产总值的增长率相适应。(　　)

10. 中央预算和地方各级政府预算，应当参考上一年预算草案的编制内容和本年度收支预测进行编制。(　　)

11. 国际预算实行一级政府一级预算。(　　)

12. 我国的国家预算，可以分为中央预算，地方预算，各级总预算，不包括部门单位预算。(　　)

13. 各级政府预算由同级人民政府批准和调整。(　　)

14. 直接缴库的税收收入，由纳税人或其税务代理人提出纳税申报，经征收机关审核无误后，由纳税人通过开户银行将税款缴入国库单一账户。小额零散税收和法律另有规定

的应缴收入，由征收机关收缴收入的当日汇总缴入国库单一账户。(　　)

15. 各级预算由本级政府组织执行，具体工作由本级政府财政部门负责。(　　)

16. 国库集中收付制度是指将所有财政性资金全部集中到国库单一账户，并规定所有的支出必须由国库支付给商品或劳务供应者或用款单位，实行收支两条线管理。(　　)

17. 国务院和县级以上地方各级政府对下一级政府依法规定报送预案的决算，认为有同法律、行政法规相抵触或者有其他不适当之处，有权撤销批准该项预算决算的决议。(　　)

18. 国家预算由预算收入和预算支出组成。(　　)

19. 属于政府集中采购的项目，采购目录由全国人民代表大会常务委员会确定。(　　)

20. 政府采购主要有公开招标、邀请招标、竞争性谈判、单一来源、询价以及国务院政府采购监督管理部门认定的其他采购方式。其中，公开招标是政府采购的主要方式。(　　)

21. 各级预算支出的编制，应当与国民生产总值的增长率相适应。(　　)

22. 县级以上地方各级政府将下一级政府依照前款规定报送备案的预算汇总后，报本级人民代表大会常务委员会备案。(　　)

23. 各级政府预算经本级人民代表大会批准后，本级政府应当及时向本级各部门批复预算。(　　)

24. 在预算执行中，因上级政府返还或者给予补助引起的预算收支变化，属于预算调整。(　　)

25. 县级以上地方各级政府预算的调整方案必须提请上一级政府审查和批准。(　　)

26. 县级以上地方各级政府财政部门编制本级决算草案，报本级政府审查后，由本级政府提请本级人民代表大会常务委员会审查和批准。(　　)

27. 各级政府监督本级和下级政府的预算执行。(　　)

28. 政府采购当事人，是指在政府采购活动中享有权利和承担义务的各类主体，包括采购人、供应商和采购代理机构等。(　　)

29. 政府采购资金为财政性资金。财政性资金，包括预算内资金以及与财政资金相配套的单位自筹资金的总和，不包括预算外资金。(　　)

30.《政府采购法》明确规定，政府采购应当有助于实现国家的经济和社会发展政策目标，包括保护环境，扶持不发达地区和少数民族地区，促进中小企业发展等。(　　)

31.《政府采购法》规定，政府采购一律实行集中采购。(　　)

32. 实行集中采购有利于满足用户及时性和多样性的需求、取得规模效益、降低采购成本、保证采购质量、贯彻落实政府采购有关政策取向，便于实施统一的管理和监督。(　　)

33.《政府采购法》规定，采购未纳入集中采购目录的政府采购项目，应当自行采购，不得委托集中采购机构代理采购。(　　)

34. 一般采购代理机构的资格由国务院有关部门或者省级以上人民政府有关部门认定，主要负责分散采购的代理业务。(　　)

35. 邀请招标是指采购人或者其委托的政府采购代理机构以投标邀请书的方式邀请3家或3家以上不特定的供应商参与投标的采购方式。(　　)

36. 各级人民政府的财政部门是负责政府采购监督管理，依法履行对政府采购活动的

监督管理职责。(   )

37. 国库单一账户在财政总预算会计中使用，行政单位和事业单位会计中不设该账户。(   )

38. 预算单位零余额账户用于财政直接支付和清算。(   )

39. 集中汇缴是指由缴款单位或缴款人按有关法律法规规定，直接将应缴收入缴入国库单一账户或预算外资金财政专户。(   )

40. 财政授权支付是指预算单位按照财政部门的授权，自行向代理银行签发支付指令，代理银行根据支付指令，在财政部批准的预算单位的用款额度内，通过国库单一账户体系将资金支付到收款人账户。(   )

四、案例分析题

甲单位是某市水利局下属的事业单位，甲单位已经实行国库集中支付。2016 年 5 月，市政府审计部门对甲单位的 2015 年度预算执行情况进行审计后了解到以下情况：

(1) 2015 年，甲单位按照批复的预算支付本单位职工的薪级工资、岗位工资和津贴补贴，但在 2 月至 10 月，甲单位超出预算规定的支出范围，使用零余额账户发放职工过节费，涉及金额 30 万元。

(2) 2015 年 4 月，甲单位通过零余额账户使用财政拨款为本单位职工购买个人商业保险。

(3) 2015 年 8 月，甲单位超出预算规定的支出范围，从本单位零余额账户借款给 A 宾馆和下属乙事业单位，涉及金额 50 万元，并通过本单位零余额账户为本单位下属事业单位支付设备采购款，涉及金额 25 万元。

(4) 2015 年 12 月，甲单位未经批准，在本单位的专项调查项目中列支不属于项目范围的薪级工资和津贴补贴，涉及金额 20 万元。

要求：根据上述资料，从下列各题的备选答案中选出正确答案。

1. 下列各项中，纳入本案例中该市级政府审计部门审计监督范围的为(   )。

A. 下级政府的预算执行和决算执行
B. 上级政府的预算执行和决算执行
C. 本级各单位的预算执行和决算实行
D. 本级各部门的预算执行和决算实行

2. 下列各项中，属于甲单位预算职权的为(   )。

A. 安排本单位预算支出
B. 接受国家有关部门的监督
C. 编制本单位预算、决算草案
D. 按照国家规定上缴预算收入

3. 甲单位下列做法中，正确的为(   )。

A. 按照批复的预算支付本单位职工的岗位工资
B. 超出预算规定的支出范围，使用财政拨款为本单位职工购买个人商业保险
C. 超出预算规定的支出范围，使用财政拨款发放职工过节费
D. 按照批复的预算支付本单位职工的薪级工资

4. 甲单位下列做法中，不正确的为(   )。

A. 超出预算规定的支出范围，使用财政拨款借给乙单位
B. 超出预算规定的支出范围，使用财政拨款为丙单位购买设备
C. 超出预算规定的支出范围，使用财政拨款为丁单位购买设备
D. 超出预算规定的支出范围，将财政拨款借给人宾馆

5. 甲单位下列做法中，不正确的为(　　)。

A. 未经上级主管部门水利局批准，在本单位的专项调查项目中列支不属于项目范围的薪级工资

B. 未经批准，在本单位的专项调查项目中列支不属于项目范围的津贴补贴

C. 经上级主管部门水利局批准，在本单位的专项调查项目中列支不属于项目范围的津贴补贴

D. 经批准，在本单位的专项调查办项目中列支不属于项目范围的薪级工资

5 第五章 Chapter 5 会计职业道德

>>> 本章考情分析

本章为“财经法规与会计职业道德”历年考试的重要组成部分，近年来考试的分值比重在逐步增加。结合公民道德，对比会计法律制度，以会计职业道德规范的内容、会计职业道德教育以及会计职业道德监管为三条主线，涵盖会计职业道德的功能与作用、会计职业道德教育的形式与途径、会计职业道德建设的组织与实施、会计职业道德的检查与奖惩等内容，在历年考试中，题型多样，单选、多选、判断、案例分析均有涉及，分值在 10 分左右。

本章重点是会计职业道德概述、会计职业道德规范的主要内容和会计职业道德教育。

第一节 会计职业道德概述

考证热点分析

1. 职业道德与会计职业道德的概念及特征。
2. 会计职业道德与会计法律制度的关系。

内容精讲

一、职业道德与会计职业道德

职业道德与会计职业道德对比如表 5-1 所示。

表 5-1　职业道德与会计职业道德对比

对　　比	概　　念	特　　征	作　　用	关　　系
职业道德	一定职业活动中应遵循的、体现一定职业特征的、调整一定职业关系的职业行为准则和规范	行业性、实践性、继承性、多样性	(1)促进职业活动的有序进行 (2)对社会道德风尚产生积极的影响	包含会计职业道德
会计职业道德	会计职业活动中应当遵循的、体现会计职业特征的、调整会计职业关系的职业行为准则和规范	除具有职业道德的特征外，还具有一定的强制性、较多关注公众利益	(1)规范会计行为的基础 (2)实现会计目标的重要保证 (3)对会计法律制度的重要补充 (4)提高会计人员职业素养的内在要求	包含于职业道德

二、会计职业道德与会计法律制度

会计职业道德与会计法律制度对比如表 5-2 所示。

表 5-2　会计职业道德与会计法律制度对比

	对　　比	会计职业道德	会计法律制度
联系	作用上	两者相互补充、协调。规范会计行为，需要后者的强制功能，又需要前者的教化功能	
	内容上	两者相互借鉴、吸收。后者包含前者内容，前者也包含后者的条款	
区别	性质不同	主要依靠会计从业人员的自觉性，具有很强的自律性	通过国家机器强制执行，具有很强的他律性
	作用范围不同	不仅要求调整会计人员的外在行为，还要调整会计人员内在的精神世界，具有较强的主观性	侧重于调整会计人员的外在行为和结果的合法化，具有较强的客观性
	表现形式不同	既有明确的成文规定，也有不成文的规范	具体的、明确的、正式形成文字的成文条例
	实施保障机制不同	既有国家法律的要求，又需要会计人员的自觉遵守	由国家强制力保障实施
	评价标准不同	以善恶为标准	以合法和违法为标准

本节考点强化练习

一、单选题

1. 会计职业道德的调整对象是(　　)。

A. 会计职业关系　　B. 会计职业中的经济利益关系

C. 会计人员之间的关系　　D. 活动之间的关系

2. 下列关于会计职业道德与会计法律制度的联系的说法中，不正确的是(　　)。

A. 两者有共同的目标、相同的调整对象，承担着同样的职责

B. 两者在作用上相互补充、相互协调

C. 两者在内容上相互借鉴、相互吸收

D. 两者在实现形式上都是具体的、明确的和成文的

3. 会计人员违反职业道德情节严重的，应吊销其会计从业资格证书．下列不属于法定情形的是(　　)。

A. 经常迟到、早退

B. 随意变更会计处理方法

C. 私设会计账簿

D. 未按规定保管会计资料，致使会计资料损毁、灭失

4. 下列各项关于会计职业道德和会计法律制度两者的区别的论述中，正确的是(　　)。

A. 会计法律制度具有很强的他律性，会计职业道德具有很强的自律性

B. 会计法律制度调整会计人员外在行为，会计职业道德只调整会计人员内心精神世界

C. 会计法律制度有成文规定，会计职业道德无具体的表现形式

D. 违反会计法律制度可能会受到法律制裁，违反会计职业道德只会受到道德谴责

5. 会计职业道德在社会经济关系不断的变迁中，始终保持自己的相对(　　)。

A. 固定性　　B. 稳定性　　C. 社会性　　D. 合法性

6. 下列选项中，不属于会计职业道德的作用的是(　　)。

A. 规范会计行为的基础　　B. 实现会计目标的重要保证

C. 对会计法律制度的重要补充　　D. 促进职业活动的有序进行

7. 下列各项中，不属于会计职业道德功能的是(　　)。

A. 指导功能　　B. 评价功能　　C. 宣传功能　　D. 教化功能

8. 下列各项关于会计职业道德与会计法律制度的关系的论述中，错误的是(　　)。

A. 两者在实施过程中相互作用、相互补充

B. 违反会计法律制度，一定违反会计职业道德

C. 会计法律制度是会计职业道德的最低要求

D. 违反会计职业道德，一定违反会计法律制度

二、多选题

1. 会计职业道德的功能包括(　　)。

A. 指导功能　　B. 评价功能　　C. 规范功能　　D. 教化功能

2. 以下关于会计职业道德的描述中，不正确的有(　　)。

A. 会计职业道德涵盖了人与人、人与社会、人与自然之间的关系

B. 会计职业道德与会计法律制度两者在性质上一样

C. 会计职业道德规范的全部内容归纳起来就是廉洁自律与强化服务

D. 会计职业道德不调整会计人员的外在行为

3. 下列关于会计职业道德和会计法律制度性质不同的表述中，正确的有(　　)。

A. 会计法律制度具有很强的他律性　　B. 会计职业道德具有很强的他律性

C. 会计法律制度具有很强的自律性　　D. 会计职业道德具有很强的自律性

4. 会计职业道德与会计法律制度的联系主要体现在(　　)。

A. 在作用上相互补充　　B. 在内容上相互借鉴、相互吸收

C. 在地位上相互转化、相互吸收　　D. 在实施过程中相互作用、相互促进

5. 会计职业道德与会计法律制度的主要区别有(　　)。

A. 性质不同　　B. 作用范围不同　　C. 表现形式不同　　D. 评价标准不同

6. 会计职业道德涵盖了(　　)之间的关系。

A. 职业与职工　　B. 职业与职业

C. 会计从业人员与会计主体　　D. 职工与社会

7. 会计职业道德与会计法律制度存在很大区别，下列表述错误的有(　　)。

A. 会计职业道德不仅要求调整会计人员外在行为，还要求调整会计人员内在精神世界

B. 会计职业道德的实施主要依靠会计人员的自觉性

C. 会计法律制度既有成文的规定也有不成文的规定

D. 会计职业道德侧重于调整会计人员的外在行为和结果的合法性

8. 下列属于职业道德特征的有(　　)。

A. 实践性　　B. 行业性　　C. 谨慎性　　D. 多样性

9. 下列属于职业道德作用的有(　　)。

A. 促进职业活动的有序进行　　B. 是实现会计目标的重要保证

C. 是提高会计人员职业素养的内在要求　　D. 对社会道德风尚会产生积极的影响

三、判断题

1. 会计职业道德是会计人员在会计职业活动中应当遵循的职业行为准则和规范。(　　)

2. 职业道德的特征只包括职业性(行业性)、实践性和多样性。(　　)

3. 会计人员违反会计职业道德，情节严重的，由县级以上人民政府财政部门吊销其会计从业资格证书。(　　)

4. 会计职业道德与会计法律制度具有相同的调整对象，但目标不同。(　　)

5. 会计职业道德允许个人和各经济主体获取合法的自身利益，但反对损害国家和社会公众利益而获取违法利益。(　　)

6. 会计法律制度依靠会计从业人员的自觉性，具有很强的自律性。(　　)

7. 会计职业道德通过国家强制力保障实施，具有很强的他律性。(　　)

8. 会计法律制度侧重于调整会计人员的外在行为和结果的合法化；会计职业道德则不仅要求调整会计人员的外在行为，还要求调整会计人员内在的精神世界。(　　)

9. 会计人员不钻研业务，不加强新知识的学习，造成工作上的差错，缺乏胜任工作的能力。这是一种既违反会计职业道德，又违反会计法律制度的行为。(　　)

10. 会计法律制度是会计职业道德的最低要求。(　　)

11. 会计法律制度的表现形式是具体的、明确的、正式形成文字的成文条例。(　　)

12. 较高层次的会计职业道德存在于人们的意识和信念之中，依靠社会舆论、道德教育、传统习俗和道德评价来实现。(　　)

13. 会计行为的规范只需要以会计法律、法规作保证。(　　)

14. 在经济生活中，经常发生没有违反会计法律制度，却违反了会计职业道德的行为。(　　)

15. 根据我国《公民道德建设实施纲要》，我国职业道德的基本内容包括爱岗敬业、诚实守信、办事公道、服务群众、奉献社会。(　　)

四、案例分析题

北京市某有限公司财务部在一次会务学习的讨论中，大家踊跃发言。小徐在议论会计职业道德概念时说“会计职业道德是规范从事会计职业的工作人员在社会交往和公共生活

中，人与人、个人与社会、人与自然的行为”。

老王在谈到会计职业道德与会计法律制度关系时说“会计职业道德与会计法律制度只是作用范围不同，但性质和实现形式是一样的”。老邓在谈论会计职业道德教育途径时，认为“应通过会计学历教育进行”。刘部长最后总结说“对我们会计人员职业道德的监督只能依靠政府财政部门”。

1. 会计职业道德的功能包括(　　)。

A. 指导功能　　B. 教化功能　　C. 惩戒功能　　D. 评价功能

2. 关于会计职业道德与会计法律制度的关系，下列表述正确的是(　　)。

A. 两者目标相同　　B. 调整对象稍有区别

C. 法律制度承担的责任大于会计职业道德　　D. 两者联系密切

3. 下列说法中正确的有(　　)。

A. 小徐的观点不正确。会计职业道德是指在会计职业活动中应遵循的、体现会计职业特征、调整会计职业关系的职业行为准则和规范

B. 老王的观点不正确。会计职业道德与会计法律制度的性质不同；作用范围不同；实现形式不同；实施保障机制不同

C. 老邓的观点不正确。会计职业道德教育途径包括：通过会计学历教育进行会计职业道德教育、通过会计继续教育进行会计职业道德教育、通过会计人员的自我教育与修养进行会计职业道德教育

D. 刘部长的观点不正确。对会计人员职业道德的监督不但依靠财务部门，还要依靠会计行业组织的行业自律机制和奖罚制度，社会各界各尽其职，相互配合，齐抓共管以及社会舆论的监督

4. 关于会计职业道德的含义，说法正确的是(　　)。

A. 会计职业活动中应遵循的

B. 体现会计职业特征

C. 调整会计职业关系的职业行为准则和规范

D. 会计职业道德是规范会计行为的基础

5. 根据会计职业道德的相关内容，关于小徐会计职业道德的观点，下列表述正确的是(　　)。

A. 小徐的观点正确　　B. 小徐的观点不正确

C. 会计职业道德是职业行为准则和规范　　D. 会计职业道德调整会计职业关系

第二节　会计职业道德规范的主要内容

考证热点分析

1. 会计职业道德规范主要内容的含义与地位。

2. 会计职业道德规范主要内容的基本要求。

内容精讲

会计职业道德规范主要内容的含义与地位如表5-3所示。

表5-3 会计职业道德规范主要内容的含义与地位

主要内容	地位	含　义	注意事项
爱岗敬业	基础	(1)爱岗：会计人员热爱本职工作，安心本职岗位，并为做好本职工作尽心尽力、尽职尽责 (2)敬业：人们对其所从事的会计职业或行业的正确认识和恭敬态度，并用这种严肃恭敬的态度，认真地对待本职工作，将身心与本职工作融为一体	“爱岗”是“敬业”的基石，“敬业”是“爱岗”的升华
诚实守信	精髓	(1)诚实：言行跟内心思想一致，不弄虚作假、不欺上瞒下，做老实人、说老实话、办老实事 (2)守信：遵守自己所作出的承诺，讲信用，重信用，信守诺言，保守秘密	(1)中国现代会计学之父潘序伦先生认为，“诚信”是会计职业道德的重要内容。他终身倡导：“信以立志，信以守身，信以处事，信以待人，毋忘‘立信’，当必有成。” (2)朱镕基同志在2001年视察北京国家会计学院时，为北京国家会计学院题词：“诚信为本，操守为重，坚持准则，不做假账”
廉洁自律	前提 内在要求	(1)廉洁：不收受贿赂，不贪污钱财，保持清白 (2)自律：自我约束、自我控制，核心是用道德观念自觉地抵制自己的不良欲望	廉洁是自律的基础，自律是廉洁的保证。 廉洁自律是会计职业道德的“前提”，是会计职业道德的“内在要求”，是会计职业声誉的“试金石”
客观公正	理想目标	(1)客观：按事物的本来面目去反映，不掺杂个人主观意愿，也不为他人意见所左右。对于会计职业和会计工作而言，客观主要包括以下含义：一是真实性，即以实际发生的经济活动为依据，对会计事项进行确认、计量、记录和报告；二是可靠性，即会计核算要准确，记录要可靠，凭证要合法 (2)公正：平等、公平正直，没有偏失。在会计职业活动中，会计人员不仅要具备诚实的品质，还要公正地开展会计核算和会计监督工作，即履行会计职能时，摒弃单位、个人私利，公平公正，不偏不倚地对待相关的利益各方	(1)客观是公正的基础，公正是客观的反映 (2)客观公正是会计职业道德追求的“理想目标” (3)客观公正贯穿于会计活动的整个过程：一是会计核算过程的客观公正；二是最终结果公正
坚持准则	核心	会计人员在处理业务过程中，要严格按照会计法律制度办事，不为主观或他人意志左右	“准则”不仅指会计准则，而且包括会计法律、国家统一的会计制度以及与会计工作相关的法律制度

续表

主要内容	地位	含　义	注意事项
提高技能	保证	会计人员通过学习、培训和实践等途径，持续提高职业技能，以达到和维持足够的专业胜任能力的活动	会计职业技能包括会计理论水平、会计实务能力、职业判断能力、自动更新知识能力、提供会计信息的能力、沟通交流能力以及职业经验等
参与管理	重要内容	间接参加管理活动，为管理者当参谋，为管理活动服务	参与管理要求会计人员积极主动地向单位领导反映本单位的财务、经营状况及存在的问题，主动提出合理化建议，积极地参与市场调研和预测，参与决策方案的制定和选择，参与决策的执行、检查和监督，为领导的经营管理和决策活动，当好助手和参谋
强化服务	归宿	会计人员具有文明的服务态度、强烈的服务意识和优良的服务质量	质量上乘，并非无原则地满足服务主体的需要，而是在坚持原则、坚持会计准则的基础上尽量满足用户或服务主体的需要

会计职业道德规范主要内容的基本要求及注意事项如表 5-4 所示。

表 5-4　会计职业道德规范主要内容的基本要求及注意事项

主要内容	基本要求		注意事项
爱岗敬业	正确认识会计职业，树立职业荣誉感	这是做到爱岗敬业的前提，也是首要要求	起点
	热爱会计工作，敬重会计职业	树立“干一行，爱一行”的思想，是做好本职工作的前提	
	安心工作，任劳任怨	安心本职工作，就是以从事会计工作为“乐”。任劳任怨，要求会计人员具有不怕吃苦的精神和不计较个人得失的思想境界	
	严肃认真，一丝不苟	要把好关、守好口，绝不能有“都是熟人不会错”的麻痹思想和“马马虎虎”的工作作风	
	忠于职守，尽职尽责	(1) 忠于职守就是忠实地履行自身的岗位职责，主要表现为三个方面，即忠实于服务主体、忠实于社会公众、忠实于国家 (2) 尽职尽责表现为会计人员对自己承担的责任和义务所表现出的责任感和义务感，即两方面内容：一是社会或他人对会计人员规定的责任；二是会计人员对社会或他人所负的道义责任	

续表

主要内容	基本要求		注意事项
诚实守信	做老实人，说老实话，办老实事，不搞虚假	(1) 做老实人，要求会计人员言行一致，表里如一，光明正大 (2) 说老实话，要求会计人员说话诚实，是一说一，是二说二，不夸大，不缩小，不隐瞒，如实反映和披露单位经济业务事项 (3) 办老实事，要求会计人员工作踏踏实实，不弄虚作假，不欺上瞒下	做人的基本准则，最根本的道德规范
	保密守信，不为利益所诱惑	所谓保密就是指会计人员在履行自己的职责时，应树立保密观念，做到保守商业秘密，对机密资料不外传、不外泄，守口如瓶。秘密包括国家秘密、商业秘密、个人隐私	
	执业谨慎，信誉至上	(1) 注册会计师在选择客户时应谨慎，不要一味地追求营业收入，迎合客户不正当要求，接受违背职业道德的附加条件 (2) 注意评估自身的业务能力，正确判断自身的知识、经验和专业能力能否胜任所承担的委托业务 (3) 严格按照独立审计准则和执业规范、程序实施设计，对审计中发现的违反国家统一的会计制度及国家相关法律制度的经济业务事项，应当按照规定在审计报告中予以充分反映 (4) 在接受委托业务后，应积极完成所委托的业务，认真履行合同，维护委托人的合法权益，以免当事人的利益受到损害	
廉洁自律	树立正确的人生观和价值观	要求会计人员必须加强世界观的改造，树立科学的人生观和价值观，自觉抵制享乐主义、个人主义、拜金主义等错误的思想	—
	公私分明，不贪不占	(1)公私分明，是指严格划分公私界线，公是公，私是私，要做到“常在河边走就是不湿鞋” (2) 不贪不占，是指会计人员不贪、不占、不收礼、不同流合污，做到“打铁需要自身硬”	
	遵纪守法，一身正气	遵纪守法，不违法乱纪、以权谋私，做到廉洁自律。一身正气，要敢于、善于运用法律所赋予的权利，尽职尽责，勇于承担职业责任，履行职业义务，保证廉洁自律	
客观公正	依法办事	依法办事指熟练掌握并严格遵守会计法律法规，是会计工作保证客观公正的前提	会计职业和会计工作的客观和公正的含义
	实事求是	实事求是要求会计人员应以会计准则、制度为准绳，一是对会计业务的处理，对会计政策和会计方法的选择要实事求是，二是对财务会计报告的编制、披露和评价必须独立进行职业判断，做到客观、公平、理智、诚实	
	如实反映	会计人员不论是记账、算账，还是报账，都应该做到内容真实、数字准确、手续完备、账目清楚，不为他人左右，更不为谋取个人私利而歪曲事实、弄虚作假	

续表

主要内容	基本要求	注意事项
坚持准则	熟悉准则	—
	遵循准则	
	敢于同违法行为做斗争	
提高技能	具有不断提高会计专业技能的意识和愿望	会计人员的义务，客观公正、坚持准则的基础，参与管理的前提
	具有勤学苦练的精神和科学的学习方法	
参与管理	努力钻研业务，熟悉财经法规和相关制度，提高业务技能，为参与管理打下坚实的基础	—
	熟悉服务对象的经营活动和业务流程，使管理活动更具针对性和有效性	
强化服务	强化服务意识	强化服务的结果，就是奉献社会
	提高服务质量	

本节考点强化练习

一、单选题

1.(　　)是做人的基本准则，是人们在古往今来的交往中产生出的最根本的道德规范，也是会计职业道德的精髓。

A. 爱岗敬业　　B. 诚实守信　　C. 坚持准则　　D. 奉献社会

2."做老实人，说老实话，办老实事，不搞虚假"，这句话体现的会计职业道德规范内容是(　　)。

A. 参与管理　　B. 诚实守信　　C. 爱岗敬业　　D. 提高技能

3. 中国现代会计学之父潘序伦先生倡导："信以立志，信以守身，信以处事，信以待人，毋忘'立信'，当必有成。"这句话体现的会计职业道德内容是(　　)。

A. 坚持准则　　B. 客观公正　　C. 诚实守信　　D. 廉洁自律

4."理万金分文不沾"体现的会计职业道德是(　　)。

A. 参与管理　　B. 廉洁自律　　C. 提高技能　　D. 强化服务

5. 会计工作特点决定，(　　)是会计职业道德的前提，也是会计职业道德的内在要求。

A. 提高技能　　B. 坚持准则　　C. 客观公正　　D. 廉洁自律

6. 下列各项中，不属于廉洁自律的基本要求的是(　　)。

A. 树立正确的人生观和价值观　　B. 公私分明，不贪不占

C. 遵纪守法，一身正气　　D. 敢于同违法行为做斗争

7. 在我国会计职业道德规范中，(　　)是会计人员做到依法办事的核心内容。

A. 诚信为本　　B. 操守为重　　C. 坚持准则　　D. 不做假账

8. 某广告公司为获得一项广告代理业务，向某公司的有关人员支付好处费10万元。

公司市场部持公司董事长的批示到财务部领取该笔款项。财务部经理谢某认为该项支出不符合有关规定，但考虑到公司主要领导已做了批示，遂同意拨付款项。下列对谢某做法认定中正确的是(　　)。

A. 谢某违反了爱岗敬业的会计职业道德要求

B. 谢某违反了参与管理的会计职业道德要求

C. 谢某违反了客观公正的会计职业道德要求

D. 谢某违反了坚持准则的会计职业道德要求

9. 张某家庭条件富裕，大学毕业后从事出纳工作。在办理现金收付过程中，时常出现长款短款，张某认为这是正常现象，短款自己垫上，长款仍放在单位保险柜中备用。张某违反了下列哪项会计职业道德内容要求(　　)。

A. 提高技能　　B. 客观公正　　C. 坚持准则　　D. 廉洁自律

10.(　　)是会计从业人员做好本职工作的基础和条件，是会计人员最基本的道德素质。

A. 廉洁自律　　B. 诚实守信　　C. 服务群众　　D. 爱岗敬业

11.(　　)是会计职业道德的内在要求，同时也是会计人员的行为准则。

A. 爱岗敬业　　B. 诚实守信　　C. 廉洁自律　　D. 服务群众

12.(　　)是所有职业道德规范的共同要求。

A. 诚实守信　　B. 提高技能　　C. 爱岗敬业　　D. 服务群众

13. 会计人员公私分明、不贪不占、遵纪守法、清正廉洁，并成为一种自觉的行为。这是会计职业道德(　　)的要求。

A. 诚实守信　　B. 客观公正　　C. 坚持准则　　D. 廉洁自律

14. 会计人员端正态度，依法办事、在处理涉及各方利益的会计事务时，不被他人所左右、不因个人好恶而取舍，实事求是，不偏不倚，保持应有的独立性，这是会计职业道德中(　　)的要求。

A. 诚实守信　　B. 客观公正　　C. 提高技能　　D. 坚持准则

15. 坚持依法办理会计事项，体现(　　)方面的会计职业道德。

A. 坚持准则　　B. 提高技能　　C. 参与管理　　D. 客观公正

16. 会计人员在工作中应主动就单位经营管理中存在的问题提出合理化建议，协助领导决策，这是会计职业道德中的(　　)所要求的。

A. 提高技能　　B. 参与管理　　C. 坚持准则　　D. 爱岗敬业

17. 某单位要求会计人员提出“加强成本核算，提高经济效益”的合理化建议，会计人员张某认为那是领导们的事情，与己无关。张某的想法不符合会计职业道德规范中(　　)的要求。

A. 爱岗敬业　　B. 坚持准则　　C. 提高技能　　D. 参与管理

18. 某公司会计人员陈某的朋友在一家私营企业任总经理，朋友让他帮忙将他在工作中接触到的公司新产品研发计划及相关会计资料复印件提供给自己，陈某顾及到朋友的情分照做了，由此给公司造成了一定的损失。陈某的行为违背了(　　)的会计职业道德。

A. 客观公正　　B. 诚实守信　　C. 廉洁自律　　D. 强化服务

19. 刘某在一家公司担任财务科科长，利用职务之便将公司的20万元自作主张借给了其朋友用于新设公司，并收取了一定的好处费。刘某的行为违背了(　　)的会计职业道德要求。

A. 客观公正　　B. 强化服务　　C. 廉洁自律　　D. 实事求是

二、多选题

1. 会计职业道德中会计人员的“参与管理”主要体现在(　　)。

A. 熟悉财经法规，为单位管理者提供专业支持

B. 树立服务意识

C. 努力钻研业务，为参与管理打下基础

D. 全面熟悉服务对象的经营活动和业务流程

2. 诚实守信的基本要求之一是“保守秘密，不为利益所诱惑”，其中的秘密包括(　　)。

A. 国家秘密　　B. 商业秘密　　C. 个人隐私　　D. 诚实守信

3. 朱镕基同志在 2001 年视察北京国家会计学院时，为北京国家会计学院题词内容包括(　　)。

A. 诚信为本　　B. 操守为重　　C. 坚持准则　　D. 不做假账

4. 单位会计人员泄露本单位的商业秘密，将可能导致的后果有(　　)。

A. 损害会计人员自身信誉　　B. 会计人员将承担法律责任

C. 损害单位的经济利益　　D. 损害会计行业声誉

5. 会计职业道德的内容之一，就是要“坚持准则”，这里的“准则”包括(　　)。

A. 会计法律　　B. 会计法规　　C. 会计制度　　D. 会计准则

6. 下列各项中，属于会计职业技能的有(　　)。

A. 提供会计信息的能力　　B. 会计实务操作能力

C. 职业判断能力　　D. 沟通交流能力

7. 某公交公司因经营管理不善而长年亏损，新上任财务部经理张某抓住公司经营管理中的薄弱环节，以强化成本核算和管理为突破口。将成本逐层分解至每一辆车辆及其司乘人员，并创建了成本监控中心，不仅使每日、每车的运营收支情况一目了然，而且对异常成本变动能立即采取应对措施。有效的成本管理为公司领导作出扩大购车规模、增加营运能力的决策提供了科学依据。经过努力公司营业收入在 3 年内翻两番，彻底扭转了亏损局面。从会计职业道德角度分析，下列表述中，正确的有(　　)。

A. 张某的行为体现了客观公正会计职业道德的要求

B. 张某的行为体现了参与管理会计职业道德的要求

C. 张某的行为体现了诚实守信会计职业道德的要求

D. 张某的行为体现了强化服务会计职业道德的要求

8. 会计职业道德规范中的“强化服务”对会计人员的要求有(　　)。

A. 强化服务意识　　B. 提高服务质量

C. 保持应有谨慎性　　D. 具有勤学苦练的精神

9. 下列各项中，属于廉洁自律的基本要求的有(　　)。

A. 树立正确的人生观和价值观　　B. 公私分明，不贪不占

C. 遵纪守法，一身正气　　D. 保守秘密，不为利益所诱惑

10. 我国会计职业道德规范的主要内容包括(　　)。

A. 爱岗敬业、诚实守信　　B. 廉洁自律、客观公正

C. 坚持准则、提高技能　　D. 参与管理、强化服务

11. 下列属于爱岗敬业的基本要求的有(　　)。

A. 热爱会计工作，敬重会计职业　　B. 严肃认真，一丝不苟

C. 安心工作，任劳任怨　　D. 执业谨慎，信誉至上

12. 下列各项中，体现诚实守信基本要求的有(　　)。

A. 做老实人，说老实话，办老实事　　B. 安心本职岗位，忠于职守

C. 保守秘密，不为利益所诱惑　　D. 不弄虚作假，信誉至上

13. 某单位领导要求本单位出纳员石某将收到的下脚料销售款1万元另行存放不入账。石某没有按照该领导的要求执行，而是按规定作为零星收入入账，致使该领导很不高兴。财务科长王某知道后对石某进行了批评，他提出作为会计人员应该服从领导安排，领导让干啥就干啥。请问财务科长王某的做法违背了会计职业道德规范中的(　　)。

A. 客观公正　　B. 坚持准则　　C. 爱岗敬业　　D. 强化服务

14. 会计职业节操是指不为压力，不为利诱，在任何时候、任何情况下都要诚信为本，(　　)，一尘不染。

A. 坚持准则　　B. 廉洁自律　　C. 严格把关　　D. 尽职尽责

15. 提高技能要求会计人员(　　)。

A. 增强提高专业技能的自觉性和紧迫感　　B. 实事求是，不偏不倚

C. 开拓进取，不断提高业务水平　　D. 勤学苦练，刻苦钻研

16. 参与管理要求会计人员(　　)。

A. 全面熟悉服务对象的经营活动和业务流程，主动提出合理化建议

B. 代替领导决策

C. 努力钻研业务，熟悉财经法规和相关制度，提高业务技能

D. 积极参与管理

三、判断题

1. 诚实守信是会计人员在职业活动中做到客观公正、坚持准则的基础，是参与管理的前提。(　　)

2. 当单位利益与社会公共利益发生冲突时，会计人员应首先考虑单位利益，然后再考虑社会公众利益。(　　)

3. 我国会计职业道德规范的主要内容包括：爱岗敬业、诚实守信、办事公道、服务群众、奉献社会。(　　)

4. 在会计工作中一定要提供上乘的服务质量，不管服务主体提出什么样的要求，会计人员都要尽量满足服务主体的需要。(　　)

5. 如果说爱岗敬业是职业道德的出发点，那么，强化服务、奉献社会就是职业道德的归宿点。(　　)

6. 坚持准则的要求是熟悉准则、遵循准则、敢于同违法行为做斗争。(　　)

7. 注重职业操守，讲信用、信誉至上是会计职业道德诚实守信的要求。(　　)

8. “常在河边走，就是不湿鞋”体现了会计职业道德强化服务的基本要求。(　　)

9. 会计人员坚持准则，就是要坚决执行会计法律法规、国家统一的会计制度以及与会计工作相关的法律制度。(　　)

四、案例分析题

(一) 丁公司2015年工作中存在以下情况：

(1) 财务部经理张某努力学习理论知识，抓住公司经营管理中的薄弱环节，以强化成本核算和管理为突破口，将成本逐层分解至各部门并实行过程控制，大大降低成本，提高了经济效益。

(2) 为帮助各部门及时反映成本费用，落实成本控制指标，会计人员徐某精心设计核算表格，并对相关人员进行核算业务指导，提高了该项工作的质量。

(3) 公司处理一批报废汽车收入15 000元，公司领导要求不在公司收入账上反映，指定会计人员李某另行保管，以便经理室应酬所用。会计人员李某遵照办理。

(4) 新兴公司财务经理找到丁公司王某，以给5 000元好处费为诱饵，希望王某促成丁公司为新兴公司银行贷款作担保，遭到王某拒绝。

(5) 会计人员孙某利用工作之便将公司研发新产品的资料泄露给其朋友，取得了2万元的好处费，给公司带来一定经济损失。

要求：根据以上资料，回答下列问题。

1. 张某的行为体现的会计职业道德要求有(　　)。

A. 廉洁自律　　B. 坚持准则　　C. 提高技能　　D. 参与管理

2. 徐某的行为体现的会计职业道德要求有(　　)。

A. 廉洁自律　　B. 客观公正　　C. 强化服务　　D. 坚持准则

3. 李某的行为违反的会计职业道德要求有(　　)。

A. 客观公正　　B. 诚实守信　　C. 坚持准则　　D. 提高技能

4. 王某的行为体现的会计职业道德要求有(　　)。

A. 廉洁自律　　B. 坚持准则　　C. 提高技能　　D. 客观公正

5. 孙某的行为违反的会计职业道德要求有(　　)。

A. 客观公正　　B. 诚实守信　　C. 廉洁自律　　D. 强化服务

(二) 2016年2月，某商业银行按照财政部要求，决定在全行系统展开《会计法》执行情况检查。在检查中发现该银行下属支行行长李某、副行长胡某、财会科长罗某利用联行清算系统存在的漏洞，将C支行的资金划转到由李某等人控制的D企业名下，再从D企业的银行账户划转到境外由李某等人控制的公司账户。经查实C支行负责清算业务的会计张某早就知道C支行几年来在联行系统中存在很不正常的巨额汇差，怀疑与李某等人有关，但考虑到李某是自己的直接领导，慑于李某的地位和权威，认为多一事不如少一事，便没有声张，听之任之，直至案发。

要求：根据以上资料，回答下列问题。

1. 下列关于会计职业道德作用的表述中，正确的有(　　)。

A. 会计职业道德是实现会计目标的重要保证

B. 会计职业道德是规范会计行为的基础

C. 会计职业道德是对会计法律制度的重要补充

D. 会计职业道德是提高会计人员素质的外在要求

2. 会计张某的行为违反下列会计职业道德要求的有(　　)。

A. 张某的行为违背了廉洁自律的会计职业道德要求

B. 张某的行为违背了强化服务的会计职业道德要求

C. 张某的行为违背了坚持准则的会计职业道德要求

D. 张某的行为违背了客观公正的会计职业道德要求

3. 公私分明、不贪不占体现的是(　　)的会计职业道德规范。

A. 客观公正　　B. 坚持准则　　C. 廉洁自律　　D. 诚实守信

4. 会计人员运用会计知识理论为单位决策层、政府部门、投资人等提供真实、可靠的会计信息体现的是(　　)的会计职业道德规范。

A. 参与管理　　B. 诚实守信　　C. 提高技能　　D. 强化服务

5. 下列关于会计职业道德规范的表述中不正确的是(　　)。

A. 爱岗敬业是会计职业道德的基础

B. 诚实守信是会计职业道德的内在要求

C. 廉洁自律是会计职业道德的精髓

D. 客观公正是会计职业道德的理想目标

(三) 2002 年 11 月 19 日，朱镕基同志在第 16 届世界会计师大会闭幕式上的演讲时指出“在现代市场经济中，会计师的执业准则和职业道德极为重要。诚信是市场经济的基石，也是会计执业机构和会计人员安身立命之本”。

要求：根据上述资料，回答下列问题。

1. 朱镕基同志的演讲反映了会计职业道德规范(　　)的基本要求。

A. 爱岗敬业　　B. 诚实守信　　C. 坚持准则　　D. 提高技能

2.“诚信是市场经济的基石，也是会计执业机构和会计人员安身立命之本”这句话说明(　　)。

A. 诚实守信是会计职业活动和职业道德的精髓

B. 诚信要求我们不搞虚假

C. 诚信要求我们执业谨慎

D. 诚信要求我们保守秘密

3. 关于会计职业道德规范主要内容中的提高技能，下列说法中正确的有(　　)。

A. 提高技能既包括会计理论水平和实务能力，还包括沟通交流和职业经验

B. 不断地提高技能，可以更好地熟悉准则，为坚持准则打下基础

C. 这些年，政策、制度变化很快，会计人员做到工作上需要什么就学什么即可

D. 谦虚好学、刻苦钻研、锲而不舍，也是衡量会计人员职业道德水准高低的重要标志之一

4. 关于爱岗敬业，下列说法中正确的有(　　)。

A. 爱岗敬业是会计职业道德的基础

B. 只有热爱会计岗位，敬重会计职业，才能谈到坚持准则、客观公正、强化服务

C. 爱岗敬业要求我们执业谨慎、信誉至上

D. 爱岗敬业要求我们“理万金分文不沾”

5. 关于坚持准则，下列说法中正确的有(　　)。

A. 这里所说的“准则”不仅指会计准则，既包括与会计有关的，也包括与会计无关的

B. 在发生道德冲突的时候，不能只顾个人私利，要先考虑服务主体的利益

C. 熟悉准则是遵循准则和坚持准则的前提

D. 要确保会计信息真实、可靠，会计人员必须坚持准则

(四)某公司财务部组织会计人员进行会计法律制度与会计职业道德教育的座谈会，以下是有关会计人员的观点：

(1) 小李认为：会计法律制度与会计职业道德都是会计人员所要遵守的规范，会计法律制度与会计职业道德本身没多大区别，而国家统一的会计制度是会计人员必须熟练掌握的，因为会计的技能都是通过统一的会计制度来熟练运用的。

(2) 小王认为：本人是出纳岗位，整天与钱打交道，只要钱不出错，自己的工作算是对得起工资了，出纳工作本身也没有多大出息，什么提高技能等都与自己的工作无关，本次会议参不参加都无所谓。

(3) 小张认为：会计职业道德固然重要，但是为了单位的利益，在不违反会计法律制度的前提下，就是违背了会计职业道德也不属于个人职业道德有问题。更何况《会计法》规定，单位负责人对单位会计资料的真实性、完整性负责。如果单位负责人要求违规处理财务账目，自己就没有必要说服、规劝，甚至检举揭发。

要求：根据上述资料，回答下列问题。

1. 提高技能的基本要求是(　　)。

A. 不断提高会计专业技能的意识和愿望　　B. 具有勤学苦练的精神

C. 具有科学的学习方法　　D. 熟悉服务对象的经营活动

2. 关于会计法律制度与会计职业道德，下列正确的是(　　)。

A. 有着共同的目标、相同的调整对象　　B. 性质不同、作用范围不同

C. 表现形式是一致的　　D. 在内容上相互借鉴、相互吸收

3. 小王的观点违背了(　　)的要求。

A. 爱岗敬业　　B. 廉洁自律　　C. 客观公正　　D. 提高技能

4. 小张的观点违背了(　　)的要求。

A. 参与管理　　B. 坚持准则　　C. 服务群众　　D. 廉洁自律

5. 廉洁自律的基本要求是(　　)。

A. 公私分明　　C. 树立正确的人生观和价值观

B. 不贪不占　　D. 遵纪守法，一身正气

第三节 会计职业道德教育

考证热点分析

1. 会计职业道德教育的具体内容。

2. 会计职业道德教育的形式与途径。

3. 会计职业道德教育两种形式的具体方式。

内容精讲

提高会计人员的道德素质，既需要对会计人员加强会计职业道德方面的教育，也需要会计人员自身加强会计职业道德方面的修养，从他律走向自律，促使会计人员养成自觉遵守会计职业道德规范的良好行为。

一、会计职业道德教育的形式

会计职业道德教育的形式如表 5-5 所示。

表 5-5　会计职业道德教育的形式

会计职业道德教育的形式	含　　义	组　织　者
接受教育(外在教育)	通过学校或培训单位对会计从业人员进行以职业责任、职业义务为核心内容的正面灌输	学校或培训单位
自我修养(内在教育)	从业人员自我学习、自我改造和提升自身道德修养的活动	自身

二、会计职业道德教育的内容

会计职业道德教育的内容如表 5-6 所示。

表 5-6　会计职业道德教育的内容

会计职业道德教育的内容	所 授 知 识	地　　位
会计职业道德观念教育	普及会计职业道德基本常识	基础
会计职业道德规范教育	会计职业道德规范	核心，应贯穿于会计职业道德教育的始终
会计职业道德警示教育	讨论和剖析违反会计职业道德行为和违反会计行为的典型案例	提高会计人员的法律意识和会计职业道德观念
其他教育	形势教育、品德教育、法制教育等	

三、会计职业道德教育的途径

会计职业道德教育的途径如表 5-7 所示。

表 5-7　会计职业道德教育的途径

<table>
<tr><th>途　　径</th><th>种　　类</th><th>方　　式</th><th>注 意 事 项</th></tr>
<tr><td rowspan="2">接受教育</td><td>岗前职业道德教育</td><td rowspan="2">(1) 会计学历教育中的职业道德教育
(2) 获取会计从业资格中的职业道德教育</td><td>教育的侧重点应放在职业观念、职业情感及职业规范等方面</td></tr>
<tr><td>岗位职业道德继续教育</td><td>会计职业道德教育应贯穿于整个会计人员继续教育的始终</td></tr>
</table>

续表

途径	种类	方式	注意事项
自我修养（自我教育、自我改造、自我锻炼、自我提高）	慎独慎欲	在独立工作、无人监督的情况下仍能坚持自觉地按照道德准则去办事	慎独既是一种道德修养方法，又是一种很高的道德境界。慎独的前提是具有坚定的职业信念和职业良心
		用正当的手段获得物质利益	(1) 要把国家、社会公众和集体利益放在首位，在追求自身利益的时候，不损害国家和他人利益 (2) 做到节欲，对利益的追求要适度适当，要合理合法，反对不正当手段达成利己的目的
	慎省慎微	通过自我反思、自我解剖、自我总结而发扬长处、克服短处，不断地自我升华、自我超越	
		在微处、小处自律，从微处小处着眼，积小善成大德	
	自警自励	随时警醒、告诫自己，要警钟长鸣，防止各种不良思想对自己的侵袭	
		以崇高的会计职业道德理想、信念激励自己、教育自己	

本节考点强化练习

一、单选题

1. 下列各项中，不属于会计职业道德的途径的是（　　）。

A. 岗前职业道德教育　　B. 岗中职业道德教育
C. 岗位职业道德继续教育　　D. 会计人员继续教育

2. 会计职业道德教育的各种途径中，具有基础性地位的是（　　）。

A. 会计继续教育　　B. 会计学历教育
C. 会计自我教育　　D. 会计职业荣誉教育

3. 下列各项中，作为会计职业道德教育的核心内容，并贯穿于会计职业道德教育始终的是（　　）。

A. 会计职业道德观念教育　　B. 会计职业道德规范教育
C. 会计职业道德警示教育　　D. 其他相关教育

4. 会计职业道德教育中的其他教育不包括（　　）。

A. 形势教育　　B. 品德教育
C. 法制教育　　D. 警示教育

5. 下列各项中，不属于会计职业道德教育内容是（　　）。

A. 会计职业道德专业理论教育　　B. 会计职业道德规范教育
C. 会计职业道德观念教育　　D. 会计职业道德警示教育

6. 会计职业道德警示教育主要通过（　　）提高会计人员会计职业道德观念和辨别是非的能力。

A. 理论教育和课堂讲授　　B. 典型案例讨论和剖析
C. 理论教育和自我学习　　D. 实际情况讨论和分析

7.（　　）是把外在的职业道德的要求，逐步转变为会计人员内在的职业道德情感、职业道德意志和职业道德信念。

A. 慎独慎欲　　B. 自我修养

C. 慎省慎微　　D. 自警自励

二、多选题

1. 下列各项中，属于自我修养的途径的有（　　）。

A. 慎独慎欲　　B. 慎省慎微

C. 岗前职业道德教育　　D. 岗位职业道德教育

2. 岗前职业道德教育包括（　　）。

A. 会计专业学历教育　　B. 形势教育

C. 法制教育　　D. 获取会计从业资格中的职业道德教育

3. 下列属于会计职业道德教育的形式的有（　　）。

A. 接受教育　　B. 自我修养

C. 自警自励　　D. 慎省慎微

4. 会计职业道德教育的内容有（　　）。

A. 职业道德观念教育　　B. 职业道德规范教育

C. 职业道德警示教育　　D. 职业道德法律教育

5. 会计职业道德观念教育的主要目的是（　　）。

A. 树立会计职业道德观念，普及会计职业道德基础知识

B. 了解会计职业道德对社会经济秩序的影响

C. 了解会计职业道德对会计信息质量的影响

D. 了解违反会计职业道德，除受到良心和道义上的谴责外，还会受到行业惩戒和处罚

6. 会计职业道德教育的途径有（　　）。

A. 在会计学历教育中进行职业道德教育

B. 在会计继续教育中进行职业道德教育

C. 将会计职业道德教育与家庭教育相结合

D. 会计专业技术资格考试

三、判断题

1. 自我修养的途径为慎独慎欲，慎省慎微，自强自立。（　　）

2. 会计学历教育是强化会计职业道德教育的有效形式。（　　）

3. 会计职业道德教育的自我修养是相对于接受教育而言的，是会计人员自我学习，提升自身道德修养的行为活动，是一种内在教育。（　　）

4. 会计职业道德规范教育是指对会计人员开展以会计法律法规制度、会计职业道德规范为主要内容的教育。（　　）

5. 岗位职业道德教育是对将要从事会计职业的人员进行的道德教育。（　　）

6. 从事会计工作必备的知识也是会计职业道德的一部分。（　　）

7. 会计人员自律是会计行业自律的基础和保证，每个会计人员的自律性强，则整个会计行业的自律性也强。（　　）

第四节 会计职业道德建设组织与实施

考证热点分析

1. 会计职业道德建设的主体及各自作用。
2. 会计职业道德建设组织与实施的具体举措。

内容精讲

对会计人员职业道德规范遵循情况的检查，强化和改善会计职业道德建设的组织和领导，要建立以各级财政部门、会计职业团体、机关和企事业单位为主的会计职业道德建设，齐抓共管。

会计职业道德建设组织与实施如表 5-8 所示。

表 5-8 会计职业道德建设组织与实施

涉及组织	作　用	举　措
财政部门	组织推动	会计管理工作者要努力学习会计法律知识
		把会计职业道德建设与会计法制教育紧密结合
会计行业	自律	自我约束、自我控制
企事业单位	内部监督	任用具备会计从业资格的人员
		注意开展对会计人员的道德和纪律教育，并加强检查
		要加强和完善单位内部的控制制度
		单位负责人要做好表率，支持会计人员依法开展工作
		推动职业组织的形成，一方面认真学习和借鉴国外做法；另一方面大力实施道德惩戒
社会各界	监督配合	各级党组织、各级机关、广大群众组织、新闻媒体的监督

本节考点强化练习

一、单选题

1. 会计制度由(　　)来保障实施。

A. 财政部门　　B. 会计行业组织　　C. 国家执法机关　　D. 金融机构

2. 会计行业组织对会计人员遵守职业道德规范情况进行检查，并根据检查结果进行表彰或惩戒，这种机制属于(　　)。

A. 服务机构　　B. 法律机制　　C. 自律机制　　D. 行政管理机制

二、多选题

1. 在会计职业道德建设的组织与实施中，应当发挥作用的部门或单位有(　　)。

A. 财政部门　　B. 会计职业团体　　C. 企事业单位　　D. 机关

2. 会计职业道德建设的组织与实施应依靠(　　)。

A. 财政部门的组织与推动　　B. 会计行业的自律

C. 企事业单位的内部监督　　D. 社会各界的监督与配合

三、判断题

1. 加强会计职业道德建设，既是提高广大会计人员素质的一项基础性工作，又是一项复杂的社会系统工程；不仅是某一个单位、某一个部门的任务，也是各地区、各部门、各单位的共同责任。(　　)

2. 各级财政部门应当负起组织和推动本地区会计职业道德建设的责任，把会计职业道德建设与会计法制建设紧密结合起来。(　　)

3. 聘任会计人员专业职务时，除必须具备同级专业技术资格外，也应考查其遵守职业道德的情况。(　　)

4. 会计行业的自律机制是由财政部门组织建立的。(　　)

5. 良好会计职业道德风尚的树立，离不开社会舆论的支持和监督。(　　)

四、案例分析题

某公司会计人员甲、乙、丙、丁在一次会计工作研讨会上对会计职业道德的概念、会计职业道德与会计法律制度的关系、会计职业道德规范的内容、会计职业道德教育及组织实施等问题进行了激烈的讨论。

要求：四个人对五个问题的主要观点摘要在下面的选项中，请根据你所学知识，回答下列问题。

1. 关于会计职业道德的概念表述正确的有(　　)。

A. 甲认为，会计职业道德是会计人员的社会交往和公共生活中应当遵循的行为准则

B. 乙认为，会计职业道德是体现会计职业特征，调整会计职业关系的职业行为准则和规范

C. 丙认为，会计职业道德是会计人员在会计职业活动中应遵循的行为准则

D. 丁认为，会计职业道德涵盖人与人、人与社会、人与自然之间的关系

2. 关于对会计职业道德与会计法律制度的关系的表述，不正确的是(　　)。

A. 甲认为，两者在性质、表现形式上都不一样

B. 乙认为，两者在性质、表现形式上都一样

C. 丙认为，两者在性质上一样、表现形式上不一样

D. 丁认为，两者在性质上不一样、表现形式上一样

3. 关于会计职业道德规范的内容，表述正确的是(　　)。

A. 甲认为，会计人员应该热爱本职工作、尽职尽责

B. 乙认为，会计职业是一项特殊的职业，整天与钱打交道，如果爱贪爱占，就容易走上犯罪道路。所以会计人员必须做到“常在河边走，就是不湿鞋”的境界

C. 丙认为，会计人员的根本任务就是强化服务，应当无条件服从领导，贯彻领导的意图

D. 丁认为，会计人员在办理业务时应当依法办理

4. 关于会计职业道德的教育，表述正确的是(　　)。

A. 甲认为，会计职业道德教育的途径包括：会计学历教育、会计人员继续教育、会

计人员自我修养

B. 乙认为，会计职业道德教育需要内外结合

C. 丙认为，会计职业道德教育的唯一途径是依靠学历教育，只有这样才能培养会计职业道德的观念，强化会计职业道德情操

D. 丁认为，会计职业道德教育不能片面强调学历教育，无视或忽视会计人员继续教育和自我修养

5. 关于会计职业道德组织实施，在对违反《会计法》的行为，表述正确的有（　　）。

A. 甲认为，根据违反的情况给予相应的处罚

B. 乙认为，应对相关责任人暂停从业资格

C. 丙认为，应指定相关人员参加一定学时的继续教育

D. 丁认为，应对相关人员在会计行业范围内通报批评

第五节　会计职业道德的检查与奖惩

考证热点分析

1. 会计职业道德检查与奖惩的主体及作用。
2. 财政部门、会计行业组织对会计职业道德进行检查与奖惩的具体措施。
3. 对违法会计人员道德制裁的具体方式。
4. 会计行业组织的自律管理与约束所针对的行为类型。
5. 对优秀单位和优秀会计工作者进行表彰、奖励的具体形式。

内容精讲

强化对会计人员职业道德规范遵循情况的检查，并根据检查的结果进行相应的表彰和惩罚，建立起会计职业道德的奖惩机制，这是会计职业道德他律机制的重要组成部分。

一、会计职业道德检查与奖惩的意义

会计职业道德检查与奖惩的意义如下。

(1) 促使会计人员遵守职业道德规范。

(2) 对会计人员具有深刻的教育作用，使广大会计人员生动而直接地感受到道德的价值分量。

(3) 有利于形成抑恶扬善的社会环境。

道德规范非刚性的特征决定了它的落实、实施还必须同时借助政府部门的行政监管、职业团体自律性监管和企事业单位内部纪律等外在的硬性他律机制。

二、会计职业道德检查与奖惩机制

会计职业道德检查与奖惩机制如表 5-9 所示。

表 5-9　会计职业道德检查与奖惩机制汇总表

<table>
<tr><th>主　体</th><th>措　施</th><th>注 意 事 项</th></tr>
<tr><td rowspan="8">财政部门监督检查</td><td>采用多种形式开展会计职业道德宣传教育</td><td>—</td></tr>
<tr><td>会计职业道德建设与会计从业资格证书注册登记管理相结合</td><td>会计人员违反职业道德的，由所在单位进行处罚；情节严重的，由会计从业资格证书发证机关吊销其会计从业资格证书。年检时不符合有关规定的不予通过年检</td></tr>
<tr><td>会计职业道德建设与会计专业技术资格考评、聘用相结合</td><td>会计专业技术资格考试管理机构对有不遵循会计职业道德记录的，应取消其报名资格</td></tr>
<tr><td rowspan="4">会计职业道德建设与会计执法检查相结合</td><td>财政部门是《会计法》的执法主体</td></tr>
<tr><td>会计人员违反《会计法》的行为，同时也一定是违反会计职业道德的行为</td></tr>
<tr><td>对违法会计人员的道德制裁，包括在会计行业范围内通报批评、指令其参加一定学时的继续教育课程、暂停从业资格、在行业内部的公开刊物上予以曝光等方式</td></tr>
<tr><td>法律惩罚和道德惩罚两者应同时并举</td></tr>
<tr><td>会计职业道德建设与会计人员表彰奖励制度相结合</td><td>对优秀单位和优秀会计工作者进行表彰、奖励的具体形式有晋升工资、职级，发放一定数额的资金，授予荣誉称号，颁发荣誉证书，在公共媒体上积极宣传其先进事迹等</td></tr>
<tr><td>会计行业组织的自律管理与约束</td><td>对整个会计职业的会计行为进行自我约束、自我控制的过程</td><td>虽然没有触犯法律，但却违反了会计职业道德的要求的行为</td></tr>
<tr><td>激励机制</td><td>考核和奖惩</td><td>对会计职业道德检查中涌现出的先进人物事迹进行表彰奖励，应注意将“物质奖励和精神奖励相结合”</td></tr>
</table>

本节考点强化练习

一、单选题

1. 建立激励机制，对会计人员遵守会计职业道德规范的情况进行考核和奖惩的主要依据是(　　)。

A. 会计职业道德准则和规范　　B.《会计法》等法律、法规

C. 单位内部工作纪律　　D. 会计行业组织的有关规定

2. 各级财政部门在表彰奖励会计人员时，不仅要考查工作业绩，还应考查(　　)遵守情况。

A. 会计准则　　B. 会计继续教育

C. 会计职业道德　　D. 会计规章制度

3.(　　)作为《会计法》的执法主体，可以依法对单位执行会计法律、会计法规及会计信息质量情况进行检查。

A. 财政部门　　B. 业务主管部门　　C. 司法机关　　D. 会计职业团体

4. 对会计职业道德进行自律管理与约束的机构是(　　)。

A. 财政部门　　B. 会计职业组织

C. 工商行政管理部门　　D. 其他组织

二、多选题

1. 财政部门在开展下列工作时，可将会计人员职业道德情况纳入考核内容的有(　　)。

A. 会计从业资格证书年检　　B. 会计法执法检查

C. 会计人员评优表彰　　D. 会计专业技术资格的考评、聘用

2. 为加强会计职业道德建设，财政部门可以采取的措施有(　　)。

A. 组织开展《会计法》执法检查

B. 将会计职业道德的内容全部予以法律化

C. 采取多种形式组织开展会计职业道德宣传教育

D. 将会计职业道德建设与会计从业人员管理相结合

3. 对于会计职业组织实施的职业道德惩戒，可采取下列(　　)方式进行。

A. 通报批评　　B. 罚款　　C. 取消其会员资格　D. 警告

4. 下列属于会计职业道德检查与奖惩的意义的有(　　)。

A. 促使会计人员遵守职业道德规范　　B. 裁决与教育作用

C. 形成抑恶扬善的社会环境　　D. 提高会计人员职业素质的内在要求

5. 财政部门可以从以下(　　)方面组织实施会计职业道德建设。

A. 将会计职业道德建设与会计从业资格证书注册登记管理相结合

B. 将会计职业道德建设与会计专业技术资格考评、聘用相结合

C. 将会计职业道德建设与会计法执法检查相结合

D. 将会计职业道德建设与会计人员表彰奖励制度相结合

6. 下列属于会计职业道德检查与奖惩机制的有(　　)。

A. 财政部门的监督检查　　B. 各级政府机关的监督检查

C. 会计行业组织的自律管理与约束　　D. 激励机制的建立

三、判断题

1. 会计职业道德检查的目的在于促进会计职业道德规范得以遵循，也为进行会计职业道奖惩提供依据。(　　)

2. 会计人员遵守会计职业道德情况是会计人员晋升、晋级、聘任会计专业职务、表彰奖励的主要考核依据。(　　)

3. 对认真执行《中华人民共和国会计法》，忠于职守，坚持原则，做出显著成绩的会计人员，应给予精神的或者物质的奖励。(　　)

4. 将会计执法检查与会计职业道德检查相结合，是财政部门对会计职业道德进行监督检查的途径之一。(　　)

5. 会计人员违反会计职业道德，情节严重的，由财政部门吊销其会计从业资格证书。(　　)

6. 会计人员晋升、晋级、聘任会计专业职务、表彰奖励不需要考虑会计人员遵守会计职业道德的情况。(　　)

7. 财政部门可以通过将会计从业资格证书注册登记管理与会计职业道德检查相结合的途径来组织实施会计职业道德建设。(　　)

8. 会计人员若存在违法行为，法律和道德惩戒应同时并处，不可代替。(　　)

本章测试

一、单选题

1. 会计人员对于工作中知悉的商业秘密应依法保守，不得泄露，这是会计职业道德中(　　)的具体体现。

A. 爱岗敬业　　B. 诚实守信　　C. 办事公道　　D. 奉献社会

2. 公司为了扩大销售，拟向客户支付5万元的回扣，销售人员持公司总经理的批示到财务部要求支取该笔款项。财务部经理刘某认为该项支出不符合有关规定，但考虑到公司总经理作了同意的批示，且支付金额在其批准的额度内，便支付了该款项。则刘某的以上行为违背了(　　)的会计职业道德规范要求。

A. 诚实守信　　B. 坚持准则　　C. 参与管理　　D. 强化服务

3. 会计人员公私分明、不贪不占、遵纪守法、清正廉洁，并成为一种自觉的行为。这是会计职业道德(　　)的要求。

A. 诚实守信　　B. 客观公正　　C. 坚持准则　　D. 廉洁自律

4. (　　)是会计人员必须具备的品德，是会计职业道德的灵魂。

A. 不做假账　　B. 客观公正　　C. 不偏不倚　　D. 搞好服务

5. 会计人员整天和钱打交道，经常会受到钱财的诱惑，没有“理万金分文不沾”的道德品质和高尚情操是不行的。它体现了会计人员必须具有(　　)的职业道德。

A. 提高技能　　B. 诚信为本　　C. 廉洁自律　　D. 不贪不占

6. 所谓职业道德，就是同人们的职业活动紧密联系的符合职业特点所要求的(　　)。

A. 道德准则、道德情操和道德品质的总和

B. 道德准则、道德情操和职业习惯的总和

C. 道德准则、道德品质和职业要求的总和

D. 职业习惯、职业纪律和职业原则的总和

7. 真心实意，实事求是，不虚假，不欺诈，遵守承诺，讲究信用，注重信誉。这是会计职业道德中(　　)的具体体现。

A. 爱岗敬业　　B. 诚实守信　　C. 坚持准则　　D. 客观公正

8. 社会主义道德的核心是(　　)。

A. 为人民服务　　B. 敬业奉献　　C. 自由、平等　　D. 勤俭自强

9. 会计人员看人办事：“官大办得快，官小办得慢，无官拖着办。”这一现象违反了(　　)的会计职业道德规范的要求。

A. 强化服务　　B. 诚实守信　　C. 参与管理　　D. 提高技能

10. 会计职业道德警示教育的主要形式是(　　)。

A. 理论教育与课堂教授　　B. 典型案例讨论
C. 理论教育与自我教育　　D. 实际情况讨论和分析

11. 职业道德产生的直接原因是(　　)。
A. 政治需求　　B. 经济发展　　C. 社会分工　　D. 生产力的要求

12. 会计职业道德教育有各种途径，但具有基础性地位的是(　　)。
A. 会计继续教育　　B. 会计自我教育
C. 会计学历教育　　D. 会计职业荣誉教育

13. 我国《公民道德建设实施纲要》提出了职业道德的基本内容，其中，职业道德的基础是(　　)。
A. 爱岗敬业　　B. 诚实守信　　C. 办事公道　　D. 服务群众

14. 下列属于会计职业道德教育的核心内容并贯穿始终的是(　　)。
A. 会计职业道德观念教育　　B. 会计职业道德警示教育
C. 会计职业道德规范教育　　D. 会计专业知识、技能教育

15. 中国现代会计学之父潘序伦先生倡导："信以立志，信以守身，信以处事，信以待人，毋忘'立信'，当必有成。"这句话体现的会计职业道德内容是(　　)。
A. 参与管理　　B. 诚实守信　　C. 廉洁自律　　D. 客观公正

16. 广义的职业道德是指从业人员在职业活动中应该遵循的(　　)。
A. 工作纪律　　B. 行为方式　　C. 基本制度　　D. 行为准则

17. 会计人员在处理业务过程中，要严格按照会计法律制度办事，不为主观或他人意志左右，这体现了会计职业道德中(　　)的要求。
A. 客观公正　　B. 坚持准则　　C. 廉洁自律　　D. 诚实守信

18. "坚持好制度胜于做坏事，制度大于天，人情薄如烟"，这句话体现的会计职业道德规范是(　　)。
A. 客观公正　　B. 坚持准则　　C. 强化服务　　D. 廉洁自律

19. 会计职业道德规范"诚实守信"的基本要求中，侧重于对注册会计师提出的要求是(　　)。
A. 保守秘密，不为利益所诱惑　　B. 公私分明，不贪不占
C. 做老实人，说老实话，办老实事　　D. 执业谨慎，信誉至上

20. 会计人员在做好本职工作的同时，努力钻研相关业务，全面熟悉本单位经营活动和业务流程，积极主动地就单位经营管理中存在的问题提出合理化建议，协助领导决策，这体现了会计职业道德中(　　)的要求。
A. 爱岗敬业　　B. 提高技能　　C. 参与管理　　D. 坚持准则

21. 判断会计从业人员是否具有职业道德的首要标准是(　　)。
A. 客观公正　　B. 诚实守信　　C. 坚持准则　　D. 爱岗敬业

22. 在现实社会中，会计职业道德准则和会计法律制度的关系是(　　)。
A. 两者是相互联系的　　B. 两者是相互排斥的
C. 两者完全等同的　　D. 两者相互制约的

23. 下列不属于会计职业道德自我教育内容的是(　　)。
A. 会计职业义务教育　　B. 会计职业荣誉教育

C. 会计职业情操教育　　D. 会计职业法制教育

24. 对会计职业道德进行监督检查的部门主要是(　　)。

A. 工商行政管理部门　　B. 会计行业组织

C. 单位监察部门　　D. 财政部门

25. 会计人员经常对自己所做的会计工作进行自我批评、自我解剖，认真找出自己的缺点、差距，并通过主观努力来加以改正。这种自我教育的方法属于(　　)。

A. 自我解剖法　　B. 自重自省法　　C. 自警自励法　　D. 自律慎独法

26. 遵守会计法律，是对会计从业人员行为的(　　)要求。

A. 最高层次　　B. 最低限度　　C. 最高标准　　D. 社会实践

27. 会计职业道德体系的核心是(　　)。

A. 会计职业道德准则　　B. 会计职业道德规范

C. 会计职业道德教育和修养　　D. 会计职业道德评价和惩戒

28. 将职业道德认识、情感、信念转化为(　　)，是职业道德培养的根本目的。

A. 经济效益　　B. 利益　　C. 行动　　D. 习惯

29. 会计行业组织对发现违反会计职业道德规范的行为进行惩戒的方式中不包括(　　)。

A. 通报批评　　B. 参加继续教育　　C. 取消会员资格　　D. 处以罚金

30. 我国注册会计师行业的自律组织是(　　)。

A. 国务院财政部门　　B. 会计师事务所

C. 中国注册会计师协会　　D. 职业道德委员会

31. 会计人员"坚持准则"的核心是坚持(　　)。

A. 会计法律　　B. 会计准则　　C. 审计准则　　D. 税收制度

32. 会计人员应保守本单位的商业秘密，这是(　　)职业道德规范的要求。

A. 诚实守信　　B. 廉洁自律　　C. 客观公正　　D. 坚持准则

33. 会计人员"参与管理"的行为规范中，不正确的是(　　)。

A. 直接参加管理活动　　B. 间接参加管理活动

C. 为管理活动服务　　D. 为管理者当参谋

34. 在会计职业道德规范体系中处于最高层次的是(　　)。

A. 会计职业道德基本原则　　B. 会计职业道德基本规范

C. 会计职业道德行为指南　　D. 会计职业道德法制教育

35.(　　)是会计职业道德的最高阶段，也是职业道德建设的最终目标。

A. 实践　　B. 自律　　C. 慎独　　D. 他律

36. 会计职业道德修养的基本途径是(　　)。

A. 慎独精神　　B. 职业道德评价　　C. 社会实践活动　　D. 勤于学习

37.(　　)是会计人员遵守会计职业道德的根本。

A. 爱岗　　B. 敬业　　C. 廉洁　　D. 诚信

38. 建立激励机制，对会计人员遵守职业道德情况进行考核和奖惩的主要依据是(　　)。

A. 会计职业道德准则和规范　　B.《会计法》等法律、法规

C. 单位内部工作纪律　　D. 会计行业组织有关规定

39. 在我国，组织和推动会计职业道德建设，并对相关工作依法行政的机构是(　　)。

A. 工商行政管理部门 B. 财政部门
C. 会计行业组织 D. 其他机构

40. 刘某大学毕业后从事会计工作，自认为在大学所学知识足以应付本职工作，故平时疏于钻研业务，也不加强学习，致使工作中差错不断。刘某的行为违背了会计职业道德规范中(　　)的要求。

A. 提高技能 B. 客观公正 C. 坚持准则 D. 强化服务

41. 会计人员违反职业道德情节严重的应吊销会计从业资格证书，下列不属于法定情形的是(　　)。

A. 私设会计账簿的
B. 经常迟到、早退，工作不认真的
C. 随意变更会计处理方法的
D. 未按规定保管会计资料，致使会计资料损毁、灭失的

42. 会计人员要勤学苦练，不断进取，这是会计职业道德规范中(　　)的基本要求。

A. 客观公正 B. 提高技能 C. 廉洁自律 D. 爱岗敬业

43. 在会计职业道德的主要内容中，(　　)体现了做人的基本准则，也是公民道德规范的主要内容。

A. 诚实守信 B. 强化服务 C. 坚持准则 D. 参与管理

44. 遵纪守法、尽职尽责、树立正确的价值观和人生观，这是会计人员遵守何种职业道德的基本要求(　　)。

A. 爱岗敬业 B. 廉洁自律 C. 诚实守信 D. 客观公正

45. 道德的本质是(　　)。

A. 人主观自生的
B. 天的意志
C. 所有统治阶级意志的反映
D. 由一定社会的经济基础所决定的社会意识形态

46. 会计人员端正态度、依法办事，在处理涉及各方利益的会计事务时，不为他人所左右、不因个人好恶而取舍，实事求是，不偏不倚，保持应有的独立性，这是会计职业道德中(　　)的要求。

A. 诚实守信 B. 客观公正 C. 提高技能 D. 坚持准则

47. 职业道德是同职业联系在一起的，它的形成和发展是由于出现了(　　)。

A. 劳动分工 B. 社会分工 C. 职业分工 D. 专业分工

48. 会计职业道德评价的对象是会计人员的(　　)。

A. 职业素养 B. 职业技术 C. 职业道德 D. 职业行为

49. 会计职业道德修养主要表现为个人的(　　)。

A. 改造活动 B. 教育活动
C. 思想意识活动 D. 提高活动

50. 培养会计人员的职业道德品质，要从会计道德认识、情操、意志、信念和习惯等方面进行，这决定了会计职业道德教育具有的(　　)。

A. 顺序性 B. 时代性 C. 全方位性 D. 主观性

51. 会计人员继续教育中，最基础的会计职业道德教育是(　　)。

A. 法制教育　　B. 形势教育　　C. 自我教育　　D. 品德教育

52. 会计职业道德的内在教育是(　　)。

A. 接受教育　　B. 自我教育　　C. 社会教育　　D. 广播教育

53. 会计人员(　　)就是爱惜自己的行业声誉。

A. 廉洁自律　　B. 办事公正　　C. 诚实守信　　D. 尽职尽责

54. 诚实守信是遵守会计职业道德的(　　)。

A. 效率规则　　B. 基本要求　　C. 质量标准　　D. 外在要求

55. 职业道德是同人们的(　　)紧密联系的，具有自身职业特征的道德准则、职业行为规范的总和。

A. 道德活动　　B. 职业活动　　C. 经济活动　　D. 政治活动

56. 会计职业道德评价的根本标准是(　　)。

A. 是否有利于社会生产力发展

B. 是否有利于国家会计法律法规和会计制度的落实

C. 是否有利于保证各项会计业务工作的正常秩序和单位的发展

D. 是否有利于充分调动员工的积极性

57. 会计职业道德评价的实质是会计行为是否符合(　　)的要求。

A. 诚实守信　　B. 客观公正　　C. 会计法规　　D. 道德规范

58. 会计人员实事求是地反映企业的经济业务是(　　)道德规范的基本要求。

A. 文明服务　　B. 廉洁自律　　C. 坚持准则　　D. 诚实守信

59. 会计人员熟悉国家法律、法规和国家统一的会计制度，始终坚持按法律、法规和国家统一的会计制度的要求进行会计核算，实施会计监督。该要求是会计职业道德八个规范中(　　)的主要内容。

A. 廉洁自律　　B. 客观公正　　C. 坚持准则　　D. 提高技能

60. 会计职业道德除具有职业道德的一般特征外，还具有一定的强制性和(　　)的特征。

A. 复杂性　　B. 教育性

C. 独立性　　D. 较多关注公众利益

61. "常在河边走，就是不湿鞋"，这句话体现的会计职业道德规范内容是(　　)。

A. 参与管理　　B. 廉洁自律　　C. 提高技能　　D. 强化服务

62. 某电子公司会计张丽的丈夫在一家私有电子企业任总经理，张丽将在工作中接触到的公司新产品研究计划及相关的会计资料复印件提供给其丈夫，给公司带来一定的损失。张丽的行为违反了(　　)的会计职业道德。

A. 爱岗敬业、参与管理、坚持准则　　B. 诚实守信、廉洁自律

C. 客观公正、提高技能　　D. 强化服务、坚持准则

63. 会计李立对本单位一项违反了国家统一的财政制度规定的财务收支，因其手续齐备并经单位领导审批签字而予以执行，李立的以上行为违背了(　　)的会计职业道德要求。

A. 诚实守信　　B. 坚持准则　　C. 参与管理　　D. 强化服务

64.(　　)是会计职业道德的前提，这既是会计职业道德的内在要求，也是会计职业良好声誉的外在表现。

A. 爱岗敬业　　B. 诚实守信　　C. 廉洁自律　　D. 客观公正

65. 下列各项中，不属于会计职业道德中诚实守信的基本要求的是(　　)。

A. 做老实人、说老实话、办老实事、不弄虚作假

B. 执业谨慎、信誉至上

C. 依法办事、忠于职守

D. 保守秘密，不为利益所诱惑

二、多选题

1. 会计职业道德中强化服务规范对会计人员的要求包括(　　)。

A. 树立服务意识　　B. 提高服务质量

C. 保持应有谨慎性　　D. 努力维护和提升会计职业的良好形象

2. 关于会计职业道德的作用，下列表述中正确的有(　　)。

A. 会计职业道德是对会计法律制度的重要补充

B. 会计职业道德是规范会计行为的基础

C. 会计职业道德是会计核算质量的重要保证

D. 会计职业道德是提高会计人员自身素质的首要条件

3. 张某忠于职守，尽心尽力，并且刻苦钻研业务，积极提供合理化建议，体现了他具有(　　)的会计职业道德。

A. 爱岗敬业　　B. 客观公正　　C. 提高技能　　D. 参与管理

4. 会计人员违反职业道德，可能会受到(　　)的处罚。

A. 所在单位　　B. 行业协会　　C. 财政部门　　D. 业务主管部门

5. 会计职业道德修养的环节包括(　　)。

A. 树立坚定的会计职业道德信念　　B. 形成正确的会计职业道德认知

C. 培养高尚的会计职业道德情感　　D. 养成良好的会计职业道德行为

6. 会计职业道德自我教育的方法包括(　　)。

A. 自我解剖法　　B. 自警自励法　　C. 自律慎独法　　D. 自重自省法

7. 会计职业道德是指(　　)的职业行为准则和规范。

A. 国家制定或认可　　B. 会计职业活动中应当遵守

C. 体现会计职业特征　　D. 调整会计职业关系

8. 会计职业道德的特征主要体现在(　　)。

A. 自觉性与强制性相结合　　B. 会计活动与社会公众利益密切相关

C. 时效性与程序性相结合　　D. 公正性和独立性相结合

9. 会计职业道德体系的框架结构与基本内容主要由(　　)构成。

A. 会计职业道德准则和规范　　B. 会计行政法规和部门规章

C. 会计职业道德教育和修养　　D. 会计职业道德评价和惩戒规范

10. 下列有关会计职业道德建设组织与实施的说法，正确的有(　　)。

A. 财政部门组织和推动会计职业道德建设

B. 会计职业组织建立行业自律机制

C. 社会各界各尽其责，相互配合，齐抓共管

D. 社会舆论监督，形成良好的社会氛围

11. 爱岗敬业应做到忠于职守，忠于职守的内涵体现在(　　)。

A. 忠实于国家　　B. 忠实于服务对象

C. 忠实于社会公众　　D. 忠实于单位领导

12. 下列选项中，体现会计职业道德“爱岗敬业”要求的有(　　)。

A. 工作尽职尽责　　B. 工作一丝不苟

C. 工作兢兢业业　　D. 工作精益求精

13. 会计职业道德规范中的强化服务，是要求会计人员具有(　　)。

A. 强烈的服务意识　　B. 崇高的服务目标

C. 文明的服务态度　　D. 优良的服务质量

14. 下列各项中，符合会计职业道德规范中“参与管理”要求的有(　　)。

A. 对企业财务报告进行综合分析，并提交风险预警报告

B. 参加公司重大投资项目的可行性研究分析

C. 分析坏账形成的原因，提出加强授信管理、加快货款回收建议

D. 分析现金流量状况，查找存在的问题，提出改进措施

15. 会计职业道德教育形式的接受教育是对会计人员进行以(　　)为核心的正面教育。

A. 职业责任　　B. 职业权利　　C. 职业技能　　D. 职业义务

16. 会计职业道德教育形式的自我教育是会计人员(　　)的行为活动。

A. 自我学习　　B. 自身道德修养　　C. 自我完善　　D. 自我发展

17. 参与管理与强化服务的关系是(　　)。

A. 参与管理是强化服务的一种表现形式

B. 强化服务有利于参与管理

C. 不参与管理，也完全可以提高服务水平和质量

D. 不强化服务，就难以保持参与管理的热情和动力

18. 提高技能既是会计职业道德的基本要求，也是会计人员胜任本职工作的重要条件。下列各项中，属于会计技能的内容有(　　)。

A. 会计理论水平　　B. 会计实务能力

C. 职业判断能力　　D. 沟通交流能力

19. 下列属于会计职业道德基本原则的有(　　)。

A. 为民理财原则　　B. 诚实守信原则

C. 廉洁公正原则　　D. 集体主义原则

20. 会计职业道德评价的方法主要通过(　　)来进行。

A. 社会舆论　　B. 传统习俗　　C. 内心信念　　D. 考核评比

21. 会计职业道德规范的实施途径主要有(　　)。

A. 自我修养与外部监督相结合　　B. 宣传教育与检查惩戒相结合

C. 行业自律与政府监督相结合　　D. 道德规范与法律监管相结合

22. 为加强会计职业道德建设，财政部门可以采取的措施有(　　)。

A. 组织开展《会计法》执法检查

B. 将会计职业道德的内容全部予以法律化

C. 采取多种形式组织开展会计职业道德宣传教育

D. 将会计职业道德建设与会计从业人员管理相结合

23. 某企业员工在讨论职业道德时提出的下列观点中，正确的有(　　)。

A. 社会分工形成各种不同的职业是职业道德产生的必要条件

B. 职业道德是从业人员对社会所应承担的道德责任和义务

C. 职业道德主要解决职业生活中的具体道德冲突

D. 职业道德由社会经济关系所决定

24. 开展会计职业道德教育活动的意义在于(　　)。

A. 培养会计职业道德情感　　B. 树立会计职业道德观念

C. 提高会计职业道德水平　　D. 促使会计职业健康发展

25. 道德的职能有(　　)。

A. 调节职能　　B. 教育职能　　C. 强制职能　　D. 认识职能

26. 下列有关会计职业道德“廉洁自律”的表述中，正确的有(　　)。

A. 自律的核心就是自觉抵制自己的不良欲望

B. 廉洁自律是会计职业道德的内在要求

C. 只有自身廉洁自律，才能抑制他人的不法行为

D. 不能做到廉洁自律，也就很难做到客观公正和坚持准则

27. 会计职业道德的功能有(　　)。

A. 强制功能　　B. 指导功能　　C. 教化功能　　D. 评价功能

28. 会计法律制度与会计职业道德的相互作用表现在(　　)。

A. 道德是法律的坚实基础　　B. 道德是法律的前提条件

C. 法律是道德的有力保证　　D. 法律是道德的行为规范

29. 会计职业道德修养的含义包括(　　)。

A. 自我改造　　B. 自我教育　　C. 自我提高　　D. 自我完善

30. 会计职业道德准则所指的专业技术能力一般应包括(　　)。

A. 搞好服务　　B. 客观公正　　C. 熟悉法规　　D. 职业判断能力

31. 在会计人员继续教育中，明确会计职业道德教育主要内容为(　　)。

A. 形势教育　　B. 自我教育　　C. 品德教育　　D. 法制教育

32. 某公司 2015 年严重亏损，公司董事长授意总会计师张某对会计报表作技术处理，从账面上扭亏为盈。张某接受该授意，对财务报表作了处理。根据会计职业道德规范内容，张某的做法违反了会计职业道德规范的(　　)要求。

A. 爱岗敬业　　B. 诚实守信　　C. 客观公正　　D. 坚持准则

33. 会计职业道德与会计法律制度的区别主要表现在(　　)方面。

A. 性质不同　　B. 作用范围不同

C. 表现形式不同　　D. 实施保障机制不同

34. 我国目前会计职业道德教育的途径主要包括(　　)。

A. 通过会计学历教育　　B. 通过会计继续教育

C. 通过财政部监督检查　　D. 通过会计人员的自我教育与约束

35. 我国会计职业道德规范的主要内容包括(　　)。

A. 爱岗敬业、诚实守信　　B. 廉洁自律、客观公正

C. 坚持准则、提高技能　　D. 参与管理、强化服务

36. 狭义的职业道德是指在一定职业活动中应遵循的、体现一定职业特征的、调整一定职业关系的(　　)。

A. 职业行为关系　　B. 职业行为准则

C. 职业行为活动　　D. 职业行为规范

37. 会计职业道德“参与管理”的要求包括(　　)。

A. 熟悉财经法规和相关制度　　B. 努力钻研业务，提高业务技能

C. 熟悉本单位经营活动和业务流程　　D. 积极主动地提出合理化建议

38. 会计职业道德教育的主要内容包括(　　)。

A. 会计职业技能教育　　B. 会计职业道德观念教育

C. 会计职业道德规范教育　　D. 会计职业道德警示教育

39. 财政部门对会计职业道德情况实施检查的途径主要有(　　)。

A. 将会计执法检查与会计职业道德检查相结合

B. 将会计从业资格证书注册登记管理与会计职业道德检查相结合

C. 将会计专业技术资格考评、聘用与会计职业道德检查相结合

D. 将建立和完善内部控制制度与会计职业道德检查相结合

40. 下列有关会计职业道德“客观公正”的表述中，正确的有(　　)。

A. 依法办事是会计工作保证客观公正的前提

B. 扎实的理论功底和较高的专业技能是做到客观公正的重要条件

C. 在会计工作中客观是公正的基础，公正是客观的反映

D. 会计活动的整个过程都离不开客观公正

41. 爱岗敬业的基本要求包括(　　)。

A. 热爱会计工作，敬重会计职业　　B. 安心本职岗位，任劳任怨

C. 忠于职守，尽职尽责　　D. 严肃认真，一丝不苟

三、判断题

1.“会计人员应当遵守职业道德，提高业务素质”这是我国首次在《会计法》中以国家法律的形式对会计职业道德所做的具体规定。(　　)

2. 会计职业道德首先是调整社会人际关系的行为规范的总和。(　　)

3. 职业道德是职业活动对职业行为的道德要求，与职业活动的要求密切相关。(　　)

4. 会计职业道德具有一定的强制性。(　　)

5. 会计职业道德是会计核算质量的保证，是履行会计监督职能的前提。(　　)

6. 会计人员是会计工作的主体，其职业道德水准和敬业精神，将直接影响单位的会计信息质量。(　　)

7. 违反《会计法》的行为，同时也一定是违反了会计职业道德要求的行为。(　　)

8. 对认真执行《会计法》，忠于职守，坚持原则，做出显著成绩的会计人员，应给予精神的或者物质的奖励。(　　)

9. 会计职业道德与会计法律制度的作用范围不同，会计职业道德只调整会计人员内

在的精神世界。(　　)

10. 会计职业道德既有国家法律相应要求，又要求会计人员自觉遵守。(　　)

11. 会计人员继续教育是指会计人员在完成某一阶段专业学习后，重新接受一定形式的、有组织的知识更新和培训活动。(　　)

12. 当单位利益与社会公众利益发生冲突时，会计人员应该首先维护社会公众利益。(　　)

13. 会计职业道德教育要取得成效，不能脱离自我教育。(　　)

14. 加强理论学习是提高会计职业道德修养的根本途径。(　　)

15. 单位负责人应支持并督促会计人员遵守会计职业道德，依法开展会计工作。(　　)

16. 违反会计职业道德必将受到法律惩戒。(　　)

17. 财政部门可以通过将会计从业资格证书注册登记管理与会计职业道德检查相结合的途径来实现对会计职业道德的监督检查。(　　)

18. 会计人员陈某认为，会计工作只是记记账、算算账，与单位经营决策关系不大，没有必要要求会计人员参加管理。(　　)

19. 会计职业强化服务的结果，就是奉献社会。(　　)

20. 会计职业道德只具有很强的他律性。(　　)

21. 会计职业道德是一种职业规范，应由会计行业组织对不遵守会计职业道德的会计人员(会员)进行惩戒，其他部门和单位不宜处理。(　　)

22. 会计行业的自律机制和会计职业道德惩戒制度是由财政部门组织建立的。(　　)

23. 将会计执法检查与会计职业道德检查相结合是财政部门对会计职业道德进行监督检查的途径之一。(　　)

24. 变造、伪造会计资料，提供虚假财务会计报告，违反了《公民道德建设实施纲要》的规范。(　　)

25. 实事求是，不偏不倚体现的是会计职业道德规范的“诚实守信”的要求。(　　)

26. 会计人员遵循参与管理的职业道德规范，就是要积极主动参与到企业管理工作中，对企业经营活动做出决策。(　　)

27. 职业道德的主要内容有职业道德认识、情感、意识、信念和行为习惯等。(　　)

28. 社会价值与自我价值相统一，是会计职业道德的基本取向。(　　)

29. 奉献社会既是职业道德的出发点，又是职业道德的归宿。(　　)

30. 在我国会计职业道德建设的主管部门是会计师事务所。(　　)

31. 会计职业道德的检查与奖惩内容包括财政部门对会计职业道德进行监督检查。(　　)

32. 在经济活动中，经常发生没有违反会计法律制度，但违反会计职业道德的行为。(　　)

33. 会计职业道德行为规范是职业道德在会计职业行为和会计职业活动中的具体体现。(　　)

34. 通过会计职业道德警示教育，可以提高会计人员法律意识和会计职业道德观念，提高会计人员辨别是非的能力。(　　)

35. 会计职业道德与会计法律制度有着共同的目标、相同的调整对象、承担着共同的

职责，但其地位不能互相转化。(　　)

36. 强化服务的关键是提高服务质量。(　　)

37. 违反会计职业道德的行为，同时就违反了会计法律制度。(　　)

38. 会计职业道德与会计法律制度作为社会规范，均属于会计人员行为规范的范畴，两者既有联系，也有区别。(　　)

39. 在会计职业道德规范中，坚持准则的基本要求是熟悉准则、遵循准则和坚持准则。(　　)

40. 会计职业道德教育的主要形式包括接受教育和自我教育。(　　)

41. 社会实践是会计职业道德自我教育与修养的根本途径。(　　)

42. 会计人员遵守职业道德的情况是会计从业资格证书注册登记管理的重要内容。(　　)

43. 会计职业道德具有广泛的社会性。(　　)

44. 会计职业道德对会计人员的行为仅产生约束作用，主要还是依靠社会舆论和会计从业人员的自觉性。(　　)

45. 商品经济和社会分工的存在，是职业道德产生和存在的前提和基础。(　　)

46. 会计职业道德修养是指会计人员在会计职业活动中，按照会计职业道德的基本要求，在自身道德品质方面进行的自我教育、自我改造、自我锻炼、自我提高，从而达到一定的职业道德境界。(　　)

47. 会计职业道德允许个人和各经济主体获取合法的自身利益。(　　)

48. 职业道德行为习惯是衡量会计人员的职业道德素质高低的重要标志。(　　)

49. 会计职业道德的基本原则是会计职业道德规范体系的中心和主干。(　　)

50. 会计职业道德与会计法律制度一样，都是以国家强制力作为其实施的保障。(　　)

51. 会计职业道德建设既是一项基础性工作，也是一项复杂的社会系统工程。(　　)

52. 会计职业道德规范中的“坚持准则”就是要求会计人员在处理业务过程中，严格按照会计准则办事。(　　)

53. 会计职业道德警示教育是指通过对违反会计职业道德行为和违法会计行为典型案例进行讨论和剖析，从中得到警示，增强法律意识、会计职业道德观念和辨别是非能力的一种教育。(　　)

54. 会计法律制度是会计职业道德的最低要求。(　　)

55. 会计人员违反职业道德，情节严重的，由财政部门吊销其会计从业资格证书。(　　)

四、案例分析题

(一) 郭某毕业于某大学，自从参加工作以来一直从事办公室文秘，恪守职责，兢兢业业，深受公司领导和同事们的好评。由于单位会计部门人手奇缺，公司领导要求郭某担任财务部门的出纳工作，领导认为，虽然郭某没有取得会计从业资格证书，但出纳并不是会计岗位，郭某工作能力强，很快就能适应。郭某从事出纳工作半年后，参加了当年全省会计从业资格的统一考试，并取得了会计从业资格证书。后郭某因工作努力，任劳任怨，钻研业务，具有不断提高会计专业技能的意识和愿望，积极提出合理化建议，多次被公司评为先进会计工作者。郭某的丈夫在一家私有电子企业任总经理，在其丈夫的多次请求下，郭某将在工作中接触到的公司新产品研发计划及相关会计资料复印件提供给其丈夫，给公司造成了一定的损失，但尚未构成犯罪。公司认为她不宜继续担任会计工作。

要求：根据上述资料，回答下列问题。

1. 根据《会计工作基础规范》的规定，下列属于会计工作岗位的是(　　)。

A. 稽核岗位　　B. 总会计师岗位

C. 工资核算岗位　　D. 单位内部审计岗位

2. 下列关于领导任用郭某担任出纳的行为，观点正确的是(　　)。

A. 领导的决定符合会计法律的规定

B. 出纳确实不属于会计岗位，但郭某应该实习 1 个月，不能立刻上岗

C. 郭某应当取得会计从业资格证书后才能从事出纳工作

D. 出纳属于会计岗位的范围

3. 郭某工作努力，任劳任怨，钻研业务、具有不断提高会计专业技能的意识和愿望积极提供合理化建议，体现了她具有(　　)的职业道德。

A. 爱岗敬业　　B. 客观公正　　C. 提高技能　　D. 参与管理

4. 郭某将公司新产品的研发资料复印件给其丈夫，给公司造成一定的损失，违背了(　　)的会计职业道德。

A. 客观公正　　B. 诚实守信　　C. 参与管理　　D. 强化服务

5. 对郭某违反会计职业道德的行为可由(　　)给予处罚。

A. 财政部门　　B. 人民法院　　C. 本公司　　D. 会计职业团体

（二）某公司的会计科有 3 名工作人员：会计主管王晓、会计田丽和出纳秦虹。2015 年，该会计科发生了以下事项：

(1) 出纳秦虹因哥哥急需资金，趁会计田丽离开办公室时，填写了 5 万元的现金支票一张，并私自将田丽遗放在办公桌上的印鉴加盖在现金支票上，从银行提取现金。6 天后，秦虹哥哥资金周转正常将 5 万元现金归还秦虹，秦虹又填写了现金缴款单，将资金存入单位银行账户。月末，田丽在对账时发现了此事。由于与秦虹私交甚好，所以田丽隐瞒了此事。

(2) 公司规定每周一下午是业务理论学习时间，由于本年公司的业务量增加，账务处理工作增加，会计人员工作繁忙，会计主管王晓便向领导建议，会计部门的全体人员今后不再参加业务理论学习，以节约时间用于账务处理等会计实务工作。

(3) 公司组织本公司所有会计人员进行会计职业道德教育。

要求：根据上述资料，回答下列问题。

1. 关于出纳秦虹和会计田丽的做法，下列说法正确的是(　　)。

A. 出纳秦虹的行为属于挪用公款，公私不分

B. 会计田丽没有妥善保管由自己负责保管的印鉴

C. 会计田丽不应隐瞒出纳秦虹的行为

D. 田丽的行为没有不妥之处

2. 出纳秦虹违背了会计工作人员(　　)职业道德规范。

A. 廉洁自律　　B. 提高技能　　C. 爱岗敬业　　D. 参与管理

3. 关于会计主管王晓的建议，下列说法正确的是(　　)。

A. 王晓的建议是正确的，应该节约时间用于财务处理

B. 王晓的建议违背了提高技能的职业道德规范

C. 王晓的建议违背了参与管理的职业道德规范

D. 王晓的建议违背了爱岗敬业的职业道德规范

4. 会计人员违反职业道德，可能会受到(　　)。

A. 所在单位的内部处罚　　B. 社会舆论的谴责

C. 财政部门的行政处罚　　D. 会计职业组织的惩戒

5. 会计职业道德和会计法律制度的联系主要体现在(　　)。

A. 地位上相互转化、相互吸收　　B. 作用上相互补充、相互协调

C. 内容上相互借鉴、相互吸收　　D. 实施上相互作用、相互促进

6. 会计职业道德教育的主要内容有(　　)。

A. 会计职业道德观念教育　　B. 会计职业道德规范教育

C. 会计职业道德自我教育　　D. 会计职业道德警示教育

7. 会计人员继续教育的特点有(　　)。

A. 针对性　　B. 适应性　　C. 长期性　　D. 灵活性

模拟试卷系列

模拟试卷(一)

一、单选题(每小题给出的四个备选答案中，只有一个正确答案，请将所选答案的字母填在题后的括号内。每小题1分，共20分)

1. 下列关于会计职业道德调整对象的表述，正确的是(　　)。

A. 调整会计职业关系　　B. 调整会计职业中的经济利益关系

C. 调整会计职业内部从业人员之间的关系　　D. 调整与会计活动有关的所有关系

2. 信用卡销户时，单位卡账户的余额应转入(　　)。

A. 基本存款账户　　B. 一般存款账户

C. 临时存款账户　　D. 支取现金

3. 根据票据法律制度规定，(　　)是适用于支票的付款方式。

A. 出票后定期付款　B. 见票即付　　C. 定日付款　　D. 见票后定期付款

4. 下列关于刑罚的说法正确的是(　　)。

A. 主刑既可以独立适用，又可以附加适用

B. 附加刑只可以附加适用

C. 对犯罪的外国人，驱逐出境只能独立适用

D. 对犯罪分子只能判一种主刑

5. 同一企业不同时期发生的相同或者相似的交易或者事项，应当采用一致的会计政策，不得随意变更。这是会计信息质量的(　　)。

A. 重要性要求　　B. 可比性要求　　C. 相关性要求　　D. 明晰性要求

6.(　　)是出票人签发的、委托办理银行在见票时无条件支付确定的金额给收款人或者持票人的票据。

A. 银行本票　　B. 商业汇票　　C. 支票　　D. 银行汇票

7. 税务登记内容发生变化时，纳税人自有关机关批准或宣布变更之日起，至办理变

更税务登记的期限是(　　)日。

A. 10　　B. 20　　C. 30　　D. 60

8. 接受汇票出票人的付款委托同意承担支付票款义务的人，是指(　　)。

A. 被背书人　　B. 背书人　　C. 承兑人　　D. 保证人

9. 如实记录和反映经济活动情况的前提是(　　)。

A. 设置会计科目　　B. 建立账册　　C. 填制会计凭证　　D. 编制会计报表

10. 根据《会计法》规定，单位提供的担保、未决诉讼等或有事项，应当按照统一的会计制度的规定，在(　　)中予以说明。

A. 财务会计报告　　B. 会计凭证

C. 会议账簿　　D. 其他会计核算资料

11. 所得税的特点是(　　)。

A. 以商品流转额或非商品流转额为计税依据，在生产经营及销售环节征收，收入不受成本费用变化的影响，而对价格变化较为敏感

B. 征税对象不是一般收入，而是总收入减除准予扣除项目后的余额，即应纳税所得额，征税数额受成本、费用、利润高低的影响较大

C. 税收负担与财产价值、数量关系密切，体现调节财富、合理分配等原则

D. 税负高低与资源级差收益水平关系密切，征税范围的选择比较灵活

12. 会计从业资格管理机构作出准予颁发会计从业资格证书的决定，应当自作出决定之日起(　　)日内向申请人颁发会计从业资格证书。

A. 5　　B. 20　　C. 15　　D. 10

13. 申请设立除会计师事务所以外的代理记账机构，应当经所在地的(　　)批准。

A. 县级以上工商行政管理部门　　B. 县级以上财政部门

C. 省级以上工商行政管理部门　　D. 省级以上财政部门

14. 根据《支付结算办法》的规定，银行汇票的提示付款期限是(　　)。

A. 自出票日起1个月　　B. 自出票日起2个月

C. 自见票日起1个月　　D. 自见票日起2个月

15. 下列有关票据伪造的表述中，不符合票据法律制度规定的有(　　)。

A. 票据的伪造仅指假冒他人名义签章的行为

B. 票据上有伪造签章的，不影响票据上其他真实签章的效力

C. 善意的且支付相当对价的合法持票人有权要求被伪造人承担票据责任

D. 票据伪造人的伪造行为即使给他人造成了损害，也不承担票据责任

16. 以下各项中，不属于编制国家预算必须遵循的原则的是(　　)。

A. 公平性　　B. 公开性　　C. 完整性　　D. 年度性

17. 汇入银行对于向收款人发出取款通知、经过(　　)个月无法交付的汇款，应主动办理退汇。

A. 1　　B. 2　　C. 3　　D. 4

18. 现行的网上申报属于(　　)方式。

A. 直接申报　　B. 邮寄申报

C. 简易申报　　　　D. 数据电文

19. 新《增值税暂行条例》规定，属于下列(　　)情形之一的，不得开具增值税专用发票。

A. 一般纳税人销售货物或者应税劳务的

B. 向消费者个人销售货物或者应税劳务的

C. 销售货物或者应税劳务适用免税规定的

D. 小规模纳税人销售货物或者应税劳务的

二、多选题(每小题给出的四个备选答案中，有两个或两个以上正确答案，请将所选答案的字母填在题后的括号内。不选、多选、错选均不得分。每小题 2 分，共 40 分)

20. 下列属于税款征收方式的有(　　)。

A. 查账征收　　　　B. 查量征收

C. 查验征收　　　　D. 代收代缴

21. 以下属于票据的非基本当事人的有(　　)。

A. 出票人　　B. 承兑人　　C. 背书人　　D. 保证人

22. 下列有关会计工作交接的说法正确的是(　　)。

A. 临时离职需要接替的，会计机构负责人或单位负责人必须指定专人接替，并办理会计工作交接手续

B. 临时离职或者因病不能工作的会计人员恢复工作时，应当与接替或代理人员办理接替手续

C. 有价证券的数量要与会计账簿记录一致，有价证券面额与发行价不一致时，按照会计账簿余额交接

D. 公章、收据、空白支票、发票等必须交接清楚

23. 根据《票据法》的规定，下列有关商业汇票的表述中，错误的是(　　)。

A. 商业汇票未记载付款人名称的，可补记

B. 商业汇票未记载付款日期的，为出票后 3 日付款

C. 商业汇票的提示付款期限，自汇票到期日起 1 个月

D. 商业汇票未记载出票日期的，汇票无效

24.《税收征管法》规定的税款优先是指(　　)。

A. 税收优先于罚款　　　　B. 税收优先于没收违法所得

C. 税收优先于无担保债权　　　　D. 税收优先于抵押权、质权的执行

25. 存款人有以下(　　)情形的，应向开户银行提出撤销银行结算账户的申请。

A. 被撤并、解散、宣告破产或倒闭的　　　　B. 更换了企业主要负责人的

C. 注销、被吊销营业执照的　　　　D. 连续 3 个月未使用的

26. 下列各项中，属于会计职业道德非强制性要求的有(　　)。

A. 提高技能　　　　B. 强化服务

C. 参与管理　　　　D. 诚实守信

27. 单位、银行在票据上的签章和单位在结算凭证上的签章，为(　　)。

A. 该单位、银行的公章　　　　B. 该单位、银行的财务章

C. 其法定代表人的签名或者盖章　　D. 其授权的代理人的签名或者盖章

28. 客观公正对会计人员的基本要求有(　　)。

A. 坚持立场　　B. 公私分明，不贪不占

C. 端正态度，依法办事　　D. 保持应有的独立性

29. 关于会计职业道德建设的组织与实施，下列说法中正确的有(　　)。

A. 社会各界各尽其责，相互配合，齐抓共管

B. 社会舆论监督，形成良好的社会氛围

C. 财政、税务、工商和审计等部门组织和推动会计职业道德建设

D. 会计职业组织建立行业法律机制和会计职业道德惩戒制度

30. 下列各项表述中正确的有(　　)。

A. 票据中的中文大写金额数字应用正楷或行书填写

B. 票据中的中文大写金额数字前应标明“人民币”字样

C. 票据的出票日期可以使用小写填写

D. 票据中的中文大写金额数字到元为止的，在元之后应写“整”字

31. 下列属于专业发票的是(　　)。

A. 商品房销售发票　　B. 电信企业的邮票

C. 水上运输企业客票、货票　　D. 广告费用结算发票

32. 下列(　　)纳入单位银行结算账户管理。

A. 个体工商户凭营业执照以字号开立的银行结算账户

B. 个体工商户凭营业执照以经营者姓名开立的银行结算账户

C. 邮政储蓄机构办理银行卡业务开立的账户

33. 下列关于会计人员保守秘密的要求的说法，正确的有(　　)。

A. 不得向提供审计服务的外部注册会计师提供任何企业商业秘密

B. 不得以不当的手段获取其他企业商业的秘密

C. 保守本单位的商业秘密

D. 保守委托人的商业秘密

34. 下列(　　)属于变造会计凭证的行为。

A. 某业务员将购货发票上的金额 50 万元修改为 80 万元报账

B. 某企业为一客户虚开销货发票一张，并按票面金额的 20%收取好处费

C. 某企业现金出纳将一张报销凭证上的金额 6 000 元涂改为 8 000 元

D. 购货部门转来一张购货发票，原计算金额有误，出票单位已作更正并加盖出票单位公章

35. 会计机构和会计人员是单位内部会计监督的主体，他们的主要职责包括(　　)。

A. 依法开展会计核算和监督

B. 对违反《会计法》和国家统一的会计制度规定的会计事项，有权拒绝办理或者按照职权予以纠正

C. 对单位内部的会计资料和财产物资实施监督

D. 对本单位会计人员进行培训、审查

36. 下列各项中，属于行政法规以及部门规章和政策性规定的有(　　)。

A.《票据管理实施办法》　　B.《银行卡业务管理办法》

C.《人民币银行结算账户管理办法》　　D.《异地托收承付结算办法》

37. 下列关于发票开具要求的表述不正确的是(　　)。

A. 单位和个人应在发生经营业务，确认营业收入时，开具发票。特殊情况下，未发生经营业务也可开具发票

B. 使用电子计算机发票，必须报主管税务机关批准，并使用税务机关统一监制的机外发票

C. 发票专用章或财务专用章一律不得在印制发票时套印

D. 任何单位和个人不得转借、转让发票，但可以代开发票

38. 预算编制原则包括(　　)。

A. 依法理财原则　B. 公共财政原则　C. 综合预算原则　D. 科学合理原则

39. 政府采购监督检查的主要内容有(　　)。

A. 有关政府采购的法律、行政法规和规章的执行情况

B. 采购范围、采购方式和采购程序的执行情况

C. 政府采购人员的职业素质和专业技能

D. 审计机关、监察机关、社会公众等应当在政府采购的监督中发挥应有的作用，集中采购机构、采购人等也应当建立健全内部监督机制

三、判断题(每小题 1 分，共 20 分。认为正确的，在题后的括号内写“√”；认为错误的，在题后的括号内写“×”。判断正确的得分，判断错误的扣分，不答不得分也不扣分)

40. 为满足单位经营管理和投资者对会计资料的需要，每一个会计年度可以按照公历日期具体划分为半季度。(　　)

41. 在税法上规定的纳税地点主要是机构所在地、经济活动发生地、财产所在地、报关地等。(　　)

42. 汇票上未记载付款日期的，为见票即付。(　　)

43. 信用卡个人卡账户可以转账结清，但不可以提取现金。(　　)

44. 会计档案原则上不得借出，如有特殊需要，须经会计机构负责人批准，可以提供查阅或复制，并办理登记手续。(　　)

45. 对会计档案工作的指导、监督和检查，主要由各级人民政府财政部门负责。(　　)

46. 新《企业会计准则——基本准则》所规定的附注是指在会计报表中对列示项目所作的进一步说明。(　　)

47.《中华人民共和国会计法》中所指的单位负责人包括单位的副职领导人。(　　)

48. 根据我国《会计基础工作规范》的规定，国有企业单位负责人的直系亲属不得担任本单位的出纳员。(　　)

49. 存款人开立单位银行结算账户的自开立之日起即可使用该账户办理结算业务。(　　)

50. 票据出票日期使用小写的，开户银行可予受理，但由此造成的损失由出票人自行承担。(　　)

51. 我国的国家预算共分为四级。(　　)

52. 对于增值税一般纳税人在不能开具增值税专用发票的情况下也可以使用普通发票。(　　)

53. 纳税人享受减税、免税待遇的，在减税、免税期间可以不办理纳税申报。(　　)

54. 工商税类是我国现行税制的主体部分。(　　)

55. 对于增值税的一般纳税人向农业生产者购买的免税农业产品，或者向小规模纳税人购买的农产品，准予按照买价和17%的扣除率计算进项税额。(　　)

56. 核定应纳税额是针对由于纳税人的原因，导致税务机关难以查账征收税款而采取的一种被迫或补救措施。(　　)

57. 对于尚未违反会计法律制度，但违反了会计职业道德规范的行为，可由会计职业团体通过自律性监管，根据情节轻重进行相应的惩罚。(　　)

58. 增值税的计税依据是营业额。(　　)

59. 投资者支付的股息、红利等权益性投资收益款项是企业所得税中不得扣除的项目。(　　)

四、案例分析题(本题共计20分，共2题，每题含5小题。每小题2分。本题为不定项选择，四个选项中至少有一个是正确选项。多选、少选、错选、不选均不得分)

60. 高科电子公司会计周丽因工作努力，钻研业务，提出了多项合理化建议，多次被公司评为先进会计工作者。周丽的丈夫在一家私有电子企业任总经理，在丈夫的多次请求下，周丽将在工作中接触到的公司新产品研发计划及相关会计资料复印件提供给其丈夫，给公司造成了一定的损失，但尚未构成犯罪。周丽所在的公司认为她不宜继续担任会计工作。

(1) 周丽工作努力，钻研业务，积极提供合理化建议，这体现她具有(　　)的职业道德。

A. 爱岗敬业　　B. 客观公正　　C. 提高技能　　D. 参与管理

(2) 周丽将公司新产品的研发资料复印件给其丈夫，给公司造成了一定的损失，明显违背了(　　)的会计职业道德。

A. 坚持原则　　B. 诚实守信　　C. 廉洁自律　　D. 强化服务

(3) 对周丽违反会计职业道德的行为可由(　　)给予处罚。

A. 财政部门　　B. 会计职业团体　　C. 高科电子公司　　D. 公安机关

(4) 可作为周丽违反会计职业道德行为处罚的依据是(　　)。

A. 会计法　　B. 会计从业资格管理办法

C. 会计基础工作规范　　D. 刑法

(5) 对周丽的行为可以给予的行政处罚有(　　)。

A. 拘留　　B. 撤职

C. 吊销会计从业资格证书　　D. 罚款

61. 振光有限责任公司是一家中外合资经营企业，2015年度发生了以下事项：

① 公司收到一张应由本公司与乙公司共同负担费用支出的原始凭证，公司会计人员张某以该原始凭证及应承担的费用进行账务处理，并保存该原始凭证；同时应乙公司的要求将该原始凭证复制件提供给乙公司用于账务处理。

② 3 月 5 日，公司会计科一名档案管理人员胡某生病临时交接工作，胡某委托单位出纳员李某临时保管会计档案。

③ 6 月 30 日，公司有一批保管期满的会计档案，按规定需要进行销毁。公司档案管理部门编制了会计档案销毁清册，档案管理部门负责人在会计档案销毁清册上签了字，并于当天销毁。根据材料，选择符合题意的选项。

(1) 一般的会计工作人员交接，由(　　)负责监交。

A. 单位负责人　　B. 总会计师

C. 会计机构负责人　　D. 会计主管人员

(2) 根据事项③，下列关于会计档案销毁的表述中，正确的有(　　)。

A. 公司档案部门销毁会计档案的做法不符合规定

B. 会计档案保管期满需要销毁的，要由本单位档案部门提出意见

C. 应编制会计档案销毁清单，并经单位负责人在会计档案销毁清册上签字

D. 销毁时要由单位档案部门和会计部门共同派人监销

(3) 根据事项②，下列表述正确的有(　　)。

A. 会计科档案管理人员，是会计工作岗位

B. 会计科档案管理人员，不是会计工作岗位

C. 出纳员可以临时保管会计档案

D. 出纳员不能临时保管会计档案

(4) 出纳员不得兼管(　　)账目的登记工作。

A. 稽核　　B. 收入　　C. 费用　　D. 会计档案保管

(5) 根据事项①，一张原始凭证所列的支出需由两个以上单位共同负担时，下列做法正确的是(　　)。

A. 由保存该原始凭证的单位开具原始凭证分割单给其他应负担单位

B. 在记账时注明即可

C. 由双方共同说明即可

D. 由保存该原始凭证的单位出具复印件给其他应分割单位

模拟试卷(二)

一、单选题(每小题给出的四个备选答案中，只有一个正确答案，请将所选答案的字母填在题后的括号内。每小题 1 分，共 20 分)

1. 下列项目中属于会计行政法规的是(　　)。

A.《企业财务会计报告条例》　　B.《中华人民共和国会计法》

C.《企业会计准则——基本准则》　　D.《企业会计准则——应用指南》

2. 持有会计从业资格证书的人员从事会计工作，应当自从事会计工作之日起(　　)日内，办理注册登记。

A. 60　　B. 30　　C. 45　　D. 90

3. 根据《会计法》的规定，(　　)对本单位的会计工作和会计资料的真实性、完整性负责。

A. 会计主管人员　　B. 单位负责人　　C. 总会计师　　D. 会计机构负责人

4. 根据《会计法》的规定，担任单位会计机构负责人，除取得会计从业资格证书外，还应当具备(　　)。

A. 会计师以上专业技术职务资格并从事会计工作三年以上经历

B. 助理会计师以上专业技术职务资格并从事会计工作三年以上经历

C. 助理会计师以上专业技术职务资格或者从事会计工作三年以上经历

D. 会计师以上专业技术职务资格或者从事会计工作三年以上经历

5. 我国的会计管理体制是(　　)。

A. 统一领导　　B. 统一领导，分级管理

C. 分级管理　　D. 统一领导，集中管理

6. 根据《会计法》的规定，对随意变更会计处理方法的会计人员应处以(　　)。

A. 三千元以上五万元以下的罚款　　B. 两千元以上两万元以下的罚款

C. 三千元以上两万元以下的罚款　　D. 两千元以上五万元以下的罚款

7. (　　)是登记会计账簿的依据。

A. 取得的原始凭证　　B. 外来原始凭证

C. 经审核无误的会计凭证　　D. 自制的原始凭证

8. 存款人日常经营活动发生的资金收付以及工资、奖金的支付，都应该通过(　　)办理。

A. 银行结算账户　　B. 基本存款账户　　C. 一般存款账户　　D. 专用存款账户

9. 存款人因临时需要在规定期限内使用而开立的银行结算账户是(　　)。

A. 一般存款账户　　B. 基本存款账户

C. 专用存款账户　　D. 临时存款账户

10. 汇票付款人承诺在汇票到期日支付汇票金额并盖章的行为称为(　　)。

A. 出票　　B. 背书　　C. 承兑　　D. 保证

11. 票据的金额和收款人名称可由出票人授权补记的是(　　)。

A. 银行汇票　　B. 商业汇票　　C. 支票　　D. 银行本票

12. 在填写票据日期时，“10 月 30 日”的正确写法是(　　)。

A. 拾月叁拾日　　B. 零拾月叁拾日

C. 壹拾月叁拾日　　D. 零壹拾月零叁拾日

13. 因违法违纪行为被吊销会计从业资格证书的人员，自被吊销会计从业资格证书之日起(　　)内，不得重新取得会计从业资格证书。

A. 一年　　B. 两年　　C. 五年　　D. 三年

14. 由税务机关根据纳税人情况，在正常生产经营条件下，对其生产的应税产品查实核定产量和销售额，然后依照税法规定的税率征收税款的方式是(　　)。

A. 查账征收　　B. 查定征收　　C. 查验征收　　D. 定期定额征收

15. 专门用于结算销售货物和提供加工、修理修配劳务使用的发票是(　　)。

A. 增值税专用发票　　B. 普通发票

C. 专业发票　　D. 工业企业产品销售统一发票

16. 邮寄申报的实际申报日期应当为(　　)。

A. 寄入地的邮局邮戳日期　　B. 寄出地的邮寄邮戳日期

C. 税务机关收到申报资料的日期　　D. 纳税人填写申报资料的日期

17. 纳税人外出经营活动结束时应当填报《外出经营活动情况申请表》并上交给(　　)。

A. 公司所在地税务机关　　B. 经营地税务机关

C. 上一级税务机关　　D. 不用上交

18. 我国《公民道德建设实施纲要》提出了职业道德的基本内容，其中职业道德的基础是(　　)。

A. 爱岗敬业　　B. 诚实守信　　C. 办事公道　　D. 服务群众

19. 会计职业道德除具有职业道德的一般特征外，还具有一定的强制性和(　　)特征。

A. 复杂性　　B. 较多关注公众利益

C. 教育性　　D. 独立性

20. 职业道德的归宿是(　　)。

A. 爱岗敬业　　B. 办事公道　　C. 服务群众　　D. 奉献社会

二、多选题(每个小题给出的四个备选答案中，有两个或者两个以上正确答案，请将所选答案的字母填在题后的括号内。不选、多选、错选均不得分。每小题 2 分，共 20 分)

21. 根据《企业财务会计报告条例》的规定，会计报表附注至少应当包括(　　)。

A. 资产负债表日后、财务报告批准报出前提议或宣布发放的股利总额和每股股利金额

B. 遵循企业会计准则的声明

C. 重要会计政策的说明

D. 财务报表的编制基础

22. 根据我国《会计法》的规定，下列各项中，属于出纳人员不得兼任的工作有(　　)。

A. 稽核　　B. 会计档案保管

C. 登记固定资产卡片　　D. 办理纳税申报

23. 专用存款账户的使用范围包括(　　)。

A. 证券交易结算资金　　B. 住房基金

C. 期货交易保证金　　D. 社会保障基金

24. 下列各项中，属于支票绝对记载事项的有(　　)。

A. 表明“支票”的字样　　B. 付款地

C. 出票地　　D. 确定的金额

25. 下列关于发票的作用说法正确的有(　　)。

A. 确定经营收支行为发生的法定凭证　　B. 会计核算的原始依据

C. 税务稽查的重要依据　　D. 以上说法都正确

26. 税款征收的方式包括(　　)。

A. 代收代缴　　B. 查定征收　　C. 查验征收　　D. 委托代征

27. 下列关于发票使用的说法正确的是(　　)。

A. 任何单位和个人不得转借、转让、代开发票

B. 未经税务机关批准，不得拆本使用发票

C. 不得自行扩大专业发票使用范围

D. 使用电子计算机开具发票，必须报主管税务机关批准

28. 我国国家预算的构成包括(　　)。

A. 中央预算　　B. 地方预算　　C. 各级总预算　　D. 部门单位预算

29. 下列关于会计职业道德与会计法律制度的表述中，正确的有(　　)。

A. 两者有共同目标　　B. 两者在实施中互相作用、相互促进

C. 两者在内容上相互渗透、相互重叠　　D. 两者在地位上相互转化、相互吸收

30. 会计职业道德教育的形式有(　　)。

A. 接受教育　　B. 学历教育　　C. 自我教育　　D. 继续教育

31. 一般会计人员办理交接手续，由(　　)监交。

A. 会计机构负责人　B. 会计主管人员　　C. 单位负责人　　D. 主管单位派人

32. 下列有关税收作用的表述正确的有(　　)。

A. 税收是国家组织财政收入的主要形式

B. 税收是国家调控经济运行的重要手段

C. 税收具有维护国家政权的作用

D. 税收是国际经济交往维护国家利益的可靠保证

33. 会计凭证是(　　)的书面证明，是会计核算的重要会计资料。

A. 记录经济业务事项的发生和完成情况　　B. 明确经济责任

C. 作为记账依据　　D. 作为编制报表的依据

34. 纳税人在申报办理税务登记时，应当如实提供(　　)等证件和资料。

A. 工商营业执照　　B. 有关合同、章程、协议书

C. 组织机构统一代码证书　　D. 会计机构负责人印鉴

35. 根据《中华人民共和国会计法》的规定，账目核对应做到(　　)。

A. 账证相符　　B. 账实相符　　C. 账账相符　　D. 账表相符

36. 各单位应当定期将会计账簿记录与其相应的会计凭证记录逐项核对，检查是否一致，检查的内容包括(　　)。

A. 时间　　B. 编号　　C. 内容　　D. 金额、记账方向

37. 根据有关规定，会计账簿的登记应当满足的要求有(　　)。

A. 根据经过审核无误的会计凭证登记会计账簿

B. 按照记账规则登记会计账簿

C. 实行会计电算化的单位，其会计账簿的登记、更正，应符合国家统一的会计制度的规定

D. 禁止账外设账

38. 按照记账凭证的用途，可分为(　　)。

A. 专用记账凭证　B. 复式记账凭证　C. 汇总记账凭证　D. 通用记账凭证

39. 根据《支付结算办法》的规定，支付结算应当坚持的原则包括(　　)。

A. 恪守信用、履约付款原则　B. 谁的钱进谁的账、由谁支配原则

C. 银行不垫款原则　D. 自愿选择开户银行

40. 根据《会计档案管理办法》的规定，下列各项中，属于会计档案的有(　　)。

A. 固定资产卡片　B. 原始凭证

C. 会计档案移交清册　D. 信贷计划

三、判断题(每小题 2 分，共 20 分。认为正确的，在题后的括号内写“√”；认为错误的，在题后的括号内写“×”。判断正确的得分，判断错误的扣分，不答不得分也不扣分)

41. 会计机构负责人，会计主管人员的直系亲属不得在本单位会计机构中担任出纳工作。(　　)

42. 出纳人员不得兼管稽核、会计档案保管和收入费用、债权债务账目的登记工作。(　　)

43. 为提高会计工作效率，经单位会计机构负责人批准，出纳人员可以兼管会计档案保管和债权债务账目的登记工作。(　　)

44. 伪造会计凭证的行为是指采取涂改、挖补的方法改变会计凭证真实内容的行为。(　　)

45. 根据《会计法》规定，不具备设置会计机构和会计人员条件的，应当委托从事会计代理记账业务的中介机构代理记账。(　　)

46. 行政机关在作出处罚决定后，应当立即告知当事人做出处罚决定的事实、理由、依据以及当事人依法享有的有关权利。(　　)

47. 对于当事人的同一违法行为，不得给予两次以上罚款的行政处罚。(　　)

48. 原始凭证的保管期限从交易或事项完成后第一天算起。(　　)

49. 个人银行结算账户仅限于办理现金存取业务，不得办理转账结算。(　　)

50. 企业法人开立基本存款账户时，应出具企业法人税务登记证正本作为证明文件。(　　)

51. 普通支票既可用于支取现金，也可用于转账。(　　)

52. 增值税专用发票由国家税务总局指定的企业统一印制。(　　)

53. 增值税一般纳税人都可以领购增值税专用发票。(　　)

54. 年所得 12 万元以上的纳税人，如果已足额缴纳了个人所得税，则纳税年度终了后不必向主管税务机关办理纳税申报。(　　)

55. 从事图书、报纸、杂志销售的纳税人按低税率 10%计征增值税。(　　)

56. 一般纳税人销售货物必须开具增值税专用发票。(　　)

57. 稿酬所得的实际税率为 14%。(　　)

58. 采用公开招标方式的费用占政府采购项目总价值的比例过大的，可以采用邀请招标方式采购。(　　)

59. 会计人员继续教育是强化会计职业道德教育的唯一形式。(　　)

60. 会计职业道德与会计法律制度具有相同的调整对象，但目标不同。(　　)

四、案例分析题(本题共计20分，共2题，每题含5小题。每小题2分。本题为不定项选择，四个选项中至少有一个是正确选项。多选、少选、错选、不选均不得分)

61. 某市财政部门在对辖区内的一个生产企业进行会计执法检查中发现下列问题：

① 该企业销售货物时将向购买方收取款项的80%金额作为发票金额开具发票，其他款项记入私密账本；

② 该企业采用电子计算机进行会计核算，但是其使用的软件经财政部门验证不符合国家统一的会计制度的规定；

③ 该企业规定对经理级以上人员交来的发票，一律不必审核，直接作为记账凭证的依据；

④ 该企业对外提供的财务报告上只有会计机构负责人的签名；

⑤ 该企业从设立以来坚持每年销毁一次会计档案，销毁时要求企业负责人、会计机构负责人及会计人员均应在场。

(1) 下列有关事项③的说法中，正确的有(　　)。

A. 该企业的这一规定不符合会计法律制度的规定

B. 会计机构、会计人员必须审核原始凭证，这是法定职责

C. 记账凭证应当根据经过审核原始凭证及有关资料编制

D. 会计机构、会计人员对领导交来的原始凭证，只能无条件地接受

(2) 下列有关财务会计报告的签章，表述错误的有(　　)。

A. 财务会计报告应当由单位负责人和主管会计工作的负责人、会计机构负责人(会计主管人员)签名或盖章

B. 财务会计报告应当由单位负责人和主管会计工作的负责人、会计机构负责人(会计主管人员)签名并盖章

C. 设置总会计师的单位，还须由总会计师签名或盖章

D. 设置总会计师的单位，还须由总会计师签名并盖章

(3) 下列有关会计电算化的表述中，错误的有(　　)。

A. 用电子计算机进行会计核算的单位，只要能保证其生成的会计资料可靠，可以自由选用会计软件

B. 用电子计算机生成的会计资料必须符合国家统一的会计制度的要求

C. 用电子计算机进行会计核算，也必须保证会计资料的真实、完整

D. 只要使用的会计软件符合要求，其生成的会计资料也必定可靠

(4) 根据事项①的内容，下列说法中正确的有(　　)。

A. 该企业的行为属于账外设账

B. 县级以上人民政府应当责令其限期改正

C. 可以对该企业处3 000元以上5万元以下的罚款

D. 可对该企业直接负责的主管人员和其他直接责任人员处2 000元以上2万元以下的罚款

(5) 下列针对事项⑤的说法中，不正确的有(　　)。

A. 会计档案应当根据法定期限妥善保管，不得随意销毁

B. 定期保管的会计档案，最低保管年限为 5 年

C. 会计档案销毁应当由单位档案管理机构提出销毁意见，会同会计机构共同鉴定，严格审查，编造销毁清册，报单位负责人批准后，由单位档案管理机构和会计机构共同派员监销

D. 对故意销毁的会计人员，县级以上人民政府财政部门可以吊销其会计人业资格证书

62. 某市财政部门在 2016 年 2 月对一家小型企业进行《会计法》执法检查中发现下列几个问题。

① 2015 年 12 月入账的记账凭证所附的原始凭证上的出票日期为 2013 年 11 月 20 日。

② 现金日记账和银行日记账均采用圆珠笔登记，且有跳行、隔页、刮、擦等随意修改现象；现金日记账账面余额 85 650 元，而保险箱内的现金只有 560 元，另有一张 2014 年 11 月该厂厂长签字的白条 85 000 元。

③ 因企业没有会计人员，也不设置总账；每月的报表都是由出纳员编制并签章后报送。

④ 企业发放工资时，编制工资单，提取现金，分发工资，记账均由出纳一人兼办。

(1)《会计法》中关于设置账簿的规定是(　　)。

A. 单位必须依据经过审核无误的会计凭证登记会计账簿

B. 登记会计账簿必须按照记账规则进行

C. 会计账簿的设置和登记，应当符合有关法律、行政法规和国家统一会计制度规定

D. 实行电算化的单位，其会计账簿的登记、更正，也应当符合国家统一的会计制度的规定

(2) 记账规则的具体要求，包括账簿记录错误的更正方法在(　　)中都作了具体规定。

A. 税收征收管理制度　　B. 会计基础工作规范

C. 公司法　　D. 国家统一的会计制度

(3) 企业以上情况违反的规定有(　　)。

A. 填制或取得原始凭证必须及时(一个会计结算期)送交会计机构

B. 不得采用圆珠笔或铅笔登记会计账簿，不得跳行、隔页、刮、挖、擦等随意修改

C. 不得白条抵库

D. 对外报送的财务会计报告只有单位负责人签名并盖章

(4) 企业的情况违反了(　　)。

A. 内部牵制制度

B. 财务专用章应有专人保管

C. 内部稽核制度

D. 严禁一人保管支付款项所需要的全部印章

(5) 关于会计工作岗位设置的原则有(　　)。

A. 一人一岗　　B. 一人多岗　　C. 多人多岗　　D. 一岗多人

模拟试卷(三)

一、单选题(每小题给出的四个备选答案中，只有一个正确答案，请将所选答案的字母填在题后的括号内。每小题1分，共20分)

1. 下列法律制度中，属于会计行政法规的是(　　)。

A.《注册会计师法》　　B.《会计从业资格管理办法》

C.《企业财务会计报告条例》　　D.《小企业会计制度》

2. 下列选项中，不属于我国国家预算体系的是(　　)。

A. 中央预算

B. 省级(省、自治县、直辖市)预算

C. 县级(县、自治县、不设区的市、市辖区)预算

D. 县级以上地方政府的派出机关预算

3. 以下关于会计工作的管理体制说法不正确的是(　　)。

A. 国务院财政部门主管全国的会计工作

B. 县级以上地方各级人民政府财政部门管理本行政区域内的会计工作

C. 我国会计工作管理总原则是：统一领导、分级管理

D. 除了财政部以外，其他部门或地方可以根据具体情况制定会计准则制度及相关标准规范

4. 县级以上财政部门做出吊销资格证书、对单位及个人处3万元以上罚款处罚决定的，应该告知当事人有依法(　　)的权利。

A. 行政复议　　B. 提起行政诉讼　　C. 听证　　D. 行政仲裁

5.《中华人民共和国会计法》规定，单位有关负责人应在财务会计报告上(　　)。

A. 签名　　B. 盖章　　C. 签名或盖章　　D. 签名并盖章

6. 下列关于会计职业道德与会计法律制度联系的说法中，不正确的是(　　)。

A. 两者有共同的目标、相同的调整对象，承担着同样的职责

B. 两者在内容上相互渗透、相互重叠

C. 两者在地位上相互转化、相互吸引

D. 两者在表现形式上都是具体的、明确的和成文的

7. 下列各项中，属于土地增值税的税率形式是(　　)。

A. 全额累进税率　　B. 定额税率　　C. 超额累进税率　　D. 超率累进税率

8. 根据《人民币银行结算账户管理办法》的规定，为了加强对住房基金和社会保障基金的管理，存款人应依法申请在银行开立的账户是(　　)。

A. 一般存款账户　　B. 基本存款账户　　C. 专用存款账户　　D. 临时存款账户

9. 按照分税制财政管理体制，中央预算和地方预算对同一税种的收入按照一定划分标准或者比例分享的收入是(　　)。

A. 中央预算收入　　B. 地方预算收入

C. 中央和地方预算共享收入　　D. 税收收入

10. 根据《支付结算办法》的规定，下列各项中，属于支付结算行为的是(　　)。

A. 用现金结算银行存款利息　　B. 用现金结算贷款

C. 用信用卡结算贷款　　D. 用现金结算银行贷款利息

11. 某企业将在展销会上取得的收入，在公司会计账册之外另行登记。该行为属于(　　)。

A. 私设会计账簿　　B. 变造会计账簿

C. 随意变更会计处理方式　　D. 伪造会计账簿

12. 税务登记不包括(　　)。

A. 开业登记　　B. 变更登记　　C. 核定应纳税额　　D. 注销登记

13. 根据《支付结算办法》的规定，出票人在付款人处的存款足以支付支票金额时，付款人应当在见票后足额付款的期限是(　　)。

A. 10 日内　　B. 5 日内　　C. 次日　　D. 当日

14.《中华人民共和国会计法》规定，(　　)为单位会计行为的责任主体。

A. 总会计师　　B. 单位负责人　　C. 会计人员　　D. 会计机构负责人

15. 某高新技术企业 2012 年应纳税所得额为 1 000 万元，其所得税应纳税额为(　　)万元。

A. 150　　B. 200　　C. 250　　D. 330

16. 当存款人银行结算账户有法定变更事项的，应于(　　)日内书面通知开户银行并提供有关证明。

A. 2　　B. 5　　C. 7　　D. 10

17. 根据《预算法》的规定，下列各项中，负责定期向国务院报告中央和地方预算执行情况的是(　　)。

A. 全国人民代表大会　　B. 全国人民代表大会常务委员会

C. 国务院统计部门　　D. 国务院财政部门

18. 移交人员因病或其他特殊原因不能亲自办理移交手续的，下列各项中，正确的处理方法是(　　)。

A. 经单位领导批准，可由移交人员委托他人代办移交

B. 可由移交人负责人自行授权他人代办移交

C. 经会计机构负责人批准，可由移交人员委托他人代办移交

D. 经会计机构负责人批准，可由移交人员委托他人代办移交

19. 根据《政府采购法》的规定，我国政府采购的执行模式是(　　)。

A. 集中采购　　B. 分散采购

C. 集中采购与分散采购相结合　　D. 团购

20. 受托单位按照税务机关核发的代征证书的要求，以税务机关的名义向征税人征收零散税款的征收方式是(　　)。

A. 定期定额征收　　B. 代扣代缴

C. 代收代缴　　D. 委托征收

二、多选题(每小题给出的四个备选答案中，有两个或两个以上正确答案，请将所选答案的字母填在题后的括号内。不选、多选、错选均不得分。每小题 2 分，共 40 分)

21. 下列有关会计工作交接的说法正确的是(　　)。

A. 临时离职需要接替的，会计机构负责人或单位负责人必须指定专人接替，并办理会计工作交接手续

B. 临时离职或因病不能工作的会计人员恢复工作时，应当与接替或代理人员办理接替手续

C. 有价证券的数量要与会计账簿记录一致，有价证券面额与发行价不一致时，按照会计账簿余额交接

D. 公章、收据、空白支票、发票等必须交接清楚

22. 大中型企业和(　　)应当设置总会计师。

A. 达到一定规模的事业单位　　B. 达到一定规模的民办非企业单位

C. 达到一定规模的非营利组织　　D. 企业的业务主管部门

23. 各单位应定期将会计账簿记录与相应的会计凭证记录逐笔核对，检查以下内容是否一致(　　)。

A. 时间　　B. 编号　　C. 经济业务内容　　D. 金额和记账方向

24. 出纳人员不得兼管以下工作(　　)。

A. 稽核　　B. 会计档案保管

C. 收入、支出、费用的登记工作　　D. 债权债务账目登记工作

25. 下列各项中，属于《预算法》规定的县级以上地方各级人民代表职权的有(　　)。

A. 审查本级总预算草案及本级总预算执行情况的报告

B. 批准本级预算和本级预算执行情况的报告

C. 改变或撤销本级人民代表大会常务委员会关于预算、决算的不适当的决议

D. 撤销本级政府关于预算、决算的不适当的决定和命令

26. 下列关于征税对象的说法中，正确的是(　　)。

A. 征税对象又称课税对象，是税收法律关系中权利、义务所指的对象

B. 征税对象仅指的是具体物，它是区别不同类型税种的主要标志

C. 根据征税对象的不同，税收可分为流转税、所得税、资源税、财产税、行为税类

D. 征税对象是构成税法的最基本要素之一

27. 下列关于会计职业道德中，表述正确的是(　　)。

A. 会计职业道德是规范会计行为的基础

B. 会计职业道德与会计法律制度两者在性质上是不同的

C. 会计职业道德规范的全部内容归纳起来就是廉洁自律与强化服务

D. 会计职业道德不调整会计人员的外在行为

28. 根据《预算法》的规定，预决算监督的主体包括(　　)。

A. 各级国家权力机关　　B. 各级政府部门

C. 财政部门　　D. 电子数据审计部门

29. 下列关于票据中文大写金额数字中，正确的是(　　)。

A. 壹万陆仟圆整　　B. 三万二千一十二元五角整
C. 肆万零叁元捌角整　　D. 柒仟元正

30. 下列关于国家统一的会计制度表述中正确的是(　　)。

A. 国家统一的会计制度包括会计法律、会计行政法规、国家统一的会计制度
B. 国家统一的会计制度包括会计部门规章和会计规范性文件
C.《会计从业资格管理办法》属于国家统一的会计制度
D. 国家统一会计制度是关于会计核算、会计监督、会计机构和会计人员以及会计工作管理的制度

31. 一般会计人员办理交接手续，负责人为(　　)。

A. 会计机构负责人　　B. 会计主管人员
C. 单位负责人　　D. 主管单位派的人

32. 在计算企业所得税时，准予从收入总额中扣除的税金包括(　　)。

A. 城建税　　B. 房产税　　C. 车船税　　D. 土地增值税

33. 下列存款人中，可以在异地开立有关银行结算账户的有(　　)。

A. 营业执照注册地与经营地不在同一行政区域需要开立专用存款账户的
B. 异地临时经营活动需要开立临时存款账户的
C. 自然人根据需要在异地开立个人银行结算账户的
D. 办理异地借款和其他结算需要开立一般存款账户的

34. 税务代理的方式包括有(　　)。

A. 全面代理　　B. 单项代理　　C. 临时代理　　D. 常年代理

35. 可以申请开立临时存款账户的有(　　)。

A. 设立临时机构
B. 异地临时从事经营活动
C. 注册验资
D. 境外(含港澳台地区)机构在境内从事经营活动

36. 消费税采用(　　)的计税方法。

A. 从价定率　　B. 定期定额　　C. 符合计税　　D. 从量定额

37. 税法是国家及纳税人依法征税、依法纳税的行为准则，国家制定税法的目的包括(　　)。

A. 保证国家利益　　B. 保证纳税人的合法权益
C. 维护正常纳税秩序　　D. 保证国家的财政收入

38. 根据《支付结算办法》规定，支票与汇票和本票相比，它的显著特点有(　　)。

A. 以银行作为付款人　　B. 以其他金融机构作为付款人
C. 见票即付　　D. 可以透支

39. 单位建立的货币资金的授权批准制度包括(　　)。

A. 审批人对货币资金业务的授权批准的方式
B. 审批人对货币资金业务的授权批准的权限
C. 审批人对货币资金业务的授权批准的程序

D. 审批人对货币资金业务的责任和相关控制措施

40. 根据个人所得税的规定，以下各项所得适用累进税率形式的有(　　)。

A. 工资薪金所得　　B. 个体工商户生产经营所得

C. 财产转让所得　　D. 承包承租经营所得

三、判断题(每小题1分，共20分。认为正确的，在题后的括号内写"√"；认为错误的，在题后的括号内写"×"。判断正确的得分，判断错误的扣分，不答不得分也不扣分)

41. 代理记账是指企业委托有会计资格证书的人员的记账行为。(　　)

42. 变更会计凭证是指用涂改、挖补等手段改变会计凭证真实内容的行为。(　　)

43. 伪造、变造会计凭证、会计账簿、编制虚假财务会计报告的行为，尚不构成犯罪的，可由县级以上人民政府财政部门予以通报。(　　)

44. 会计从业资格证书实行注册登记制度。(　　)

45. 原始凭证金额出现错误的，应由原始凭证开具单位进行更正。(　　)

46. 票据出票日期使用小写填写的，开户银行可以受理，但由此造成的损失由出票人自行承担。(　　)

47. 对金额、出票日期、收款人名称进行更改的票据，为无效票据。(　　)

48. 各部门对所属各单位的决算草案，应当审核并汇总编制本部门的决算草案，在规定的期限内报本级政府财政部门审核。(　　)

49. 会计档案的保管期限分为永久和定期两类，保管期限从会计年度终了后的第一天算起。(　　)

50. 会计人员遵循"坚持准则"的会计职业道德，就是只需要坚持会计相关的基本和具体准则，严格按这些准则办事。(　　)

51. 根据《预算法》的规定，中央预算和地方各级政府预算，应当参考上一年的预算执行情况和本年度收支预测实行编制。(　　)

52. 根据税收法律、行政法规的规定，所有负有扣缴义务的扣缴义务人必须办理扣缴扣款登记。(　　)

53. 税务机关可以自行规定提前征收，延期征收税款。(　　)

54. 各单位制定的内部会计监督制度，是国家统一的会计制度的组成部分。(　　)

55. 工商税类主要包括增值税、消费税、资源税、企业所得税、个人所得税等税种。(　　)

56. 为保证资金的安全完整，各单位只能采取实地盘点法对库存进行定期和不定期的清查。(　　)

57. 根据《支付结算办法》的规定，个人不能使用商业汇票。(　　)

58. 公司企业可以根据不同报表使用者的需求采取不同的编制基础、编制依据、编制原则和编制方法，分别编制并提供财务会计报告。(　　)

59. 基本存款账户的存款人可以通过本账户办理转账结算和现金缴存，但不能办理现金支取。(　　)

60. 按照《会计法》规定，票据和结算凭证上可以预印万、仟、佰、拾、圆、角和分。(　　)

四、案例分析题(本题共计 20 分，共 2 题，每题含 5 小题。每小题 2 分。本题为不定项选择，四个选项中至少有一个是正确选项。多选、少选、错选、不选均不得分)

61. 钱桥纺织厂为国有企业，下设办公室、行政科、会计科、档案科等职能科室。2015 年该厂发生了以下事项。

① 2 月，经上级主管单位任命，会计科长张红的丈夫王平担任该厂厂长。同月，张红的侄女张芳到该厂会计科担任出纳工作。张芳已取得会计从业资格。

② 4 月，该厂对内设机构和人员进行了调整和精简。撤销档案科，档案科合并到会计科，原由档案科保管的会计档案移交会计科保管。档案科移交会计档案前，会同会计科对保管期满的会计档案进行销毁。档案科长与会计科长张红共同在会计档案销毁清册上签字，并进行了监销。因厂长王平在外地出差，故未将此事报告厂长。之后，会计科长张红指定出纳张芳兼管会计档案保管工作。

③ 9 月，张芳调到当地一家外贸公司财务部从事成本核算工作，原在档案科工作的钱华接任张芳的出纳工作，调离前与接任的钱华自行办理了会计工作交接手续。钱华以前一直在档案科工作，未取得会计从业资格证书。张芳调到外贸公司后因工作忙，到 12 月底还未办理会计从业资格调转手续。

(1) 上述第③项中，有(　　)处存在违反相关会计法律法规制度的行为。

A. 1　　B. 2　　C. 3　　D. 4

(2) 下列事项符合相关会计法律制度规定的是(　　)。

A. 钱华担任钱桥纺织厂出纳工作　　B. 张芳担任钱桥纺织厂出纳工作

C. 张红担任钱桥纺织厂会计科科长　　D. 无

(3) 下列(　　)行为不符合相关会计法律制度规定。

A. 撤销档案科

B. 档案科移交会计档案前，会同会计科对保管期满的会计档案进行销毁

C. 档案科长与会计科长张红共同在会计档案销毁清册上签字，并进行了监销

D. 会计科长张红指定出纳张芳兼管会计档案保管理工作

(4) 根据《会计基础工作规范》对会计人员回避制度做出的规定，(　　)任用会计人员应当实行回避制度。

A. 国家机关　　B. 国有企业　　C. 民营企业　　D. 事业单位

(5) 张芳与钱华办理会计工作交接手续，应由(　　)监交。

A. 张红　　B. 张红、王平　　C. 张红、档案科长　　D. 无须监交

62. 甲公司 2016 年在物资采购中，有关票据方面发生如下情况：

甲公司销售给乙公司一批货物，按合同约定如期交货，乙公司签发了一张金额为 30 万元的转账支票，交给甲公司。甲公司到银行提示付款时，发现该支票是空头支票。甲公司认为，对乙公司应处以罚款，并有权要求乙公司给予经济赔偿。甲公司某采购人员持该公司开户银行签发的，注明“现金”字样的银行本票，购置一批物资。由于该采购人员保管不慎，将银行本票丢失。随后，甲公司采取了一系列的措施。

(1) 对于乙公司的行为应由(　　)进行处罚。

A. 财政部门　　B. 甲公司开户银行　　C. 中国人民银行　　D. 乙公司开户银行

(2) 按照法律规定，有关部门对乙公司开具空头支票行为的罚款数额是(　　)元。

A. 1 000　　B. 6 000　　C. 10 000　　D. 15 000

(3) 甲公司可以获得的赔偿数额是(　　)元。

A. 1 000　　B. 6 000　　C. 10 000　　D. 15 000

(4) 根据《票据法》的规定，对于票据遗失行为，甲公司可以采取的暂时性预防措施是(　　)。

A. 公示催告　　B. 诉讼　　C. 挂失止付　　D. 刊登遗失声明

(5) 甲公司票据丧失后最终采取的补救措施，可通过(　　)实现。

A. 人民法院　　B. 中国人民银行　　C. 财政机关　　D. 公安局

模拟试卷(四)

一、单选题(每小题给出的四个备选答案中，只有一个正确答案，请将所选答案的字母填在题后的括号内。每小题 1 分，共 20 分)

1. 李某 2016 年 3 月取得稿酬所得 80 000 元，根据个人所得税法律制度的规定。李某当月应缴纳个人所得税(　　)元。

A. 8 960　　B. 12 200　　C. 12 800　　D. 16 000

2. 银行结算账户的监督管理部门是(　　)。

A. 各级财政部门　　B. 中国人民银行

C. 各开户银行　　D. 国务院及地方各级人民政府

3. 在托收承付结算方式下，付款人开户银行对付款人逾期支付的货款，应当根据逾期限付款金额和逾期天数．按每天(　　)计算逾期付款赔偿金。

A. 千分之五　　B. 万分之三

C. 万分之五　　D. 千分之三

4. 路某 8 月份取得 5 000 元劳务报酬所得，则其应缴纳的个人所得税为(　　)元。

A. 800　　B. 840　　C. 1 000　　D. 750

5. 存款人不可以申请开立临时存款账户的情况是(　　)。

A. 收入汇缴资金　　B. 设立临时机构

C. 异地临时经营活动　　D. 注册验资

6. 下列各项中，不属于企业在编制年度财务会计报告前，应当全面清查、核实的事项的是(　　)。

A. 清理结算款项

B. 清理投资

C. 清理无形资产

D. 在建工程的实际发生额与账面记录是否一致

7. 本票是由出票人签发的，承诺自己在见票时无条件支付确定的金额给收款人或持票人的票据。下列各项中，不属于本票特征的是(　　)。

A. 承兑票据　B. 自付票据　C. 基本当事人少　D. 无须承兑

8. 存款人开立基本存款账户时，应送交盖有存款人印章的印鉴片。印鉴片上填写的户名 必须与单位名称一致，同时要求加盖开户单位公章、单位负责人和(　　)三枚图章。

A. 财务机构负责人　B. 出纳人员　C. 总会计师　D. 记账人员

9. 单位出租、转让账户，除责令其纠正外，按账户出租、转让发生的金额处以(　　)罚款，并没收出租账户的非法所得。

A. 5%　B. 1 000元

C. 5%但不低于1 000元　D. 1 500元

10. 关于商业汇票，下列各项中，说法错误的是(　　)。

A. 商业汇票可分为商业承兑汇票和银行承兑汇票

B. 存款账户结清时，必须将全部剩余的空白商业汇票交回银行注销

C. 出票人不得签发无对价的商业汇票用以骗取银行或者其他票据当事人的资金

D. 商业汇票没有金额起点，但有最高限额

11. 行政处分的对象是(　　)。

A. 法人　B. 公民　C. 国家工作人员　D. 其他组织

12. 预算收入、预算支出必须通过国库来进行，各级国库的库款支配权属于(　　)。

A. 本级人民政府　B. 本级人民政府财政部门

C. 本级人大常委会　D. 本级人大

13. 采购单位依法以招标公告的方式邀请不特定的供应商参加投标的方式，属于(　　)。

A. 询价方式　B. 邀请招标方式　C. 公开招标方式　D. 竞争性谈判方式

14. (　　)是所有职业道德规范的共同要求。

A. 诚实守信　B. 提高技能　C. 爱岗敬业　D. 服务群众

15. 要抓好会计职业道德建设，关键在于(　　)。

A. 社会舆论监督，形成良好的社会氛围

B. 加强和改善会计职业道德建设的组织和领导

C. 制定完善的会计法律体系

D. 对违反会计职业道德的行为进行严厉制裁

16. 纳税人到外县(市)从事生产经营活动的，应当向(　　)税务机关报验登记。

A. 所在地　B. 主管地　C. 营业地　D. 注册地

17. 用于政策性房地产开发资金的账户是(　　)账户。

A. 基本存款　B. 一般存款　C. 专用存款　D. 临时存款

18. 职业道德的基本结构可分为三部分，其中在职业道德体系中具有决定性意义的是(　　)。

A. 职业道德意识　B. 职业道德规范　C. 职业道德行为　D. 职业道德习惯

19. 根据票据法律制度的规定，下列各项中，不属于支票绝对记载事项的是(　　)。

A. 无条件支付的委托　B. 付款人名称

C. 出票地　D. 出票日期

20. 根据《会计档案管理办法》的规定，会计凭证类档案的保管期限为(　　)年。

A. 5　　B. 10　　C. 15　　D. 20

二、多选题(每个小题给出的四个备选答案中，有两个或者两个以上正确答案，请将所选答案的字母填在题后的括号内。不选、多选、错选均不得分。每小题 2 分，共 20 分)

21. 各单位是否设置会计机构，主要取决于(　　)。

A. 单位规模的大小　　B. 经济业务和财务收支的繁简

C. 经营管理的要求　　D. 上级部门的要求

22. 担任会计机构负责人(会计主管人员)的，必须同时具备(　　)。

A. 取得会计从业资格

B. 具备会计师以上专业技术职务资格或者从事会计工作 3 年以上经历

C. 取得大学本科学历

D. 取得大学专科学历

23. 下列固定资产在计算企业所得税时不得扣除折旧的有(　　)。

A. 以融资租赁方式租出的固定资产　　B. 以融资租赁方式租入的固定资产

C. 房屋、建筑物　　D. 单独估价作为固定资产入账的土地

24. 下列所得中，个人所得税适用于 20%税率的有(　　)。

A. 特许权使用费所得　　B. 劳务报酬所得

C. 财产租赁所得　　D. 财产转让所得

25. 国家预算的作用是国家预算职能在经济生活中的具体体现，主要包括(　　)。

A. 财力保证作用　　B. 调节制约作用　　C. 计划执行作用　　D. 反映监督作用

26. 下列关于国家预算的构成的说法，正确的有(　　)。

A. 中央预算由中央各部门预算和地方各级预算组成

B. 地方各级总预算由本级预算和汇总的下一级总预算组成

C. 中央政府预算指的就是中央预算

D. 各部门预算是由所属各单位预算组成

27. 符合(　　)情形之一的货物或服务，可以采用单一来源方式采购。

A. 只能从唯一供应商处采购的

B. 发生了不可预见的紧急情况不能从其他供应商处采购的

C. 必须保证原有采购项目的一致性或者服务配套的要求，需要继续从原供应商处添购，且添购资金总额不超过合同采购金额百分之十的

D. 某供应商在政府采购活动中，一直质优价廉、讲究信誉的

28. 违法是指(　　)，不履行法定义务，违反法律禁止性规定，滥用权力等，从而造成某种危害社会的有过错的行为。

A. 国家机关及其工作人员　　B. 企事业单位

C. 公民　　D. 社会团体

29. 按照现行《增值税暂行条例》规定，下列项目中，征收增值税的有(　　)。

A. 修理手表　　B. 加工服装

C. 订立合同　　D. 装修房屋

30. 下列项目中，符合增值税纳税义务、扣缴义务发生时间规定的有（　　）。

A. 纳税人发生应税行为并收讫销售款项或者取得索取销售款项凭据的当天

B. 纳税人提供建筑服务采取预收款方式的，其纳税义务发生时间为收到预收款的当天

C. 纳税人从事金融商品转让的，为金融商品所有权转移的当天

D. 增值税扣缴义务发生时间为纳税人增值税纳税义务发生的当天

31. 根据《个人所得税法》规定，下列项目中，适用比例税率征税的有（　　）。

A. 工资薪金所得　　B. 个体工商户生产、经营所得

C. 劳务报酬所得　　D. 财产转让所得

32. 根据《企业所得税法》规定，下列项目中，属于居民企业的有（　　）。

A. 依法在中国境内成立的企业

B. 依照外国（地区）法律成立且实际管理机构不在中国境内，但在中国境内设立机构场的企业

C. 依照外国（地区）法律成立但实际管理机构在中国境内的企业

D. 依照外国（地区）法律成立且实际管理机构不在中国境内，在中国境内未设立机构场所，但有来源于中国境内所得的企业

33. 会计职业道德建设的指导思想要求会计职业道德建设应与（　　）相适应。

A. 会计管理体制　B. 国际惯例　C. 会计目标　D. 会计道德情操

34. 爱岗敬业就要忠于职守，忠于职守的内涵体现在忠实于（　　）。

A. 国家　B. 单位负责人　C. 社会公众　D. 所服务的单位

35. 开立银行结算账户的程序有（　　）。

A. 填制开户申请书并提供相关证明材料　　B. 银行对开设结算账户的审查与备案

C. 签订银行结算账户管理协议　　D. 建立存款人预留签章卡片

36. 下列对支票基本当事人的说法中，正确的有（　　）。

A. 支票的基本当事人为出票人、付款人和收款人

B. 出票人即是存款人，它既可以是单位，也可以是个人

C. 付款人是出票人的开户银行

D. 持票人是票面上填明的收款人，不可以是经背书转让的被背书人

37. 商业汇票的保证是指商业承兑汇票的债务可以由保证人承担保证责任。下列关于商业汇票的保证表述正确的有（　　）。

A. 保证可以附有条件，且附有条件的，所附条件会影响对商业承兑汇的保证责任

B. 保证人为三人以上的，保证人之间承担连带责任

C. 保证人在商业承兑汇票上未记载保证人名称和住所的，以保证人的营业场所、住所或者经常居住地为保证人住所

D. 保证人清偿商业承兑汇票债务后，可以行使持票人对被保证人及其前手的追索权

38. 行为税是税收的五大税种之一，它是指就特定行为的发生，依据法定计税单位和标准，对行为人加以征收的税。下列各项中，属于行为税的有（　　）。

A. 车船使用税　B. 车船税　C. 屠宰税　D. 筵席税

39. 纳税人采取下列(　　)手段，不缴或者少缴应纳税额的，是偷税。

A. 伪造、变造、隐匿、擅自销毁账簿、记账凭证

B. 在账簿上多列支出

C. 在账簿上少列支出

D. 进行虚假的纳税申报

40. 政府采购的主体是指在政府采购活动中负有直接职责的参与者。下列各项中，对政府采购主体的表述，正确的有(　　)。

A. 政府采购管理机关可以参与和干涉采购中的具体商业活动

B. 政府采购机关实施采购活动可以自己组织，也可以委托社会中介机构代理

C. 政府采购社会中介机构是指接受采购机关委托的中介组织

D. 我国现阶段政府采购资金管理部门包括财政部门和采购单位的财务部门

三、判断题(每小题 1 分，共 20 分。认为正确的，在题后的括号内写"√"；认为错误的，在题后的括号内写"×"。判断正确的得分，判断错误的扣分，不答不得分也不扣分)

41. 个人银行结算账户仅限于办理现金存取业务，不得办理转账结算。(　　)

42. 消费税是价外税，而增值税是价内税。(　　)

43. 偷税两次以上就构成偷税罪。(　　)

44. 独立是客观公正的前提条件。(　　)

45. 注册会计师应当回避可能影响独立性的审计事项，实现形式上的独立。(　　)

46. 实践是道德修养的目的和归宿，是道德修养的基础。(　　)

47.《企业财务会计报告条例》的制定依据是《会计法》和《企业会计制度》。(　　)

48. 虽设置账簿，但账目混乱或者成本资料、收入凭证、费用凭证残缺不全，难以查账的，税务机关有权核定其应纳税额。(　　)

49. 个人及其所抚养家属维持生活必需的住房和用品，应在税收保全措施的范围之内。(　　)

50. 诚实守信是职业道德的基础，是社会主义职业道德所倡导的首要规范。(　　)

51. 在银行开立存款账户的法人以及其他组织之间，必须具有真实的交易关系或债权债务关系，才能使用商业汇票。(　　)

52. 为保持我国会计制度的统一性，地方性会计法规不属于我国会计法律制度的构成部分。(　　)

53. 对于会计档案管理岗位，在会计档案正式移交之前，属于会计岗位；正式移交档案管理部门之后，不再属于会计岗位。(　　)

54. 会计人员办理工作交接后，接管人员可另立账簿，不必使用交接前的账簿。(　　)

55. 凡征收消费税的货物，一定征收增值税；征收增值税的货物，不一定征收消费税。(　　)

56. 未经中国人民银行批准的非银行金融机构和其他单位不得作为中介机构办理支付结算业务。(　　)

57. 参加会计、审计、统计、经济专业技术资格考试以及注册会计师、注册资产评估师、注册税务师考试不能算作会计人员参加继续教育。(　　)

58. 教育、科学、文化、卫生、体育等事业发展支出是预算支出的主要部分。(　　)

59. 王明是财会专业的本科毕业生，已取得会计从业资格证书并从事会计工作满2年，可以担任会计机构负责人。(　　)

60. 开户单位在购销活动中，不得对现金结算给予比转账结算优惠的待遇；不得只收现金而拒收支票、银行汇票、银行本票和其他转账结算凭证。(　　)

四、案例分析题(本题共计20分，共2题，每题含5小题。每小题2分。本题为不定项选择，四个选项中至少有一个是正确选项。多选、少选、错选、不选均不得分)

61. A公司2015年发生了下列事项：

① 1月，刚取得会计从业资格证书的李某，被公司从办公室调到财务科任出纳，原出纳张某调到销售科。李某与张某在办理会计工作交接时，因会计科长出差，由公司临时指定财务科一名会计负责监交工作。交接中李某发现存在“白条顶库”问题，即电话向财务科长汇报，财务科长指示他先办理完交接手续，再对“白条顶库”问题逐个查清处理。随后，李某、张某及监交人在移交清册上签字盖章。

② 4月，李某在办理报销工作时，发现采购科送来报销的3张由供货方开具的发票有更改现象：其中2张发票分别被更改了数量和用途，另外1张发票被更改了金额；该3张发票的更改处均盖有供货方的业务印章。尽管李某开始有些犹豫，但考虑到3张发票已经本公司总经理、财务科长签字同意，最后均予以报销。

③ 12月，公司在进行内部审计时，发现原出纳张某在经办出纳工作期间的有关账目存在一些问题，而接替者李某在交接时并未发现。审计人员在了解情况时，原出纳张某认为既然已经办理了会计交接手续，自己不应再承担任何责任。

(1) 李某与张某办理会计工作交接的手续，下列说法错误的是(　　)。

A. 应该由会计机构负责人(会计主管人员)负责监交

B. 财务科的一名会计可以负责监交，只要有签字就可以

C. 李某发现存在“白条顶库”问题，应由李某上岗后负责查清处理

D. 李某发现存在“白条顶库”问题，应由张某负责查清处理

(2) 李某对3张更改的发票予以报销的做法，下列说法正确的是(　　)。

A. 李某对3张更改的发票予以报销的做法不符合规定

B. 李某对3张更改的发票予以报销的做法符合规定

C. 李某应对发票的合法性、真实性和有效性进行全面审核

D. 李某有权对不符合规定的发票拒收，不予报销

(3) 关于事项③中张某的解释理由，下列说法正确的是(　　)。

A. 张某已办理交接手续，且李某在交接时并没有发现这些问题，故此理由可以理解

B. 张某应该对工作期间的资料存在的问题承担法律责任

C. 会计资料移交后，发现的一切问题由接管人员负责

D. 移交人员对移交的会计资料的合法性、真实性承担法律责任

(4) 关于办理会计工作交接，下列说法正确的是(　　)。

A. 一般会计人员办理交接手续，由会计机构负责人(会计主管人员)监交

B. 如所属单位负责人与办理交接手续的会计机构负责人有矛盾，交接时需要主管单

位派人会同监交

C. 接管人员应继续使用移交前的账簿，不得擅自另立账簿，以保证会计记录前后衔接，内容完整

D. 移交清册一般应填制一式两份，交接双方各执一份

(5) 下列关于原始凭证说法正确的是(　　)。

A. 原始凭证上的金额，是反映经济业务事项情况的最重要的数据

B. 原始凭证金额错误的，如随意更改，容易导致舞弊，不利于确保原始凭证的质量

C. 原始凭证金额错误的，只能由原始凭证出具单位重新开具

D. 原始凭证开具单位对于填制有误的原始凭证负有更正和重新开具的义务，不得拒绝

62. 某县人民政府编制了某年度的预算草案，编制后按《预算法》的规定县人民政府财政部门提交县人民代表大会常务委员会的有关工作，委员会进行了初步审查。通过审查后，县人民政府向县人民代表大会作关于本级政府总预算草案的报告，县人民代表大会批准了该预算。后来，在执行中，因特殊原因需调整预算。

(1) 根据《预算法》规定，各级人民政府编制年度预算草案的依据有(　　)。

A. 法律、法规

B. 国民经济和社会发展计划、财政中长期计划以及有关的财政经济政策

C. 本级政府的指示和要求以及本级政府财政部门的部署

D. 本部门、本单位上一年度预算执行情况和本年度预算收支变化因素

(2) 根据《预算法》规定，地方各级人民政府编制预算草案的内容包括(　　)。

A. 本级预算收入和支出

B. 本年度结余用于下一年度安排的支出

C. 上级返还或者补助的收入和返还或者补助下级的支出

D. 上解上级的收入和下级上解的支出

(3) 县级以上地方各级政府财政部门自本级人民代表大会批准本级政府预算之日起(　　)日内，批复本级各部门预算。

A. 15　　B. 20　　C. 25　　D. 30

(4) 预算调整是指在预算执行中，因(　　)使原批准的收支平衡的预算的总支出超过总收入，或者使原批准的预算中举借债务的数额增加的部分变更。

A. 特殊情况需要增加支出

B. 特殊情况需要减少支出

C. 上级政府给予补助引起预算收支变化

D. 上级政府返还补助引起预算收支变化

(5) 关于预算调整方案，下列表述错误的是(　　)。

A. 预算调整方案由政府财政部门负责具体编制

B. 预算调整方案应当列明调整的原因、项目、数额、措施及有关说明

C. 预算调整方案经本级政府审定后，提请上级政府财政部门审查和批准

D. 各级政府对于必须进行的预算调整，应当编制预算调整方案

模拟试卷(五)

一、单选题(每小题给出的四个备选答案中，只有一个正确答案，请将所选答案的字母填在题后的括号内。每小题 1 分，共 20 分)

1. 要求同一企业不同时期发生的相同或相似的交易或事项，应当采用一致的会计政策，不得随意变更。这是会计信息质量的(　　)。

A. 重要性要求　　B. 可比性要求　　C. 相关性要求　　D. 明晰性要求

2. 下列各项中，属于会计行政法规的是(　　)。

A.《企业财务会计报告条例》　　B.《会计档案管理办法》

C.《会计从业资格管理办法》　　D.《会计基础工作规范》

3. 如实记录和反映经济活动情况的前提是(　　)。

A. 设置会计科目　　B. 建立账册　　C. 填制会计凭证　　D. 编制会计报表

4. 根据《会计法》规定，单位提供的担保、未决诉讼等或有事项，应当按照统一的会计制度的规定，在(　　)中予以说明。

A. 财务会计报告　　B. 会计凭证

C. 会计账簿　　D. 其他会计核算资料

5. 根据《会计档案管理办法》的规定，当年形成的会计档案在年度终了后，可暂由会计部门保管(　　)年。

A. 1　　B. 3　　C. 5　　D. 10

6. 会计从业资格管理机构作出准予颁发会计从业资格证书的决定，应当自作出决定之日起(　　)日内向申请人颁发会计从业资格证书。

A. 5　　B. 20　　C. 15　　D. 10

7. 申请设立除会计师事务所以外的代理记账机构，应当经所在地的(　　)批准。

A. 县级以上工商行政管理部门　　B. 县级以上财政部门

C. 省级以上工商行政管理部门　　D. 省级以上财政部门

8. 对于在考试期间有违纪行为的，由会计考试管理机构吊销其已取得的会计专业技术资格，由发证机关收回其会计专业技术资格证书，(　　)年内不得再参加会计专业技术资格考试。

A. 1　　B. 2　　C. 3　　D. 5

9. 对随意变更会计处理方法的行为，可以由县级以上财政部门视违法性质、情节及危害程度，在责令限期整改的同时，对单位并处(　　)的罚款。

A. 2 000 元及以下　　B. 2 000 元以上 1 万元以下

C. 2 000 元以上 2 万元以下　　D. 3 000 元以上 5 万元以下

10. 公司出纳王某于 2006 年 2 月 10 日签发了一张转账支票，下列转账支票上日期填写正确的是(　　)。

A. 贰零零陆年贰月拾日　　B. 贰零零陆年零贰月壹拾日

C. 贰零零陆年零贰月零壹拾　　D. 贰零零陆年贰月壹拾日

11. 存款人日常经营活动中资金收付及现金的支取，应通过(　　)办理。

A. 一般存款账户　B. 基本存款账户　C. 专用存款账户　D. 临时存款账户

12. 根据《支付结算办法》的规定，银行汇票的付款人为(　　)。

A. 汇票申请人　B. 汇票的背书人　C. 汇票的持有人　D. 出票银行

13. 签发商业汇票必须记载的事项不包括(　　)。

A. 签发票据的原因或用途　　B. 无条件支付的委托

C. 出票日期　　D. 出票人签章

14. 从事生产、经营的纳税人领取工商营业执照的，应当自领取工商营业执照(　　)申报办理税务登记。

A. 之日起 30 日内　　B. 次日起 30 日内

C. 之日起 3 个月内　　D. 次日起 3 个月内

15. 下列所得可实行加成征收的是(　　)。

A. 稿酬所得　　B. 偶然所得

C. 劳务报酬所得　　D. 股息红利所得

16. 实行定期定额缴纳税款的纳税人，可以采用(　　)申报纳税方式。

A. 直接申报　　B. 邮寄申报

C. 数据电文申报　　D. 简易申报

17. 对于经营品种比较单一，经营地点、时间和商品来源不固定的纳税人，税务机关可以采取的税款征收方式是(　　)。

A. 查账征收　B. 查定征收　C. 查验征收　D. 定期定额征收

18. 职业道德的出发点和归宿是(　　)。

A. 奉献社会　B. 爱岗敬业　C. 服务群众　D. 诚实守信

19. 下列各项中，不属于会计职业道德范畴的是(　　)。

A. 会计职业道德义务　　B. 会计职业道德保护

C. 会计职业道德荣誉　　D. 会计职业道德良心

20. 会计人员经常对自己的工作进行评价，对工作中的不足进行评判、剖析，这种自我教育的方法属于(　　)。

A. 自重自省法　B. 自警自励法　C. 自我解剖法　D. 自律慎独法

二、多选题(下列各题中，分别有两个或两个以上的正确答案。本类题共 20 个小题，每小题 2 分，共 40 分。多选、少选或错选均不得分)

21. 下列各项中，属于我国会计法律的是(　　)。

A.《会计法》　B.《审计法》　C.《证券法》　D.《注册会计师法》

22. 下列属于企业可以变更会计政策条件的是(　　)。

A. 法律、行政法规或者国家统一的会计制度等要求变更

B. 企业完善内部会计管理制度需要变更

C. 会计政策变更能够提供更可靠、更相关的会计信息

D. 企业扭亏为盈需要变更

23. 按照《会计法》的规定，某单位发生的下列事项中，应当办理会计手续、进行会计核算的有(　　)。

A. 产品生产完工入库　　B. 签订了一笔200元货款的销售合同

C. 提取管理部门的固定资产折旧　　D. 向工人发放工资

24. 财务情况说明书至少应当对下列(　　)做出说明。

A. 利润实现和分配情况

B. 资金增减和周转情况

C. 企业生产经营的基本情况

D. 对企业财务状况、经营成果和现金流量有重大影响的其他事项

25. 下列属于企业内部控制实施主体的有(　　)。

A. 董事会　　B. 监事会　　C. 经理层　　D. 全体员工

26. 会计师事务所和注册会计师存在(　　)情形之一的，财政部和省级财政部门应当进行重点监督检查。

A. 被投诉或者举报的　　B. 未经批准设立分所的

C. 在执业中有不良记录的　　D. 采取竞争手段承接业务的

27. 下列各项中，属于申请设立代理记账机构应提供的证明材料有(　　)。

A. 工商行政管理部门批准的营业执照

B. 机构的协议或者章程

C. 从业人员身份证明、会计从业资格证书，主管代理记账业务的负责人具备会计师以上专业技术职务资格的证明材料

D. 代理记账业务规范和账务会计管理制度

28. 下列各项中，属于会计工作岗位的有(　　)。

A. 医院住院处收费员岗位　　B. 单位内部审计岗位

C. 会计档案管理岗位　　D. 会计电算化岗位

29. 下列各项中，属于变造会计凭证行为的有(　　)。

A. 购货部门转来一张购货发票，原金额计算有误，出票单位已做更正并加盖出票单位公章

B. 某业务员将购货发票上的金额50万元，用“消字灵”修改为80万元报账

C. 企业某现金出纳将一张报销凭证上的金额7 000元涂改为9 000元

D. 某公司为一客户虚开销货发票一张，并按票面金额的10%收取好处费

30. 根据《会计法》规定，未按照规定保管会计资料，致使会计资料毁损灭失的行为，但尚未构成犯罪的，其直接负责的主管人员和其他直接责任人员应承担的法律责任有(　　)。

A. 责令限期改正

B. 处以2 000元以上2万元以下罚款

C. 负有直接责任的企业负责人就地免职

D. 吊销负有直接责任的会计人员的会计证

31. 银行结算账户按用途分类，可以分为(　　)。

A. 基本存款账户　　B. 一般存款账户　　C. 专用存款账户　　D. 临时存款账户

32. 存款人申请开立一般存款账户，应向银行出具的证明文件有(　　)。

A. 开立基本存款账户规定的证明文件

B. 基本存款账户开户登记证

C. 存款人因向银行借款需要，应出具借款合同

D. 财政预算外资金，应出具财政部门的证明

33. 下列有关票据伪造的表述中，不符合票据法律制度规定的有(　　)。

A. 票据的伪造仅指假冒他人名义签章的行为

B. 票据上有伪造签章的，不影响票据上其他真实签章的效力

C. 善意的且支付相当对价的合法持票人有权要求被伪造人承担票据责任

D. 票据伪造人的伪造行为即使给他人造成损害，也不承担票据责任

34. 根据《票据法》规定，有下列(　　)票据欺诈行为之一的，依法追究刑事责任。

A. 伪造、变造票据的

B. 故意使用伪造、变造的票据的

C. 签发空头支票或故意签发与其预留的本人签名式样或印鉴不符的支票，骗取财物的

D. 汇票、本票的出票人在出票时做虚假记载、骗取财物的

35. 以下属于个人所得税的居民纳税人的是(　　)。

A. 2015 年在中国境内居住时间为 156 天的台湾同胞

B. 自 2014 年 4 月 13 日—2015 年 4 月 12 日，在中国境内工作的外籍专家

C. 自 2015 年 1 月 1 日—2015 年 12 月 19 日，在中国境内工作的的华侨人员

D. 在上海开设小卖部的个体工商户张某

36. 企业取得的下列收入，属于企业所得税免税收入的有(　　)。

A. 财政拨款

B. 国债利息收入

C. 居民企业直接投资于其他居民企业取得的投资收益

D. 在中国境内设立机构、场所的非居民企业连续持有居民企业公开发行并上市流通的股票 1 年以上取得的投资收益

37.《税收征管法》规定的税款优先是指(　　)。

A. 税收优先于罚款　　B. 税收优先于没收违法所得

C. 税收优先于无担保债权　　D. 税收优先于抵押权、质权的执行

38. 下列各项中，属于会计职业道德非强制性要求的有(　　)。

A. 提高技能　　B. 强化服务　　C. 参与管理　　D. 诚实守信

39. 客观公正对会计人员的基本要求有(　　)。

A. 坚持立场　　B. 公私分明，不贪不占

C. 端正态度，依法办事　　D. 保持应有的独立性

40. 关于会计职业道德建设的组织与实施，下列说法中正确的有(　　)。

A. 社会各界各尽其责，相互配合，齐抓共管

B. 社会舆论监督，形成良好的社会氛围

C. 财政、税务、工商和审计等部门组织和推动会计职业道德建设

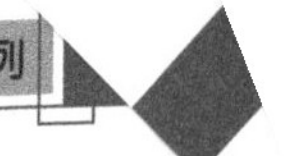

D. 会计职业组织建立行业自律机制和会计职业道德惩戒制度

三、判断题(每小题1分，共20分。认为正确的，在题后的括号内写"√"；认为错误的，在题后的括号内写"×"。判断正确的得分，判断错误的扣分，不答不得分也不扣分)

41. 会计制度包括对会计工作、会计核算、会计监督、会计人员、会计档案等方面的规范性文件。(　　)

42. 单位内部会计工作管理的责任主体是单位领导人。(　　)

43. 为满足单位经营管理和投资者对会计资料的需要，每一个会计年度还可以按照公历日期具体划分为半年度、季度和月度。(　　)

44. 对会计档案工作的指导、监督和检查，主要由各级人民政府财政部门负责。(　　)

45. 新《企业会计准则——基本准则》所规定的附注是指对在会计报表中列示项目所作的进一步说明。(　　)

46. 会计机构、会计人员对单位制定的预算、财务计划、经济计划、业务计划的执行情况也要进行监督。(　　)

47. 按照现行税法规定，税收征收管理机关包括各级税务机关和海关。(　　)

48. 根据我国《会计基础工作规范》的规定，国有企业单位负责人的直系亲属不得担任本单位的出纳员。(　　)

49. 会计人员工作交接中，接替人员不对移交过来的材料的真实性、完整性负法律上的责任。(　　)

50. 编制虚假财务会计报告的行为，是指违反《会计法》和国家统一的会计制度的规定，根据虚假的会计账簿记录，编制财务会计报告。(　　)

51. 存款人开立单位银行结算账户的自开立之日起即可使用该账户办理结算业务。(　　)

52. 票据出票日期使用小写的，开户银行可予受理，但由此造成的损失由出票人自行承担。(　　)

53. 单位卡不得用于10万元以上的商品交易、劳务供应款项的结算，并一律不得支取现金。(　　)

54. 增值税一般纳税人在不能开具增值税专用发票的情况下也可以使用普通发票。(　　)

55. 纳税人享受减税、免税待遇的，在减税、免税期间可以不办理纳税申报。(　　)

56. 核定应纳税额是针对由于纳税人的原因导致税务机关难以查账征收税款，而采取的一种被迫或补救措施。(　　)

57. 会计职业道德规范约束着会计人员的职业行为，是实现会计目标的重要保证。(　　)

58. 会计职业自律主要是指会计行业自律，它是会计职业组织对整个会计职业的行为进行自我约束、自我控制的过程。(　　)

59. 通过加强理论学习进行自我教育，这是会计职业道德自我教育的根本途径。(　　)

60. 对于尚未违反会计法律制度，但违反了会计职业道德规范的行为，可由会计职业团体通过自律性监管，根据情节轻重程度进行相应的惩罚。(　　)

四、案例分析题(本题共计 20 分，共 2 题，每题含 5 小题。每小题 2 分。本题为不定项选择，四个选项中至少有一个是正确选项。多选、少选、错选、不选均不得分)

61. 8 月，某市财政局对甲公司执行《会计法》情况进行检查，发现存在如下事项：

① 为充实会计科力量，公司从外地招聘了一名会计人员李某，李某持有外地的会计从业资格证书，其相关的会计从业资格业务档案尚未调入该公司所在地财政部门，经查李某的会计从业资格业务档案调离原单位已满 90 天。

② 为加强公司财务管理，公司聘请了张某出任公司财务总监，但在公司财务会计报告中未见张某的签章。

③ 为获得较高的银行资信等级，年初董事长王某指使财务部经理孙某虚增数笔销售收入，使公司去年增加资产 2 000 万元，增加净利润 300 万元，该事项调整得到了张某的默许。

④ 6 月，孙某因个人原因辞职，公司重新调整会计工作岗位，决定由副董事长钱某主管财务工作，张某配合其工作。

(1) 李某的会计从业资格证书，此时应当办理的是(　　)。

A. 上岗注册登记　B. 离岗备案　C. 调转登记　D. 变更登记

(2) 持证人员在同一会计从业资格管理机构管辖范围内调转工作单位，且继续从事会计工作的，应当自离开原工作单位之日起(　　)日内，填写调转登记表，持会计从业资格证书及调入单位开具的从事会计工作的证明，办理调转登记。

A. 30　B. 60　C. 90　D. 180

(3) 根据上述事项，该公司及其相关人员可能受到的处罚有(　　)。

A. 吊销孙某的会计从业资格证书

B. 对该公司违法行为进行通报

C. 对王某处以 1 万元罚款，对公司并处 5 万元罚款

D. 李某未按时办理会计从业资格证书调转手续，予以公告

(4) 单位的财务会计报告，应当签名并盖章的主体有(　　)。

A. 单位负责人　B. 主管会计工作的负责人

C. 会计机构负责人　D. 总会计师

(5) 该公司对财政部门的检查情况进行了反馈，公司提出以下情形不符合规定的有(　　)。

A. 会计人员虽调离原单位已满 60 天，但未超过《会计从业资格管理办法》规定的时限，因此其调转手续符合有关规定，因不予处罚

B. 公司财务会计报告上已有董事长和财务科科长的签章，张某不需要签章

C. 因为会计师事务所开具了无保留意见的审计报告，因此公司出现的财务上的问题应由会计师事务所承担，公司董事长王某不是会计专业人士，不再承担任何责任

D. 由于张某工作业绩不突出，从公司利益出发，由副董事长钱某主管财务工作符合有关规定

62. 一家棉纺业企业为增值税一般纳税人，1 月份发生下列业务。

① 购进纺织设备一台，不含税价款 10 万元，取得增值税专用发票，另支付运费 500

元，取得增值税专用发票。

② 从当地农民生产者购进免税棉花 10 吨，每吨 1.4 万元，收购凭证上注明价款 14 万元。

③ 从当地供销公司(增值税一般纳税人)购进棉花 30 吨，每吨不含税价格 1.5 万元，取得增值税专用发票。

④ 本月向一般纳税人销售甲型号棉布 1.2 万米，售价每米 40 元(不含税)；向个体工商户销售乙型号棉布 2.34 万米，售价每米 50 元(含税)。

已知：有关发票在本月均通过主管税务机关认证并申报抵扣。

(1) 该企业购进纺织设备及支付运费可抵扣的进项税额为(　　)万元。

A. 1.7　　B. 1.452　　C. 36.7　　D. 1.705 5

(2) 下列关于该企业向农民生产者购进棉花和向供销公司购进棉花计算的可抵扣进项税额的说法正确的有(　　)。

A. 向供销公司购进棉花可抵扣的进项税额为 8.95 万元

B. 向供销公司购进棉花可抵扣的进项税额为 7.65 万元

C. 向农民生产者购进棉花可抵扣的进项税额为 0

D. 向农民生产者购进棉花可抵扣的进项税额为 1.82 万元

(3) 该企业本月销售货物应确认的销项税额为(　　)万元。

A. 10.149　　B. 9.86　　C. 11.874　　D. 25.16

(4) 该企业本月应缴纳的增值税税额为(　　)万元。

A. 0.475　　B. 1.345　　C. 0.295　　D. 13.984 5

(5) 该企业缴纳增值税的纳税期限可以是(　　)日。

A. 5　　B. 3　　C. 10　　D. 365

参 考 文 献

[1] 刘翠屏．财经法规与会计职业道德[M]．北京：清华大学出版社，2016.

[2] 会计从业资格无纸化考试教研组．财经法规与会计职业道德应试指导[M]．上海：立信会计出版社，2016.

[3] 会计从业资格考试辅导教材编委会．会计从业资格无纸化考试应试辅导：财经法规与会计职业道德[M]．上海：立信会计出版社，2016.

[4] 湖南省会计从业资格组．财经法规与会计职业道德[M]．北京：经济科学出版社，2016.

[5] 中国注册会计师协会编写组．税法[M]．北京：经济科学出版社，2016.

[6] 财政部．关于全面推开营业税改征增值税试点的通知.

[7] 恒企会计培训学校．2015 年会计从业资格考试财经法规案例分析题.

[8] 考试资料网．会计资格考试题库.

[9] 中华会计网校．会计从业题库.

[10] 中华网．2014 年会计从业资格《财经法规》精选题及答案(6).

[11] 上学吧．财会类考试.

[12] 会计从业吧．2014 年财经法规与会计职业道德模拟试题及答案解析(第 6 套).

[13] 模考吧．2016 年税务登记代理实务考试试题及答案解析(二).

[14] 三亿文库．2013 年江苏会计从业资格财经法规新增案例.

[15] 中大网校．江苏 2013 年《财经法规》模拟卷 B.

[16] 会计从业资格考试网．2015 年辽宁会计从业资格考试《财经法规》考前预测试题七.

[17] 233 网校．北京 2013 年会计从业资格考试《财经法规》第二套模拟卷.

[18] 中大网校．2013 年财经法规与会计职业道德案例分析题(汇总)．

[19] 中文 Word 文档库．2013 年财经法规与会计职业道德案例分析题(汇总).

[20] 会计从业资格考试网．湖南 2014 年会计证《会计基础》考前押题第九套.

[21] 出国留学网．2015 年会计从业考试案例分析题每日一练.